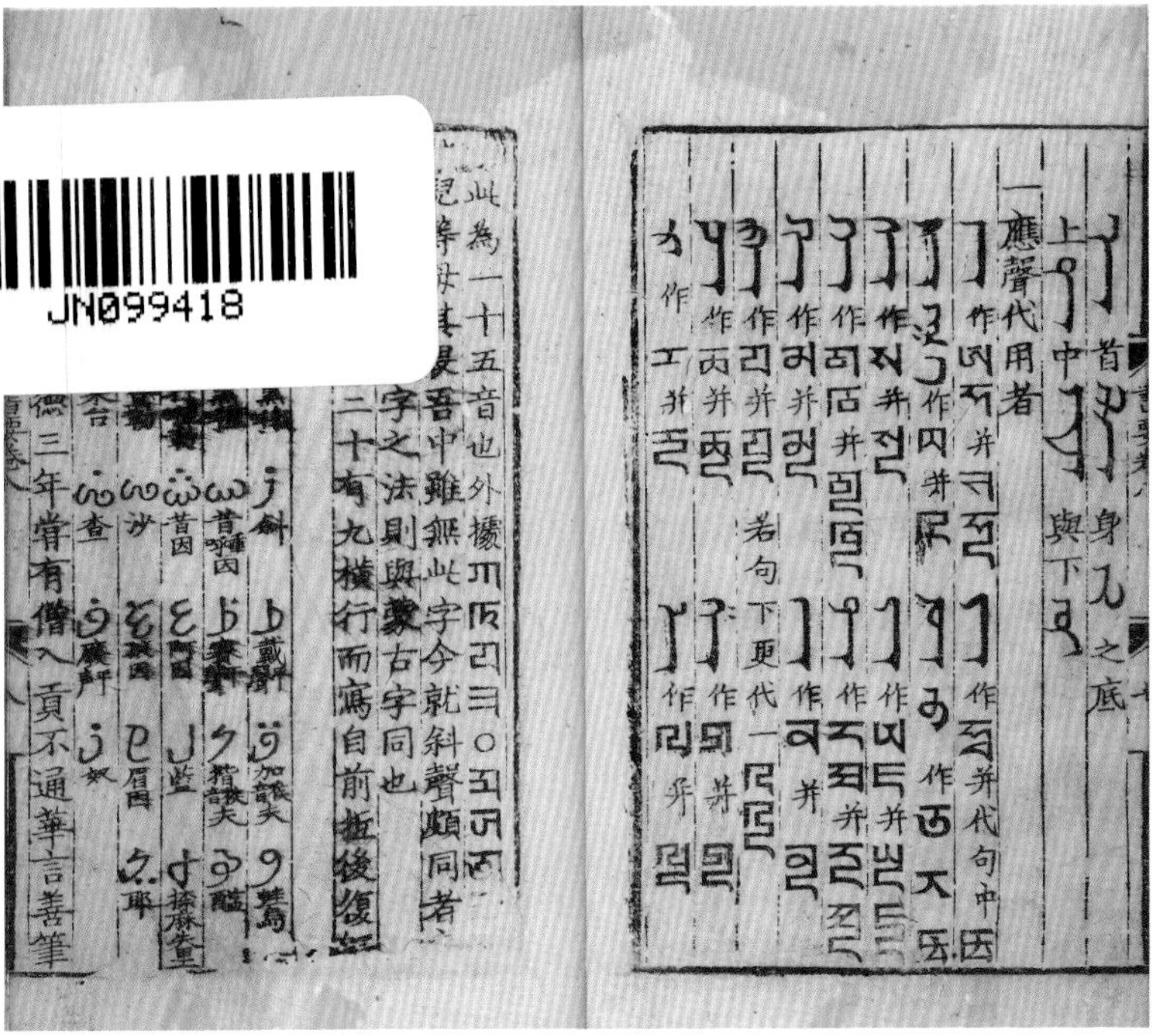

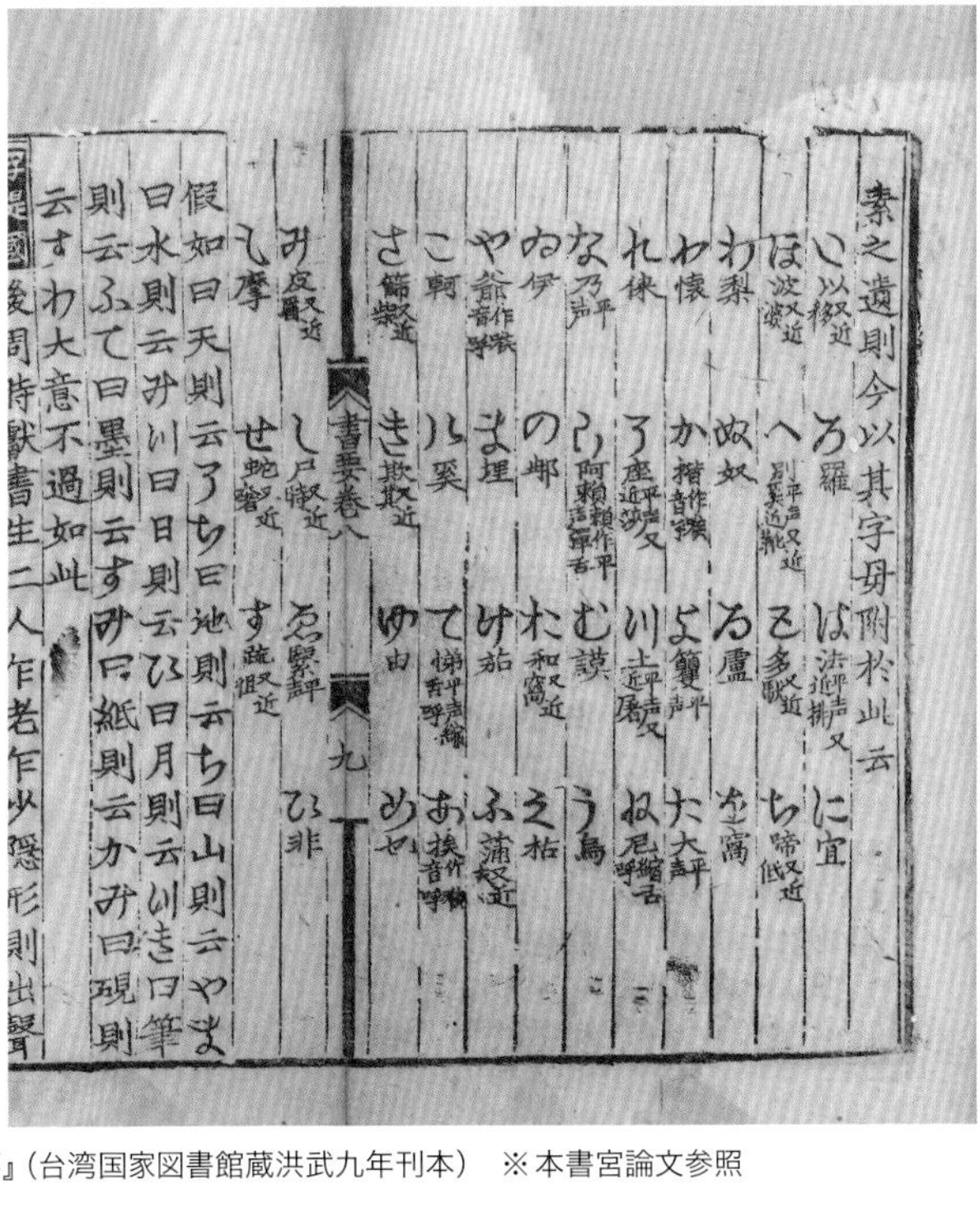

『書史会要』（台湾国家図書館蔵洪武九年刊本）　※本書宮論文参照

「元中都遺跡」（河北省・張北県）［2009年8月 渡辺健哉撮影］

「居庸関 過街塔（雲台）」（北京市・昌平区）［2013年9月 櫻井智美撮影］

元朝の歴史

The history of the Yuan Dynasty

モンゴル帝国期の東ユーラシア

櫻井智美・飯山知保・森田憲司・渡辺健哉〔編〕

元朝の歴史

The history of the Yuan Dynasty

モンゴル帝国期の東ユーラシア

II……元代の社会・宗教

Ⅴ……研究の進展の中で

序言

櫻井智美

今から約八〇〇年前、モンゴル高原から興った遊牧勢力がユーラシア世界を席巻し、世界史上最大の帝国を作りあげた。モンゴル帝国である。西方では、ヨーロッパや西アジアの歴史にも大きな影響を与え、東方では、朝鮮半島から日本へも兵を進めて、元寇として日本にも大きなインパクトを与えた。帝国の建国者チンギス・カンは日本でもおなじみで、「モンゴル帝国」と名づけられた本より、「チンギス・カン」を冠する本の方が多く存在しているくらいである。日本に兵を派遣したのは、チンギス・カンの孫クビライであり、クビライの時代に中国南部を支配していた南宋が滅亡した。こうして、モンゴル帝国は、中国史上、宋と明をつなぐ「元」として、王朝の一つに数えられている。

この元朝史（元代史）の日本での研究は、第二次大戦後もしばらく、中国史における「征服王朝」という枠組みで、遼・金・元の流れを強く意識して進められた。そのため、政治や軍事、あるいは法制の面に研究の主眼が置かれた。また、征服王朝ならではの特異性に注目が集まった。しかし、そのような研究視角に大きな変化が生まれたのが、本書の森田論文で活写される一九八〇年代とそれ以降であった。東西冷戦の終結に伴う研究方法の変化や、モンゴル帝国史研究の長足の進展が、元朝史にも大きな影響を与えたのである。

近年のモンゴル帝国史研究の展開については、宇野伸浩《うののぶひろ》・松田孝一《まつだこういち》の両氏によってまとめられている。(1)そこからは、モンゴル帝国の世界史上の意義が、漢文・ペルシア語双方の史料をもとに盛んに論じられ、「モンゴル時代」という用語の定着化が図られたことがわかる。また、モンゴル帝国政府の積極的な働きかけによる在地文化の振興や、ユーラシア東西の経済面・文化面での相互影響の活性化などが、高く評価されるようになった。本書の村岡論文で論じられるように、「野蛮なモンゴル」から「世界史を転回させたモンゴル」へ、モンゴル帝国像も大きく変化した。さらに、歴史学以外の分野との学際研究により、研究の視角も大きく変わってきた。本書は、新たなモンゴル帝国史研究と並行的に進んできた、この三十年程度の日本における元朝史研究の成果を、二十本の論文と七本のコラムによって多面的に描きだすものである。まず、本書の構成・内容について簡単に紹介したい。

まず、「導論──クビライ登極以前のモンゴル帝国の歴史」で元朝成立期までの流れを示す。「大元」という国号が建てられ、名実ともに「元朝史（大元王朝史）」と呼べるのは、一二七一年からということになるが、ここでは、支配層であるモンゴル集団が一二〇六年にチンギス・カンを擁して国を建てたところから歴史を簡単に振り返る。では、元代としてどこまでを論じるか、これも議論がある。元の首都大都を明軍が占領した一三六八年が、中国史としての元代の区切りとなる。しかし、元朝自体は、一三八八年のトグス・テムルの逝去まで継続するため、本書の「元朝皇帝系図」「元朝皇帝一覧」では、そこまでを含めた。なお、両図表は、主に『元史』に拠って、編者が作成した。また、「本書所載論考関係年表」は、牛瀟・飯山知保が記事をピックアップし、編者がまとめた。

第一章「元代の政治・制度」では、元朝の中国支配の根幹となる政治・制度について考えていく。従前の研究では、「モンゴル」「色目」「漢人」「南人」の四等級制や、「モンゴル─漢」もしくは「回回─漢」の対立・協調の構図が、重要な分析視角となっていた。しかし、その見解に大きな誤解があったことが、舩田論文で明快に論じられる。山本論文では、モンゴル時代の特徴とされるジャムチ（駅伝制度）の展開やその具体像が論じられ、渡辺論文では、元の三都の管理制度が論じられる。櫻井論文では、クビライ期江南における監察制度に焦点をあてる。「華北─江南」（旧金領─旧南宋領）の対比構図は、制度史において念頭におくべき視点である。赤木コラムでは、その監察制度を始め、制度史・社会史に活用される「カラホト文書」の研究の今を解説する。牛コラムでは、新しい研究潮流の一つとして女性の政治的役割をとりあげる。山崎論文では、従来看過されがちだった元末トゴン・テムル期の政治動向を活写する。

第二章「元代の社会・宗教」では、元代社会の具体像をとりあげる。矢澤論文では、経済や交通とも関わる漕運《そううん》・海運についてまとめる。前章の山本論文や第四章の国際関係ともからみ、元朝において交通網の整備・維持管理が重要な課題であったことが明らかになる。松下論文は、この時代に勢力を伸ばした華北道教の全真教と、やはり華北で流行した禅宗の関係を描く。野沢論文は、大蔵経の出版が盛行し、それが高麗・日本へと広がる過程を述べ、第四章とも関連する。中村淳コラムは、チベット仏教と中国との関係を、元朝に投降した南宋最後の皇帝の一生を通して眺め、垣内コラムはモンゴル支配と朱子学の関係を論じる。「中国」の中と外がいかに結び付くか、それぞれの思想・宗教の文脈の中で解説する。飯山論文は、後代の華北の人々がモンゴル支配の時代をどう解釈したのかを論じる。

第三章「伝統文化とその展開」では、近年最も大きな見解の変化があった元代の文化や、それをめぐる諸事象について述べていく。宮論文は、ユーラシア東西の「知」の移動にも影響を受けた東方での出版活動について、豊富な資料をあげて論じる。土屋論文は、堅調な金元時代華北の文学研究の一環として白樸《はくぼく》に着目する。奥野論文は、そもそも「元代文学」というカテゴリーが成り立つのかという根本的な問いに挑む。一方、徳留論文は、この時期の文化の特徴として必ずあげられる染付《そめつけ》誕生の背景について、最新の研究を紹介する。これらの研究を通して、文化の保護者としての元朝のあり方や、なぜ在地文化を尊重したのかが見えてくる。

第四章「元朝をめぐる国際関係」では、多面的に展開する海外諸勢力との対立や交渉について見ていく。金論文は、『朴通事《ぼくつうじ》』という史料から浮かび上がる元と高麗の関係や当時の社会の諸相を論じる。日本と元朝の関係についての研究にも、近年大きな進展が見られた。以前は、元寇という日元対立が日本史の研究によって強調される傾向があった。しかし、水中考古学の進展にともなう鷹島神崎遺跡《たかしまこうざきいせき》の発掘や、高麗を交えた外交文書の分析を受けて、二度の会戦にとどまらない交渉の諸相について、新たな見方が提示されている。そして、元寇の裏に隠れるかたちで注目されなかった、日元の大規模な経済・文化交流についても、この二十年ほどでより明らかになってきた。中村翼論文は、元寇をはさむ日元貿易の推移とそれを支えた海商の実態を明らかにする。一方、榎本論文では、僧伝等史料の詳細な分析を通して、元代のどの時期に仏僧の往来が盛んになったかを具体的な数字を示して論証する。さらに、中村和之論文では、モンゴル・元朝とサハリン島やアイヌとの関係を、向論文では、インド洋まで航海した楊庭璧の経歴の分析をとおして、元朝の周辺地区における動向、さらには、中央政府の意思が及ばない現地の人々の積極的な経済・社会活動を描く。

そして、最後の第五章「研究の進展の中で」では、二十世紀のモンゴル帝国史・元朝史の研究を振り返り、元代に対する見方の変化や新しい研究材料・角度を紹介する。村岡論文では、見解の変化が明確に表れる高校世界史教科書の変化を切り口として、学界を展望する。森田論文では、その土台となった史料状況や研究状況の変化を解説する。村岡コラム・渡辺コラム・渡邊コラムでは、戦前にも注目された研究素材である「チンギス・カン＝義経《よしつね》説」「石刻調査」「混一疆理歴代国都之図《こんいつきょうりれきだいこくとのず》」について、その今日的意義を探る。前章と併せて、ユーラシア東方世界に対する見解についても、研究の新展開を見ることができよう。

さて、本書を編むきっかけとなったのは、先行する「アジア遊学」シリーズの『契丹［遼］と10～12世紀の東部ユーラシア』及び『金・女真の歴史とユーラシア東方』の出版であった。[2] 進展著しい日本の遼金西夏史研究の成果が、好評を以て受容されたことが、それに続く元朝時代の歴史をまとめるモチベーションとなった。従来、日本において「元代」「元朝」について、複数の著者が協力してその実態を解説した著作はほとんどなかったと言ってよい。本書では、新しい時代の新しい研究成果をベースに、歴史・文学・宗教・美術など多彩な内容をもって、人々が思う「元朝史像」とは大きくことなる世界を明らかにすることを目指した。

一方で、多くの著者の参加を得たことで見えてきた課題もある。まず、モンゴルをはじめとする諸族の人名や用語のカタカナ表記を始めとして、著者ごとの考えによって用語法にズレがある。それだけでなく、モンゴルとは何か、あるいは時代に対する見方さえも、共通の認識があるわけではないことが明らかになった。しかし、本書においては、敢えて統一を図らず、著者ごとの主張を尊重した。年代表記の方法やルビの多寡についても、若干の違いを残した。また、議論の舞台となる時期には大きな偏りがあり、論文・コラムの多くがクビライ時代を中心とする元朝前期を扱い、中後期の記述は少ないことにも気づく。ただ、この偏りこそ、元朝史研究の現状を示してもいる。本書を通読することで、「元朝の歴史」をめぐって大きな研究の可能性が広がっていることをも見て取ることができよう。

本書の編集は、私が代表を務める科学研究費（科研）による研究課題「元朝による中国統治組織の地域比較研究——地方都市制度・監察制度を中心に」（基盤研究C）の研究分担者である飯山知保、森田憲司、渡辺健哉が担当した。本書の出版は科研の成果と言える。本科研の主眼は、中国制度史の中で、あるいは、地方社会史の中で、モンゴル帝国・元代が占める地位や役割を明らかにすることにある。同時に、日本における新たな元史研究のベースを作りたいと考え、二〇二〇年十一月には、最初の「日本元朝史研究会（植松正先生講演会）」をオンラインで開催し、参加者間の情報交換を行った。本書の出版が日本における新たな元朝史研究の起点となることを企図している。

本書を編むにあたり、科研費課題の研究協力者である村岡倫・山本明志両氏には、特にお力添えを得た。また、勉誠社の吉田祐輔氏には、本書の企画段階から出版まで、丁寧かつ適切に導いていただいた。記して感謝申し上げたい。

注

（1）宇野伸浩・松田孝一「モンゴル帝国の成立と展開」（小松久男・荒川正晴・岡洋樹編『中央ユーラシア史研究入門』第四章、八九—一〇九頁、山川出版社、二〇一八年）は、日本国内に止まらないモンゴル帝国史研究の展開について的確にまとめている。

（2）荒川慎太郎・澤本光弘・高井康典行・渡辺健哉編『契丹［遼］と10～12世紀の東部ユーラシア』（勉誠出版、二〇一三年）、古松崇志・臼杵勲・藤原崇人・武田和哉編『金・女真の歴史とユーラシア東方』（勉誠出版、二〇一九年）。

導論——クビライ登極以前のモンゴル帝国の歴史

渡辺健哉

一、チンギス・カンの登場

九世紀半ば、遊牧国家ウイグルが崩壊したのち、モンゴル高原では、三五〇年以上の長きにわたって統一政権不在の状態が続いていた。そうした混乱のなか、十二世紀末から十三世紀初頭にかけて、モンゴル部族のテムジンが頭角を現し、有力部族を次々と平らげ、モンゴル高原の統一を果たす。一二〇六年春、テムジンはオノン河上流の草原で即位式を挙げ、チンギス・カンと名乗り、国名をモンゴル語で「イェケ・モンゴル・ウルス」、すなわち「大モンゴル国」と称した。ここにモンゴル帝国が始まる。

一二一一年、チンギス・カン率いるモンゴル軍は金朝への遠征を開始し、金の都である中都（現在の北京）を攻囲した。一二一四年春、モンゴル軍は金朝政府に「城下の盟」を求めた。金朝側から、莫大な金・銀・財物の提供と、公主（皇女）を人質として差し出すことを条件として、モンゴル軍はいったん撤退した。

ところが、金朝政府は、モンゴルが退くと都を黄河以南の開封《かいほう》に移す。こうした金側の行動を背心行為とみなしたチンギス・カンは、契丹を中心とした部隊を再度派遣し、一二一五年五月、中都を陥落させた。これによって、黄河以北は、モンゴル軍と河南から出撃してくる金朝軍との小競り合いが続く、いわば無政府状態におちいった。

一方、一二一八年、政治的混乱が続いていた西遼（カラ・キタイ）を滅ぼし、中央アジア東部を制圧したチンギス・カンは、さらに翌年、中央アジア西部を支配するホラズム（・シャー）王国への遠征を開始する。ブハラ・サマルカンドを攻略し、アフガニスタンに南下して、一二二五年にモンゴルに帰還した。

一二二六年、モンゴルへ帰還したチンギス・カンは西夏に対して自ら軍を率い、西夏の主要都市を次々と陥落させていったが、一二二七年夏、西夏滅亡の直前、六盤山の野営地で急逝した。こののち、チンギス・カンの息子たちが西夏を降し、河西地方（現在の甘粛省）までを掌握する。

二、オゴデイの時代（一二二九～一二四一）

チンギス・カンの死後、その後継者の選定をめぐって大いに紛糾したが、一二二九年になって、オゴデイが即位した。オゴデイは、チンギス・カンがやり残した金朝征討に着手する。一二三四年、ついに金朝は滅亡し、モンゴルは華北全域を手中に収めた。一二三五年にはモンゴル高原の中央部にカラコルムが建設され、国都としての威容をユーラシアに誇示することとなる。

三、グユクからモンケへ（一二四六～一二五九）

オゴデイの死後、彼の皇后であったドレゲネが権力を掌握した。彼女の主導のもと、オゴデイ家とチャガタイ家の諸王はドレゲネの子グユク（一二〇六～一二四八）を擁立する。しかし、チンギスの孫世代の実力者バトゥは、グユクの即位に難色を示していた。グユクは、バトゥの西征に従った際、バトゥといさかいをおこし、父オゴデイに召還を命じられた人物であった。そのためバトゥは、同じく西征に従い、親交の深かったトルイの長子モンケ（一二〇九～一二五九）を推したが、一二四六年、ドレゲネは、グユクの即位を強引に決めた。オゴデイの死からすでに五年近くがたっていた。

一二四八年、グユクは即位から二年足らずで他界し、後継者選定のクリルタイ（モンゴル語で「集会」を意味する）は再び紛糾したが、一二五一年、バトゥの支持を得たモンケの即位が決まった。

モンケは即位後、実弟クビライを中国へ、三番目の実弟フレグをイランへ派遣し、帝国のさらなる拡大を目指す。クビライに託されたのは、オゴデイ時代に失敗に終わった南宋攻略であった。彼は正面から南宋を攻略するのは避け、南宋の背後に位置する雲南地方の大理国に軍を進めていった。クビライ軍は西から迂回し、東チベットを通って雲南に向かい、一二五三年冬、大理国を滅ぼした。これにより、クビライはチベットとともに、銀をはじめとする鉱山資源が豊富な雲南地方を手中に収めた。南宋攻撃の戦略的な拠点とともに経済的基盤を獲得したことは、中国支配を目指すクビライにとって重要な意味を持つことになる。

その後、クビライは、副将ウリャンカダイに雲南周辺の経略を委ね、開平府（内モンゴル自治区正藍旗）に帰還した。しかしながら、南宋攻略を急ぐモンケと、長期戦に備えたクビライとで方針が対立し、二人の間には徐々に溝が深まっていく。そのため、モンケはいったんクビライを南宋との戦いからはずし、その代役にチンギス諸弟の東方三王家の盟主、オッチギン家の当主タガチャルをあて、さらに自らの出陣を決意した。しかし、そのタガチャルがわずか一週間で襄陽《じょうよう》の攻略をあきらめて撤退してしまったため、再びクビライを起用することになった。

一クビライが遠征軍の編成に手間どっているあいだ、四川に進んだモンケの本隊だけが前線に突出する形となった。一二五九年夏、釣魚山《ちょうぎょさん》の陣営内で発生した疫病が兵士の命を次々と奪っていくなか、ついにはモンケも陣中で急逝する。

四、クビライ政権の誕生

モンケは親征にあたって、末弟アリク・ブケにモンゴル高原の留守を預けていたため、次の帝位を選ぶクリルタイはアリク・ブケの名で召集された。モンケ政府中枢の人々にとって、モンケと対立していたクビライの即位は自らの立場を危うくしかねず、かれらがアリク・ブケを後継者として推すのは必然であった。一方で、長江中流域の鄂州《がくしゅう》で南宋軍と対峙していたクビライのもとにモンケ急死の報せが届いたものの、状況を慎重に見極めるべく、彼はその地にとどまった。

そののちクビライは南宋軍と和議を結び、雲南から北上してきたウリャンカダイ軍と合流し、ともに北上して、中都近郊で冬を過ごしながら、各地の勢力が自派に合流するのを待っていた。そして一二六〇年三月、開平府で自派だけのクリルタイを開催し、六月に即位を宣言し、「中統」という元号を制定した。一方、アリク・ブケ側も翌月に即位を宣言したため、二人のカアンが並び立つことになる。

名目上の正当性はアリク・ブケにある。しかし、モンゴル東方の二大勢力ともいえる、タガチャル率いる東方三王家と左翼五投下などを味方に付け、さらには中国からの物資の補給路を押さえたクビライ側が軍事的に優位を占めた。これに対し、アリク・ブケは、帝国内の有力諸王の支持を得たが、軍事面での劣勢は明らかで、クビライ軍に抗しきることはできなかった。中統五年（一二六四）七月にアリク・ブケらは投降し、抗争はクビライの勝利に終わる。こうしてクビライは実力で帝位を奪い、名実ともに唯一のカアンとなった。これを機に、クビライは「至元」と改元した。

一方、この混乱のさ中、中統三年二月に、漢人軍閥の李璮《りたん》が叛乱を起こす。アリク・ブケとの戦いが続いているためにクビライは李璮討伐に充分な兵力を割くことは出来なかったが、諸王カプチュや史天沢《してんたく》などの活躍により、叛乱は七月に鎮圧され、李璮は処刑された。結果として短期間で平定された叛乱ではあったが、この事件をきっかけとして漢人軍閥に対する方針が大きく変わった。つまり、彼らの在地での軍事権を取り上げて、行政官として生き残るか、それとも軍職にとどまるならば南宋との戦線に移るかを選ばせた。これによって、華北の投下領は、漢人軍閥の間接統治からモンゴル領主たちの直接統治へと転換していくことになった。

＊本稿は、冨谷至・森田憲司編著『概説　中国史』（昭和堂、二〇一六年）の村岡倫「元」にもとづき、村岡の校閲のもとに渡辺健哉が執筆した。

元朝皇帝系図

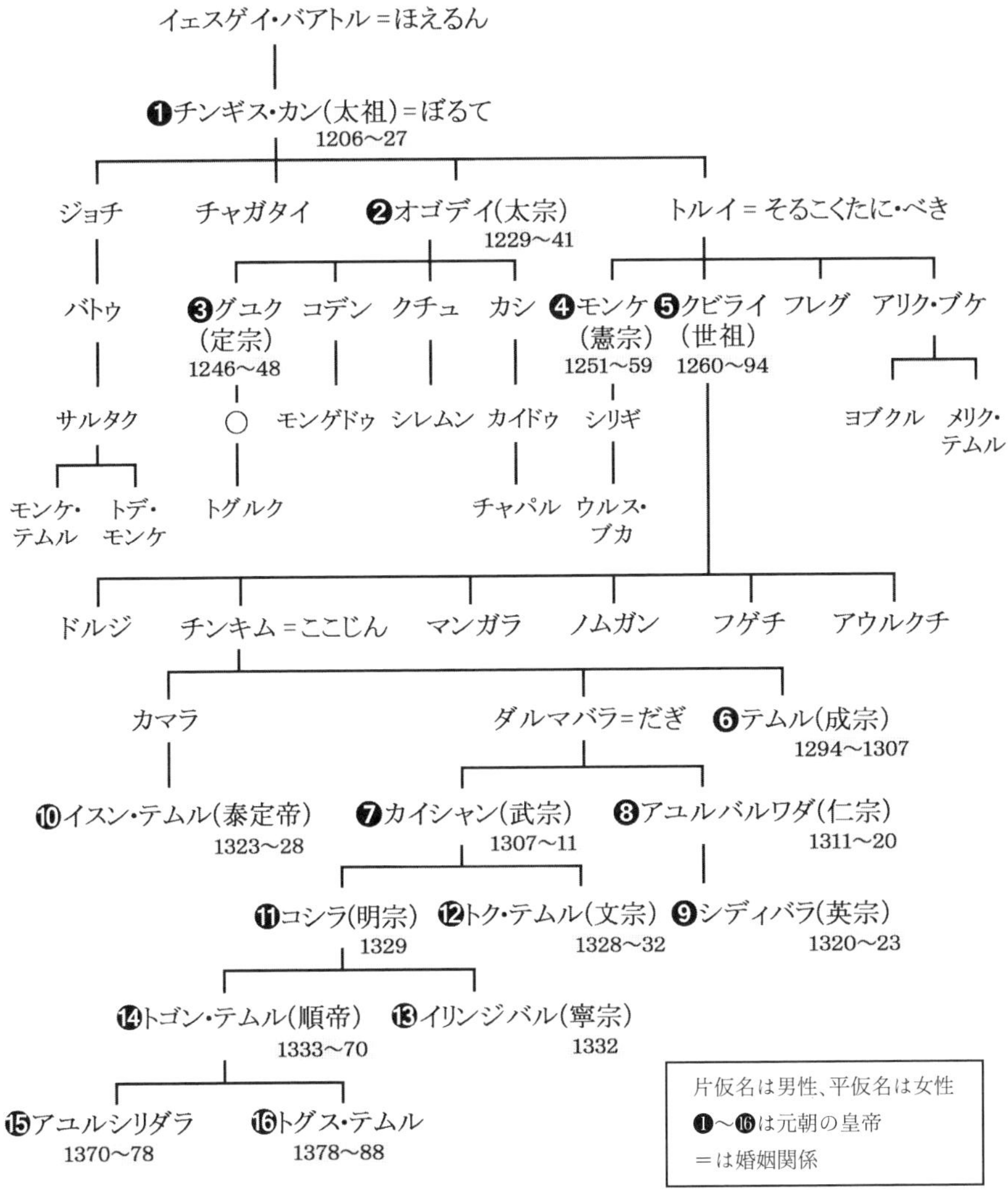

イェスゲイ・バアトル＝ほえるん
❶チンギス・カン(太祖)＝ぼるて
1206〜27
ジョチ
チャガタイ
❷オゴデイ(太宗)
1229〜41
トルイ＝そるこくたに・べき
バトゥ
❸グユク
(定宗)
1246〜48
コデン
クチュ
カシ
❹モンケ
(憲宗)
1251〜59
❺クビライ
(世祖)
1260〜94
フレグ
アリク・ブケ
サルタク
○
モングドゥ
シレムン
カイドゥ
シリギ
ヨブクル
メリク・
テムル
モンケ・
テムル
トデ・
モンケ
トグルク
チャパル
ウルス・
ブカ
ドルジ
チンキム＝ここじん
マンガラ
ノムガン
フゲチ
アウルクチ
カマラ
ダルマバラ＝だぎ
❻テムル(成宗)
1294〜1307
❿イスン・テムル(泰定帝)
1323〜28
❼カイシャン(武宗)
1307〜11
❽アユルバルワダ(仁宗)
1311〜20
⓫コシラ(明宗)
1329
⓬トク・テムル(文宗)
1328〜32
❾シディバラ(英宗)
1320〜23
⓮トゴン・テムル(順帝)
1333〜70
⓭イリンジバル(寧宗)
1332
⓯アユルシリダラ
1370〜78
⓰トグス・テムル
1378〜88
片仮名は男性、平仮名は女性
❶〜⓰は元朝の皇帝
＝は婚姻関係

1299	カイシャン(武宗)が漠北を鎮守。
1300	カイドゥとの決戦に向けて軍を進めるチュベイ(チャガタイの曾孫)がエチナ路に軍糧を要求する文書を送る。
1301	ラシード・アッデーンが『集史』の編纂を命じられる。
1305	この年以降、元の日本招諭放棄により、日元間の僧侶の往来が活性化。
1307	安西王アーナンダが誅殺され、アユルバルワダ監国。カイシャン(武宗)が上都でカアンに即位。同年、色目人の定義が示される(舩田論文参照)。
1311	アユルバルワダ(仁宗)が大都でカアンに即位。
1312	科挙実施の詔勅(14年実施)。
1316	コシラ(周王)が雲南へ出鎮するも、暗殺の企てに遭い、チャガタイ・ウルスへ西走。
1320	シディバラ(英宗)が大都でカアンに即位。
1323	太皇太后ダギ没。シディバラ暗殺(南坡の変)。その後、イスン・テムル(泰定帝)がケルレン河畔でカアンに即位。同年、最後の南宋皇帝であり、のちにチベット仏教を学んで出家した趙顕が河西で死を賜る。なお、大量の搭載品の発見で有名な新安沖沈没船、この頃明州(寧波)出港。
1328	エル・テムルがトク・テムル(文宗)を擁して大都でカアンに即位させ、ダウラト・シャーはアリギバ(天順帝)を上都でカアンに即位させる。両都の内戦が勃発。
1329	コシラ(明宗)がカラ・コラム北郊でカアンに即位。皇太子となったトク・テムルは上都近くのオングチャドゥでコシラを毒殺し、あらためて上都でカアンに即位。
1331	『経世大典』完成。
1332	イリンジバル(寧宗)がエル・テムルの支援で大都でカアンに即位。
1333	トゴン・テムル(順帝)が上都でカアンに即位。
1335	エル・テムルの子タンキシュらが政変を起こすが、皇后ダナシリと共にバヤンに殺される。
1336	太皇太后のブダシリ(文宗の皇后)が大蔵経三十蔵を刊行。
1340	トゴン・テムルが文宗の廟主を廃す。太皇太后ブダシリを東安州、皇太子エル・テグスを高麗へ追放。
1343	トクトを総裁官に『遼史』・『金史』・『宋史』が編纂される。
1351	韓山童が白蓮教徒を集めて潁州で挙兵、紅巾の乱が勃発。
1353	アユルシリダラを皇太子とする。張士誠が泰州で挙兵。
1354	張士誠が大周を建立。トクトが失脚。
1355	劉福通が韓林児を迎え、皇帝と称し「宋」を建立。同年、朱元璋が独立。
1363	朱元璋が韓林児を囚禁。同年、陳友諒を鄱陽湖で破る。
1367	朱元璋が張士誠を蘇州で破る。
1368	朱元璋が南京で皇帝に即位、明朝が成立。その北伐軍により大都陥落。トゴン・テムルは応昌府に逃れる。
1376	陶宗儀『書史会要』が出版され、中央ユーラシアの諸文字を紹介。
1402	最初の「混一疆理歴代国都之図」が朝鮮王朝で作成される。
1423	『老乞大』・『朴通事』の版本が高麗で作成される。

本書所載論考関係年表

西暦	できごと
1189	「十三翼の戦い」
1206	テムジン(太祖)がオノン河畔で開かれたクリルタイでチンギス・カンとして即位。
1211	モンゴルの対金戦争が始まる。
1219	モンゴルの対ホラズム遠征が始まる。
1226	モンゴル軍の進行によって、カラホト(黒城)陥落(20世紀初頭に当地で大量の古文書が発見される)。
1227	西夏の国都の興慶陥落。チンギス・カン没。トルイ監国。
1229	クリルタイでオゴデイ(太宗)がカアンに即位。同年、ジャムチ利用者はパイザと利用許可書の二点が必要であることが定められる。
1233	開封陥落(翌年哀宗自死し、金は滅亡)。
1236	バトゥの西征軍が進発。
1241	オゴデイ没。皇后ドレゲネ監国。
1246	グユク(定宗)がドレゲネの支援でカアンに即位。
1248	グユク没。皇后オグル・ガイミシュ監国。
1249	散曲家の白樸が真定に定住。
1251	バトゥ主導のクリルタイでモンケ(憲宗)がカアンに即位。
1253	フレグの西征軍が出発。クビライ軍が雲南・大理遠征に出発。
1256	高麗降伏。クビライが金蓮川に開平府(後の上都)を建設。
1258	開平府において、クビライにより「道仏論争」に最終的な裁定が下される。
1260	クビライ(世祖)が開平府でのクリルタイでカアンに即位。アリク・ブケがカラコルム郊外でのクリルタイでカアンに即位。
1264	アリク・ブケがクビライに投降。クビライは燕京を中都とする。
1269	バラクとカイドゥ、そしてジョチ・ウルスのモンケ・テムルがタラス河畔に会盟。パクパが新たな文字を制定。
1271	クビライが国号を大元とする。
1274	第一回日本遠征(文永の役)。
1276	南宋の臨安が陥落。同年、大運河の復旧整備に着手。
1278	浮梁磁局が設立され、景徳鎮の窯業が元朝政府の管理下に置かれる。
1279	崖山の戦いで、南宋滅亡。楊庭璧の第一次インド洋航海。
1281	第二回日本遠征(弘安の役)。
1291	粛政廉訪司(もと提刑按察司)が整備される。
1293	朱清の配下にあった殷明略という船戸によって、江南から大都に向かう新たな海運航路が定められる。直沽(天津)から大都に至る通恵河が新設される。
1294	クビライ没。バヤンの支援でテムル(成宗)が上都でカアンに即位。
1297	元軍が骨嵬を破る。

元朝皇帝一覧

	廟号	モンゴル名・ 漢字表記	生没年	在位年	元号	主な皇后
初代	**太祖**	チンギス・カン 成吉思汗	1162？～1227	1206～1227		ボルテ（孛児台）
2代	**太宗**	オゴデイ 窩闊台	1186～1241	1229～1241		ドレゲネ（脱列哥那）
3代	**定宗**	グユク 貴由	1206～1248	1246～1248		オグルガイミシュ（斡兀立海迷失）
4代	**憲宗**	モンケ 蒙哥	1208～1259	1251～1259		クタイ（忽都台）、 イェスル（也速児）
5代 （初代）	**世祖**	クビライ 忽必烈	1215～1294	1260～1294	中統1260～1264 至元1264～1294	チャブイ（察必）、 ナムブイ（南必）
6代 （2代）	**成宗**	テムル 鉄穆耳	1265～1307	1294～1307	元貞1295～1297 大徳1297～1307	シリンダリ（失憐答里）、 ブルカン（卜魯罕）
7代 （3代）	**武宗**	カイシャン 海山	1281～1311	1307～1311	至大1308～1311	ジンゲ（真哥）、 スゲシリ（速哥失里）
8代 （4代）	**仁宗**	アユルバルワダ 愛育黎抜力八達	1285～1320	1311～1320	皇慶1312～1313 延祐1314～1320	ラトナシリ（阿納失失里）
9代 （5代）	**英宗**	シディバラ 碩徳八剌	1303～1323	1320～1323	至治1321～1323	スゲバラ（速哥八剌）
10代 （6代）	**泰定帝**	イスン・テムル 也孫鉄木児	1276～1328	1323～1328	泰定1324～1328	バブカン（八不罕）
11代 （7代）	**明宗**	コシラ 和世㻋	1300～1329	1329	致和1328	マイラダク？（邁來迪）、 バブシャ（八不沙）
12代 （8代）	**文宗**	トク・テムル 図帖睦爾	1299～1332	1328～1332	天暦1328～1330 至順1330～1333	ブダシリ（卜答失里）
13代 （9代）	**寧宗**	イリンジバル 亦璘質班	1326～1332	1332	至順1332	ダリトミシュ？（答里也忒迷失）
14代 （10代）	**恵宗** **順帝**	トゴン・テムル 妥懽貼睦爾	1320～1370	1333～1370	元統1333～1335 （後）至元1335～1340 至正1341～1370	ダナシリ（答納失里）、 バヤン・クトゥク（伯顔忽都）、 オルジェイ・クトゥク（完者忽都、奇皇后）
15代 （北元）	**昭宗**	アユルシリダラ 愛猷識理達臘	1340～1378	1370～1378	宣光1371～1379	権皇后
16代 （北元）	**天元帝**	トグス・テムル 脱古思帖木児	1342～1388	1378～1388	天元1379～1388	

元代「四階級制」説のその後
——「モンゴル人第一主義」と色目人をめぐって

船田善之

ふなだ・よしゆき——広島大学大学院人間社会科学研究科准教授。専門はモンゴル時代史。主な論文に「モンゴル時代華北地域社会における命令文とその刻石の意義——ダーリタイ家の活動とその投下領における全真教の事業」（『東洋史研究』七三―一、二〇一四年）、「モンゴル時代漢語文書史料について——伝来と集成によって拡がる文書史料の世界」（『内陸アジア言語の研究』三三、二〇一八年）、「モンゴル帝国の定住民地域に対する拡大と統治——転機とその背景」（『史学研究』三〇〇、二〇一八年）などがある。

いわゆる元代「四階級制説」（モンゴル人・色目《しきもく》人・漢人・南人の四区分を序列とみる理解）は、現在では、歴史の概説書や世界史の教科書から消えている。本稿では、その学術的根拠となった、筆者の色目人研究を解説する。そして、近年発表された関連の研究を紹介し、若干の反論と検証を行う。その上で、色目人やこの四区分をめぐる今後の研究を展望する。

はじめに

モンゴル時代、すなわち元代の中国における政治・社会を説明するものとして、いわゆる「四階級制」(1)という通説がかつてあった。すなわち、元代の中国では、住民はモンゴル人・色目人・漢人・南人に分類され、前二者に対して、後二者は低い地位に置かれたというものである。そして、モンゴル人とその制度・文化が他よりも優先されるとする「モンゴル至上主義」「モンゴル人第一主義」が貫徹されていたと主張されていた(2)。これらの理解は、以前は日本の世界史の教科書においても重要事項の一つとして掲げられていた(3)。

なお、一般的な区分において、漢人は旧金朝の住民を、南人は旧南宋の住民を、それぞれ指す。ただし、四川・雲南の住民は科挙においては漢人とされた。そして、色目人は、モンゴル人・漢人・南人以外の人びとと定義され、テュルク系の人びと、ムスリム、タングト（旧西夏の住民）、チベットなど広範な人びとを包括した。

現在の日本では、概説書や世界史の教科書からもその記述はみられなくなっており、(4)この通説は過去のものとなったといってよい。その契機となったのは、この通説を疑問視する学界の見解(5)と筆者の色目人についての実証的な研究(6)であった。筆者は、この一連の研究で、モンゴル人・色目人・漢人・南人の区分（以下この分類を適宜「四区分」と略称する）が、序列をともなう制度的な階級や身分ではないことを論証した。

ただし、最近でも四階級制を高校世界史で教わったと言う学生は一定割合いる。また、わずかではあるが、近年刊行された概説書の中にも、四階級制に基づいた説明がみられることもある。(7)

他方、世界の学界に目を転じると、日本と事情は異なっている。筆者が所説を漢語（中国語）・英語で発表・公刊した後、高い評価を得た一方で、議論も喚起した。中でも四階級制、とりわけ色目人の漢人・南人に対する優位性を否定したことについては、賛否両論であった。近年、筆者に対する反論はもちろんのこと、筆者の議論を補強したり、発展させたりした論考も現れている。

以上の状況を踏まえ、本稿では、まず、筆者の色目人の研究と四階級制に対する反論を整理・総括する。次に、近年、漢語で発表された重要な研究を紹介し、若干の反論・検討を行う。その上で、色目人や四区分をめぐる今後の研究についても展望を提示したい。

一、色目人の定義と起源

四階級制説を考える上で、最も重要な鍵となるのは色目人という範疇《はんちゅう》である。多くの通説は、統治者であったモンゴル人が莫大な人口を擁する漢人・南人を牽制し、かつ彼らの反発を逸らせるために、第二階級（あるいは身分）としての色目人を利用したと解しているからである。

色目人という範疇を改めて検証するために、筆者が立脚した議論の出発点は、極めて単純明快であった。それは、色目人という語彙は「様々な種類の人びと」を意味する漢語「諸色目人」に由来する事実である。しかしながら、かつて四階級制説を主張する研究の多くは、色目人が漢語語彙であることに十分留意していなかったのである。

この問題意識の下、同時代のモンゴル語・ペルシア語史料や旅行記などヨーロッパ史料における人間集団に対する呼称や分類を分析した。その結果、色目人に相当する語彙や概念は存在しないという結論が得られた。要するに、色目人とは、漢語の中でのみ通用する語彙・概念であった。

漢語史料では散見する色目人の語彙・概念からも様々な問題が浮かび上がる。当時の公文書には、色目人の定義をめぐる極めて興味深いやり取りが残っている。筆者は、大徳十一年（一三〇七）になっても、地方行政の現場で色目人が何を指すのか不明であり、中央政府の照会を経て「漢児（漢人）・高麗・蛮子《ばんし》《マンジ》（南人）を除くほかはすべて色目人である」という定義が示された経緯に注目した。この公文書の往来自体は、大徳八年（一三〇四）に窃盗犯の色目人には刺字《しじ》（いれずみを入れる刑罰）を科さないという決定が通知されたことを受けたものであった。モンゴル帝国による中都陥落から九十年余り、本格的な華北統治が始まってから約七十五年、江南を統合してから約三十年を経た段階でも、そして、色目人に関する規定が通知された後でさえ、色目人は行政・裁判の現場で不明瞭な用語だったのである。その後、延祐四年（一三一七）には、ジュルチン（女直、女真）人が色目人であるかどうかが問題にもなっており、いまだその定義は完全に確定していなかった。この段階まで定義を確定しなくとも、モンゴル帝国の中国統治に大きな問題が生じることもなかったわけで、その程度の用語に過ぎなかったといってもよい。

さらに、史料を繙《ひもと》くと、色目人の指す範囲や四区分の境界は、史料や時期によって様々で、モンゴル人を色目人に分類する事例さえもある。このような区分が、モンゴル時代（元代）を通じた、政治・法制上の序列を規定する制度や、社会的な階級ないし身分であったとは考えられない。

他方で、モンゴル時代の漢語史料には、色目人という用語が、確かに散見される。つまり、漢語世界は、何らかの理由により色目人という用語・概念を必要としたのであった。その背景として、モンゴル帝国の、統治下の諸集団に対する本俗（各集団の習俗や法慣習）の容認が挙げられる。漢人からみれば、漢人の本俗が適用される者と適用されない者を区別しておく必要があった。また、モンゴル帝国が中国（華北）統治を開始した当初、どのような戸籍・税役制度を施行するかが問題となった。その際、帝国の中枢部は、モンゴルや中央アジアにおける方式を華北にも導入しようとしたが、耶律楚《やりつそ》材《ざい》ら漢人官僚は、中国王朝の在来の方式を主張し、採用されるところとなった。

このような状況において、漢人には、様々な局面で自分たち漢人とそれ以外の人びとを区別する必要が生じた。その結果、漢人以外の人びとを総称する色目人という範疇が創出されたのである。なお、筆者は、当初、色目人という用語は漢族からみた概念に過ぎないことを主張し、「漢族」という用語を用いた。これには、広義の漢人を指す意図があった。すなわち漢人・南人を包摂する概念、あるいは漢語を主たる言語として漢文化を主たる文化とする人間集団である。ただし、漢族という用語は、現在の中華人民共和国の民族識別工作に基づく民族範疇を前提としていると誤解されかねない。また、モンゴル時代においては、北中国（キタイ）と南中国（ナンキャス、マンジ）とは明確に区別され[8]、漢人と南人を包摂する概念も普遍的ではなかった。ここに、筆者がかつて用いた「漢族」は「漢人」と訂正したい。

二、四階級制に対する反論

長く通説として定着していた四階級制説であったが、実はモンゴル時代の法制史料・文書史料には、この四区分の序列を規定した条文や記述は存在しない。つまり、四階級制は、いくつかの事例から帰納的に導き出された仮説に過ぎなかった。そして、先行研究が根拠とする事例には、史料の不適当な解釈もみられる。問題は多岐にわたるが、ここでは、四階級制説の根拠の中核となっている官僚任用について説明したい。すなわち、人口の少ないモンゴル人・色目人が漢人・南人を凌駕していた状況である。

モンゴル人が要職を占め、また多くの色目人が高級官僚となっていたのは事実であるが、これを序列的な制度と捉えるのは曲解と言わざるを得ない。モンゴル帝国の高級官僚任用の原則を貫いていたのは、当時の用語で「根脚《こんきゃく》」（出身、ルーツの意）とも称された、チンギス・カンの一族との関係であった。中国本土に到来したモンゴル人・色目人と漢人・南人との間では、強固な譜代の君臣関係など根脚を有する割合は異なって当然であり、そもそも高級官僚の比率と人口比を単純に比較するのは無意味である。根脚を有する漢人・南人も高級官僚になることができたし、逆に奴隷のモンゴル人・色目人もいたわけで、四区分に身分・階級のような序列を見出すことはできない。

また、皇慶二年（一三一三）に始まった科挙は、四階級制の決定的な根拠とされていた。その規定では、モンゴル人・色目人・漢人・南人の及第者数は同数で、問題などの規定で前二者を優遇していたからである。しかし、儒学の古典に対する知識や漢語作文能力において、前二者と後二者との間に存在するギャップは、むしろ考慮されるべき問題であった。そして、科挙の立案者の程鉅夫《ていきょふ》（南人）は、その制度を立案する際に、「今科挙を設けるならば、モンゴル・色目人を優遇してそれによって彼らが学問に志すよう勧めるべきだ」[9]と述べている[10]。そこには、モンゴル人・色目人を彼らの枠組みに取り込もうとする南人のしたたかな戦略さえ垣間見える。そして、科挙自体、モンゴル時代の多様な出仕ルート[11]からみれば、その占める位置はさほど重要ではない。上記の規定によって漢人・南人が受ける不利益を過大に見積もるべきではないだろう。

四階級制が虚像であったとすれば、モンゴル帝国はどのような原理によって中国を統治していたのであろうか。筆者は、杉山正明と森田憲司が提示した集団主義と根脚[12]に参用を加えた三つの点から説明すべきであると主張した[13]。第一に、集団主義とは、各集団の本俗を保護するとともに、各集団の集団化を進めて統属関係を強固にするモンゴルの統治原理であり、統治方式である。具体的には、モンゴル帝国の統治者は、集団ごとに長を任命し、その長を通じてその集団を管轄する体制を構築した。第二に、官僚の任用においては、根脚、すなわちチンギス・カン家一族との関係が最も重要であった。第三の参用も、官僚の任用において、当時の史料に散見される用語である。参用とは、一つのセクションに複数の人間集団からなる官員を配置することである。その意図は、広大な版図と多様な集団を円滑に統治することにあり、差別的なものではなかった。

三、世界の学界の反応

「はじめに」で述べたように、日本で刊行された概説や教科書からは四階級制に基づく記述はみられなくなったが、世界の学界に目を転じると、状況は異なっている。筆者は、二〇〇二年八月に、南京で開催された国際会議において、色目人と四階級制説の再検討に関する口頭発表を漢語（中国語）で行った[14]。発表時の質疑では、参会していた多くの一線の研究者から賛否両論様々なコメント・アドバイスが寄せられ、一定の手応えを得た。また、その後、何人かの研究者が授業で筆者の研究を好意的に紹介したことを聞き、その反響も知ることができた。二〇一〇年には、英語で口頭発表を行う機会も得たが[15]、そこでも大きな反響と高い評価を得ることができた。

ただし、漢語論文が刊行された後もしばらくは、四階級制をテーマとした論文でも言及されず[16]、概説や専門書の導論に反映されることはなかった[17]。漢語論文刊行から数年経た頃から、賛否を保留するか、四階級制説を採用した上で、筆者の提示した事例・定義を参照し、あるいは異説として言及する研究が発表され始めた[18]。そして、十年ほど前から具体的な議論が喚起されるようになった。その議論は、肯定的な引用[19]から個別的かつ具体的な反論[20]まで様々である。前者においても、全ての研究者が筆者の見解を必ずしも全面的に踏襲しているわけではない。ただし、四階級制を依然として支持する研究者であっても、筆者の色目人の定義をめぐる議論や四区分の境界が曖昧であるとする見解については、おおむね賛同を示している。そして、中には筆者の研究を発展的に展開させようとする研究[21]も現れてきた。本節では、重要かつ代表的な研究三篇を紹介し、筆者に対する反論については、再反論を試みたい。

(一) 反論に対する再反論

ここでは、モンゴル語史料にみえる "qari(n) irgen" (以下 "qari irgen" で統一する) を根拠として、筆者の見解に具体的な反論を行った胡小鵬の説[22]を紹介し、若干の再反論を提示したい。胡小鵬は、『モンゴル秘史』にみえる語彙 "qari irgen" が、異なる国・集団の人を指し、漢語の色目人に相当するモンゴル語であると主張する。

胡小鵬の研究の意義は、モンゴル人の他者認識としての "qari irgen" という語彙・概念を論じた点で、まさに鋭い指摘である。また、色目人・漢人の境界、モンゴル人・色目人の境界が曖昧かつ動態的であることに留意している点も重要である。これについては、筆者の見解と合致する点である。

その上で、胡小鵬は、元代民族政策の本質は、モンゴル至上主義であり、モンゴル人 (国人) と非モンゴル人 (qari) の「二等人制」であると結論づけた。なお、この「二等人制」を細分化したのが「四等人制」であると位置づけ、四階級制説も保持している。

ただし、胡小鵬の見解には大きな問題がある。すなわち、胡小鵬が対応するとする、"qari irgen" と色目人とは、それぞれの指す範囲が一致しないのである。モンゴル語の "qari irgen" は、モンゴル人以外の人びとを指し、漢語の色目人は、漢人・高麗人・南人を除くすべての人びととして定義されていた。この矛盾については、胡小鵬も、両者は、それぞれの言語の文脈における内包は完全に一致しないとした上で、"qari(n) irgen" とは、広義の色目で非モンゴル人を指すのに対し、狭義の色目人は漢人・南人を排除していると述べるが、苦しい説明と言わざるを得ない。

また、現時点では "qari irgen" と "色目人" とが対応する対訳史料はない。ただし、モンゴル語直訳体公文書史料において「色目人」の用例は確認され[23]、将来、モンゴル語文献に、色目人に相当するモンゴル語として "qari irgen"、あるいは他の語彙が見出される可能性は否定できない。ただし、それは、色目人からの借用語 (翻訳語) とみなすべきである。この問題については筆者も早くに気づいており、最近、国際会議における口頭発表でも、この見解を示した。[24] ほぼ時期を同じくして修士論文で四区分に関する体系的な研究を行った杜《と》冠穎《かんえい》も、色目人は漢語由来の概念であり、それが後にモンゴル語に転入したが、それは実質的には外来語であったとして、ほぼ同様の見解を提出している。[25] 漢語における色目人という語彙・概念は、漢人の認識に由来し、モンゴル人の認識とは一致しない以上、それがモンゴル人の認識に由来する語彙・範疇ではあり得ないことに変わりはない。

(二) 発展的な研究

他方、筆者の研究を基礎に発展させた研究も現れている。筆者の研究は、色目人および四区分といった人間集団の区分を固定的・静態的に捉えずに、動態的に理解しようとする立場を示したものであった。杜冠穎の修士論文は、筆者の研究を基礎としつつ、四区分の生成と変遷をより動態的かつ体系的に考察した好篇である。[26] 個々の集団が他の集団に包摂・合流・排除される現象を、タングト・ナイマンを中心として、「容納」(包容)・「攀附《はんぷ》」(昇格、モンゴルとして引き立てられることの比喩)・「排除」という三つの用語によって解釈・説明を試みている。

劉暁による元代の司法裁判における「種族」要素の影響を分析した研究[27]も、重要な成果である。この研究は、筆者の研究を基礎として司法裁判の方面について詳細に考察を深めたものである。劉暁は、司法裁判の制度においてはモンゴル人・色目人・漢人・南人の厳格な区分は存在しないと結論づける。そして、漢人・南人間には全く制度上の差異はなく、色目人と漢人・南人との差異も刺字のみであったとする。他方、モンゴル人の優位性は存在したと述べる。なお、劉暁は、司法裁判に限定して四階級制の存在を否定したものの、官僚任用面では四階級制を認めている。

以上のように、劉暁と杜冠穎の研究は、筆者の色目人と四区分の研究を大きく発展させ、その議論を精緻化することに成功している。人間集団の定義と境界や制度上の位置づけを動態的に分析している点は、筆者の研究の延長上にあるといってよい。ただし、筆者の研究ではモンゴル時代後半は十分に追えていなかった。劉暁や杜冠穎の研究はその点を大いに補うものである。同時に、個別の論点についてはさらなる検証が必要だろう。

おわりに

以上、筆者の色目人と四階級制に関する研究を総括し、その後の研究の紹介と反論を行った。日本では自説がほぼ受け入れられ、世界の学界でも、色目人の定義をめぐる議論や四区分の境界が曖昧かつ可変的であったことについては、おおむね賛同を得ていることが確認された。しかし、国外では四階級制はなお一定の支持を保持している。とりわけ、官僚任用状況については、四階級制に基づく理解が根強い。[28]

胡小鵬は、四等人制、すなわち四階級制を保持しつつも、モンゴルと非モンゴル人の二等人制をその基盤に位置づけ、改めて「モンゴル至上主義」を前面に押し出した。[29] 実は、この理解は、「モンゴルたちのほかには、特に身分差や階級制度をもうけたことはない」[30]と述べる杉山正明を始めとする日本の研究者の理解とも通じる部分がある。近年の日本におけるモンゴル時代史研究は、中国・西欧中心史観を相対化させ、遊牧民や中央ユーラシアの歴史的な意義を再確認することに成功した。しかし、同時に、新たなモンゴル・中央ユーラシア中心史観を醸成した側面も否めない。統治層に属するモンゴル人が非モンゴル人に優位だったのは事実だが、モンゴル人全般に適用できるとはいえず、単純な二項対立的な理解は事実誤認につながるだろう。「モンゴル至上主義」「モンゴル人第一主義」の焼き直しではない、モンゴル帝国の統治者の秩序や階層構造の体系的な理解が必要である。[31] そのほか、漢人・南人らの認識や制度上の実態面、色目人・四区分に関わるジュルチン帝国（大金）における用語・制度からの継承関係も今後の重要な課題である。

さらに重要な課題として、漢人の定義と形成[32]について議論を提起したい。すでに述べたように、四区分の境界を定めることは、色目人の定義を確定するということでもあった。それは、とりもなおさず、漢人の定義を確定することでもある。中国史を通じてみると、漢人という概念も、実は、他者（異なる者、外部の者）から不断に定義されてきたのであった。そして、モンゴル時代の漢人・南人の呼称は、明らかにキタイ（大遼）治下の漢人とジュルチン（大金）治下の漢人（旧キタイの漢人）・南人（旧北宋の人びと）を受け継いでいる。その指す範囲は、相互に異なっているものの、発想は軌を一にしているといってよい。また、ジュルチン時代において南人と明確に区別される漢人は、自称であり宋人からみた他称でもあった。[33] キタイ・ジュルチン・モンゴル時代の漢人・南人とは、エスニシティに類する概念というよりは、地理的・政治的な概念であり、その判断基準は属人的と言うよりはむしろ属地的であった。

そして、モンゴル時代、漢人は、モンゴル人・色目人でない人びととして、また旧南宋（マンジ、ナンキャス）の住民（南人）に対する漢地（キタイ）の住民（北人）[34]としても、再定義されたと言ってよい。『南村輟耕録《なんそんてっこうろく》』巻一「氏族」が漢人八種を列挙したのは、科挙の四区分に由来すると、劉迎勝は卓見を述べる。(35) すなわち、科挙制度を通じて他と区別される漢人が定義されたことを意味する。ある意味においては、モンゴル時代に「漢人」が成立したといってもよいのである。

もちろん、漢人形成史としては、後代の歴史的な変遷と自他認識の生成が重要であることはいうまでもない。それを前提とした上で、モンゴル時代も漢人形成史における重要な画期であると強調したい。ひとつには、この時代に、色目人の定義が漢人の定義を促進したからである。(36) そして、今ひとつには、この時代に、法制上初めて漢人が本格的な定義を獲得したからでもある。モンゴル時代の四区分を起点に、漢人を含む諸集団の形成・変遷を総合的に検討することは、近世から近現代の「民族」「エスニシティ」の議論にも大きく寄与できるに違いない。(37)

注

(1) 筆者の見解では、以下詳細に述べるように、元代に四階級制という実体をともなった制度は存在したことがなく、この四区分は階級や身分のような序列をともなうものでもない。また、「色目人」という語彙や概念も漢人からの呼称に過ぎない。したがって、これら二つの用語を用いる際には注意を要するが、本稿では、この見解を前提に叙述するため、逐一「」で括ることはしない。

(2) 四階級制・モンゴル至上主義・モンゴル人第一主義をめぐる研究史については、舩田善之「元朝治下の色目人について」(『史学雑誌』一〇八―九、一九九九年)四三―四四頁を参照。

(3) 例えば、江上波夫ほか『詳説世界史B』(一九九三年検定、山川出版社、一九九四年)一五一頁を参照。また、本書所収村岡倫論考も参照。

(4) 森田憲司「元」(愛宕元・森田憲司編『中国の歴史 下――近世―近現代』昭和堂、二〇〇五年)一三七―一四三頁、村岡倫「モンゴル帝国の真実――現地調査と最新の史料研究から」(天野哲也・臼杵勲・菊池俊彦編『北方世界の交流と変容――中世の北東アジアと日本列島』山川出版社、二〇〇六年)一四四―一四八頁、吉澤誠一郎編『歴史からみる中国』(放送大学教育振興会、二〇一三年)一〇七頁(櫻井智美執筆)、岸本美緒『中国の歴史』(筑摩書房、二〇一五年、初出は二〇〇七年)一四七―一四八頁、村岡倫「元」(冨谷至・森田憲司編『概説中国史 下――近世―近現代』昭和堂、二〇一六年)一〇〇―一〇二頁、佐川英治・杉山清彦編『中国と東部ユーラシアの歴史』(放送大学教育振興会、二〇二〇年)一三二―一三三頁(杉山清彦執筆)など。教科書については、佐藤次高ほか『詳説世界史B 改訂版』(二〇〇六年検定、山川出版社、二〇〇七年)一〇七頁、川北稔ほか『新詳世界史B』(二〇〇七年検定、帝国書院、二〇一一年)九六頁などを参照。

(5) デイヴィド・モーガン著、杉山正明・大島淳子訳『モンゴル帝国の歴史』(角川書店、一九九三年)一二九頁、杉山正明『クビライの挑戦――モンゴル海上帝国への道』(朝日新聞社、一九九五年)四九―五〇頁、森田憲司「異民族支配下の漢民族社会」(松丸道雄・池田温・斯波義信・神田信夫・濱下武志編

『中国史　三――五代～元』世界歴史大系、山川出版社、一九九七年）五〇六―五〇九頁。

（6）前掲注2舩田論文、四三―六八頁、同「元代の戸籍制度における色目人」（『史観』一四三、二〇〇〇年）三三―四八頁、同「「色目人」の実像――元の支配政策」（『しにか』一二―一一、二〇〇一年）一六―二一頁、同「色目人与元代制度・社会――重新探討蒙古・色目・漢人・南人劃分的位置」（『蒙古学信息』九一、二〇〇三年）七―一六頁（『元史論叢』九、二〇〇四年に再録）、Yoshiyuki Funada, "The Image of the *Semu* People: Mongols, Chinese, Southerners, and Various Other Peoples under the Mongol Empire,"（『西域歴史語言研究集刊』七、二〇一四年）pp.199-221.

（7）梅原郁『皇帝政治と中国』（白帝社、二〇〇三年）二五三―二五四頁、川本芳昭『中国史のなかの諸民族』（山川出版社、二〇〇四年）四四頁、野口善敬「元・明の仏教」（沖本克己編『中国文化としての仏教』新アジア仏教史　八、中国Ⅲ宋元明清、佼成出版社、二〇一〇年）六七―六八頁など。ところで、森安孝夫は、四階級制といった用語・概念は言及しないものの、モンゴル帝国において、ウイグル人が「準モンゴルともいうべき「色目人」の筆頭」として活躍したと述べる。モンゴル帝国においてウイグル人が重要な役割を果たしたことに異論をはさむ余地はない。ただし、筆者としては、このような表現は、その背景に四区分の序列が存在したかのような誤解を招きかねないこと、また、モンゴル帝国において優遇され、活躍したウイグル人の多くは、王族・貴顕や大商人など出自が特別であったことに注意を喚起したい。森安孝夫『シルクロード世界史』（講談社、二〇二〇年）一七〇―一七三頁参照。

（8）Hodong Kim, "Mongol Perceptions of "China" and the Yuan Dynasty," in Timothy Brook, Michael van Walt van Praag, and Miek Boltjes, eds., *Sacred Mandates: Asian International Relations since Chinggis Khan* (*Silk Roads*), Chicago: University of Chicago Press, 2018, pp.44-48.

（9）『雪楼集』附録「元故翰林学士承旨光禄大夫知制誥兼修国史雪楼先生程公行状」（内閣文庫所蔵洪武二十八年刊本）五葉右八―九。

（10）前掲注2舩田論文、五八頁。なお、宮紀子もこの史料に依拠して、「蒙古人、色目人の優遇は、かれらへの学問の普及を目指して、程鉅夫らが提案したもの」と述べる。宮紀子「程復心『四書章図』出版始末攷――江南文人の保挙」（『モンゴル時代の出版文化』名古屋大学出版会、二〇〇六年、初出は二〇〇一年）三六一―三六二頁。

（11）元代の科挙及び関連する出仕ルートについては、飯山知保『金元時代の華北社会と科挙制度――もう一つの「士人層」』（早稲田大学出版部、二〇一一年）、とくに第九章～十五章（初出は第十一・十五章が二〇〇七年、第十四章が二〇〇八年、第十三章が二〇〇九年）を参照。

（12）杉山正明『大モンゴルの世界――陸と海の巨大帝国』（角川書店、一九九二年）二七六―二八〇頁、前掲注5森田論文、五〇七―五〇九頁、同『元代知識人と地域社会』（汲古書院、二〇〇四年）四四～四六頁。杉山は、根脚という用語は用いないが、モンゴルの人材任用について、門閥と縁故が重視されたことを述べる。

（13）前掲注6舩田「「色目人」の実像」一九―二一頁、同「色目人与元代制度・社会」一〇―一二頁。

（14）紀念韓儒林先生誕辰一百周年元代政治与社会国際学術研討会（二〇〇三年八月一四日、於南京大学）。

(15) Roundtable on the Nature of the Mongol Empire and its Legacy with Respect to Political and Spiritual Relations among Asian Leaders and Polities, November 6, 2010, at Vienna.

(16) 全春花「元朝〝四等人制〟概論」（『世紀橋』二〇〇八—八、二〇〇八年）七〇—七一頁、李翀「多角度解読元代四等人制形成的原因」（『黒龍江民族叢刊』二〇〇八—一、二〇〇八年）一〇八—一一二頁、余思璇「浅析元朝法定四等人制的成因」（『法制与社会』二〇〇八—一五、二〇〇八年）二七七、二八〇頁、蔡鳳林「論元朝的〝四等人制〟——兼論元朝政治文化的若干特徴」（『内蒙古師範大学学報（哲学社会科学版）』三七—三、二〇〇八年）一三—二〇頁、李大龍「浅議元朝的〝四等人〟政策」（『史学集刊』二〇一〇—二、二〇一〇年）五〇—五三、一二一頁、楊華「元朝四等人制研究」（『洛陽師範学院学報』三〇—四、二〇一一年）七四—七六頁など。

(17) 蕭啓慶「中国近世前期南北発展的岐異与統合：以南宋金元時期的経済社会文化為中心」（『元代的族群文化与科挙』聯経出版、二〇〇八年、二〇〇五年の講演に基づく）一七—一八頁、同「蒙元統治与中国文化発展」（前掲書、初出は二〇〇一年）二五—二七頁、劉暁『元史研究』（福建人民出版社、二〇〇六年）一七六—一七七頁、陳高華・張帆・劉暁『元代文化史』（広東教育出版社、二〇〇九年）一六三—一六五頁など。

(18) 李翀「(蒙）元民族政策百年研究綜述」（『忻州師範学院学報』二三—一六、二〇〇七年）七九—八三頁、同「浅探元代四等人制的成因」（『安陽師範学院学報』二〇〇七—四、二〇〇七年）六二—六五頁、劉中玉「蒙元等級体制下高麗待遇之争」（『朝鮮・韓国歴史研究』一一、二〇一一年）九九頁注四。

(19) 楊暁光「対元代〝四等人制度〟説法来源的考辨」（『蘭台世界』二〇一五—二七、二〇一五年）五二～五三頁、Christopher P. Atwood, "Mongols, Arabs, Kurds, and Franks: Rashīd al-Dīn's Comparative Ethnography of Tribal Society," in Anna Ayse Akasoy, Charles Burnett and Ronit Yoeli-Tlalim, eds., *Rashīd al-Dīn: Agent and Mediator of Cultural Exchanges in Ilkhanid Iran*, London: The Warburg Institute-Turin: Nino Aragno Editore, 2013, pp.245-246, Michal Biran, "The Mongols and Nomadic Identity: The Case of the Kitans in China," in Reuven Amitai and Michal Biran, eds., *Nomads as Agents of Cultural Change: The Mongols and Their Eurasian Predecessors*. Honolulu: University of Hawai'i Press, 2014, pp.179-180, n.81, Jinping Wang, "Clergy, Kinship, and Clout in Yuan Dynasty Shanxi," *International Journal of Asian Studies*, 13/2, 2016, pp.207-209, Joo-Yup Lee, "The Historical Meaning of the Term Turk and the Nature of the Turkic Identity of the Chinggisid and Timurid Elites in Post-Mongol Central Asia," *Central Asiatic Journal*, 59/1-2, 2016, p.107, Geoffrey Frank Humble, "Biographical Rhetorics: Narrative and Poewer in Yuanshi Biography," A thesis submitted to the University of Birmingham, 2017, pp.7, 159-160, Eiren L. Shea, *Mongol Court Dress, Identity Formation, and Global Exchange*, London and New York: Routledge, 2020, p.42, p.65, n.7.

(20) 洪麗珠「元代的県級官府与官員」（国立清華大学歴史研究所博士論文、二〇一一年）六八、二〇八—二一〇頁、同「寓制衡於参用——元代基層州県官員的族群結構分析」（『中国文化研究所学報』六二、二〇一六年）八三—八四、九三頁、胡小鵬「元代〝色目人〟与二等人制」（『西北師大学報（社会科学版）』五〇—六、二〇一三年）五六—五九頁。

(21) 劉暁「元代司法審判中種族因素的影響」（柳立言主編『性別・宗教・種族・階級与中国伝統司法』中央研究院歴史語言研究所、二〇一三年）一九九—二二七頁、杜冠穎「元代族群分類的演変」（国立台湾大学文学院歴史学系碩士論文、二〇二〇年）。

（22）前掲注20胡論文。

（23）張帆（采訪者：孟楷卓・王楠）「張帆談元代的〝四等人制〟」（https://www.sohu.com/a/127100629_383724、二〇一七年）、前掲注21杜論文、三八頁。

（24）舩田善之「蒙元帝国的統治秩序——再論色目人」（『色目（回回）人与元代多元社会国際学術研討会暨二〇一九年中国元史研究会年会』二〇一九年十一月十六日、於南京大学）。

（25）前掲注21杜論文、三八—三九頁。

（26）前掲注21杜論文。

（27）前掲注21劉論文。

（28）前掲注16〜18所掲論文・書籍及び注20洪「元代的県級官府与官員」七—九頁、同「寓制衡於参用——元代基層州県官員的族群結構分析」八三—八四、一〇五頁、注21劉論文、二二六頁。

（29）前掲注20胡論文、五六—五九頁。

（30）前掲注5杉山書、四九—五〇頁。

（31）筆者の試みについては、口頭発表で公表している。舩田善之「モンゴル帝国統治層の根脚——身分秩序と類型」（第六四回東洋史学研究会、二〇一八年四月二一日、於福岡大学）、前掲注24同「蒙元帝国的統治秩序——再論色目人」。後者については、予稿集（『色目（回回）人与元代多元社会国際学術研討会暨二〇一九年中国元史研究会年会論文集』中国元史研究会、二〇一九年、一八九—一九〇頁）に要録が掲載されている。

（32）岸本美緒は、中国と漢人（漢族）を相対化しつつ、中国の通史を叙述するが、「漢族」については、「「漢族」の定義は難しいが、ごく簡単にいうならば、漢字を用い漢語を話し、家族関係や衣食住などに関する習慣を共有し、おもに農耕生活を営みながら、「漢族」としてのアイデンティティを形成してきた人々、ということができよう」と述べるにとどめる。前掲注4岸本書、一二三頁注一。

（33）劉浦江「説〝漢人〟——遼金時代民族融合的一側面」（『遼金史論』遼寧大学出版社、一九九九年、初出は一九九八年）、一〇九—一一二頁、笠井直美「〈われわれ〉の境界——岳飛故事の通俗文芸の言説における国家と民族（下）」（『言語文化論集』二四—一、二〇〇二年）三六—三八頁。

（34）Hodong Kim, "Mongol Perceptions of "China" and the Yuan Dynasty," (n.8) pp.44-48.

（35）劉迎勝「〝漢人八種〟新解——読陳寅恪《元代漢人訳名考》」（『西北民族研究』二〇二〇—一、二〇二〇年）五七—五九頁。

（36）中華人民共和国の民族籍における漢族も、実は明確な定義を提示することができず、むしろ「少数民族」として登録されない人びととしてしか定義できないことに類似している。

（37）近年、飯山知保は、モンゴル時代に起源のある中国の非漢人の集団を起点に、現代に至る長期的なスパンから、その認識や記憶の継承について、精力的な研究を進めている。筆者の問題関心に照らしても、議論を相互に補完できる重要な研究である。さしあたって、本書所収飯山論考を参照。

附記　紙幅の制約のため、多くの論点について、簡略化あるいは割愛せざるを得なかった。別途詳細に論じたものを公刊したい。

謝辞　本研究はJSPS科研費JP18H00723、JP19H00535、JP20H01324の助成を受けたものである。

ジャムチを使う人たち——元朝交通制度の一断面

山本明志

やまもと・めいし——大阪国際大学経営経済学部准教授。専門はチベット史・モンゴル時代交通史。主な著書に『元典章が語ること——元代法令集の諸相』（共著、大阪大学出版会、二〇一七年）、『チベットの歴史と社会』（共著、臨川書店、二〇一二年）、論文に「モンゴル時代のチベットにおける都元帥」（岩尾一史・池田巧編『チベット・ヒマラヤ文明の歴史的展開』京都大学人文科学研究所、二〇一八年）などがある。

モンゴル時代・元朝時代において、モンゴル政権はその広大な領域に駅伝網を整備し、迅速な情報伝達・スムーズな使者の往来を実現した。ジャムチの名で知られるこの駅伝制度について、本稿はその管理の様子について概観し、次いで具体的な利用の現場に注目する。また、ジャムチ研究に関わる史料の問題についても言及していく。

はじめに

中国には古来、駅伝の制度があった。駅には替え馬が用意され、使者は駅に宿泊して食事の提供を受けることができた。駅伝は、公的出張支援システムともいうべき交通制度である。唐代には駅制と伝送制が分離したが、宋代には両者は統合され、その形式は元朝時代にも引き継がれる。(1) 一方、駅伝制は遼・金王朝にも存在し、駅伝利用者にはその特権を証明する金属製のタブレット（牌）を持たせる仕組みが精緻化されたようだ。元朝時代も、各駅において利用者の所持する牌子（パイザ）と利用許可書（鋪馬聖旨《ほばせいし》／鋪馬箚子《ほばさつし》など）がチェックされ、不正利用を防止する方策が採用されている。このように元朝の駅伝制は、唐・宋以来の制度も、遼・金王朝のやりかたも踏襲している部分がある。

しかし元朝時代の駅伝制度には独自の特徴も多くある。特に前代と最も異なるのは、その制度の名称であろう。元朝はモンゴル人のカアンが主宰するものであるから、政治制度にはモンゴル語の語彙が取り入れられるようになった。モンゴル帝国第五代カアンのクビライ（世祖）が国号を大元とするよりも前から、モンゴル政権は駅伝制度を整備しており、モンゴル語で宿駅の事をジャム（ǰam）と言った。そしてこの言葉は「站」という漢字で音写され、この時代の漢文史料で駅伝制度を表現する時は、「站赤」の語が用いられたのである。この「站赤」の「赤」はモンゴル語で「〜を担当する人」を表す接尾辞の「či」を音写したもので、「站赤＝ǰamči＝ジャムチ」の語は本来「駅を管理する者」の意であるのだが、[2]漢文史料では「宿駅」「駅伝（制度）」の意味で用いられるようになった。[3]なぜ「站」ではなく、「站赤」で「宿駅」「駅伝」を示すようになったのか、確たる証拠は無いが、二音節の熟語とした方が漢語語彙として馴染みやすかったのかもしれない。[4]翻って現代中国語で「站」は鉄道の駅などを指す語だが、「站」には本来「駅」の意味はなく、「站」が「駅」の意味を有することになったのは、まさにこの元朝期＝モンゴル政権時代のことなのである。

本稿は元朝時代の駅伝制度について検討するものであるが、以下「駅伝制度」の意味で「ジャムチ」の語を用いることにする。モンゴル帝国は空前絶後の大領域を統治するために、さまざまな仕組みを採用していったが、「ジャムチ」もその一つである。日本の高校世界史の教科書においては、太字強調されているこのモンゴル語の制度用語であるジャムチ[5]について、その具体的な管理運営・利用実態の一端について、ここから見ていくことにする。

一、ジャムチを管理する

（一）モンゴル帝国時代のジャムチ管理

ジャムチはいつからモンゴル政権によって整備されたのかという問題については、正確なところはわからないが、チンギス＝カンの時代にはすでに存在していたと考えられている。これを大々的に整備したのは、第二代カアンのオゴデイであった。オゴデイの時代に、ジャムチ利用者はパイザと利用許可書の二点セットが必要であることが定められている。オゴデイは、即位した一二二九年の十一月十五日に早くもこの規定を示しており、この二点セットが無いのに駅馬を支給した場合も、二点セットが有るのに駅馬を支給しなかった場合も、駅の管理者は処罰されることになった。[6]

一方、パイザ・許可書が無くても、カアンに進呈する物品を輸送する者、外国の使者や急ぎの軍務がある者には、ジャムチの利用が許可されている。これは、オゴデイ時代のジャムチ管理における特徴的な部分である。ただ、宿駅の現場ではこの例外規定に混乱させられたようだ。たとえば、オゴデイのために酒を運んでいる者が、駅で輸送用の牛を支給してもらえない事態が発生し、オゴデイは急遽ジャムチの利用を許可する聖旨を発給して、輸送人のもとへ持って行かせたという例がある。[7]「カアンの御物《ぎょぶつ》を運んでいるのだ」と輸送人が主張しても、それを保証するものが無かったのだから、駅の管理者は牛の支給を躊躇したのであろう。

また各駅で駅馬を準備したり、利用者の食料を提供したりする管理業務は、駅が設置されている地域に権益を持つモンゴル皇族・功臣に委ねられたようである。『モンゴル秘史』ではオゴデイの功績の一つに「ジャムチの整備」が挙げられており、オゴデイ時代に制度の基盤が作られたという認識がモンゴル政権自身にあったのだろう。

(二) クビライ政権以降のジャムチ管理

世祖クビライ時代に入ると、ジャムチに関わる史料は増えるので、具体的なジャムチ運営のイメージがしやすくなる。ただしジャムチ制度の総体を記述している史料はあまり無く、我々はジャムチに関わる様々なトラブルとその対処事例の中から、ジャムチの制度の一端を知ることになる。それゆえ、「普通のジャムチの姿」が一番よくわからないのも事実だ。

旧金朝領など、農耕中国世界を領有することになったモンゴル政権は、各駅の運営にかかわる民戸を「站戸《たんこ》」として選びだした。站戸は宿駅に食糧を供給し、駅に準備されている馬などを飼育し、死ねば補填する義務を負う。その分、通常の税はそれなりに免除されたが、站戸となるには一定の経済力が必要だった。また、宿駅や站戸の管理は、在地の路《ろ》という広域行政機関が担ったり、それよりも小規模の州や県が担当したり、時期によって一定しなかった。中央では諸站統《しょたんとう》領司《りょうし》や通政院《つうせいいん》、あるいは中書省《ちゅうしょしょう》が直轄する六部《りくぶ》の中の兵部《へいぶ》がジャムチ行政をとりしきった。中央政府におけるジャムチ管轄機関も、時期による変遷がある。

ジャムチ行政においても様々な問題があったが、中でもジャムチの過剰利用の抑制は大きなテーマだったようだ。その根本原因は、ジャムチ利用許可書の発給コントロールが十分にできなかったことにあると思われる。

当初、様々な衙門《がもん》が「鋪馬箚子《ほばさっし》」と呼ばれるジャムチ利用許可書を出していたが、この方式はおそくとも至元十九年(一二八二)には禁止され、カアンの出す「鋪馬聖旨《ほばせいし》」のみが利用許可書として通用するように規定改正が行われる。各衙門には、利用できる馬の数が示された鋪馬聖旨が何通か渡され、出張者は利用が終われば返却しなければならなかった。また地方衙門には、中央への使者派遣のための鋪馬聖旨があらかじめ発給されることになった。それゆえ公務出張者の数が増えれば鋪馬聖旨が足りなくなり、増給を求める事例も多くみられる。このやり方だと、各行政機関は出張者の数を鋪馬聖旨の枚数に応じて調整せねばならない。またジャムチ利用許可書が無ければ宿駅ではその利用を拒否できるのだから、ジャムチ利用者数は抑制されるはずであった(8)。

しかし、諸王をはじめとするモンゴル皇族がジャムチ利用許可書を発行することは止められなかったようである。また、各衙門による鋪馬聖旨増給の要請も頻繁になされ、結果的にジャムチ利用の過多に起因する宿駅・駅馬の疲弊問題は、解消されない大きな課題として残っていったのである。ジャムチを利用して出張する官員が多かったのはもちろん、モンゴル皇族や特定の政府機関にコネクションを持つ非官員たちによる頻繁なジャムチ利用の問題も、ここには関わっていた(9)。ピラミッド型の官僚機構、整然とした上意下達の原理だけでなく、時にモンゴル皇族との近しさを利用して行政機構の例外を引き出す存在もあった所に、注目すべき元朝政治制度の特色がある。

二、ジャムチを使う

さて冒頭でも述べたが、ジャムチは公的な使者の往来の便を図ることに主たる目的が置かれていた。また付随して、元朝期には税をはじめとする公的な輸送も、ジャムチシステムを用いて行われた。いずれにしても、ジャムチは国家が運営する公的な仕組みであることに変わりはない。このような性格を持つジャムチの便益を、モンゴル帝国期・元朝期の官員・非官員たちは最大限享受しようとしていた。ここでは、『経世大典《けいせいたいてん》』「站赤」に見える、ジャムチ利用をめぐるいくつかのトラブルを取り上げて、検討してみよう。

（一）食事をめぐって

ジャムチ利用者がひき起こした問題行動は数多く記録されているが、まずはオゴデイ時代の事件を見てみよう。以下は一二三三年二月五日に出された聖旨の概要である（以下、本稿で提示する史料の和訳は、紙幅の都合上、抄訳である）。

> 太原路《たいげんろ》ダルガチの塔塔不花《タタルブカ》の上奏によると「太原府《たいげんふ》ではダルガチや長期滞在する使者、投下《とうか》の者などが、酒・肉・米・麦粉をたくさん食べ散らかし、毎年ヒツジ一四〇〇頭余りが必要です」とのこと。（中略）太原路に申しわたす。今後往来する使臣《ししん》には、これまでのやり方通り食料を出し、そのほかの者には支給するな。民戸や職人を管轄するダルガチには、自分の食料がなければ一人一日米一升をやれ。もし以前のように勝手に酒・肉・米・麦粉を取っていく者がいれば、みな処罰する(10)。

ダルガチは長官職であるが、そのような高官や、だらだらと長逗留する使者、皇族をはじめとするモンゴル人領主層である投下の者たちが、宿駅の食料に群がっていることがここから見て取れるだろう。公務出張中の使者のために駅には食事が準備されているわけだが、それを狙って駅に寄生する者たちが問題になっているのがこの事例である。山西《さんせい》の太原府がここでは取り上げられており、おそらく太原城内の宿駅が騒動の現場である。年一四〇〇頭のヒツジを日割りすれば、四頭弱となる。毎日ヒツジをつぶして酒盛りしている官員たちの姿が、ここから浮かび上がってくる。彼らの目には、宿駅が「ただ飯・ただ酒」を際限なく入手できる場として映っていたのではないだろうか。

もう一件オゴデイ時代の事例を見てみよう。こちらは一二三七年八月二十三日の聖旨の一部である。

各路を往来する使臣の中には、用事があるわけでもないのに正式なジャムチルートを外れて城市にやってきて、「パイザとジャムチ利用許可書が有るぞ」と言って、食事を要求する者がいる。また公務で城市にやって来て駅馬を二、三匹使う一方、関係のない連中も十人、二十人と引き連れ、宿駅で自分が所有する馬のまぐさを要求する者もいる。さらに、ブタ・牛・馬・山羊の肉を提供しても食べようとせず、ヒツジ肉を要求する者もいる。(11) ヒツジ肉を与えたとしても、「痩せてるぞ」と不満を言う。ムスリムの使臣がやってくれば、「我々は誰が殺したかわからない肉は食べないので、生きているヒツジをください」と言う。さらには、駅で休もうとせず、ダルガチや管民官《かんみんかん》の家に泊まろうとする者がいる。こういう難癖をつける一方、公務が終わってもあれこれ言い訳をしながら、駅から出発しない者もいる。(12)

公務出張中なのに、やりたい放題の使者のなんと多いことか。各駅で使者を受け入れる担当者たちは、まさに下働きの身分であり、無理難題を拒否する力はない。(13) 駅は使者にとって、食べ物と寝るところ、馬のエサがもらえる所であり、そのサービスを最大限引き出そうとしている様子が見て取れるだろう。もちろんオゴデイは不法利用者を現地のダルガチ・管民官たちに取り締まらせようとするのだが、うまくはいかなかったようだ。なおこの事例は、山西北部の宣徳州《せんとくしゅう》が聖旨の受領者であるので、問題が起こったのも当地であった可能性が高い。先の事例は山西中部の太原路が舞台であった。オゴデイによる金朝の都の開封《かいほう》を陥落させる作戦において、このあたりはモンゴル軍の進軍ルートとなったのだが、当地はジャムチを使って往来する使者たちに、文字通り食い物にされたのであった。

さて、こちらの例でも先の事例でも宿駅に長逗留する使者の姿があったが、この問題は元朝期においても発生していることを付言しておきたい。

江浙等処行中書省《こうせつとうしょこうちゅうしょしょう》が次のように言ってきている。「平江路《へいこうろ》（今の蘇州《そしゅう》）の宿駅には、投下から派遣されてくる使臣が多い。彼らは投下に与えられた権益地からの税を集めに来るのだが、毎日駅馬に乗って、宿駅で食事を食らい、半年たっても立ち去らない（以下略）」。

早く投下領主のもとに帰らなくても大丈夫な業務なのか、詳細は不明であるが、ジャムチ利用許可書がある限り、宿駅の現場では「早く出ていけ」ともいえない状況にあったのだろう。この行省《こうしょう》の訴えに対し、中央の中書省は「重要業務（大事）であれば、食事と駅馬は八日分、そうでなければ（小事ならば）三日分、それ以外は支給するな」という通知を出している。(14)

（二）カアンへの贈り物を運ぶ

南宋が元朝によって接収されると、使者の往来、物品の輸送の範囲は格段に広くなった。江南《こうなん》から華北《かほく》へ、税として徴収された食糧を輸送する問題については、多くの研究がある。(15)一方、税糧以外の物品で、ジャムチを利用して運ばれるものもあった。

元朝期は海上ルートが発展し、東南アジアやインド方面からの貨物が中国に多くもたらされたことが特徴的である。また民間の交易だけでなく、使者が南海方面へ派遣され、珍しい商品や動物を入手して帰ってくる記事も史料に多く見られる。まずは至元二十六年（一二八九）二月十六日の案件を見てみよう。

尚書省《しょうしょしょう》の上奏。「泉州《せんしゅう》から杭州《こうしゅう》までは陸路では大変遠く、外国の使者が珍しい品々（「奇異物貨」）を献上しようとすると、民に労力をかけ駅馬は多く死んでしまいます。いま海上ルートを取り仕切っている鎮守官の蔡沢《さいたく》が『もともとあった二〇〇〇の水軍を使い、海沿いに水站《すいたん》を建てて運べば、民は負担から解放され、盗賊もおさまります』と言います。いかがでしょうか。ご裁可を願います」。カアンは提案を許可した。(16)

海外からの使者の移動の便益のため、泉州からの海上ルートが整備された、というのがこの事案の骨子である。ここでは背景として、従来、南海から中国に到来する使者たちは駅馬を使ってカアンへの献上品を運んでいた事実を確認しておきたい。

つぎに大徳二年（一二九八）十二月の案件を見てみよう。

また江浙等処行中書省が言う。「使臣の答术丁たちがカアンの聖旨と虎符《こふ》を所持して「馬合答束番国」へおもむき、獅子や豹などを入手するというのを、杭州路在城駅はちかごろ接待した。彼らの行き帰り二年分の食料を支給する際、ヤギも北羊の食事も拒み、百五十日分の生きた動物を請求してきた。また、愛祖丁などは四回、正式な使者と従者合わせて三十五名で「刁吉児」へおもむいて、豹などの珍しいもの（「豹子希奇之物」）を取りに行くというので、行き帰り三年分の食料を支給したが、どの官員も北羊の肉の代金を求めてきたのである」[17]。

これらはカアンの命を受けて、獅子や豹といった動物を入手しに行く使者に対し、宿駅が食料を提供する問題に関する記事である。該当の駅にとっては数年分の食料を一度に準備することになるのだから、かなり大きな負担だったはずである。その上、ヤギは嫌だとか、北羊（華北から連れてきた羊）[18]はダメだとか、肉に相当する現金をよこせだとか、使臣たちが我儘放題に請求しているさまが、ここからは看取される。

ちなみに、豹は南海方面だけからもたらされたわけではない。陸路で西方からも連れてこられたようであるが、豹の輸送はそれなりに厄介であった。やや簡略な記事だが、『経世大典』と同じく元代の典章制度をまとめた『成憲綱要《せいけんこうよう》』に、興味深い案件がある。

大徳六年（一三〇二）、戸部《こぶ》が受けた大都《だいと》運《うん》司《し》の文書に次のようにある。「旧例では、豹子は一日あたり羊肉七斤（四キログラム余り）、大土豹は羊肉四斤、小土豹は羊肉三斤を支給し、夜に到着すれば肉は与えず、換算した金銭を出していた」[19]。

なお、使臣の場合は一日に支給される肉は一斤であるので、その数倍の肉が豹には必要であった。各駅における苦慮がしのばれる。

さて西方・南海からは豹がジャムチを使っても

図1　元代の食養生書『飲膳正要《いんぜんせいよう》』にみえる豹の絵
本書では豹を食用した際の効能について述べられるが、食用が本来の目的であったわけではないだろう。

たらされたわけだが、東北方面からは海東青（ハヤブサ）や鷹が運ばれてきた。

至元八年（一二七一）八月、中書省は以下の決まりを定めた。鷹に食わせるエサについては、海青兎鶻は、朝に二両（七十五グラム）、午後に三両、鷹や牙鶻は朝に一両、午後に二両、皂鵰北海青などは斟酌してやや多くする。新しい肉を食用に提供するべきだが、もし新鮮な羊肉が無ければ、ニワトリやブタをつぶして与えよ。[20]

ジャムチを使ったハヤブサの献上事例は、オゴデイ時代から見える。鷹狩の際に用いられるハヤブサの輸送において、ジャムチは長い間利用されてきたのである。こういった物品の輸送は、一方で献上者たちのジャムチ利用の口実となったことも、想像に難くない。

（三）寄り道をする

公的な使者である限り、業務のために出張し、仕事が終わればすぐさま本務の機関に戻らなくてはいけないのは、いまも元代も同じであろう。しかし、ジャムチを利用して出張する使者たちの中には、定められたルートを外れて問題となっているケースがある。

たとえば至元二年（一二六五）閏五月六日の案件を見てみよう。中書兵刑部《ちゅうしょへいけいぶ》が受け取った西京路総管府《せいけいろそうかんふ》の文書には次のようにある。「渾源《こんげん》・弘州《こうしゅう》などの地域はジャムチルートが設定されていないのだが、順天《じゅんてん》・真定《しんてい》・徳興《とくこう》等路から使臣がやってきて、道を外れて進み、駅馬の交換を要求してくる。どうかお調べいただきたい」。兵刑部が中書省に申し上げ、回答として受け取った文書には次のようにある。「各処のジャムチの站官《たんかん》に申し付ける。駅馬を引いていくウラーチ（馬夫）には、今後は使臣を送っていくとき、正式なジャムチルートを通って行かせるようにし、駅站が設置されていないところに進み、駅馬を交換させせないようにさせよ」[21]。

当たり前の話ではあるが、ルートから外れてはならないと各地に通知されていることが、ここでは確認できる。しかし、正式なジャムチルートを逸れて、使臣たちはいったいどこに行きたかったのだろうか。個別の事情はいろいろあるだろうが、寄り道の目的地がわかる案件がある。次に至大四年（一三一一）六月の事例を取り上げてみよう。

赤城《せきじょう》駅の提言。「瑞雲寺《ずいうんじ》には西温湯《せいおんとう》があり、諸王・后妃・公主・駙馬・西僧・朝廷の内外の出張者たちが駅に着くと、道を外れて入浴に行ってしまい、彼らに供出する食料は多く、駅馬も疲弊してしまっています。禁止されているにも関わらず、誰も畏れることがありません。罪名をきちんと定め、立て札に記して処分すれば、少しは宿駅が助かることになるはずです」。中書省はカアンに上奏したところ、以下のような聖旨を賜った。「カアンの命令を受けたもの、中書省・六部の文書を所持するもの以外には、駅馬や食料はすべて支給するな。あえて禁令を破るものは、きまり通り処分する」。中書省はつつしんで赤城駅に立て札を立てて示し、取り締まることにした。(22)

使臣たち、あるいはモンゴル皇族やそれに連なる人々、特権を得た「西僧」と呼ばれるチベット人僧侶などが、温泉に押しかけているさまがよくわかる。寄り道したくなる気持ちもわからなくはないが、赤城駅は利用者が到着すれば必ず駅馬を使って温泉まで往復され、ほぼ全員に宿泊されるとなると、食料供給負担は莫大になるのも想像できる。ジャムチ利用者の寄り道行為が、赤城駅の負担を大きくすることは確かであろう。

駅馬は次の宿駅まで乗ることが前提であるはずだが、気軽に借り出して、行きたいところに行ってしまう使者もいる。至元二十四年（一二八七）の案件には、山西の豊州《ほうしゅう》の站官による報告があるが、使者たちが駅馬に乗って「茶房《さぼう》」や「酒肆《しゅし》」に遊びに行ったり、親戚や知人に会いに行ったりして、夜禁の鐘が鳴った後にようやく宿駅に戻ってくる有様だ、とある。(23)正式な使臣の場合、宿駅では酒一瓶は支給されることになっているのだが、やはりそれだけでは足りないのだろうか。使者たちが駅馬で街に繰り出してしまうのを、站官たちは止めようがなかったものと思われる。

三、史料に見えるジャムチ

(一) 行政文書史料

ここまで見てきたように、ジャムチを利用する人たちは問題ばかり起こしていたのだろうか。これは、現存している史料の性質が関係している。まずジャムチの制度全般については、正史である『元史』巻一〇一、兵志四、站赤の冒頭にまとまった記述があるが、これは『経世大典』「站赤」の引き写しである。『経世大典』の成立は天暦二年（一三二九）のことであり、明代に編纂された『永楽大典《えいらくたいてん》』に引用されている部分のみが、現在参照可能だ。順帝トゴンテムルが大都を放棄してモンゴル高原に撤退するのが至正二十八年（一三六八）なので、『経世大典』成立以降、元末の四十年弱のジャムチの様子については、『元史』の本紀などの零細な史料からしかわからない。

また『永楽大典』巻一九四一六以下には、『経世大典』だけでなく『六条政類《ろくじょうせいるい》』『政憲綱要』『元朝典章《げんちょうてんしょう》』『析津志《せきしんし》』といった史料からジャムチにかかわる文章が集められて収録されているが、『析津志』以外は、ジャムチ関連の問題報告と、それに対するカアンや上級政務機関の裁断・判断を示した公文書の抜粋の集積である。それゆえ、ジャムチの利用者についてここから知ろうとすると、彼らの問題行動ばかりが見えることになる。

たとえば、ジャムチを利用するときには官員はどのような文書で上司に伺いを立て、上司はジャムチ利用許可書をどのように出張者に渡し、各駅ではどのようなチェックがなされるのか、といった基本的な「ジャムチ利用マニュアル」のようなものは、史料として残っていないのである。我々が目にできるのは、ジャムチ利用許可書を持っていない官員に対する対応例や、ジャムチ利用許可書が乱発されているのを糾弾する上奏文などなのである。それゆえジャムチの普通の姿ではなく、改善を要するジャムチの姿ばかりが見えてくるのだ。

さて、このような衙門間を往来する行政文書で用いられる言葉は「吏牘語《りとくご》」と称されるもので、いわゆる典雅な文体では書かれておらず、言わんとしていることを読み取るのもなかなか難しかった。ただ近年、元朝行政文書の研究は飛躍的に進み、我々が「読める」内容が広く深くなってきているのも事実である。[24] それゆえ、『経世大典』をはじめとするジャムチ関連史料群は再検討されるべき価値をもっていることを、ここでは指摘しておきたい。

(二) 石刻史料

日本における元朝史研究は、石刻史料への注目が続いている。しかし石刻史料のジャムチ制度史研究への活用は、あまり進んではいない。ここではジャムチ研究に資する可能性を持つ石刻史料を二点紹介してみよう。

まず『金石萃編補正《きんせきすいへんほせい》』巻四に収録され、蔡美彪《さいびひょう》の『元代白話碑集録（修訂版）』では「（71）滎陽《けいよう》洞林大覚寺碑　―小薛大王令旨（一二三八年）」として紹介されるものである。[25] これはオゴデイの子クチュの系統である小薛（セウセ）が発給した令旨《れいし》である。本史料は当初、白話風漢文で書かれた命令文書として注目されたが、党宝海はこれをセウセが発給した「長行馬令旨《ちょうこうばれいし》」であると明快に指摘した。[26] 長行馬とは駅馬とは異なる私有の馬であり、駅で交換することなく長距離移動に用いるものである。ただし、場合によっては駅でエサの供給を受けることもできた。本史料は、この文書を受け取った僧侶たちの長行馬に対するエサや、僧侶たちの食料を、経過するところの人々は与えよ、と命じる文書であり、宿駅にお

図2　河南省滎陽県洞林寺
2006年10月筆者撮影。新しい堂宇が建設中であった。

いても示された可能性が高い。その点で、これは元代の交通制度を考える上でも重要な史料であるといえる。[27]

もう一つは、「嘉興路《かこうろ》重建水駅記」である。こちらは一九九八年に発見された碑であり、翌年には「水駅亭」が建てられ、補修の上公開されているものである。録文は注釈とともに『嘉興歴代碑刻集』に収録されている。[28] 内容は、駅伝用船舶を設置している「西水駅」の修築を記念するものである。後至元五年（一三三九）に法忽魯丁という現地の官員の提言で西水駅の修築事業が開始され、ダルガチの也列不干、同治《どうち》の闊児、治中《ちちゅう》の馬合馬、府判《ふはん》の小雲失海牙など、協力した

図3　浙江省嘉興市西水駅碑
2012年9月筆者撮影。碑亭は市民の憩いの場となっている。

在地の官吏の名前が記されており、興味深い。こちらは、駅の施設の管理という側面において、注目するべき史料と言えるだろう。(29)

おわりに

モンゴル帝国・元朝の広域支配を考えるうえで、ジャムチの果たした役割はこれまでも様々な形で評価されてきた。同時代のカアンや官員たちも、中央の意思を地方へ伝達し、辺境の情報を中央にもたらす仕組みとして、ジャムチをとらえていた。しかし、その運用方法、利用方法の詳細については、いまだ十分に検討されていない面も多い。本稿では、そのごく一部を取り上げてきたが、「問題ばかり抱えるジャムチ」の姿は明らかにできても、「通常のジャムチの姿」にはなかなか近づけないことも、同時に示すことができたのではないだろうか。ただ、史料状況にも変化が見られる。ジャムチの実態解明に向け、様々なアプローチが今後試みられる必要があるだろう。

注

(1) 荒川正晴『ユーラシアの交通・交易と唐帝国』(名古屋大学出版会、二〇一〇年)、中大輔「北宋天聖令からみる唐の駅伝制」(鈴木靖民・荒井秀規編『古代東アジアの道路と交通』勉誠出版、二〇一一年)一〇三—一二〇頁、曹家斉『宋代交通管理制度研究』(河南大学出版社、二〇〇二年)、羽田亨「元朝駅伝雑考」(『羽田博士史学論文集歴史篇』東洋史研究会、一九五七年[初出は一九三〇年])三二—一一四頁、党宝海『蒙元駅站交通研究』(崑崙出版社、二〇〇六年)。

(2) 『モンゴル秘史』二七九節には、「駅の管理者」の意味合いで「札木臣＝ジャムチン」の語が見える。例えば、村上正二訳注『モンゴル秘史』三(平凡社、一九七六年)三六一—三七二頁参照。

(3) 至順三年(一三三二)に進献された、元朝期の典章制度をまとめた『経世大典《けいせいたいてん》』では、至元五年(一二六八)あたりの記事から「駅伝」を表す語として「站赤」が使われている。周少川・魏訓田・謝輝輯校『経世大典輯校』(中華書局、二〇二〇年)四五九頁。

(4) なお、「站」一語で「宿駅」を表す用法も、漢語史料には散見される。

(5) 例えば帝国書院『新詳世界史B』は、「モンゴル帝国は、当初から交通路の整備や国際商人の保護など交通、貿易振興策を積極的に推進し、カラコルムを中心に駅伝制(ジャムチ)をしいて、陸上の交通・通信ネットワークを築いた。クビライは冬都の大都と夏都の上都を建設して駅伝と接続させるとともに、大都から大運河・渤海湾へとつながる水運路を開いた」と説明する。「駅伝制(ジャムチ)」は太字で強調されている。

(6) 前掲注3『経世大典輯校』四四〇頁。

(7) 一二三五年の事案である。前掲注3『経世大典輯校』四四二—四四三頁。

(8) ジャムチ利用許可書については検討するべき問題が多くあるが、前掲注1党著書、二〇八—二三〇頁が現段階で最もまとまった記述である。本稿もこれを参照した。

(9) たとえばモンゴル皇族と深い関係を持ったチベット人僧侶たちは、官員ではないものの利用許可書を入手してジャムチを使い、さまざまなトラブルを引き起こしている。山本明志「モンゴル時代におけるチベット・漢地間の交通と站赤」(『東洋史研究』六七―二、二〇〇八年) 九五―一二〇頁参照。

(10) 前掲注3『経世大典輯校』四四二頁。

(11) 至元二年（一二六五）閏五月二十三日の事例をみると、四川においては鶏・ブタ・魚・鴨を提供していた。前掲注3『経世大典輯校』四五四―四五五頁。

(12) 前掲注3『経世大典輯校』四四四頁。

(13) 宿駅で使者たちを接待する業務を担当していた者たちは、無体な要求を拒否すると、鞭で打たれたり、殴られたりしている。前掲注3『経世大典輯校』四七三頁など。

(14) 以上、先の史料和訳も含め、前掲注3『経世大典輯校』六一五―六一六頁。

(15) たとえば松田孝一「中国交通史――元時代の交通と南北物流」(松田孝一編『東アジア経済史の諸問題』阿吽社、二〇〇〇年) 一三五―一五七頁など。矢澤知行「元代の水運・海運をめぐる諸論点――河南江北行省との関わりを中心に」(『愛媛大学教育学部紀要』五三―一、二〇〇六年) 一六一―一七〇頁の論点のまとめも重要である。

(16) 前掲注3『経世大典輯校』五一六頁。

(17) 前掲注3『経世大典輯校』五六一頁。なお「馬合荅束番国」は不明だが、「刁吉児」は『元史』巻二〇、成宗本紀三、大徳四年六月甲子の条にみえる来朝国の一つ「吊吉而」と同じであろう。陳佳栄等編『古代南海地名彙釈』(中華書局、一九八六年) 三四〇頁によれば、インドのマイスール辺りであるという。

(18) 北方から江南に羊が連れてこられる事例は、高橋文治「ヒツジを消費する人たち――《羊・馬・牛を抜き取る決まり》」(『元典章が語ること――元代法令集の諸相』大阪大学出版会、二〇一七年) 一七三―二〇三頁参照。

(19) 『永楽大典』巻一九四二五所収『成憲綱要』「駅站」参照。豹の種類の詳細は不明。なお豹については宮紀子『モンゴル時代の「知」の東西』(名古屋大学出版会、二〇一八年) 四一―四七の記述が示唆に富む。同書四二頁は本史料に基づき「食欲・餌代でいえば豹子《チーター》＞大土豹＞小土豹で、七：四：三」と述べる。

(20) 前掲注19『成憲綱要』「駅站」参照。海青は海東青と同じでハヤブサを指す。その他の鳥類については同定が難しいが、猛禽類が主体であろう。皂鵰は字義通りであればコクガンであるが、「皂鵰北海東」で一種の猛禽類の名前ではないだろうか。

(21) 前掲注3『経世大典輯校』四五四頁。

(22) 前掲注3『経世大典輯校』五八二―五八三頁。

(23) 『元典章』巻三十六、兵部三、駅站、使臣「使臣不得騎馬入酒肆」。洪金富校定本『元典章』(中央研究院歴史語言研究所、二〇一六年) 一一二四頁。

(24) 例えば筆者も共著者となっている『烏臺筆補の研究』(汲古書院、二〇〇七年)、『元典章が語ること――元代法令集の諸相』(大阪大学出版会、二〇一七年) では吏牘体や直訳体白話風漢文の上奏文や行政文書を読み解いている。もちろんこれは、先行する田中謙二、イリンチン、杉山正明、高橋文治、宮紀子、舩田善之などの研究成果に多くを負うている。

(25) 蔡美彪『元代白話碑集録（修訂版）』(科学出版社、二〇一七年) 一九二―一九四頁。

(26) 前掲注1党著書、二二七―二二九頁。
(27) 山本明志「河南省滎陽の金元時代の石刻史料」（『歴史評論』七八三、二〇一五年）一七頁で、本碑の現況について言及している。
(28) 嘉興市文化広電新聞出版局編『嘉興歴代碑刻集』（群言出版社、二〇〇七年）五五四―五六六頁。
(29) 本稿では取り上げなかったが、カラホト文書中にもジャムチ関係の史料があり、今後十分に検討されていく必要がある。また韓国で発見され、校定本と影印が出版された『至正条格《しせいじょうかく》』にも、幸いなことにジャムチ関連の記事が残されている。これらの分析・検討は、今後のジャムチ研究に寄与することは間違いない。

謝辞　本研究はJSPS科研費JP18H00723の助成を受けたものである。

元代の三都（大都・上都・中都）とその管理

渡辺健哉

わたなべ・けんや――大阪市立大学大学院文学研究科教授。専門は元代都城史・近代における日中学術交流史。主な著書に『元大都形成史の研究――首都北京の原型』（東北大学出版会、二〇一七年）、論文に「論元代科挙的《冒籍》」（『考試研究』五〇、二〇一五年）、「村上専精と常盤大定――東京帝国大学印度哲学講座の開設をめぐって」（オリオン・クラウタウ編『村上専精と日本近代仏教』法藏館、二〇二一年）などがある。

元代では、三つの都――大都（現在の北京市）、上都（現在の内モンゴル自治区正藍旗）、中都（現在の河北省張北県）――が建設された。クビライが中華世界に進出するための足掛かりとして建設した上都、中華世界を統治するための中心として建設した大都に加え、元朝中期の武宗の時代になって中都が建設された。本稿ではこの三つの都市を概観しつつ、都市の管理がどのように行われたのかについて見ていく。

はじめに

昭和八年（一九三三）十月二十日、中国文学研究者である目加田《めかた》誠《まこと》（一九〇四～一九九四）は、当時は北平と呼ばれていた北京に到着した。直後の二十四日、秋晴れの北京の情景を日記に書き残している。

けふは天高く澄み渡り、空の美しさ、云はん方なし。午後、一人車を雇ひて北海に遊ぶ。ラマ塔に上りて北京城中を見下ろすに、故宮の甍《いらか》黄金に映えたり。城中樹々未だ落葉せず、さながら北平は森の都なり。[1]

いまや意匠を凝らした高層建築が立ち並び、世界でも有数の大都市に成長した北京。そのわずか一〇〇年足らず前は「さながら北平は森の都なり」と評されるような緑豊かな街並みが広がっていた。緑は水から生まれる。豊富な水と緑、それを求めて動物が集まり、人類が活動を開始する。北京はそうした環境から生まれた。

この北京が、江南を含む統一王朝の都となる嚆矢《こうし》こそが、元代に築かれた大都である。この時代を起点に、北京は現在に至るまで中華世界の首都として存続している。世界を見渡しても、これほど長きにわたって政権の所在地であり続ける都市はほかにない。

ところで元代では、皇帝は大都に一年中滞在していたというわけではなかった。モンゴルの皇帝は季節移動を常とし、冬は南の大都およびその周辺で、夏は北の上都およびその周辺で生活を行ったからである。さらにほんの一時期ではあるものの、中都と呼ばれた都も建設する。

本稿では、この大都・上都・中都の三都を概観する。その際、都城のレイアウトを並べてその類似性・異質性について議論するといったことはせずに、都市社会と都市管理の問題に焦点を絞って考察していきたい。

一、大都

遼の南京、金の中都の東北に建設されたのが元の大都である。[2] そのため史料には、前者は「南城」「旧城」、後者は「北城」「新城」と区別して表記される。建設工事は至元三年（一二六六）十二月の資材搬入用の運河の開鑿《かいさく》から始まる。九年末には宮殿の主要部分が完成し、壮大な宴会を伴う落成式が行われている。そして十年正月、百官・貴族に加えて各地からの使節も招き新たな都＝大都の完成を高らかに宣言した。引き続き、他の宮殿の工事とともに内装作業も始まり、この間には中書省に代表される主要官庁の移転や建設も開始されていく。

二十二年になると、旧城から新城への主に官僚層を対象とする移住規定が公布される。しかしこれによって南城は破壊・放棄されたわけではなく、元末まで人々が居住し続けた。このように大都城と南城とが併存したことによって、南城内の住所は明確に識別できるような表記がなされた。たとえば、明代北京の地方志の一つである、沈榜《しんぼう》『宛署雑記《えんしょざつき》』巻二〇、志遺七、遺事は、延祐四年（一三一七）の聖旨を引くが、そこでは南城にあった弘教普安寺の場所を「大都路南城開遠坊」と記す。この開遠坊は南城の北側にあった。

それまでも華北の大都市の一つであったとはいえ、江南をも含む統一王朝の都となった大都には、官僚や軍人をはじめとする多くの人々が集まった。それは大都＝北京地区が空前の消費都市と化したことを意味する。

この消費をまかなうには、豊かな穀倉地を有する江南に依存せざるを得ない。その事情を、『元史』巻九三、食貨志一、海運が端的に述べている（以下、史料は抄訳）。

元朝は燕京地区を都とした。ここは江南から遠く離れ、官僚層・軍人・市民はその消費物資を江南に仰がなければならなかった。丞相バヤンが海運を献策してから、江南からの漕糧は春と夏に輸送された。思うに、都に運ばれる漕糧は年間で三百万余石に達した。海運が機能したことにより、民にとっては陸運の労力が省かれ、国にとっては富が蓄積されるという利が生じた。なんと良法ではなかろうか。

江南から大都への物資輸送は主に海運によって行われたが（この点は、本書矢澤論文も参照）、最後の行程の通州〜大都間には、通恵河と名づけられた運河が新たに開鑿された。加えて、大都への物流を促進するため、至元二十年に一律約三パーセントであった商税を、大都に関しては二・五パーセント、次に紹介する上都に関しては約一・六パーセントに変更した。物資輸送ルートの整備と商税税率の再設定は、いずれも大都・上都に商人を誘致する政策の一環であり、江南からの物資を運び込むことに注力した様子がうかがえる。

二、上都

上都は現在の内モンゴル自治区正藍旗の東二〇キロメートルに位置する。一二五六年、兄モンケが弟クビライに命じて「皇太弟府」として開平府を設置するように命じた。これが上都の始まりである。建設にあたっては、「上天」へ報告する道教的祭祀も行われた。(3) 工事の指揮は、クビライが元初の様々な政策を立案した劉秉忠《りゅうへいちゅう》に命じた。これを受けて、劉秉忠は場所の選定や平面プランについて意見を述べたとされる。都城は一二五八年になって完成し、開平と名づけられ、中統四年（一二六三）五月には上都開平府となる。

上都はいち早く考古学的な調査が行われ、その形状が明らかとなっている。外周は一辺が約二キロメートル、四周を城壁に囲まれ、城壁の高さ約五メートル、底部一〇メートル、頂部二メートルであった。城門は南面と西面に一門、北面と東面に二門があった。皇城外側の発掘により、官署・倉庫・店舗・住居・兵営などの遺址と、磁器・瓦・鉄器（鉄鍋）・銅器などの遺物が発見されている。(4)

城内には多数の仏寺・道観に加えて、イスラム寺院、孔子廟、医薬の三皇廟などの宗教・祭祀施設も建設された。

上都の環境は過酷なものであった。いささか大げさな表現も含むと思われるが、江南の人々の印象を紹介したい。南宋滅亡後の使者の記録が、劉一清『銭塘遺事《せんとういじ》』巻九所引「祈請使行程記」として残っている。(5) 以下は、至元十七年四月二十二日の記録である。

大都から上都までは八百里のみちのりであった。一歩踏みしめるごとに高度があがり、井戸の深さは数十丈、水はとてもつめたく、六月でも結氷した。五月・六月でも水を汲めばただちに凍り、六月の雹《ひょう》はまるで弾丸のような大きさであった。一年を通じて雨や雪が降り、人々は絶対に門を開け放しておくことはない。牛や羊は凍死し、人間の耳や鼻は凍傷にかかる。秋から冬にかけて雪が降り、四月になってようやく解けだす。家屋は狭く、多くの人は地面に縦穴を掘って住居とする。一丈ほど掘り進め、入口には材木を並べ、その上は茨で覆ってしまう。……とても寒いので、毎年六月には皇帝が避暑に訪れる。それでも氷の厚さは数尺ほどもある。夜空を見上げると星がとても大きく見えるのは、この地の高度が高いからであろうか。

彼らは大都を経由して四月に上都に到着した。南宋の都である臨安（現在の杭州）の海抜が二〇〜六〇メートルであったのに対して、上都の海抜は約一二七〇メートル前後であったため、彼らの眼前にはまさに別世界が広がっていた。「牛羊凍死し、人面の耳鼻皆凍裂す」とまで描写されるほどの寒冷地、穴を掘って暮らす特異な居住形態、そして普段よりも明瞭に見える星空など、印象的なことを特記している。

なぜ、南宋の使節は大都で世祖に会えずに、上都で会見をしたのであろうか。それは、元朝政府全体が春と秋の季節移動を行っていたからである。この移動（＝両都巡幸）は、世祖クビライの即位当初（一二六〇）から、至正十八年（一三五八）十二月に紅巾軍によって上都が破壊されるまで、ほぼ毎年行われた。巡幸の理由について、葉子奇『草木子』巻三下、雑制篇は以下のように記す。

元世祖は大興府を大都とし、開平府を上都とした。毎年四月、北方の草木が生い茂るようになると、皇帝は上都に向かって暑さを避ける。その際、皇族に物資を賜与し、馬も草を食む。八月になって草が枯れる頃を見計らって、皇帝は大都に帰還する。

これによると、四月に出発したのは「暑を避く」ためにほかならず、八月を過ぎると上都周辺の牧草が枯れ、馬の食糧の確保が充分にできなくなってしまうため、この時期に大都に戻ったという。すなわち巡幸の理由は体質とともに、牧草地を求めて夏営地と冬営地間を移動するという遊牧民特有の行動パターンも加わっていたと従来からいわれてきた。

ところが、近年になってこうした説明に再検討を迫る見解が提出されている。両都巡幸の理由について、丁超氏は大都地区における農業生産の保護と牧畜業の潤滑な運営のためであったとする。(6) 両都巡幸をモンゴルからではなく、大都に居住する人々の視点から社会経済史的に捉え直すという見方は興味深い。

上都では、通常の政務はもちろん、祭祀・宴会・狩猟などが行われていた。上都でおこなわれた祭祀について、『元史』巻七七、祭祀志六、国俗旧礼には以下のようにある。

> 毎歳、皇帝は上都に巡幸し、六月二十四日に祭祀を行う。これを「洒馬妳子《しゃまないず》」という。馬一頭、羯羊八頭、綵段・練絹それぞれ九匹、白い羊毛をたぐって稲穂のようにまとめたもの九個、貂鼠の皮三枚を使い、モンゴルの巫覡とモンゴルと漢族の官員四名に命じてその儀式を行わせる。再拝して天に告げる。太祖チンギス・カンの御名を読み上げる「天皇帝の福蔭に託し、年年祭賽せよ」と。儀礼が終われば、掌祭官四員、それぞれに祭幣を与え、残った祭幣と祭物を参加者にふるまう。

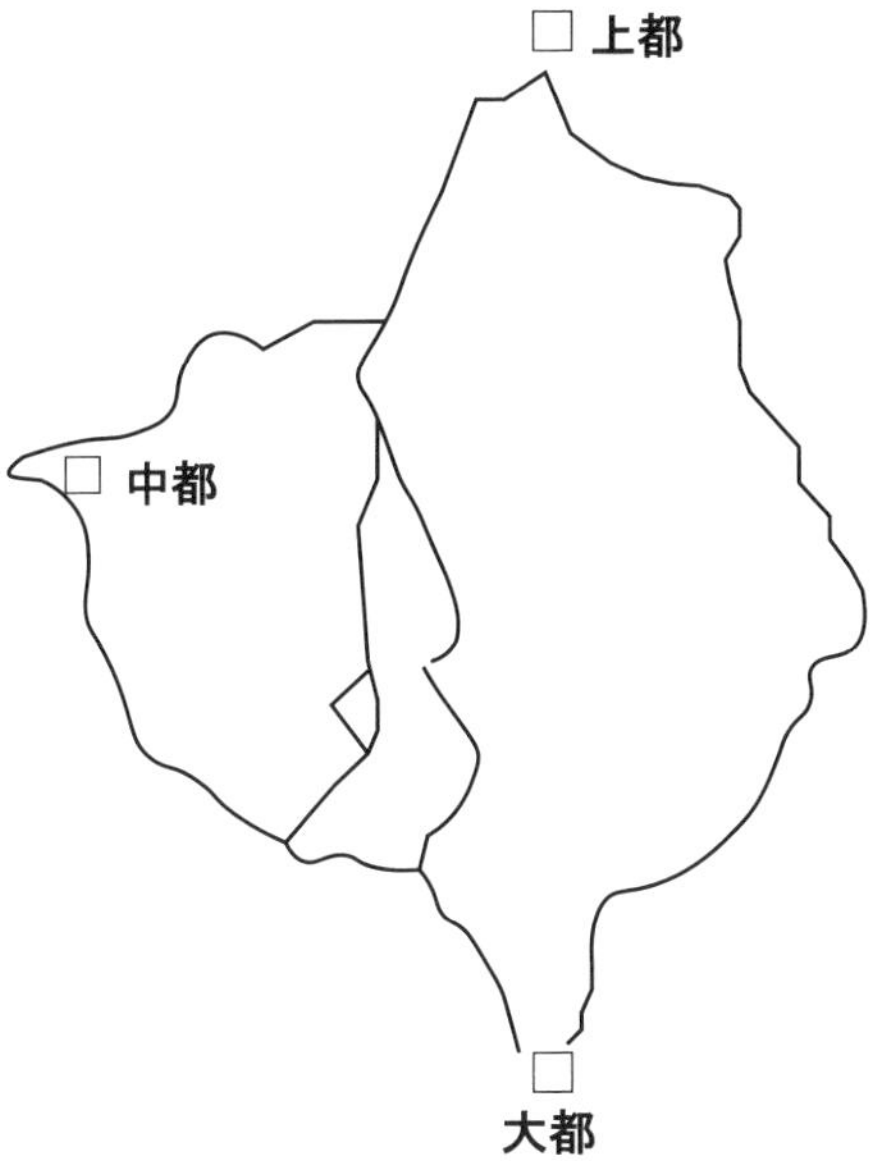

図1　大都〜上都の位置図

上都では「洒馬妳子」すなわち馬乳酒を天に振りまく祭祀が挙行された。冒頭にあるように、この儀礼は、皇帝が上都に滞在している時を選んで行われた。ほかにも、上都に滞在しながら西南部のチャガンノール（現在の河北省沽源県大宏城子）等の郊外に繰り出しての狩猟や、カーン主催の宴会、シャーマンの祈祷などを行った。

儀式や宴会は実際の行為のみならず、それが開催される状況にも注意を払う必要がある。つまり、儀式や宴会の席次は、君臣秩序に貫かれた社会的地位の明示を意味した。さらに、宴会は君主と臣下が一体化する交歓の場であり、そこで政策決定や合意形成が図られることもあった。

近年、発掘調査の報告書がまとめられた。とくに重要なのは、上都東南七キロメートルにあった砧子山《ちんしざん》墓地の調査結果である。(7) 墓地の発見により住民の生活の一端が明らかになった。まず、ここから「上都小東関住人」という文字の記された墓誌が発掘された。これは、上都の東門の外側にも街区が広がり、「小東関」という地名が認識されていたこと、その周囲に人が居住していたことを示す。また、六十四体の人骨中、五体のヨーロッパ人と思しき遺体が発掘されており、上都に居住した人々の多様性がうかがえる。

三、大都と上都の都市管理

大都と上都は都であったため、ほかの地方都市とは異なる管理がなされた。大都と上都、そして中都に限って、都市を管理する重要な官署が留守司《りゅうしゅし》である。(8) 当初は国都の治安維持機関に宮城内の建設を司る部局が付属することで設立されたが、徐々に職務が拡張していき、宮城や行宮の警備、モンゴル人の皇族のための物資の調達、王立寺院の建設、日用品の製造まで行うようになっていく。つまり、それ以前や以後の王朝に設置されていた留守司とは明らかに異なる官署が出現した。大都と上都については、これに加えて都総管府も設置された。

大都と上都およびそれぞれの周辺を包括する広域の行政単位として大都路と上都路が設置され、さらにその中で都市住民を管理するものとして、それぞれに大都路都総管府と上都路都総管府が置かれた。上都については都総管府の長官が留守司も掌握した。

都総管府の下には警巡院があった。大都には左右警巡院の二院に加えて南城警巡院が置かれた。住民は大都城の五十坊と南城の六十二坊に分属し、各坊は警巡院に管理された。こうした行政系統とは別に、都市の治安維持を担う官署として、大都と上都には兵馬都指揮使司も設置された。大都の場合、南北二城に一ヵ所ずつ設置され、それぞれ巡兵千人が配置されていた。

四、中都

これまで、大都と上都は広く知られていたが、これに加えて近年になって注目されているのが、元の中都（現在の河北省張家口市張北県饅頭営郷）である。(9)

はじめに元の中都の歴史的沿革を確認しておく。

大徳十一年（一三〇七）一月、成宗テムルが死去する。成宗の死後、その後継をめぐって、ブルガン皇后の擁立するアーナンダと、テムルの兄であるダルマバラの二人の遺児、兄カイシャンと弟アユルバルワダとの間で権力闘争が生じた。最終的には、アユルバルワダとその母ダギが先に大都を占拠し、そののちカイシャンを迎え入れ、その年の五月の上都で挙行されたクリルタイにおいて、カイシャンが大カアンに推戴される（のちの武宗）。(10)

カイシャンの治世下では、褒賞の賜与や王号の濫発、尚書省の設置などが行われ、即位時の不分明さを払拭するかのように、その独自性を打ち出すための政策転換がはかられた。中都の建設もそうした施策の一環に位置づけられる。

以下、『元史』本紀にもとづいて建設過程を記していく。[11]

大徳十一年六月、カイシャンは即位後、ただちにオングチャッドの地に行宮を建設し、そこを中都とすることが決定した。翌月には建設を担う「行工部」が設置されて工事が開始される。至大元年（一三〇八）正月には枢密院及び六衛軍の兵員一万八五〇〇人と、さらに翌月には上都の兵員三〇〇〇人とが作業員として動員された。

至大元年七月、オングチャッド行宮が完成した。当然全ての宮殿が完成したわけではなく、主要宮殿の一部が完成したに過ぎない。同時に中都留守司も設置する。大都・上都に続いて留守司を設置したことから、他の一般的都市とは異なる役割が中都には付与されていた。[12]

翌二年のこととして、『元史』巻二三、至大二年四月壬午の条に、

中都に詔して皇城の角楼を造らせた。中書省の臣下が以下のように述べた。「現在、農作業で一番大事な時なのに、バッタが飛び交い、人々は困窮しています。願いますことには、以前の命令に従って、中都の建設工事を停止してください」と。これに対して武宗は以下のように述べた。「もしも皇城に角楼が無ければ、どうして壮麗といえようか。まずは角楼の工事を終えてから、暫時停止せよ」と。

とあるように、角楼の建設が進められた。武宗の発言からは、この時代の角楼の持つ役割――権威の可視化――が窺えて興味深い。ただし、この後の過程は詳らかではない。

こうして出来上がった中都であったが、至大四年正月八日にカイシャンが崩御すると、すでに武宗在世中から経費の問題が指摘されていたこともあり（張養浩『帰田類稿』巻二「時政書」）、わずか十日余りで中都の建設工事の停止が決定された。皇慶元年（一三一二）七月には中都にあった内蔵庫の財貨を大都に運搬している。

以上のように、中都の建設工事は停止されてしまったが、こののちも皇帝が両都巡幸の際、中都に立ち寄っていたことは史料上で確認できる。

たとえば泰定帝は、至治三年（一三二三）に、上都から大都に向かう途中で、中都の「昆剛殿」において仏教儀礼を行った。[13] また、順帝期の至正四年（一三五四）の巡幸の記録を残した周伯琦《しゅうはくき》は、「いま多くの建物が崩壊しており、皇帝

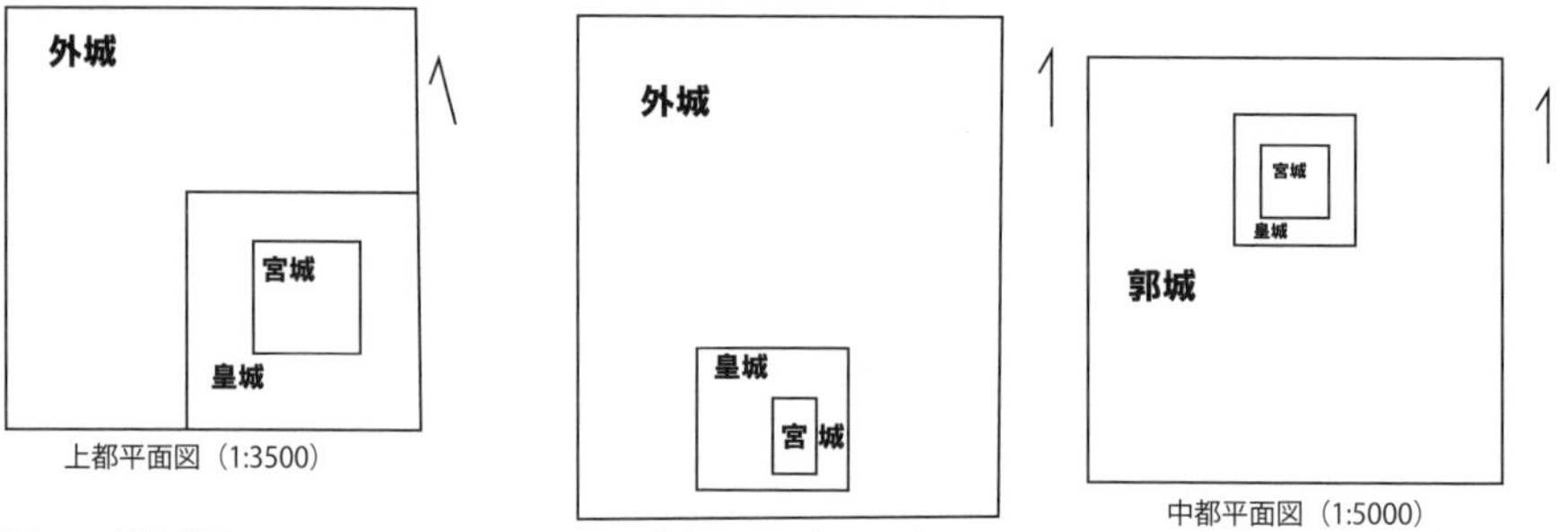

図2　三都比較図

は長期間は滞在しない」と述べるが、[14] ここに立ち寄った事実が確認できる。そして、順帝がモンゴル高原に脱出した際の記録『北巡私記』でも、順帝が中都に一時的に滞在していた事実を記す。以上列挙したことから、仁宗即位直後になって中都の建設工事が停止されたとはいえ、まったくの廃墟になったわけではなかったことが分かる。

中都は、郭城―皇城―宮城の三重構造であった。明瞭に視認できるのは「宮城」の城壁であるが、城壁上層部は民国期になって新たに積み上げられた。それをめぐって南北に長い長方形で、全長が三四〇〇メートルほどの「皇城」があり、さらにその外側にも、推測と断られてはいるが、全長一一八〇〇メートルほどの「郭城」が存在したという。[15]

おわりに――三都の比較

最後に述べた中都の詳細な姿が明らかになったこともあり、現在、三都の内部の構造やレイアウトの分析に関心が集まっている。上に掲げるのは、三都の概略図である。縮尺が異なっていることに注意されたいが、三都のうち、中都がもっともバランスが取れているように見える。その歴史学的意味については、改めて検討を行う必要がある。

いささか不整形な上都、南城の存在で制約を余儀なくされつつも、漢族の伝統的な都城の形態に寄せようとした大都、そしてもっとも均整の取れた中都。それぞれの形状の意味づけについて、上都～大都～中都という完成した順序――その歴史的推移を意識した動態的視点――に留意しなければなるまい。筆者は拙著において、大都がノルムに拘束された完璧なる「計画都市」ではない、と主張した。「ノルムにもとづく計画都市」とは、いわゆる『周礼』プランを否定したわけだが、街区や建物の方向などの「都市計画」を否定したわけではない。都市がどのように形づくられていくのか、という問いに向かい合うには、時間軸に目配りをした動態的な分析が欠かせないと考えている。

レイアウトの問題にもましてより重要なのは、それぞれの都市の意義づけではなかろうか。たとえば包慕萍は、元の歴代の皇帝のほとんどが上都で即位していることから、大都が中華世界を支配する都城であったのに対し、上都は遊牧世界を支配するための都城であったという。[16] こうした象徴的な見方に加えて、実質的な意義も探っていくべきであろう。

とくにこの三都は、いずれも「都」字を冠するものの、皇帝が定期的に移動を行っているため、都城内に入ることが少なかった＝皇帝が常駐しないという事実は見落とせない。この考察にあたっては、同様な形態で政権が運営された、契丹（遼）・金・清、またはフレグウルスやティムール帝国との比較からも示唆が得られるであろう。[17]

いずれにしても、研究基盤が構築されつつある現状を踏まえて、大都・上都・中都の三都を有機的に結びつけた研究を進めていきたい。

注

（1） 九州大学中国文学会編『目加田誠「北平日記」――一九三〇年代北京の学術交流』（中国書店、二〇一九年）二九頁を参照。

（2） 以下、元の大都に関する著述は、拙著『元大都形成史の研究――首都北京の原型』（東北大学出版会、二〇一七年）にもとづく。先行研究や引用史料についても、拙著を参照されたい。

（3） 櫻井智美「《創建開平府祭告済瀆記》考釈」（『元史論叢』一〇、二〇〇五年）を参照。

（4） 上都に関する代表的研究を紹介しておく。戦前の考古学的研究として、東亜考古学会編『上都――蒙古ドロンノールに於ける元代都址の調査』（東亜考古学会、一九四一年）と、最新の発掘報告の成果としての、魏堅『元上都』（中国大百科全書出版社、二〇〇八年）がある。文献史料を利用して、上都を歴史学的視点から解明した研究として、陳高華・史衛民『元代大都上都研究』（中国人民大学出版社、二〇一〇年、初出は一九八八年）、葉新民『元上都研究』（内蒙古大学出版社、一九九八年）がある。

（5） 近年、唐宋史料筆記叢刊の一冊として王瑞来校箋『銭塘遺事校箋考原』（中華書局、二〇一六年）が出版された。

（6） 丁超「元代大都地区的農牧矛盾与両都巡幸制度」（『清華大学学報』二〇一一年第二期）を参照。また、丁超『北京城市史――元代京畿地理』（北京出版社、二〇一六年）は、環境地理学的な視点から大都について全面的な検討を行う。

（7） 魏堅「多倫砧子山西区墓地」（前掲注4『元上都』所収）を参照。

（8） 前掲注2拙著第六章を参照。

（9） 布野修二『大元都市』（京都大学学術出版会、二〇一五年）四九七―四九九頁は、発掘報告も踏まえた紹介としては、本邦で初めて中都に言及したものである。

（10） 以上の歴史的経緯は、杉山正明「大元ウルスの三大王国――カイシャンの奪権とその前後（上）」（『京都大学文学部研究紀要』三四、一九九五年）一〇二―一一二頁を参照。

（11） 元の中都に関する文献史料は、ほぼ『元史』に依拠せざるを得ず、これまでの研究もそれにもとづく。本稿ではそうしたもののなかで、的確に整理されている、陳高華「元中都的興廃」（『文物春秋』一九九八―三）を挙げるにとどめておく。最新の研究成果として、発掘報告書である河北省文物研究所編著『元中都――一九九八～二〇〇三年発掘報告』（文物出版社、二〇一二年）がある。こうした近年の元中都研究の研究史については、拙稿「元中都研究の現状と課題」（『大阪市立大学東洋史論叢』一九、二〇一九年）でまとめた。以下の内容もこの拙稿にもとづく。

（12） 極めて断片的な事例であるが、『大元聖政国朝典章』四一、刑部三、諸悪、不睦「穆谿子殺兄」に、この時期の「中都留守司」の存在を確認できる。

（13） 『元史』巻二九、至治三年十一月己丑朔の条に、「熒惑犯亢。車駕次于中都、修仏事於昆剛殿。」とある。中都の昆剛殿については趙学鋒「元中都昆剛殿考」（『文物春秋』二〇一八―三）も参照。

（14） 周伯琦「扈従北行後記」（『近光集』巻四）を参照。

（15） 前掲注11『元中都』を参照。

（16） 包慕萍「十三世紀中国大陸における都城構造の転換――カラコルムから元の大都へ」（国立歴史民俗博物館・玉井哲雄編著『アジアからみる日本都市史』山川出版社、二〇一三年）を参照。

（17） 杉山清彦は、熱河と北京を往復する清朝宮廷を「移動する宮廷」と表現する。杉山清彦「清代の北京と紫禁城――武人と文人、旗人と民人」（『東京大学史料編纂所研究紀要』二二、二〇一二年）二八八頁を参照。「移動する宮廷」について、契丹（遼）や金は、古松崇志「法均と燕京馬鞍山の菩薩戒壇――契丹（遼）における大乗菩薩戒の流行」（『東洋史研究』六五―三、二〇〇六年）、藤原崇人「捺鉢と法会――道宗朝を中心に」（『唐代史研究』二〇、二〇一七年）、高井康典行「「行国」と科挙――遼・金・元における科挙の期日と挙行地について」（同二一、二〇一八年）等を、また西アジアや中央アジアは、本田実信「イルハンの冬営地・夏営地」（『モンゴル時代史研究』東京大学出版会、一九九一年所収、初出は一九七六年）、川口琢司「ティムールの冬営地と帝国統治・首都圏」（『史学雑誌』一二二―一〇、二〇一三年）等を踏まえて考察する必要があろう。

附記 図1は注（4）『元代大都上都研究』一三九頁「元代両都交通示意図」、図2は注（11）『元中都』五一九頁「蒙元四都平面布局示意図」にもとづき、それぞれ作図した。

謝辞 本稿は、JSPS科研費（JP19K01040、JP19H01325）の助成を受けたものである。

江南の監察官制と元初の推挙システム

櫻井智美

さくらい・さとみ――明治大学文学部准教授。専門は宋元史、モンゴル帝国史。主な論文に「元代集賢院の設立」（『史林』八三―三、二〇〇〇年）、「元代の南海廟祭祀」（『駿台史学』一六三、二〇一八年）、「曹彬不嗜殺人――元代における曹彬故事の採用とバヤンの評価」（『明大アジア史論集』二三、二〇一九年）がある。

元初江南の監察は、華北出身者を中心に運営されていた。その提刑按察司の役割に、学校の振興や人材推挙もあった。提刑按察司の属官は、学校での教育やそこからの人材登用をつかさどる儒学提挙司と、協力・役割分担しながら、儒学を拠点とする人材の育成・選抜と推薦を大々的に展開していたのである。

一、中国史における「監察」

（一）監察制度の確立

中国の長い歴史の中で、地方における「監察」という制度は、非常に重要な役割を果たしていた。この監察について、最初からくどくどと説明することをお許しいただきたい。中国では、どの時代においても、監察システムが政治に当たり前に組み込まれていた。そのため、他の地域にも普遍にあるシステムだと錯覚しがちだが、それは中国において独自の展開を遂げた。時代ごとに多少の違いはあるが、おおむね以下の職務を担当した。

地方官がどんな功績を挙げているか、地方の政治はうまく運営されているかなどを、監察官が巡行して記録や帳簿を調査する。そして、その結果を中央に報告したり、自身で不正や不備に対処したりするのである。前漢を例にあげよう。郡には郡守、県には県令という地方長官以下の組織があり、それが地方行政を行った。それに対し、いくつかの郡を含む州という単位を、刺史という監察官が担当し、郡守・県令などの地方行政官の実務や、地方における政治の運営状況について監察した。

監察官は、地方で公務を執行することから、「地方官」「地方行政官」に分類されがちであるが、職務に照らせば、郡県の地方行政官とは少し異なる立場にあることがわかる。建前としては、中央から派遣され、行政系統とは異なるルートで、地方の実情を中央に報告するのである。その絶妙な立ち位置が、広大な領域を支配する中国王朝の重要な骨組みになったと考えている。

（二）監察制度の展開

後漢以降になると、州刺史は地方で特定の拠点を持って、そこから監察に出かけるようになる。そこで、次第に土着の勢力と結びつきを強め、地方での地位をあげて、地方行政官のような性格を強めていく。その結果、南北朝から隋唐時代を経て紆余曲折あった末に、「州」は監察の単位としての名称から、地方行政の単位を表す用語へと変化した。例えば、宋代には、州県制のもとで、州には知州がおかれ、前漢の郡守・県令のように地方行政を執行するようになった。そして、今度は、いくつかの州を含む「路」（当初は「道」）という大きな単位で、監察が行われるようになった。

さらに、ここで使われた路という名称は、元代には完全に地方行政単位となった。かわりに、今度は、道という名称が、元から明にかけての監察単位を経て、その後、実質的には地方行政単位へと変化していく。このように、名称の変化自体も複雑で、細かい点を含めれば、単線としてとらえることは難しいのだが、単純化して言えば、中国王朝の監察単位は、時代が下ると地方行政単位に変化していき、地方行政単位は、拡大化・重層化の方向をたどっていった。

元代は、最大の区画である行省《こうしょう》（行中書省）から、路・府・州・県まで、さまざまな地域単位が混在する、変化の過渡期に位置し、地方行政に対する監察の役割を考える上で、注目すべき時代だといえる。本稿では、特に、至元十三年（一二七六）に元が南宋を滅ぼして以降十年間ほどの江南における監察制度を中心に、元の監察制度の成立と展開、及び元初の江南におけるその機能の一端を明らかにしていく。

二、元代監察制度の展開

（一）金と南宋の監察制度

元の監察制度は、金や南宋の監察制度を参考にできあがった。金も南宋も、北宋の制度を受け継いでいたため、北宋の制度に淵源があるということもできる。まずは、直接に範をとった金について見てみよう。(1)裁判と監察を統括する機関として御史台が設置され、その属官に監察御史がいた。監察御史の職務は、中央や地方の不正・違法行為を糾弾し、役所の帳簿をチェックするほか、祭礼や使者の派遣についても監督した(2)。また、中央では、時の政治について意見を出したり、特別な事件を審理したりすることもあった(3)。ただ、地方政治を専門に監察する機関は、長い間整備されず、御史大夫《ぎょしたいふ》がわずかに派遣されるにとどまっていた。

しかし、大定二十九年（一一八九）、提刑司が設立され、地方の監察を担当した。提刑使・副使は地方官の審査に加え、優秀な人材を推挙したり不法を上書したりもした(4)。承安四年（一一九九）になると、提刑司は按察司に改組され、その職務内容に若干の変更が行われた。具体的には、優秀な人材の推挙業務は職責から消え、裁判が加わった。金代に用いられた、この提刑司・按察司の名称こそ、元代の提刑按察司という名称に直結した。

一方、南宋にも、北宋以来の監察制度が形を変えつつ存在した。そもそも、地方を専門に監察する組織の設立と、その監察の仕組みは、宋代にできあがったといえる。府州県という地方行政単位の上位に、路を単位として、転運司（略称：漕司《そうし》）・提点刑獄司（憲司）・提挙常平司（倉司）等の組織が並立した。それぞれが、官僚の人事評価、地方における裁判や出納帳簿の点検等を、相互に独立して担当した(5)。元との関係で特に注目したいのは、その中でも、提点刑獄司である。

また、路の官庁どうしは、相互に監督する立場にもあった。中央から派遣される官が多重に存在し、複数の監察系統で地方を中央につなぎとめた。その構造の上に、宋の文治政治・専制君主制が体現されていたともいえる。宋代の路は、本来、監察区画として設けられたが、これらの常設官司の設置により、事実上、地方の上級行政区画となっていた(6)。

（二）提刑按察司の設置

元代の監察制度は、基本的には、このような金・南宋の監察制度を踏襲・応用して展開された。ここまでにあげた研究以外にも、具体的な監察の仕組みについて、近年研究が進んできている。カラホト文書（本書赤木コラム参照）を利用した、公文書の照刷《しょうさつ》の仕組みの研究もその一つである。

元代の監察制度を、『元史』巻八六「百官志二」の記述にそって簡単にまとめたのが、**図1**「元代監察制度中の提刑按察司」である。左側が中央、右側が地方における監察を表す。御史台は、「百官の善悪や政治の得失を掌《つかさど》る」上級の監察衙《が》門《もん》である。出先機関を示す「行」がついた行御史台が、江南と陝西《せんせい》の二地域に置かれた。御史台内の察院は「耳目の寄（皇帝から寄託された監察の任務）を司《つかさど》り、刺挙（弾劾や推挙）

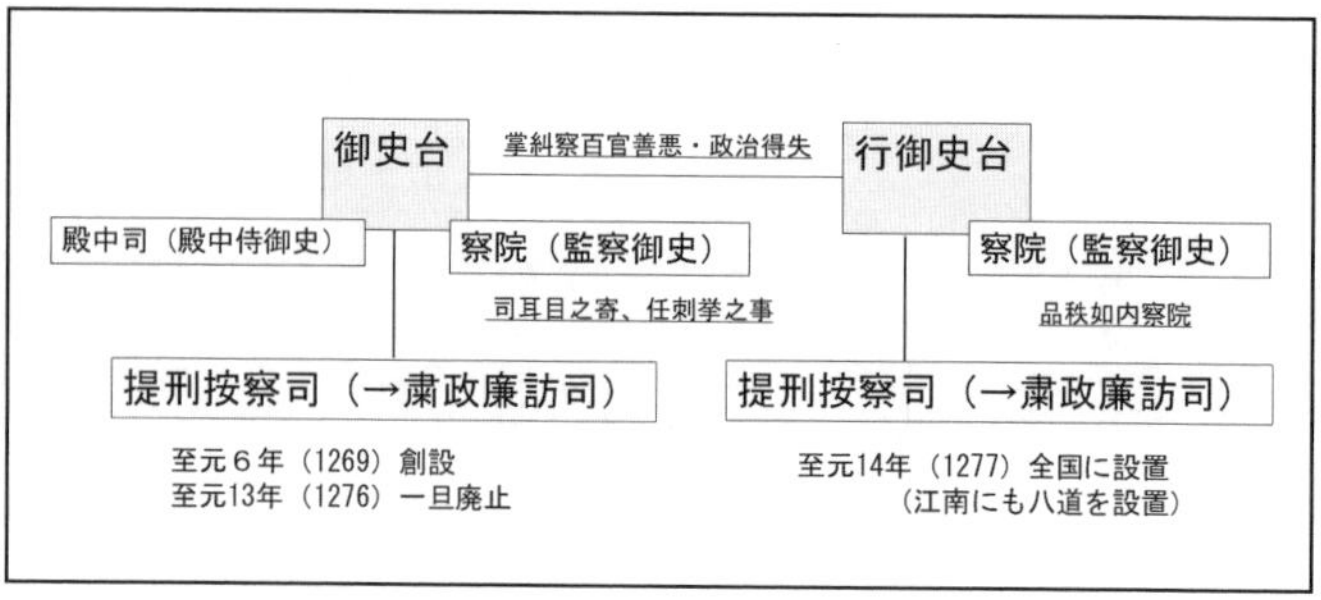

図1　元代監察制度中の提刑按察司

の事に任じた」。それに加えて、御史台の所属として提刑按察司が整備されたのである。

　元の御史台の創設は、至元五年（一二六八）、提刑按察司は翌年のことであった。当初、勧農もその職務に含まれた。まず、華北の四道に立てられ、その後、陝西方面も含めて設置数が増えていった。本稿で扱う江南には、南宋滅亡翌年の至元十四年、江南諸道行御史台（以下、江南行台）の設立にあわせて、提刑按察司が設置された。その業務内容は、本来なら載せられるはずの『元史』「百官志」では説明されていないが、関連する制度資料の分析を通して、初期の提刑按察司の基本的な職務が裁判と不法官吏の弾劾であったと指摘されている。(7)

　また、組織の構成員は、

　使二人、三品、虎符、副使二人、四品、金牌、僉事《せんじ》二人、五品、金牌、経歴一人、七品、銀牌。(8)

とあり、牌《はい》という身分証を携えて監察・巡検を行っていた。ただ、その分巡システムの詳細については、地域差もあり、まだ不明な点も残っている。

（三）提刑按察司から粛政廉訪司へ

　初期の提刑按察司の活動は、弾劾という職務の性質上、時の権臣とぶつかることがあった。アフマドをはじめとする色目人の財政官僚は、世祖クビライの信任を受け、国力増強や財政の健全化に大きな功績を挙げた。しかし、時に、その権力を濫用し、監察衙門から弾劾・批判されることも多かった。それをさまたげるべく、権臣たちは、クビライの恩寵を利用して、提刑按察司の官を失脚させたり、機関自体を一時的に廃止・改組に追いこんだりした（至元十三年、二十二年）。そのため至元年間の華北においては、提刑按察司が十分な任務を果たせない場面も多かったようにみえる。

　しかし、至元二十八年（一二九一）に、時の権臣サンガが失脚したことを機に、提刑按察司は粛政廉訪司へと改組された。また、翌年に、各道の勧農司が廃止されたことから、粛政廉訪司は、再び勧農や水利の役割をおびるようになった。

それに伴い、僉事二人が増員されてもいる。これ以後、粛政廉訪司は、地方監察機構として安定してその任務を遂行したようにみえる。提刑按察司の任務が、裁判に重きを置きつつ、官吏の人事評価を行ったのに対して、粛政廉訪司は、民事や地方財政にも、より一層の監督を行うようになった。また、提刑按察司は、中央から派遣されて道内を巡行していたのに対し、廉訪司は各道・各路に拠点を設けて、長期に滞在するように変化した(9)。

このように、法律・裁判や人事、書類監査がその職務として注目される一方で、粛政廉訪司は、先にあげた勧農以外にも、災害の救済などの現地調査、そして、賢才の推挙をも行っていた。近時、監察官のこの役割にも注目が払われるようになってきた(10)。筆者は、元の江南統治において、監察官の役割は非常に大きかったと考えている。そこで、次章では、どんな人がどんな経緯で江南の監察官となったのか、監察官のどんな職務が記録として残っているのかについて、具体例を見ていく。舞台は至元二十年代の江南、まだ、提刑按察司が粛政廉訪司に改組される以前の時期に限る。

三、江南における提刑按察司

(一)華北出身監察官①：胡祗遹《こしいつ》と王惲《おううん》

クビライがモンゴル帝国各地から優秀な人材を呼び寄せたという記事が、一二四四年にみられる。一二五一年には、即位した憲宗モンケの命を受け、モンゴル高原の南東にある開平(後の上都)に本拠地を置いた。そこには、姚枢《ようすう》や劉秉《りゅうへい》忠《ちゅう》ら多くの漢人知識人が出仕するようになっていた。一二六〇年にクビライが即位し、漢地の統治体制をさらに整備する中で、開平以来の旧臣たちに加え、新たな漢人ブレーンも加わった(11)。胡祗遹と王惲も、その一員であった。

胡祗遹(一二二七〜九五年)は、磁州《じしゅう》武安県(現在の河北省邯鄲《かんたん》市付近)の出身。中統元年(一二六〇)に、大名の責任者となった張文謙の推薦により出仕した。中央では、戸部や翰林院(文書作成・管理をつかさどる)の下級官吏などを歴任する。その後、宰相王磐《おうばん》の推薦もあり、至元十二年(一二七五)に、河東山西道提刑按察副使となり、宋への進軍に伴い、荊《けい》湖《こ》北道宣慰副使に移った。その後、一旦官を退いたが、それは、南方の風土に合わなかったからとも、権臣アフマドの暴政に嫌気がさしたからとも言われる。十九年に、アフマド一派が粛清されると、再び地方官として出仕し、二十一年には、山東東西道提刑按察使となった。そして、至元二十六年、江南浙西《せっせい》道提刑按察使として江南に赴いた（後掲の**図2**「元代江南行政区画概図」を参照）。そして、この監察官としての赴任の背景には、御史中丞となった董文用《とうぶんよう》の推薦があった。(12)

一方の王惲（一二二七～一三〇四年）は、衛州汲県《きゅうけん》（現在の河南省新郷市付近）出身の文人官僚で、中統元年、東平の責任者となった姚枢の招きで出仕した。創設間もない中書省や翰林院の属官を転任し、至元五年（一二六八）に御史台が立つと、その監察御史となった。その後、中央官としては翰林院に配属されることが多かったが、至元十四年に河南北道提刑按察副使となり、ついで、燕南河北道に移り、至元十九年には、山東東西道提刑按察副使に転じた。一時期故郷に帰ったものの、その後、胡祗遹と同じく董文用の推薦を得て、至元二十六年、福建閩海《びんかい》道提刑按察使となった。(13)

彼らの履歴には、同年に生まれた以外にも、いくつかの共通点がある。まず、二人の出仕・転任の背景には、クビライの即位前から出仕していた華北出身官僚の推薦があった点である。次に、中央で翰林院の属官となる以外の大部分の期間を、監察官として異動していたことである。そして、どちらも、アフマドや盧世栄《ろせいえい》、サンガといった至元年間の権臣たちによる行財政運営の下で、時に政府内での居場所を失って故郷に戻ることもあった。しかし、提刑按察使として地方にでることで、その官僚としての働きの場を得ていたともいえる。

また、二人の江南での監察官任官は、実際にはわずかな期間にとどまった。しかし、江南各道の提刑按察司に所属した官僚の出自を分析すると、華北の漢人が圧倒的に多いことがわかる。(14) 一部、ジャライルやバヤウトなどモンゴル族出身者の就任が見られるが、大部分の監察官が、華北出身者であった。ここに、江南より以前にモンゴル政権についた華北の人々への優遇を、まず読みとることができる。

（二）華北出身監察官②：王俁《おうぐ》

次に、もう一人、ほとんど名前の知られていない王俁（資料によっては王俣とも記される）という人物について取り上げてみたい。彼の履歴と提刑按察副使、及び後に就任した粛政廉訪使としての役目を丁寧にみていくことで、今度は、江南監察官の具体的な活動を明らかにしたい。

王俁は、東平（現在の山東省泰安市付近）の出身。近年公開された資料(15)によれば、その父王溥《おうふ》は、漢人軍閥の一人である東平の厳実の幕府において、東平課税副使や権知東平府事などを務めた。王俁は王溥の次子で、尚書郎掾《えん》として出仕し、御史台もしくは江南行台の侍御史を経て、浙東海右道提刑按察副使となった。至元二十七年（一二九〇）のことである。

その後、大徳六年（一三〇二）には、淮東道粛政廉訪使、ついで参議中書省事や大名路総管兼府尹となった。(16)

東平路は、クビライ時期まで多くの官僚を輩出した。というのも、科挙開始の皇慶二年（一三一三）以前のこの時期おいて、根脚《こんきゃく》（出身、モンゴル政権に対する貢献事績や関係性が重要）と推薦こそが、出仕して昇進していく主要な方途であった。東平人脈の中で出仕した王俁自身も、同じ東平の李謙の弟子であった曹伯啓（同路碭山《とうざん》の出身）を、潘昂霄《はんこうしょう》（済南路歴城の出身）とともに推薦して、陝西行御史台御史へと送り出したことがあった。推薦当時、曹伯啓は台州路治中として、江南の浙東にあった。(17)一方、王俁は浙東海右道提刑按察副使として、潘昂霄は江南行台の御史として、同じく江南に赴任していた。台州は浙東海右道という監察の単位に含まれており、王俁は、潘昂霄とともに、地方官であった曹伯啓の人事評価をする立場にあったというわけである。これが、提刑按察司による推薦という人事評価の一例と言える。

しかし、王俁の仕事として、人事以外にもいくつかの事績が伝わっている。王俁が監察官として、慶元路（現在の寧波付近）を中心とする浙東に滞在したのは、至元二十七～二十九年のことであった。その期間、地方学校（廟学）の教育・運営について提案した案件が二例伝わる。

一例目として、至元二十七年、提刑按察司分司の副使であった王俁が、儒学（廟学ともいう）の教官の推薦方法が決まりどおりに行われていないことを指摘した一件をあげよう。(18)当時の決まりでは、儒学の教官は、学校から儒学提挙司に推薦し、儒学提挙司から提刑按察司に推薦が届いたら、提刑按察司が改めて人事評価する決まりになっていた。儒学提挙司の方は、その人物が書いた文章（時には著作）について調べて、その結果によって、儒学の学正・学録・教諭や書院の山長のどのランクがよいか考え、それぞれの官を任命するのにふさわしい上級の役所へ報告するのだった。しかし、実際には、提刑按察司の人事評価をすっとばしたり、事後承認で行ったりしているので、適任ではない人物が教官に紛れている、という訴えをしたのである。その際に提刑按察使の役目をあげて、

学校を勉励し、教化を宣明するは、乃ち風憲の掌る所にして、学校の官、苟《いやしく》も其の人に非ざれば、教化は何によりてか生まれん。

と述べ、教官のリクルートを適正に行うことで、学校システムを整え、人材育成を行うことが支配にとって大事で、それを風憲、すなわち監察官が担っている、との認識を示している。この訴えに対し、結果的には、推薦方法の規則を一部変

更することで、現場の便宜も多少認めつつ、人物審査の適正さを確保できる方法が提示された。このように、人材の育成が監察官の大きな任務となったのは、推薦制度が重要視された元初の時代的特徴を反映しており、教育振興が監察官の役割となったことも、そこに根本的な理由があると言えよう。

次の例として、至元二十八年三月ごろ、小学（文字、音韻などを学ぶクラス）を、各県の儒学内に設けようとした一件をあげる。[19] 儒戸に認定されている家の子弟は、必ず小学に通って優秀な学官から学び、時にその教育成果を試験して効果が上がらなかった場合には、教官や学事の責任者である儒学提挙司にも連帯責任を負わせる、という提案だった。この件は、江南行台とその下部組織で審議された結果、江南の教育状況や儒者家庭の環境を勘案し、県学内に小学を設立して老成の士人に教育させる、という点のみが承認された。

江南では、儒戸に認定されるような一族においては、教師を住みこみで招いて子弟に教育させたり、宗族《そうぞく》（親類一族）の中で年長の者が年少の者に教育を施したりすることも多かった。そのため、幼い頃から一律に学校に通わせたり、その教育の効果に学官までが責任を負ったりするという点については、王俁の主張は認められなかった。王俁の出身した華北東平路の教育状況と江南のそれとが、大いに異なっていたことは興味深い。いずれにせよ、この例からも、地方学校を視察して、その運営に関して積極的に意見を提出するのが、提刑按察司の任務だったことが明らかになる。

また、王俁が教育の方法のみならず、学校の再建に関与した例がある。当時紹興路の属県に蕭山《しょうざん》県（現在の杭州市蕭山区）があった。至元二十九年、廉訪副使であった王俁は、郡学（蕭山県の儒学）を広げ、大成殿を再建したと記録される。[20] 提刑按察司が粛政廉訪司に改組されたのは、至元二十八年五月二十三日のことであり、王俁は、組織の名称が変わる中でも、副使の地位を保全され、依然として浙東海右道での勤務を続けたことが明らかとなる。

さらに、元初の書院の官営化現象とも関わる事実として、王俁による書院の建設についても指摘しておこう。現在の温州に近い麗水市青田県の山中には、明建国時の軍師でもあった文臣の劉基が元末に隠棲したとされる石門書院が残っている。至元三十一年、廉訪副使であった王俁が、現地出身の南宋の進士劉若済とともに、青田の石門洞を訪れたところ、劉若済が書院を創建することを提案した。王俁は、処州路学教授の呉夢炎《ごぼうえん》と青田県尹の王麟孫《おうりんそん》に委託して、名望ある県内の耆儒《きじゅ》（高徳・高齢の儒者）から資金を募り、もとあった謝客堂の遺蹟を利用して石門書院を建築した。この石門書院で、泰

定五年（一三二八）から至順二年（一三三一）にかけて、劉基が読書学習したとされているのである。(21)

　このように、王俁の活動がわかる記録を見ていくと、教育・文化の分野で多くの業績を残していることが明らかとなる。至元年間における江南の提刑按察使の任務は、華北における刑獄・勧農が中心のものとは、少しく様相を異にしているようである。次章では、提刑按察司の属官となった江南出身者の就任背景を見ていくことで、江南における監察の特徴について、さらに考えを進めていきたい。

四、監察官による人材推挙と教育振興

(一)江南訪賢

　繰り返しになるが、監察官になるのは華北の漢人が多く、江南出身者はほとんどいなかった。それはなぜだろうか。理由は単純で、なりたくてもなれなかったのである。『元史』巻一七二「程鉅夫《ていきょふ》伝」には、以下のようにある。

(至元)二十四年、尚書省を立て、詔《みことのり》して以て参知政事と為さんとするも、鉅夫固く辞す。又た命じて御史中丞と為すに、台臣言く、「鉅夫は南人にして、且つ年少たり。」と。帝大いに怒りて曰く、「汝未だ南人を用いずして、何を以てか南人の用いるべからざるを知らん。今より省部台院は、必ず南人を参用すべし。」と。

この年、中書省にかわって尚書省が立てられ、サンガがその長官となって財政再建に乗り出した。程鉅夫（一二四九〜一三一八年）の人事も、ここに関わってのものだった。

　程鉅夫は、至元十三年（一二七六）にケシク（怯薛）に入ったのを機に、南人（旧南宋治下＝江南の出身者）としては異例に早く、宣武将軍・管軍千戸を拝領し、二十年には、翰林集賢院直学士・同領会同館事となるなど、中央官としてすでに一定の地位を築いていた。二十三年には、

帝に見え、首《はじ》めて陳《の》ぶ、「国学を興建し、使いを江南に遣わして遺逸を捜訪せしめ、御史台・按察司は、並びに宜しく南北の人を参用するを乞う。」と。帝之を嘉納す。(22)

とあり、①江南へ人材探しの使者を派遣することと、②御史台・提刑按察司という監察機関で南北の人を同様に任用するよう願い出て、クビライはそれを認めている。つまり、それ以前において、江南出身者は、監察官になれなかったのである。程鉅夫が翌二十四年に御史中丞に任命された際に、「鉅夫は南人にして、且つ年少たり」と、既得権益を持っていた人々から反対されたのは、致し方なかったのかもしれない。

　この議論の結果、程鉅夫は集賢直学士として、中央の御史台ではなく、江南行台の侍御史に就任した。ここで②は実現

できた。次は①であり、こちらも、クビライの命令を得て江南へと出発した。必ず見つけてくるようにとクビライから密命を受けていた趙孟藡《ちょうもうてき》・葉李《しょうり》はもとより、程鉅夫は、趙孟《ちょうもう》頫《ふ》・孔洙・張伯淳ら二十人を推薦した。推薦された士人たちは、みな「台憲及び文学の職」、つまり、監察官や翰林院・集賢院などの官に就任した。[23] この出来事を境に、わずかながら江南出身の監察官がみられるようになった。

（二）元初江南出身の監察官

では、実際に提刑按察司の官となった江南出身者を探すと、胡夢魁《こぼうかい》・曾沖子《そうちゅうし》・蕭泰登《しょうたいとう》・譚文森《たんぶんしん》の四人をあげることができる。そのうち、胡夢魁と曾沖子は、まさに程鉅夫による江南訪賢において推薦された人物である。胡夢魁（一二三四～一三〇七年）は、程鉅夫が幼い頃に暮らした建昌（現在の江西省撫州市）の出身で、宋末の郷貢進士（科挙の一次試験の合格者）であった。元になって以降、故郷の新城県の吏員となっていたが、程鉅夫の推薦によって、嶺南《れいなん》広西道提刑按察司の僉事となった。[24] 一方の曾沖子は、南豊（やはり撫州市付近）の出身で、南宋では知南安軍まで昇進したが、入元後は出仕していなかった。程鉅夫の推薦を受け、福建閩海道提刑按察司の僉事となった。[25]

二人の監察官就任地は、現在でこそ観光や工業で栄えて長江流域と大差ないように見えるが、当時においては、華北出身者は敢えて行きたがらない辺境の地であった。だからこそ、江南出身者が監察官として赴任する余地があったとも思われる。また、僉事止まりで提刑按察使や副使ではなかった点にも、江南出身者の限界が見える。

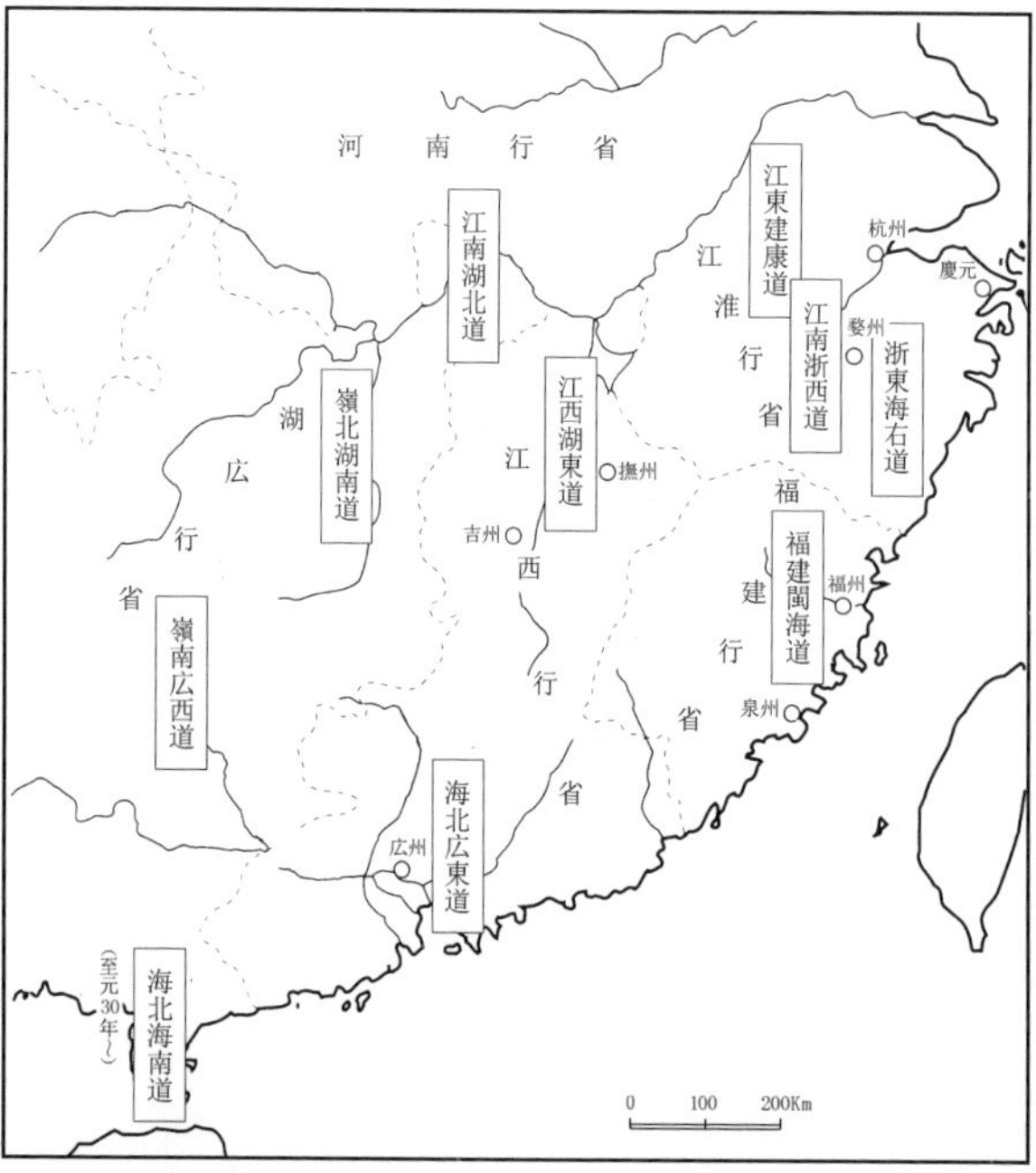

図2　元代江南行政区画概図

残りの蕭泰登（一二六七～一三〇四年）と譚文森についても、海北広東道提刑按察司の僉事や副使という、長江からは離れた南方での任官であった。中心の役所が置かれた広州は、現在のような大都市カントンではなく、「獠賊《りょうぞく》」が侵入する焦熱の地であった。江南出身者の至元年間の処遇という視点からの考察はここまでにして、蕭泰登と譚文森については、その提刑按察司で働く前後の履歴を確認したい。

蕭泰登は、吉安泰和（現在の江西省吉安市）の出身で、監察官になる前にすでに出仕していた。吏員の試験を受けて県丞となり、湖南道儒学副提挙を経て、海北広東道提刑按察司の僉事に抜擢された。これらの昇進には、至元二十三年（一二八六）に嶺北湖南道提刑按察使となり、二十五年に江南行台中丞に移った東平の徐琰《じょえん》の推薦があった。ちなみに、蕭泰登は、その後、三十一年に副使として安南に使いしたほか、江西行省の儒学提挙や嶺南広西道粛政廉訪司の僉事を務めた(26)。

一方、譚文森は、撫州《ぶしゅう》宜黄県の出身で、南宋の郷貢進士であった。元では、路総管府の治中・同知を経て、海北広東道提刑按察副使となった。その後、福建道儒学提挙、江西等処儒学提挙などに就いた(27)。二人の共通点として、履歴の中に見える儒学提挙という官職への就任をあげることができよう(28)。比較的早い時期に地元の江南で監察官になった人物が、このように儒学提挙司の官にもなっている、つまり、江南出身者が出仕・昇進するルートがそこにあった点に注目し、節を改めて考察することで本稿のまとめとしたい。

（三）儒学提挙司と粛政廉訪司

提刑按察司が江南に設置された期間は、至元十四～二十八年の十五年ほどに過ぎない。しかし、この十五年の任官状況をみると、至元二十四年まで、ほとんどの提刑按察司の官職を華北出身者が独占していたことがわかる。この時期、政権から見ると、旧南宋地域は華北とは別個の区画であり、その出身者も華北出身者とは別のカテゴリーの人物たちであった。

しかし、江南出身者の中には、政権にとって必要・有用な者も数多く居た。そこで、その取込みのために活躍したのが、江南行台や提刑按察司の監察官であった。同時に、その職務を帯びることを最初に許された程鉅夫の功績も見逃せない。儒学提挙司が各道に設けられたのは、至元二十四年のことであったが、集賢直学士・江南行台侍御史の肩書を持つ程鉅夫によって江南訪賢が行われたのも、まさにその年であった。

華北から江南に赴いた監察官の任務には、王俁の活躍に見るように、文教政策に関わるものが多く見られた。至元年間の江南では、提刑按察司の属官が、学校での教育や学生の著作活動を管理する儒学提挙司と協力・役割分担しながら、儒学（廟学）を拠点とする人材の育成・選抜と推薦を大々的に展開していた(29)。本稿ではあまり触れられなかったが、地方学校での教官の任命や、学校からの推薦規定も、この時期に細かく定められた。このように、儒学提挙司と提刑按察司の協力体制による教育制度の構築と人材登用のシステム化は、この江南統治初期に顕著に見られる特徴だったと言えよう。

注

（1）元の監察制度についての主要な研究として、丹羽友三郎『中国元代の監察官制』（高文堂出版社、一九九四年）、「元代における地方監察官の分巡について」（『名古屋商科大学論集』一〇、一九六六年）、「元代の地方行政系統に関する一研究」（『名古屋商科大学論集』一四、一九七〇年）、「元代の監察官制に関する研究（1）（2）」（『三重法経』九四・九五、一九九二年）、洪金富「元代監察制度的特色」（『成功大学歴史学報』二、一九七五年）、李治安「元代粛政廉訪司研究」（『元代政治制度研究』人民出版社、二〇〇四年、初出：二〇〇〇年）がある。

（2）『金史』巻五五「百官志一」。

（3）三上次男「金の御史台とその政治社会的役割」（同『金史研究　巻二　金代政治制度の研究』中央公論美術出版、一九七〇年、初出：一九六七年）。

（4）余蔚「金代地方監察制度――以提刑司・按察司為中心」（『中国歴史地理論叢』二〇一〇―三）、『中国古代地方監察体系運作機制研究』（上海古籍出版社、二〇一四年）、井黒忍「金代提刑司考――章宗朝官制改革の一側面」（『東洋史研究』六〇―三、二〇〇一年）。

（5）宋代、とりわけ南宋の監司については、青木敦の「淳熙臧否とその失敗――宋の地方官監察制度に見られる二つの型（一）」（『東洋文化研究所紀要』一三一、一九九七年）を始めとする一連の論稿を参照。

（6）小林隆道「宋代の広域区画（路）について」（『史滴』二五、二〇〇三年）、王曉龍『宋代提点刑獄司制度研究』（人民出版社、二〇〇八年）、宮崎聖明「宋代「対移」考――地方官監察・処分制度の実態」（『史学雑誌』一二二―三、二〇一三年）等。

（7）前掲注1李治安論文。『元史』巻八六「百官志二」御史台、粛政廉訪司。

（8）『南台備要』「提刑按察司官吏品秩」（『永楽大典』巻二六一〇）。

（9）注7に同じ。

（10）宮紀子「程復心『四書章図』出版始末攷――江南文人の保挙」（同『モンゴル時代の出版文化』名古屋大学出版会、二〇〇六年、初出：二〇〇一年）。

（11）『元史』巻四「世祖本紀一」歳甲辰の条、歳辛亥六月の条、中統元年六月の条。

（12）『元史』巻一七〇「胡祗遹伝」。

（13）『元史』巻一六七「王惲伝」。

（14）江南八道で提刑按察使・副使・僉事・経歴に就任した人物を統計した。

（15）李誠「周氏先塋碣銘碑」。周氏は王俣の母であり、碣銘碑を立てるために王俣が李誠に撰文を依頼した。顔建国・劉鵬「血涙与仁義――東平元代李謙・李誠《周氏先塋碣銘》碑発現記」（中国東平網：今日東平報、二〇一八・十二・二十八）。URL: https://mp.weixin.qq.com/s/SiulHpvTwMavlVtwKS1vqw（二〇二〇年十月十日閲覧）

（16）柳貫『柳待制文集』巻八「諡議」王俣諡憲粛。

（17）『元史』巻一七六「曹伯啓伝」。

（18）『廟学典礼』巻三「按察副使王朝請俣申明体覆」。

（19）同前注書巻三「按察副使王朝請俣申請設立小学」。

（20）張伯淳撰、趙孟頫書「蕭山県重建大成殿記」（『北京図書館蔵中国歴代石刻拓本匯編』四八、中州古籍出版社、一九八九年）。黄溍『金華黄先生文集』巻九「重脩紹興路儒学記」、巻一四「重修月泉書院記」も王俁による修築の事例を伝える。

（21）『古今図書集成』方輿彙編・山川典「石門山部」。

（22）『元史』巻一七二「程鉅夫伝」。

（23）同前注。

（24）程鉅夫『雪楼程先生文集』巻二二「僉広西提刑按察司事胡公墓碣」。

（25）『新元史』巻二二九「循吏伝」。

（26）『雪楼程先生文集』巻一六「監察御史蕭則平墓誌銘」。

（27）呉澄『呉文正集』（四庫全書本）巻八七「有元奉訓大夫南雄路総管府経歴譚君墓誌銘」。

（28）儒学提挙司の職務は、「諸路府州県の学校の祭祀・教養・銭糧の事、及び著述文字を考校・呈進する」ことであった。拙稿「儒学提挙司の起源と変遷——兼論宋金の学校管理」（『阪南論集（人文・自然科学編）』三七—四、二〇〇二年）、「元代の儒学提挙司——江浙儒学提挙を中心に」（『東洋史研究』六一—三、二〇〇二年）を参照。

（29）胡務『元代廟学——無法割舍的儒学教育鏈』（巴蜀書社、二〇〇五年）では、「元代廟学発展原因」の一つとして、儒学提挙司設置などの地方教育行政の厳密化と、提刑按察司やその他の監察官による興学をあげている。

附記　本稿は、JSPS科研費（JP19K01040）及び二〇一八年度国家社科基金重大項目〝日本静嘉堂所蔵宋元珍本文集整理与研究〟（18ZDA180）の助成を受けたものである。

◎コラム◎

カラホト文書

赤木崇敏

あかぎ・たかとし——東京女子大学現代教養学部准教授。専門は中央アジア史・敦煌トゥルファン学。主な著書に『元典章が語ること——元代法令集の諸相』（高橋文治・赤木崇敏・伊藤一馬・谷口高志・藤原祐子・山本明志共著、大阪大学出版会、二〇一七年）、論文に「唐代官文書体系とその変遷——牒・帖・状を中心に」（平田茂樹・遠藤隆俊編『外交史料から十〜十四世紀を探る（東アジア海域叢書七）』汲古書院、二〇一三年）、「黒水城漢文文書所見的元代公文書的事務処理程序」（黄正建主編『中国古文書学研究初編』上海古籍出版社、二〇一九年）などがある。

一、砂に埋もれたオアシス都市カラホト

祁連山脈《きれんさんみゃく》の雪解け水を水源とする黒河《こくが》は、河西回廊《かさいかいろう》のオアシスを抜けて内モンゴル自治区の阿拉善《アラシャン》盟額済納《エチナ》旗へと北流し、かつて居延海《きょえんかい》と呼ばれた内海（現在のソゴ＝ノールとガショーン＝ノール）に注ぎ込んでいる。この黒河下流域はエチナ（黒河は西夏時代（十一〜十三世紀）には黒《こく》水《すい》と言い、その西夏語ジルニャが現在のエチナの語源とされる）と呼ばれ、オルドスと天山山脈東部とを結ぶ東西交通路、そして河西回廊とモンゴル高原とを結ぶ南北交通路の結節点にあたっている。

カラホトは西夏によってこのエチナに築かれたオアシス都市で、当時は黒水城と呼ばれ、黒水監軍司（監軍司は軍管区の統治機関）が設置された。ここには黒河やそこから枝分かれする灌漑水路に沿って耕地や牧地が広がり、また中継交易が盛んに行われた。西夏は一二二七年にモンゴル軍の侵攻を受けて滅亡するが、カラホトはその前年にチンギス＝カンにより攻め落とされた。モンゴル時代には黒《こく》城《じょう》（モンゴル語でカラホト）と呼ばれ、一二八六年にエチナ一帯を統治する亦集乃《エチナ》路総管府《ろそうかんふ》が設置され、一二九五年以降は甘粛等処行中書省《かんしゅくとうしょこうちゅうしょしょう》（甘粛行省《こうしょう》）が旧西夏領を統轄するようになった（図1）。一三六八年に元朝がモンゴル高原に撤退した後も、カラホトを含む黒河流域は引き続きその支配下に置かれたが、やがて明軍の攻撃を受けた後にカラホトは放棄され、砂に埋もれた廃墟と化した。

二、カラホト文書の発見と史料状況

このカラホトは、二十世紀に入って仏像や絵画とともに大量の古文書（カラホト文書・黒水城文献・黒城文書）が発見されたことで再び注目を集めるようになる。

十九世紀後半から二十世紀前半にかけて、各国探検隊が東西トルキスタン・河西回廊・チベット・モンゴル高原などを踏査する探検の時代が訪れた。そのなかで、最初にカラホトに足を踏み入れたピョートル＝コズロフは、一九〇八・一九〇九年に城内外で約八〇〇〇点の古写本・典籍を発見した。

コズロフの次にカラホトを訪れたオーレル＝スタインは一九一四年に発掘調査を行い、七三〇〇〇点以上の文書を獲得した（図2）。その後、一九二七年のスウェン＝ヘディンと徐炳昶《じょへいちょう》が率いる西北《せいほく》科学考査団《かがくこうさだん》、一九六二・一九六三年の内モンゴル自治区文物工作隊、一九七六・

図1　元代のカラホトおよびエチナ路周辺図
（譚其驤編『中国歴史地図集』第7冊、21頁をもとに作図）

図2　スタイン撮影、カラホト遺址北西角
（International Dunhuang Project webサイトより）

一九七九年の甘粛省文物工作隊による発掘調査でも若干の文物が得られたが、最後にカラホトで大きな成果を挙げたのは、一九八三・一九八四年の内モンゴル自治区文物考古研究所による調査である。コズロフやスタインが未調査であった区画を発掘し、エチナ路総管府の跡から元・北元期の約三〇〇〇件の文書を発見した。

　このカラホト文書の年代は八世紀から十四世紀に及び（唐・宋・遼・偽斉《ぎせい》・西夏・金・元・北元時代）、その言語も漢語・西夏語・モンゴル語・ウイグル語・チベット語・サンスクリット語・ペルシア語・アラビア語・シリア語などと多岐にわたっている。また、このような発見の経緯から、カラホト文書の大半は主にロシア・サンクトペテルブルクのロシア科学アカデミー東方文献研究所、イギリス・ロンドンの大英図書館、中国内モンゴル自治区・フフホトの文物考古研究所の三つのコレクションに分散し、このほかに中国社会科学院考古研究所や甘粛省博物館にも若干数の文書が収蔵されている。ただし、各コレクションの整理・公開が急速に進むのは一九九〇年代以降、そして我々がカラホト文書のほぼ全容を把握できるようになったのは二〇〇〇年代のことで、近年夥しい量の関連史料が出版されている。以下では、モンゴル時代に関わる主要な史料集をいくつか紹介したい。

（一）ロシア蔵文書

　コズロフ将来のロシア蔵文書は、一九九六年から『俄羅斯《ロシア》科学院東方研究所聖彼得堡《サンクトペテルブルク》分所蔵黒水城文献』（俄蔵黒水城文献）既刊二十九冊（第十五冊以降は『俄羅斯科学院東方文献研究所蔵黒水城文献』に改題、上海古籍出版社、一九九六年〜継続刊行）によって西夏語・漢語文書のモノクロ写真が順次刊行され始めた。漢語文書のうち非仏教文献の録文については孫継民他『俄蔵黒水城漢文非仏教文献整理与研究』全三冊（北京師範大学出版社、二〇一二年）があり、仏教文献を含むロシア・イギリス所蔵漢語文書を収録した孫継民他『英蔵及俄蔵黒水城漢文文献整理』全二冊（天津古籍出版社、二〇一五年）も有用である。また、モンゴル語文書については、ジョルジュ＝カラ（G. Kara）の"Mediaeval Mongol Documents from Khara Khoto and East Turkestan in the St. Petersburg Branch of the Institute of Oriental Studies" (*Manuscripta Orientalia* 9-2, 2003、中文訳『東方学研究所聖彼得堡分所収蔵哈喇浩特及西域出土中世紀蒙古文文献研究』民族出版社、二〇〇六年）がある。なお、ロシア蔵文書の利用に際して注意すべきは、オルデンブルグ将来敦煌文献が一部カラホト文書のなかに混入していることである。また逆に、約二〇〇点のカラホト文書が敦煌文献として『俄羅斯科学院東方研究所聖彼得堡分所蔵敦煌文献』全十七冊（上海古籍出版社、一九九二〜二〇〇一年）に収録されている。

（二）イギリス蔵文書

　スタイン将来のイギリス蔵文書のう

ち、漢語文書についてはアンリ＝マスペロ（H. Maspero）の *Les documents chinois de la troisième expédition de Sir Aurel Stein en Asie Centrale*, The Trustees of the British Museum, 1953、郭鋒『斯坦因《スタイン》第三次中亜探険所獲甘粛新疆出土漢文文書：未経馬斯伯楽刊布的部分』（甘粛人民出版社、一九九三年）、沙知・呉芳思『斯坦因第三次中亜考古所獲漢文文献：非仏経部分』全二冊（上海辞書出版社、二〇〇五年）が部分的に写真や録文を発表していたが、西夏語・漢語文書の全モノクロ写真が『英国国家図書館蔵黒水城文献』（英蔵黒水城文献）全五冊（上海古籍出版社、二〇〇五～二〇一〇年）として出版された。またチベット語文書のテキスト・写真については、Tsuguhito Takeuchi, Maho Iuchi, *Tibetan Texts from Khara-khoto in The Stein Collection of the British Library*, The Toyo Bunko, 2016がある。さらに、敦煌を中心とする中央アジア出土文物のデジタルデータベースである The International Dunhuang Project: The Silk Road Online (http://idp.bl.uk/) でも高画質のカラー写真を閲覧できる。

(三) 中国蔵文書

前二者はその大半が西夏語文献であるのに対し、中国蔵文書は約三分の二が元・北元期の漢語文書で占められている。李逸友『黒城出土文書（漢文文書巻）』（科学出版社、一九九一年）が七六〇点の録文と一部のモノクロ写真を公表した後、『中国蔵黒水城漢文文献』全十冊（国家図書館出版社、二〇〇八年）によって漢語文書のカラー写真が全て公開され、また杜建録主編『中国蔵黒水城漢文文献釈録』全十四冊（中華書局・天津古籍出版社、二〇一六年）や孫継民他『中国蔵黒水城漢文文献的整理与研究』全三冊（中国社会科学出版社、二〇一六年）といった録文集が刊行されている。また非漢語文書の写真やテキストについては吉田順一・チメドドルジ編『ハラホト出土モンゴル文書の研究』（雄山閣、二〇〇八年）と塔拉・杜建録・高国祥主編『中国蔵黒水城民族文字文献』（中華書局・天津古籍出版社、二〇一三年）がある。

このような史料環境の好転、とくに元代の文書を多数含む中国蔵文書の公開を受けて、現在では中国を中心にカラホト文書を利用した論文が陸続と発表されている。またカラホト文書のほぼ全容が明らかになったことで各コレクション・各言語間を横断する研究が進み、さらには中尾正義編『オアシス地域の歴史と環境――黒河が語るヒトと自然の二〇〇〇年』（勉誠出版、二〇一一年）所収の古松崇志「モンゴル時代の河西回廊と黒河流域――カラ＝ホト文書より見た下流域エチナの自然と社会を中心に」や古松崇志・佐藤貴保・森谷一樹「黒河下流域の遺跡と文字資料の発見」のようにカラホト文書を利用した日本語概説も提供されている。

三、元代カラホト文書の内容

カラホト文書のうち元・北元期のものは、言語としては漢語が最も多く四四〇〇点以上ある。いっぽう種類別では、大半はエチナ路総管府の処理した公文書で、地方の行政監察・勧農・官吏任命を掌る粛《しゅく》政廉訪司《せいれんほうし》や下級官庁からエチナ路総管府に宛てた通信文、エチナ周辺に分封地を持つモンゴル王族がエチナ路に羊酒・米麺の支給を求める文書、財務・戸籍の台帳などである。そのほかには仏教・道教・イスラーム・キリスト教の宗教文献や手紙・契約文書などの私文書、また医学・天文学・卜占《ぼくせん》・暦などもあるが、内容比定が不十分な断片も多く、種類や数量の正確な統計は難しい。

元代公文書の実物は、新疆ウイグル自治区の若羌《チャルクリク》県・且末《チェルチエン》県、河北省の隆化《りゅうか》県からも発見されており、さらに日本の静嘉堂文庫《せいかどうぶんこ》などにも漢籍の紙背文書《しはいもんじょ》が存在しているが、種類・数量ともにカラホト文書が最も充実している。このカラホト出土公文書の扱っている内容は、農政・銭糧支出・裁判記録・軍政・站赤《ジャムチ》・教育・祭祀などで、当時のエチナや河西回廊の様子を復元するうえで貴重な情報源となっている。また、その言語構成も漢語・ウイグル文字モンゴル語・パクパ文字モンゴル語・アラビア文字ペルシア語と多彩で、モンゴル帝国の多文字多言語文書行政の特徴をよく示している。一二六九年に制定されたパクパ文字は当初、皇帝・皇族の王言や中央官庁の公文書にのみ使用されていたが、十三世紀末までに路レベルの地方官庁でも文書の概要や標目・官印をパクパ文字モンゴル語で記すようになった。カラホト文書はその実例の宝庫で、漢語公文書の署名や日付、任命状末尾の定型句、勘合文書の割り書きなどにもパクパ文字が使用されている（**図3**）。

元代公文書研究の基幹史料としては、『通制条格《つうせいじょうかく》』や『元典章《げんてんしょう》』に代表される漢籍史料や、公文書を模刻した石刻史料が夙に知られている。カアンや中央官庁、そして行中書省や行御史台など各地の上級官庁からの下達文書が主な対象となっているこれらに対して、カラホト文書はエチナ路のレベルで受理・処決した公文書が中心となっている。そのため、外部から到来した公文書を受理し、その案件を処理して関係各所に伝達するために新たに公文書を作成し、そしてこれらの手続きが遺漏なく実行されたかを確認するという、地方官庁における文書行政・事務処理の一連のプロセスをカラホト文書によって克明に復元することができる。例えば、元代には文書処理に遅滞や遺漏が無かったかを毎年春季と夏季の二回点検する、照刷《しょうさつ》という文書検閲システムがあり、カラホト文書からその実際の手続きの様子がうかがえる。**図4**は、一三〇〇年にカイドゥとの決戦に向けて軍を進めるチュベイ（チャガタイの曾孫）がエチナ路に軍糧を要求してきたために、物資の不足するエチナ路が糧食支給を甘粛行省に求めた記録である。この末尾には、照刷を行った粛政廉訪司の検閲の結果が記され、書類の不備について細かい指示が述べられている。このほかにも、外部から到来した公文書の処理のために下級官員が作成した文案（案呈《あんてい》）など、漢籍や石刻に見られない様式の文書も存在する。実は元代だけでなく宋代のカラホト文書、さらに唐代トゥルファン文書のかなりの点数はこのような官庁内の文書処理に関するものだが、こうした地方文書行政の実態についてはまだ未解明の部分が多い。今後これらの比較分析が進めば、唐〜元代の文書行政の仕組みや変遷についてより明らかになるであろう。

図3 パクパ文字の日付と墨印
（M1・0414（F117:W25b）《文書残件》。内蒙古文物考古研究所蔵、『中国蔵黒水城漢文文献』3、510頁より）

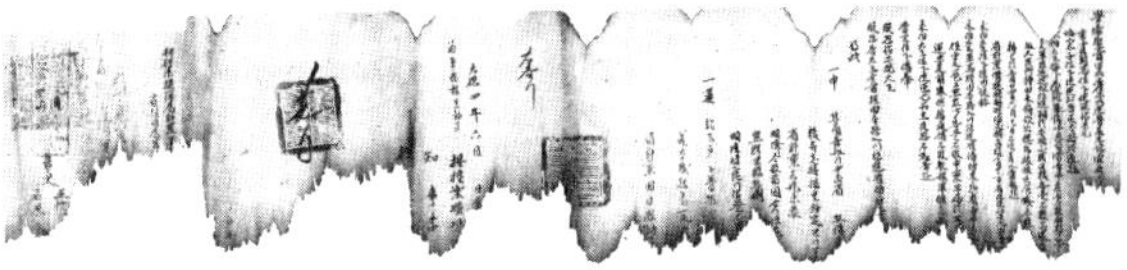

図4　照刷の実例
（M1・0295（F116:W552）《大徳四年軍用銭糧文巻》。内蒙古文物考古研究所蔵、『中国蔵黒水城漢文文献』2、397頁より）

参考文献（本文中で紹介したものを除く）

赤木崇敏「地方行政を仲介する文書たち——《賭博に関する賞金のこと》」高橋文治他『元典章が語ること——元代法令集の諸相』（大阪大学出版会、二〇一七年）七一—一一四頁

赤木崇敏「黒水城漢文文書所見的元代公文書的事務処理程序」（黄正建主編『中国古文書学研究初編』上海古籍出版社、二〇一九年）二三〇—二四八頁

中島楽章「元代の文書行政におけるパスパ字使用規定について」（『東方学報』八四、二〇〇九年）九一—一三八頁

船田善之「元代漢語公文書（原文書）の現状と研究文献」森田憲司編『十三、十四世紀東アジア諸言語史料の総合的研究——元朝史料学の構築のために』（平成十六〜十八年度科学研究費補助金基盤研究B研究成果報告書、二〇〇七年）二七—三四頁

船田善之「モンゴル時代漢語文書史料について——伝来と集成によって拡がる文書史料の世界」（『内陸アジア言語の研究』三三、二〇一八年）二七—四三頁

◎コラム◎

元代における宮室女性の活躍

牛　瀟

ニュウ・ショウ――明治大学大学院文学研究科博士後期課程院生。専門は元代史。主な論文に「元代前期の華北における儒教保護――東平学派と曲阜碑刻を中心とする考察」（『中国――社会と文化』三五、二〇二〇年）などがある。

一、コンギラト族の皇后たち

モンゴル宮廷内における女性の影響力に注目すると、この時代ならではの特徴が見えてくる。チンギス・カンの母親のホエルンと妻のボルテはともにヒロイックな人物として知られている。また、トルイの正妃、ケレイト部出身のソルコクタニ・ベキは、モンケらの母として、非常に賢明な人物とされる。モンゴル宮廷内では、皇后或いは皇太后が各自のオルドや財産を領有し、さらには、カンの死後に政務を執り、しばしば皇位継承や政治問題にも関与した。

ホエルンが出身したコンギラト族は、チンギス・カン一族と長い通婚関係を持つモンゴルの一部族である。同じくその出身のボルテの父であるデイ・セチェンに対して、自身の子孫はコンギラトと代々通婚を行うとチンギス・カンが命令した（『元史』巻一一八「特薛禅《ディセチェン》伝」等）。また、モンゴル宮廷内の十一人の皇后は、みなコンギラト族の出身だと言われている（『蒙兀児史記』巻一九「后妃列伝」）。ただ、その一族がはなばなしい権力や栄光を持つのに対して、実際には、下記のとおり、その皇后の地位には不安定なところが見られる。

現在の内モンゴル赤峰《せきほう》市付近、当時コンギラト族が領有した全寧《ぜんねい》、応昌《おうしょう》路一帯に残る碑刻には、デイ・セチェンの孫であるナチンの子ジルワダイが、クビライに対し反乱を起こしたことが記されている（『元史』巻一四九「移剌捏児伝」元臣伝、『北京図書館蔵中国歴代石刻拓本匯編』四九冊一六一「張氏先塋碑」）等）。クビライとアリク・ブケの皇位係争中、モンゴル草原や北方にいるアリク・ブケを支持した諸王たちは、常にクビライに不満を示していた。至元十三年（一二七六）にモンケ・カンの第三子シリギが大規模な反乱を起こしており、ジルワダイの乱もクビライ兄弟の皇位争奪の延長線であるとされている。

当時、ジルワダイが兄のオルチンを殺害し応昌府を包囲した際、オルチンの正妻である皇姑《こうこ》魯国大長公主ナンギャジンも、応昌府におり諸事を管理していた。彼女の母親は同じくコンギラト族出身の世祖クビライの正后チャブイであり、チャブイが大都でナンギャジンを支援した上、コンギラト族の一部分の軍隊も元の朝廷と協力して反乱を鎮圧した。このジルワダイの事件によって、一二七七年から一二八〇年までコンギラト族の万戸の位は奪われ、その勢力は打撃を受けたという。

図1　国立故宮博物院蔵、元世祖后チャブイ（徹伯爾、右）、元順宗后ダギ（塔済、左）

それにも関わらず、コンギラト族の女性は依然として宮廷内で高い地位を保っていた。皇后チャブイも賢后として政治を支えたと言われる。また、彼女の死後に同族のナムブイも皇后になり、世祖が高齢になる至元二十年（一二八三）以降、実質的に国政を主導する立場にあった。宰相はいつも皇帝には会えず皇后に上奏していたという記載さえある（『元史』巻一一四「后妃伝」南必皇后の条）。

同じくコンギラト族出身、クビライの皇太子チンキムの妻ココジン（隆福太后）は、夫の早逝後も強い影響力を持ち続け、クリルタイを招集し、三男テムル（成宗）を即位させた。テムルやココジン死後、テムルの皇后、バヤウト部族出身のブルガンは、テムルの従弟であるアナンダ（安西王）を擁立しようとした。しかし、テムルの次兄ダルマバラ（順宗）の未亡人であったコンギラト族のダギ（興盛太后）と、その子のカイシャン（武宗）・アユルバルワダ（仁宗）兄弟との争いにより、結局ブルガン一系は敗れて大都から追放された。

以上のような宮室女性の活躍に対して、関連記録は非常に少ない。一方で、漢文資料中における彼女たちに関する記述は、礼賛と批難の両極に振れており、皇太后たちの多面的な立場をも伝えていると考えることもできる。筆者は、儒教関係碑刻の調査の過程で、儒教や漢文化に対するコンギラト族女性の影響力の大きさに興味をもった。ここで、彼女たちの立場や関わりの様子について考えてみたい。

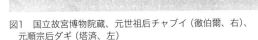

二、ダギからブダシリまで

(一) 皇太后ダギ

ダギ（答己）は順宗の妻であり、武宗、仁宗二皇帝の母として、一時的に巨大な権力を持った人物である。「屠人《とじん》の婦人」であったという記載（葉子奇『草木子』巻四下）から、もとの身分は高くないと推察されるが、宮室に入って以後、「先太后」であるココジンに長く仕えた。ココジンはチャブイ皇后に長く仕え、非常に孝順であったと言われるから、コンギラト出身皇妃間のつながりもうかがわれる。

チンキムの太子時代に、ココジンが儒教の経義や礼儀を教える高麗出身の女官「葛夫人」を宮中に招いたことがあった。そして、仁宗期、ダギが再び彼女を招いて『資治通鑑』を講じさせた（虞集『道園学古録』巻一七「高魯公神道碑」）。ダギは王振鵬《おうしんほう》に命じて「歴代聖母賢妃図」を描かせ、彦通《げんつう》等に『列女伝』や『孝経』を刊行させて宮女たちに講じた。ここに、ダギが孝行や漢文化の教育に注力したところを見ることができる。

また、チベット仏教系寺院の建造という行為の裏にも、親に対する孝行の意図が読み取れる。チンキムの子のテムルは、母親ココジンの意志に応じて、五台山に万聖祐国《ゆうこく》寺を建立した（『元史』巻一八「成宗本紀」元貞元年閏四月の条等）。また、ダギの子であるアユルバルワダも、大都に三聖殿・観音殿・九子母殿を擁する大智全寺を建立した（劉敏中『中庵集』巻三「勅賜大都大智全寺碑」）。宮廷内において、ココジンとダギや、ダギ母子間での影響関係が想起できる。

(二) 大長公主サンガラギ

サンガラギ（祥哥剌吉、魯国大長公主）はダギの娘、武宗の妹、仁宗の姉であり、コンギラト族の魯王ジュアブラに降嫁した。彼女はしばしば皇帝から多額の賜与を得ており、その巨大な財力で、自身の封地である全寧・応昌路一帯に多くの仏寺を建立した。その中には、ダギのため

図2　北京故宮博物院藏、伝（宋）趙昌『写生蛺蝶図』（文物出版社、2017年）、右上に「皇姊図書」の印あり（李俊義・李彦朴『草原金枝』内蒙古科学技術出版社、2018年より）。

に建立した報恩寺もある（『中庵集』巻三「勅賜応昌府罔極寺碑」等）。

　サンガラギについて最も有名なのは、彼女が収蔵家として、天慶寺で当代の有力な文臣を集めて書画鑑賞会を開いたことである。南宋内府旧蔵や当時著名な書画には、「皇姊《こうし》圖書」等の彼女の印を捺したものが現存する（**図2**）。漢地の文化や風雅を好む公主が出た背景にも、母親のダギの影響があり、その家族に漢文化の流れを垣間見ることができるだろう。

（三）皇太后ブダシリ

　サンガラギの娘、文宗皇后のブダシリ（卜答失里）も、一層激しくなった皇位争奪戦の下で、大きな権力を掌握した人物である。武宗・仁宗と泰定帝の子孫の間で皇位争奪が起こり、結局、文宗が宰相エル・テムルの力を借り、一時的に混乱を収息して皇位を得た。しかし、その過程で、諸王や権臣の不満や矛盾は深化していた。

　そのような政治変動の中、宗教方面でもブダシリに関する記録がある。泰定二年（一三二五）頃、サンガラギは大都の東岳仁聖宮で祈祷し、寝殿を増築した。天暦元年（一三二八）、文宗即位の時点で、ブダシリは、全寧路に居た母サンガラギを迎えて、やはり孝行を行うために、東岳廟で祭祀を行ったことが見られる（虞集『道園学古録』巻二三「東岳仁聖宮碑文」等）。

　それが、至順三年（一三三二）の八月に文宗が亡くなると、ブダシリは摂政としてその権勢を誇示したが、後至元六年（一三四〇）、順帝はブダシリを大都から追放して後に殺害した。その中で、関連する文書記録は抹消されたと考えられる。しかし、次に挙げる同時期の碑刻によれば、それまでの元朝宮廷内におけるコンギラト族の女性の振舞いと同じように、彼女たちの影響力は厳然と存在していたと考えられる。

三、儒教加封との関係

　典籍史料において、コンギラト族の女性らは宮廷の保守勢力として政治を乱し、儒教を弾圧した存在として見なされてきた。しかし、孔子の故郷である山東省曲阜は、コンギラト族の封地であったため、その地の碑刻には典籍史料に見られない記録が残る。筆者は、儒教の聖賢すなわち孔子・颜子・孟子に対する元朝の加封を、左表のように整理した。

表1　元代対儒教加封号

廟主	宋の旧封号	元の新封号	加封年
孔子	至聖文宣王	大成至聖文宣王	大徳十一年(1307)
孔子父母妻	斉国公・魯国太夫人・鄆国夫人	啓聖王・啓聖王夫人・大成至聖文宣王夫人	至順元年(1330)
顔子	兗国公	兗国複聖公	至順元年(1330)
顔子父母妻	(父)曲阜侯、他無し	杞国文裕公・杞国端献夫人・兗国貞素夫人	元統二年(1334)
孟子	鄒国公	鄒国亞聖公	至順元年(1330)
孟子父母	無し	邾国公・邾国宣献夫人(妻無し)	延祐三年(1316)

図3　山東省鄒城市孟廟、啓聖殿甬道、「聖詔褒崇孟父孟母封号之碑」（右）と「皇元聖制孟子加封碑」（左）（李彬・鄭建芳・侯新建主編『孟廟・孟府・孟林碑刻集』斉魯書社、2019年、30・34頁を参考）（筆者撮影）

この表からは、儒教先賢の父母や妻の封号に大きな変化があったことがわかる。儒教先賢に対して、朝廷における家族関係を投影したかのように、コンギラト族の女性が儒教に傾倒して、その先賢の父母や妻を祀ったと考えられる。

まず、ダギの影響を見てみる。山東省鄒城《すうじょう》孟廟には延祐三年（一三一六）の「聖詔褒崇《せいしょうほうすう》孟父孟母封号之碑」（**図3**）が現存し、その碑陰には「聖天子の孝は天性に根づき、上は太后に事《つか》えて其の誠を曲尽す」と書かれている。同年、仁宗は、子のシディバラ（英宗）に皇位を継承させるため、武宗の子コシラを中央から追い出し、ダギの支持をとりつけて、自分たちの「聖母」「孝子」というイメージを大きく演出しようとした。折しも、朱子学が推進されていたのに伴い、孟子父母も改めて「邾国公《しゅうこく》」と「邾国宣献夫人」として加封され、孟子と同等の地位として祀られることになった。

次に、サンガラギはどうか。彼女は加封には参与しなかったが、至大・泰定期に自ら曲阜へ使者を送り孔子を祭った。彼女は、自身の居所にも孔子の絵をかざり、常に孔子を礼拝し、その格言を学んだ。また、曲阜へ使者を派遣して祝辞の刻まれた銀盒や香・白銀を幾度か送り、孔子を祀ったこともあった。さらに、その祭祀を記録した碑文には、ナンギャジン公主による孔子祭祀が言及されている（「皇妹大長公主祭孔廟碑」、楊朝明主編『曲阜儒家碑刻文献輯録』一輯、斉魯書社、二〇一五年）。

そして最後に、宮廷における事変が最も激しい時期に生きたブダシリに関する記録が、典籍史料と異なり曲阜には多く残されている。彼女は自らの権勢を誇示するため、孔廟保護政策を元統期に相次いで打ち出した、顔子父母と妻の加封も、この皇太后の懿旨《いし》を得たからであった（「追封兗国《えんこく》復聖公及其夫人制碑」碑陰、馮《ふう》承鈞《しょうきん》編集『元代白話碑』一三頁、商務印書館、一九三一年）。そこから、至順元年

（一三三〇）の文宗による孔子の父母・妻への加封の裏にも、彼女の意志の存在が推測できる。さらに元統三年（一三三五）、彼女も母親と同じく使者を曲阜に遣わして孔子を祭っている（「大元皇太后祠魯宣聖廟碑」、駱承烈彙編『石頭上的儒家文献――曲阜碑文録』上冊「元碑」七三、斉魯書社、二〇〇一年）。

　このように、都から離れた曲阜の地に残された碑刻から、ダギからブダシリまで受け継がれた、コンギラト族の女性たちによる儒教尊崇や教育文化事業が見てとれるのである。儒者劉敏中は「仏は空を以て伝え、儒は有を以て教う。空・有同じからざるも、同じき者は惟だ孝のみ」（『中庵集』巻三「勅賜応昌府罔極寺碑」）と、コンギラト族の仏教信仰と儒教尊崇を理解している。孝行の教えをモンゴル宮廷が極めて重視したことは、これまでにも指摘されていた。ただ、モンゴル宮廷が多様な宗教や文化の下で、その家族秩序を強調していたこと、それがコンギラト族の女性に多くを負っていたことは非常に興味深い。そして、視点を変えて儒教側から見れば、孔子・顔子・孟子の父母や妻の地位の上昇に、モンゴルの女性皇族の参加が大きな影響を与えていること自体が、男性によって担われるべき儒教という概念にそぐわないことなのである。ここに、モンゴル統治時代が中原文化に与えた影響を読み取ることができるのではないだろうか。

参考文献

岡田英弘「元朝秘史の成立」（『東洋学報』六六―一～四、一九八五年）

宮紀子「大徳十一年『加封孔子制誥』をめぐる諸問題」（『中国――社会と文化』一四、一九九九年、のち同『モンゴル時代の出版文化』名古屋大学出版会、二〇〇六年所収）

Jack Weatherford, *The Secret History of the Mongol Queens*, Broadway Books, 2010.

許正弘「元答己太后与漢文化」（『中国文化研究所学報』五三、二〇一一年）

馮鶴昌「元代弘吉剌部只児瓦台之乱新考」（『内蒙古社会科学』五、二〇一六年）

元末順帝朝の政局——後至元年間バヤン執政期を中心に

山崎　岳

やまざき・たけし——奈良大学文学部准教授。専門は明代史、東アジア海域史。主な論文に「方国珍と張士誠：元末江浙地方における招撫と反逆の諸相」（井上徹編『海域交流と政治権力の対応』汲古書院、二〇一一年）、「明弘治『八閩通誌』所引呉源『至正近記』訳注——元末福建動乱の理解のために」（『奈良史学』三四、二〇一七年）などがある。

順帝トゴンテムルは、元朝歴代皇帝のうち、漢地中国を支配下に置いた最後の皇帝として知られる。陰謀渦巻く元末の宮廷で帝位に即いた少年は、当世第一の「権臣」バヤンの傀儡であった。帝国の統治能力を失いつつあったモンゴルを、もう一度偉大な支配者として再生させようとするバヤンは、漢文化との融和に傾くモンゴル支配層の間で孤立する。バヤンの侄のトクトは不満をいだく順帝との関係を深めてバヤンを倒し、新たな時代を切り拓く。しかし、それらのできごと一つ一つが、元朝による中国支配の解体への道程であった。

はじめに

一三六八年正月、呉王朱元璋は南京で皇帝に即位し、国号を明と定めた。すでに前年十月には部下諸将に北伐が命じられ、この年の閏七月には大将軍・徐達の軍が大都郊外に迫った。元の皇帝トゴンテムルは大都を放棄して北走し、八月二日に徐達の軍が大都を制圧する。[1] 元朝側では北巡と称されたこの逃避行によって、モンゴルの漢地支配は終焉を迎えた。トゴンテムルは二年後に死去し、明はこれに順帝と諡して元朝の命運が尽きたことを漢地全土に周知させた。[2] 元の帝室はその後二十年間、旧領の回復をねらって明と対峙するが、一三八八年、天元帝トゥグステムルが殺害されたことで、世祖コビライ[3]の直系は断絶した。ここに中国王朝としての元は滅亡する。[4] かつて全ユーラシアを席巻したモンゴル系諸政権のうちでも、中国全土の征服を果たして最大の国力を誇った元朝が、わずか一〇〇年にしてあっけなく崩壊することになったのは、いかなる要因によるものであろうか。

元の崩壊は、直接には明の建国とそれに先立つ紅巾の乱、ならびに各地の自立的軍事政権の勃興によってもたらされた。近年、学界の趨勢としてモンゴルの漢地支配が肯定的にとらえなおされる中、元末の混乱についても、体制自体の問題よりも、地球規模の気候変動による自然災害などの外的な要因が強調される傾向がある。広大な領域に住む様々な民族を、巧みに統一的な秩序のもとに治めたモンゴル帝国、そしてその流れをくんだ中国王朝としての元朝は、東西文明間の交流を活性化させ、あるいは現代中国がめざす「多元一体的」国家統治をも先取りする側面があった。だが、そのような一面を絶対視し、元という政治機構とその治下の社会を過度に理想化した結果、その崩壊の原因を地球規模の寒冷化といった不可抗力、いわば人為を越えた「天命」に求めることは、歴史理解として妥当であろうか。(5)

旱魃・水害、そして昨今話題の疫病など、自然災害は人間社会に混乱をもたらす大きな要因である。だが、それらの災害が常に政治体制の崩壊をもたらすわけではない。災害によって引き起こされた混乱に対して既存の社会が適切な対応をとれず、人々が眼前の現実を否定して新たな秩序を希求する時、はじめて体制の危機が訪れるのである。元朝の為政者たちが、天地自然によってもたらされる漢地人民の災難に対処しようとする意思を持っていなかったわけではない。にもかかわらず、それを十全に果たすことができず、結果として体制の崩壊を招いた。その統治能力に問題があったことを疑う余地はない。

筆者に与えられた課題は、元末の反乱と明の興起という一連のできごとを跡づけることであった。それを明らかにするためには、元朝が政治的な機能不全に陥り、体制崩壊の道をたどる政治過程を追う必要がある。順帝の治世はその重大な転換期である。今回は順帝の即位前後の事情から、これに関わる宮廷の権臣《けんしん》たち、特にメルキトのバヤンの事蹟に焦点をあてて考えてみたい。(6)

一、順帝の即位

順帝トゴンテムルに対する歴史的な評価は一様ではない。伝統的な歴史叙述では、しばしば、西蕃の邪教に入れ込んで民間の艱苦を顧みず、ついには亡国を招いた人物とされてきた。朱元璋はたびたび詔令の中で世祖コビライの英明と末帝の暗愚を強調するが、それが元から明への天命改替を正当化するための極論であることは言うまでもない。『元史』の記述では、トゴンテムルは必ずしもそのような暗君としてのみ描かれているわけではなく、うち続く天災による逆境に抗《あらが》い、傾きかけた体制を立て直すため、それなりの試行錯誤を繰り返していたさまをうかがうことができる。少なくとも、元朝末代の諸帝の治世がことごとく短命に終わる中、世祖を凌ぐ歴代最長の政権を維持したという点においては、元代史の中でも特筆すべき存在といえよう。(7)

順帝トゴンテムルは、明宗コシラの長子で、武宗カイシャンの孫にあたる。カイシャン死後の政変により、コシラは一時西方のチャガタイ領に逃れ、その間にトゴンテムルの母となるカルロクの女性を娶った。生母は出産後まもなく亡くなったという。泰定帝死後の内乱を経て、コシラはその弟の文宗トクテムルから帝位を譲られるが、数日後に不審な死を遂げる。文宗が復位し、明宗の皇后バボシャもその年のうちに亡くなった。数年後に文宗が死去すると、当時広西の静江府（現桂林）に預けられていたトゴンテムルに先んじて異母弟の寧宗イリンジバルがわずか六歳で帝位につけられた。しかし、この幼帝も一月あまりで亡くなり、結果として十三歳のトゴンテムルが広西から呼び寄せられて帝位を継ぐこととなった。(8)

父帝明宗の死に始まるトゴンテムル身辺の一連のできごとについて、『元史』の明宗・文宗・寧宗各本紀は、淡々と事実を綴《つづ》るのみで、背後の事情を窺い知ることは難しい。(9)それらの事件の真相は順帝本紀で明かされるのを待たねばならない。同本紀には、文宗の復位後、明宗皇后バボシャは讒言《ざんげん》を受けて殺害されたと記される。トゴンテムルはまず高麗の大青島に幽閉され、ついで故明宗からその実子と認められていなかったと宣言する詔が発せられて、身柄を広西に移されたのだという。(10)

文宗の死の八年後の後至元六年、つとに即位を果たしていた順帝は、宗廟から文宗の位牌を撤去し、その皇后であったボダシリ太皇太后とその子エルテグスを大都から追放した。その際に発せられた詔には、文宗が兄である明宗との再会の際、近臣たちと謀ってこれを暗殺し、それを糊塗するために死因を偽ったこと、自身の子に帝位を譲るため、邪言を弄して明宗皇后バボシャに冤罪を負わせたこと、そして順帝自身は明宗との父子関係を否定されて広西に流謫されたことなど、文宗の非道の数々が記されていた。(11)順帝にとっては、実の叔父でありながら、廃祀してなお恨みの尽きない人物だったようである。この時、文宗の子エルテグスは高麗に流されることになったが、翌月、宮中を追われた廃太子は十歳で死去した。朝廷からは鈔一〇〇錠が下されるのみであったという。(12)

少年時代のトゴンテムルが前述の不条理な運命に翻弄されている間、元朝の中枢で実権を握っていたのは、エルテムルという人物である。エルテムルは、ムンケ時代にバトの西征によって征服されたキプチャク部の出身で、曾祖父の代から元世祖コビライに仕えて有力な家門を形成した。自身も武宗カイシャンの侍衛として頭角を現し、泰定帝死後の内乱では大都において文宗を擁立し、その功績により文宗朝では太師・中書省右丞相という人臣中の最高位を占めて絶大な権勢を誇った。[13]

文宗の子エルテグスは、まだ乳離れしないころからエルテムルの邸内で養育されていた。[14] その幼名ゴナダラがエルテグスと改められたのも、あるいはエルテムルの意向によるものであろう。文宗の死亡時、エルテムルはすぐさまこの小児を帝位に即けることを望んだが、実年齢にしてわずか二歳半の我が子を気遣う文宗皇后ボダシリはこれを肯んじなかった。寧宗の死後、エルテムルが万機を掌握し、ボダシリ太皇太后の裁可を仰ぐ垂簾《すいれん》体制が布かれたが、太皇太后がトゴンテムルを即位させるよう指示していたにもかかわらず、エルテムルはそれを実行せず、半年ばかりの空位が続いていた。[15]

至順四年（一三三三）、ついにエルテムルが死んだ。荒淫がたたって衰弱し、血尿を発症していたともいう。[16] これによってようやく順帝の即位が実現したことを考えると、単なる病死とするにはあまりに時宜を得た話ではないか。実際、エルテムルの暗殺を企てる者がいたことは確かなようで、計画が露見して所払いを受けた人々が、トゴンテムルの即位後に呼びもどされた例もある。[17] これほどの要人でありながら、『元史』にその死亡日時をうかがわせる記載がないのも甚だ不自然だが、その真相を探る手がかりはない。

ともあれ、至順四年六月八日、太皇太后ボダシリの意を受けて、順帝トゴンテムルが即位の礼を挙げた。十月になって年号は元統と改められた。即位にあたっては、武宗と仁宗の故事にならい、いずれは文宗の子エルテグスが帝位を継ぐ、という約束が太皇太后との間に交わされていた。[18] 新帝のもと、エルテムルに代わって宮廷第一の実権を手にしたのは、長らくエルテムルの次席にあった古参の武人、バヤンであった。

二、エルテムル一族の粛清

バヤンはメルキト部の出身で、その家は曾祖父以来、代々侍衛《ケシク》を務めた。人となりは、豪快かつ沈着、聡明かつ果断であったと評される。十五歳で武宗カイシャンに近侍して武功を重ね、カラコルムで諸王臨席のもと英雄《バトル》の称号を与えられる栄誉にあずかった。武宗朝では引き続き親衛隊を率いるとともに、吏部尚書や御史中丞など文官の要職を務めたが、続く仁宗朝・泰定朝では中央の要職からは外され、行省の平章政事を歴任した。泰定帝の死後、上都で即位した新帝に大都の留守を預かるエルテムルが反旗を翻すと、河南平章政事であったバヤンはこれに従い、懐王、後の文宗トクテムルを江陵の王府から迎え入れる大任を果たした。この功労により文宗朝では侍衛を率いて皇帝に近侍しながら諸王に封ぜられ、大傅《たいふ》の加官を受けて太師エルテムルに次ぐ地位を占めた。(19)

　エルテムルの死後、バヤンは、モンゴル・キプチャク・オロス（ルーシ）諸衛からなる親衛隊の最高司令官を務めるとともに、太師・中書省右丞相・上柱国といった、それまでエルテムルが帯びていた宰相としての最高度の肩書きを与えられ、元統二年には秦王に封ぜられている。(20)

　このほか、バヤンは監修国史と奎章閣《けいしょうかく》大学士を兼ね、学士院と太史院、および回・漢の司天監などの実務も管掌していた。監修国史は、エルテムルも領していた役職である。両者とも漢文史書を読みこなしたとは考えがたいが、通訳を介して史官の記録内容は把握していたであろうし、また実録編纂を名目に皇帝の起居動静を監視することもできた。実際、バヤン執政期には、順帝の周囲はバヤンの息のかかった者で固められていたという。(21)奎章閣大学士としては経筵《けいえん》、すなわち皇帝への経書講義にも携わったようで、その場に同席して格言をもとに自説を開陳し、順帝への啓沃の道を尽くしたとある。(22)また、太史院や司天監はいずれも天文観測に従事する官署で、天人相関の摂理が信じられていたこの時代にあって、天文観測は天意を読み取る営みでもあった。それに関連する情報をいち早くつかみ、そこに容喙する地位を確保することには、少なからぬ政治的な意味があったのであろう。

　こうして位人臣を極めたのみならず、皇帝の私生活にいたる元朝の中枢機能をおさえたバヤンに対し、エルテムルの息子たち、タンキシとタラカイは不満をつのらせた。彼らは泰定帝死後の動乱でも父エルテムルに随って戦功を挙げた武闘派で、『庚申外史』によれば、あるいは甲冑を着けてバヤンの家に詰めかけ、あるいは夜中に大都の知人宅で飲酒して（よからぬ謀議を企てて）いたという。(23)彼らの嫉視を察したバヤンは、タンキシに右丞相位を譲る意向を示したが、順帝は許さず、タンキシをバヤンの次席の左丞相に任ずるにとどまった。あるいは茶番劇とも思しいこのできごとによって、エルテムル死後の実権の所在があらためて朝野に示された。(24)

　バヤンは、エルテムルとはカイシャンの侍衛をつとめたころからの縁で結ばれ、一貫して盟友としてふるまったが、エルテムルの専横を内心憎むところもあったようである。(25)その父の威光も過去のものとなった今、エルテムルの息子たちは、バヤンにとっては機を見て除かねばならない政敵となった。元統三年（一三三五）六月、タンキシとタラカイは反逆を企てたとのかどで処刑され、翌月には彼らの姉、つまりエルテムルの娘である順帝皇后バヤオト氏も自死に追い込まれた。その後、エルテムルの末弟ダリが捕えられて処刑され、彼らと通じていた宗室の并王《へい》コンコテムルがやはり死を賜った。[26]

この件に関して『元史』の記述には矛盾がある。『元史』順帝本紀・后妃列伝、ならびに伯顔《バヤン》列伝はいずれも、バヤンがタンキシとタラカイの謀反を上奏して二人を誅殺し、その後、上都開平の民家で皇后に毒杯を仰がせたと記す。[27] つまり、この事件はバヤンが主導して、皇后も含めたエルテムルの一族を皆殺しにしたもの、ということになる。一権臣が皇后を殺害したとすれば、相当の変事である。

一方、同じ『元史』の燕鉄木児《エルテムル》伝によれば、タンキシとタラカイはトゴンテムルの廃位をもくろんで、自ら精兵を率いて宮城に突入し、事前に情報をつかんでいたバヤンらの返り討ちにあって死んだとされる。[28] 皇后は順帝に救いを求めたが、順帝はこれを突き放し、結局死を賜ったという。同伝では、皇后への賜死を含むすべてが順帝の命によって行われ、バヤンはあくまで「臣節」に障りのない範囲で忠勤を尽くしただけ、と読める。

しかし、事件発生時、順帝は実年齢にして十五歳で、バヤンの意向と無関係に自ら国事を御したとは考えがたい。また、タンキシとタラカイの蜂起についての記事は、ほかの箇所には見えず、これを伝えるのは燕鉄木児伝のみである。

ここで思い起こすべきは、バヤンが「監修国史」の職を帯びていたことであろう。『元史』が、元代十三朝の実録をはじめとする原史料を倉卒に貼り合わせた杜撰なもので、かえってそれゆえの史料的な価値をもつことはつとに強調されてきた。[29] タンキシらの誅戮に二ヶ月先立つ元統三年（後至元元年、一三三五）四月には、翰林国史院に歴代の実録、および后妃・功臣列伝を編纂するよう詔が下ったが、[30] バヤンはすでに至順四年（一三三三）には監修国史を拝命している。[31] つまり、『元史』燕鉄木児伝のもとになる元朝のエルテムル伝は、この時バヤンの「監修」のもとに作られたはずである。これに対して、順帝本紀は『元史』編纂の時点で新たにまとめられたもので、順帝皇后答納失里《ダナシリ》伝と伯顔伝のもとになった原稿は、バヤンの死後、至正八年（一三四八）に再び翰林国史院に后妃・功臣伝の編纂が命ぜられた時に作成されたものと考えられる。[32] つまり、こちらにはバヤンの意向が紛れこむ余地はない。以上の状況から考えると、燕鉄木児伝に記されるタンキシらの反乱未遂事件は、あるいはバヤンによるエルテムル一族の粛清を正当化するため、バヤンの意を酌んで捏造されたものという可能性もあるのではないか。『庚申外史』がわざわざタンキシの人物を評して、「猛憨《もうかん》にして術無く、実に他の異謀無し」と語るのには、そのような含みがあるのかもしれない。(33)

この推測の当否はさておいても、『元史』の記述に指摘されるある種の欠落や粉飾には、記録者による作為を疑わせるに十分である。史書としての『元史』の不備は、明初の史官に責めが負わされるのが通例だが、この種の記述の偏向を見ると、そのもとになった各種実録・列伝にも大いに問題があったと考えざるをえない。モンゴル政権が漢文化に何らかの関心をもっていたとすれば、そこには文化の振興云々といった抽象的な理想ではなく、現実の政治的利害への考慮がはたらいていたはずである。漢人の伝統である史書の編纂が、為政者たちが自身の事蹟を粉飾するためにしばしば利用されてきたことも、つとに了解済みだったことであろう。この種の改竄において歴代最も悪名高いのは、侄《おい》の建文帝を討ち滅ぼし、その存在を抹消しようと企てた永楽帝だが、直接には元代の陋習を受け継いだものということになるのではないか。

三、バヤンの専権

エルテムルの一族が滅ぼされると、かつてエルテムルに推挙された人物は放逐され、主立った者は処刑された。バヤンの専権はここに始まる。バヤンといえば、順帝朝の初期にモンゴル至上主義的な政策を主導し、漢人・南人を抑圧した人物として悪名が高い。その事蹟として、張・王・劉・李・趙の五姓の漢人を皆殺しにすることを提案した、という話が人口に膾炙《かいしゃ》している。この話は一応『元史』に典拠をもつが、正確な日時も特定せずに附記された逸話で、(34)武人出身とはいえバヤンほどの老練な政治家の発言としては、全く現実味がない。おそらくこのころ流布した謡言の一つであろう。

『元史』にはバヤンが農業の妨げになる土木工事を四年間停止したこと、ほかにも官営製鉄の休止、京畿漕戸の雑徭免除、河間・両淮《りょうわい》・福建での塩税減額、モンゴリアから江南までの貧民に対する多額の賑給など、民間の福利増進に努めていたことをその善政として挙げている。(35)バヤンの専権は決して暴政と同義ではない。その意味で、『新元史』の編纂者がバヤンをあらためて姦臣の部類に編入したのは拙速であったというほかない。(36)

科挙を停止したことは、しばしばバヤンの悪政の筆頭に挙げられる。『庚申外史』によれば、バヤンは漢人が学問すると人を欺負《いじ》めるようになるとして、太子が生まれても漢文を学ばせないよう順帝に進言した。自分の馬引きが科挙を受験していたことを知り、儒者とはその程度の連中だとうそぶいたともいう。(37)血統と武功を重んずるモンゴル人の通念に照らせば、さもありなんという話ではある。

しかし、バヤン執政期にあっても、各地での学校建設、蒙古国子監の完成、上都孔子廟への扁額下賜、曲阜孔子廟での宣聖廟碑建立など、儒教の振興に関わる事蹟は少なくない。(38)政策としての儒教振興は執権者の個人的好悪だけではなく、漢人・南人に対する人心収攬という実利的な意図からなされるものでもある。バヤンがそうした政策的効用にまったく無頓着だったはずはない。

科挙中止の理由としては、如上の逸話に見るようなバヤンの漢文化に対する蔑視感情がなかったとはいえないであろう。しかし、モンゴル支配層の内部でも根強かった反対論を抑えて中止に踏み切った理由を考えると、その背景には、いっそう深刻な動機があったはずである。

チンギスやムンケなど初期の合罕《カガン》のもとで東征西伐に従っていた時代には傲慢で残酷な征服者であったモンゴル人も、(39)各地で支配下の定住民の影響を受けることで、文化的な変容を免れなかった。(40)漢地に駐留した遊牧民にとって、漢人・南人が生産・享受する物質面での豊かさと、そうした物質的な豊かさを基礎とする都会的生活の魅力は、抗いがたいものがあったことだろう。(41)当然、これは一方的な「漢化」に帰結するものではなく、少なくとも元代においては、漢人・南人がモンゴル名を名のり、モンゴル語を学び、モンゴル式の生活文化を取り入れたのと並行する現象であった。

しかし、成宗テムルの時代にはすでに、モンゴル人が子女を身売りすることが禁止されるなど、一部の極端な貧困化が社会問題となっていた。(42)厳寒のモンゴリアで困苦に耐える強さをもった遊牧民も、温暖な漢地の豊かな富に触れたことで、かえって身を持ち崩した。対策として盛んに賑給が行われたが、根本的な解決にはならなかった。

仁宗・泰定朝で、江浙・陝西・江西・河南など諸省の平章政事を歴任したバヤンは、鎮戍軍として漢地に定住するモンゴル人たちの実情を十分認識していたはずである。侍衛から宰相まで武人としてたたき上げたバヤンにとっては、モンゴル人支配層が物質的豊かさになじんで被支配者である漢人・南人の享楽的生活に溺れること、つまり「漢化」は、経済的貧困と文化的堕落への道であった。

しかし、同じモンゴル支配層にあっても、バヤン以外の多くの人々には、あえて漢文化を拒否する動機はなかった。漢人の生み出す富は、宮廷を構成する成功者たちにとって、彼らの支配的な地位に文化的な威光を添えるために欠かせない装飾であった。元朝諸帝の中でも順帝は、幼少期を南方広西で過ごしたため、先行する諸帝と比較しても漢文化の造詣が深かった。(43) 書道の腕前はなかなかのものだったようで、宋の恭帝の落胤という荒唐無稽な説がささやかれたほどである。(44) ある時、宣文閣(奎章閣)で宋徽宗宸筆の絵画を鑑賞していたところ、亡国の君主の作品に入れ込まないよう廷臣にたしなめられたというが、(45) あるいは後代の乾隆帝のように、征服王朝の皇帝《カガン》としてだけでなく、当世一流の文人として臣民に君臨したいという虚栄心もあったのであろう。そのような順帝であれば、二十歳を迎えるころには、朝見のたびに催されるバヤンの薫陶にも嫌気が差していたに違いない。

こうした皇帝に対してバヤンが感じたいらだちは、専横のふるまいとなって現れた。バヤンの身辺には諸衛の精兵が侍り、出入時には従者が街衢を埋めつくした。一方、皇帝の儀衛は細々としたもので、その権勢の所在は誰の目にも明らかであったという。バヤンには、まだ太皇太后ボダシリと文宗の子エルテグスという手駒があった。前述のように、エルテグスはいずれ順帝から皇位を譲られることが約束されていた。順帝の身辺に何か不審な動きがあれば、その執行を早めればよいだけのこと、との考えもあったに違いない。

皇帝に対してすら不遜を隠さないバヤンは、宗室・王族にも何ら憚るところはなかった。かつてエルテムルの一族を粛清した際に、皇后を毒殺し、并王コンコテムルを自害させたが、この時バヤンに協力した郯《たん》王チェチェクトゥは、後にバヤンと対立を生じて死罪を言いわたされ、順帝の裁可を経ないまま処刑された。(46) さらに、宣譲王テムルボカ、威順王クンチェクボカの王位を、順帝の意向も顧みず剥奪した。こうした遠慮のない実権行使は、皇位の安定に脅威を及ぼす諸王をとりつぶして、中央の権威を高めるための方策だったと思われる。しかし、これも皇帝と宗室をなみする専横のふるまいと疎まれ、バヤン自身をモンゴル支配層の中でも孤立させることになった。

四、漢地の動乱

後至元二年(一三三六)八月、バヤン執政下に出された詔令により、強盗に対しては死刑、牛・馬の窃盗には劓《はなそぎ》、驢馬・騾馬については黥額(額への入墨)、羊・豚については墨項(頸部への入墨)の刑が適用され、それぞれ再犯ごとに段階を重くして処罰することが布告された。(47) 元代の刑罰は明初の史官たちにもその仁厚が讃えられているが、「黥面」や「刺字」などは、これ以前から前科者を一般人と区別して再犯の機会から遠ざけるため、しばしば行われていた。ただ、それらは奴婢に加えられる私刑でもあり[48]、蒙古・色目人に対しては一般に免除されていたことから、この詔の規定もおそらくは漢人・南人を対象としたものであろう。家畜の窃盗に対する厳罰は、畜産に携わる人々の財産保護を強化し、北方からの移住者にとっては漢地での牧畜を奨励する意味があったといえる[49]。しかし、古代の肉刑の復活という建前は掲げたものの、国家的な刑罰としては長らく封印されてきた「鼻削ぎ」が復活したこと、さらには元代の刑罰の執行が放縦かつ恣意的で悪評を得ていたことからすると[50]、漢人・南人に対していたずらに北族の圧政を印象づけ、慢性的な社会問題であった農牧間の紛争を刺激したものではないだろうか。

　後至元三年（一三三七）あたりから、漢地の情勢がとみに緊迫してくる。この年、広州増城県の朱光卿らが決起し、「大金」の国号、「赤符」の年号を掲げる反乱を起こした。これらはやがて恵州の「定光仏」を崇拝する反乱と結んでその規模を拡大した。二月には、河南の信陽州で、棒術使いの胡閏児、通称棒胡の反乱が起こった。叛徒たちは「香を焼《た》いて衆を惑わし、妄りに妖言を造る」とされ、行省に討伐させたところ、戦利品として、弥勒の仏像に加え、反乱軍の小旗・宣勅・紫金印、それに天文の計測器である量天尺が献上された。四月には、韓法師なる人物が南朝の趙王を自称して四川の合州で蜂起した。弥勒信仰と革命思想が一体となった世直しへの希求は、これ以前から民間に鬱積してきたものである。この時の反乱はまもなく鎮圧されるが、潜在的な底流が絶えることはなく、やがては紅巾の乱として元の支配を覆す力にまで成長する。

　こうした状況を受けて、バヤンの政策も硬化した。同年四月には、漢人・南人・高麗人に武器の携帯が禁止され、飼養する馬を官に供出させることが命じられた[51]。また、中央・地方の諸官長は、すべてモンゴル人・色目人を充てることとされ、漢人・南人がモンゴル・色目の文字を学ぶことは禁止された[52]。漢地における反乱の頻発から、バヤンが政府内の漢人・南人への不信感を強めたためであろう[53]。しかし、武器携帯の禁令は、密造を辞さない反政府勢力に対しては効果が期待できない割に、かえって従順な良民の自衛手段を奪うことになる。こうしたことも、いたずらに漢人・南人の被差別感情を煽《あお》る結果となったのではないか[54]。

　後至元三年（一三三七）五月には、朝廷が天下の童男童女を召し取ろうとしているとの謡言が広まり、民間で混乱を招いたという。[55] この種の謡言が自然発生的なものか、反乱者によって意図的に流されたものなのかは確かめるすべがないが、民心の向背に大きく作用したことは疑いない。前述の漢人五姓の皆殺しという謡言もこのころ広まったものと考えられる。

武宗の即位以来長きにわたる漢地行政の経験があったバヤンであれば、今次の動乱が、単に兵力でねじ伏せれば解決する種のものではなく、在地社会に肉薄した慎重な対応が必要なことは承知していたはずである。この時点で、賊徒の棒胡・朱光卿・聶秀卿《じゅうしょうけい》らはみな漢人なのだから、行省・御史台はじめ各級の漢人官僚は知恵をしぼって対処方法を上奏せよ、との詔命が下されている。漢人への不信感を露骨に現しながらも、実際の対策においては漢人官僚に依存せざるを得ないという難しい状況をうかがわせる。[56]

バヤンの政治姿勢を一言でいうなら、モンゴル人の支配的地位の維持をはかった点では保守的なものであり、至元の盛世の再来を夢見たという意味では復古的なものであった。科挙を廃止し、漢人・南人の台頭を抑制し、反抗的な諸王を弾圧することでバヤンがめざしたのは、古き良きモンゴルを取り戻し、再び漢人・南人に質実剛健な支配者として君臨することであった。バヤンのモンゴル至上主義的な態度は、実際のところ、漢地支配のゆらぎを前に、漢人・南人への譲歩をもって対処しようとするモンゴル支配層への挑戦でもあった。

しかし、百年来の文化的変容を経てきた元朝の廷論は、これを「祖宗の成憲を変乱し、天下を虐害する」暴政と見なした。[57] 支配層においては貴族化し、民間においては在地化し、そして底辺において窮乏化したモンゴル人は、もはや一枚岩の支配集団として結束する根拠を失っていた。モンゴルをもう一度かつてのような偉大な帝国に押し上げること、これこそがバヤンが自身に課した政治的使命であった。だが、この種の種族主義によって、モンゴル人の支配的地位を再確認することは、かえって圧倒的多数を占める漢人・南人社会に対して、その無力を露呈することになった。

むすびにかえて

バヤンの専権は、最終的に侄《おい》のトクトによって幕を閉じられる。もとはバヤンが順帝を監視するために張りつけたトクトは、侍衛として順帝の身辺に仕えるうち、やがてその信認を得るようになった。順帝の身辺には、ほかにもバヤンの密偵を務める者が多い中、年齢も近かった二人は、秘密裏に計画を練って信頼関係を築いた。後至元六年（一三四〇）二月、バヤンは次代の帝位継承者エルテグスをともなって大都郊外の柳林の地に出猟した。これはバヤンにとっても、エルテグスを奉じて順帝を廃するための賭けであったのかもしれない。そして、出猟中のバヤンに、順帝の名で河南行省への左遷の命が伝えられた。衛兵を率いて大都に帰還したバヤンに対し、城門を制圧したトクトが応じ、その罪状を数え上げて諸衛に解散を命ずると、バヤンはたちどころになすすべを失った。バヤンは配所の広東に赴く途上、広西龍興路の駅舎で客死した。[58] その後見に支えられたエルテグスが宮廷を逐われて夭折《ようせつ》したのは、わずか半年後のことである。

バヤンを退けたトクトは、科挙の復活を支持し、漢人官僚の積極的登用に努めて、その後の元朝宮廷で重きをなした。しかし、その執政はやはり専権と譏《そし》られ、時が経つにつれ、順帝との関係にも確執が生じていった。後至元十四年（一三五四）、トクトは失脚し、翌年、配所に赴く途上で毒杯を仰いで死んだ。[59] それは、東西両系の紅巾賊や江淮の張士誠といった漢地の諸反乱が元の天下を脅かすさなかのできことであった。鎮圧を期待されながらも、その専権を憎まれるという、伯父のバヤンと同様な境遇に立たされたトクトは、やはりバヤンと同様の悲劇的な最期をとげる。

一方、順帝は宮廷の「権臣」を淘汰し、その後十年以上、名実ともに親政を行うこととなった。これは元代史上、その後期の皇帝のありかたとしては画期的なことといってよい。だが、その十年間で各地に林立する武装勢力の混戦状態は激化の度を増し、元朝の漢地支配は瓦解に向かう。華北ではチャガンテムル・ククテムル父子をはじめとする在地の軍閥が、元の権威をかりながらその実質的な権益の拡張に努め、南方の方国珍や張士誠に至っては、元朝当局による招撫懐柔政策がかえってその勢力の拡大に寄与した。[60] 中央の権臣から、地方の軍閥へ、これが元朝治下で推移した政治的実権の最終的な局面であり、順帝朝の政局の帰結であった。そして、こうした元末の旧弊を一掃したのが、新王朝・明であり、反乱軍の指導者・朱元璋であった。その具体的な過程はどのように進行したのか。引き続き明らかにしていきたい。

注

（1）『元史』巻四七「順帝本紀」至正二八年閏七月乙丑・八月庚申（庚午）。『明太祖実録』巻二六・呉元年一〇月庚申、巻三四・洪武元年八月庚午。

（2）北走後も存続した元の帝室は、トゴンテムルに恵宗という漢風廟号を奉った（王世貞『弇州山人四部稿』巻八〇「北虜始末志」）。北元側の呼称を重く見るなら恵宗と称すべきだが、ここではひとまず中国本土の統治権が移行したことに鑑み、明による諡号を用いる。

（3）モンゴル語のカナ表記は研究者によって様々な立場があり、学界でも必ずしも一致をみていないが、大勢として、現代標準モンゴル語音を採るもの、中古モンゴル語音に基づくローマ字表記に従うものとに二大別される。本稿では栗林均氏による中古モンゴル語音のローマ字表記に依拠した（栗林均『「華夷訳語」（甲種本）モンゴル語全単語・語尾索引』（東北大学東北アジア研究センター、二〇〇三）、栗林均『「元朝秘史」モンゴル語漢字音訳・傍訳漢語対照語彙』（東北大学東北アジア研究センター、二〇〇九））。ただし、母音については、現代モンゴル語についてしばしば行われるように、母音調和の原理を反映するため、男性母音と女性母音の区別を重視し、[o/u]をオ段、[ö/ü]をウ段によって表記する方式を試みた。コビライ（フビライ・クビライ）やカルロク（ハルルク・カルルク）など、読者にとっては奇異に感じられる向きもあろうと思うが、諒解されたい。

（4）岡田英弘氏は、エセンやダヤンなど後代の首長が明との交渉時に「大元大可汗」などの帝号を用いたことを根拠に、天元帝の死後も、十七世紀に清朝に服属するまで、モンゴル人の間では「大元」王朝の観念と世祖コビライを継承する意識が存続していたことを主張する（Hidehiro Okada, "Dayan Khan as a Yuan Emperor : The Political Legitimacy in 15th Century Mongolia", *Bulletin de l'Ecole Français d'Extrême Orient*, Tome 81, 1994)。しかし、漢字の帝号・年号をもたず、中国王朝としての体裁をとらない遊牧民の政権を「北元」という中国式の国号で呼ぶのは、今日的な歴史記述としては違和感をぬぐえない。ここでは、通例に従い、コビライ直系の断絶をもって北元の滅亡とみなす。

（5）モンゴルの中国支配について、岡田英弘・杉山正明の両氏は、その積極的意義を最大限に評価し、一般の読書界にも幅広い支持を得ている。両氏とも中国史上における元朝の画期性を大いに強調する一方、その後に成立した明朝をその不完全な継承政権と位置づける点で共通する。ただし、両氏の元明移行期に関する議論は、根拠となる文献が明示されず、学術的な精度において問題が残る。また、両氏とも元朝が内部に大きな問題を抱えていたことは認識しながらも、これに代わった明朝についてはその否定的な側面にしか目を向けないため、そうした明がなぜ元に代わってその後二世紀半もの間漢地全土を支配するに至ったのかという問題を説明しえていない。

（6）順帝期の政治史は、これまでにも概説書などでたびたび扱われているが、多くが元朝史の結尾として、あるいは明朝建国史の前置きとして語られるもので、正面から順帝時代を対象としたものは少ない。藤島建樹氏は、順帝の治世の要点を的確にとらえながら平易に記述しているが、『元史』本文に忠実にすぎ、伝統的な歴史観の枠組みからあまり出ることがない（藤島建樹「元の順帝とその時代」『大谷学報』四九―四、一九七〇年）。宮紀子氏は元朝一代の勧農政策を政治史と絡めて通史的に論じる中で順帝朝の政治史にも説き及ぶが、バヤンの治世に関する論及は乏しい（宮紀子「バウルチたちの勧農政策――『農桑輯要』の出版をめぐって」『モンゴル時代の「知」の東西』名古屋大学出版会、二〇一八年所収、初出：二〇〇六～二〇〇八年）。順帝朝そのものを扱うものではないが、愛宕松男氏の元朝社会の総括的分析は、その社会がかかえる問題を理解する上で示唆に富む（愛宕松男『愛宕松男東洋史学論集』第四巻・元朝史、三一書房、一九八八年）。また、元末のモンゴル人社会の実情については、萩原淳平氏による明初のモンゴルに関する議論は不可欠の参照価値をもつ（萩原淳平「明初の北辺について」『明代蒙古史研究』同朋舎、一九八〇年所収、初出：一九六〇年）。中国では、邱樹森氏に専論『妥懽貼睦爾評伝』（澳亜週刊出版、二〇〇四年）がある。英米圏では、Herbert Franke and Denis Twitchett (ed.), *Alien regimes and border states, 907-1368: Cambridge history of China vol.6*, Cambridge University Press, 1994に元朝の各時期について簡にして要を得た概説がある。また、デイヴィッド＝ロビンソン「モンゴル帝国の崩壊と高麗恭愍王の外交政策」（夫馬進編『中国東アジア外交交流史の研究』京都大学学術出版会、二〇〇七年）は、元末の政治変動を高麗との関係に焦点を置いて跡づけている。英文の専書David M. Robinson, *Empire's Twilight* (Harvard University Press, 2009) は、同論文の内容を拡張・充実させたものである。同氏はまた明代中期まで宮廷に色濃く残るモンゴルの影響を実証することに力を注いでいる (David M. Robinson, *In the Shadow of the Mongol Empire : Ming China and Eurasia*, Cambridge University Press, 2020)。

（7）前掲注6藤島論文の研究史整理を参照。

（8）『元史』巻三三「文宗本紀」天暦二年八月、同書巻三四「文宗本紀」至順元年四月、同書巻三七「寧宗本紀」至順三年八月・至順四年六月。

（9）文宗本紀の末尾には、文宗が不軌を謀って明宗を死に至らしめ、後至元六年（一三四〇）に宗廟から位牌を撤去されたと附記される（『元史』巻三六「文宗本紀」）。後述のように文宗実録の編纂は、元統三年（後至元元年、一三三五）四月のことと考えられることから、この記述は『元史』の編纂時点に附されたものであろう。

（10）『至正直記』巻一「周王妃」によれば、明宗皇后バボシャは文宗皇后ボダシリによって、羊を焼く竈で殴り殺されたという。なお、トゴンテムルが高麗大青島に幽閉中、遼陽行省と高麗がこれを奉じて反乱を企てているとの讒言が文宗の耳に入っていた（『高麗史』巻三六・忠恵王二年正月庚辰）。広西への配所替えは、そうしたこととも関わりがあろう。

（11）『元史』巻四〇「順帝本紀」後至元六年六月丙申。より全文に近い詔が、『高麗史』巻三六・忠恵王後元年四月辛亥に見える。

（12）『元史』巻四〇「順帝本紀」後至元六年七月丁卯。同書巻三六「文宗本紀」は、エルテグスは高麗への道中で、後年の中書平章政事ウグチャルによって殺害されたと記す。

（13）『元史』巻一三八「燕鉄木児列伝」。

（14）『元史』巻三五「文宗本紀」至順二年九月癸酉。

（15）『元史』巻三八「順帝本紀」。エルテグス（ゴナダラ）の年齢については、至順二年（一三三一）二月の時点で一周歳を祝うチベット式仏事が行われていることから、前年二月ごろに出生したものと考えられる。（同書巻三五「文宗本紀」至順二年二月己未。）

（16）『庚申外史』巻上・甲戌元統二年。

（17）『元史』巻三八「順帝本紀」後至元元年一一月丁酉。

（18）『元史』巻三八「順帝本紀」。

（19）『元史』巻一三八「伯顔列伝」。

（20）バヤンが一身に集めた官職・封爵・田土・食邑は、その権勢の源泉でもあり、また批判の的でもあった。その失脚の直前には、計二四六字に及ぶ長大な肩書きを記した事例もある。（前掲注6宮書四三〇頁注（356））こうした漢風官号の集積からも、バヤンが単なる古風な遊牧武士というものとは異質な存在であったことが見てとれる。

（21）『元史』巻一三八「脱脱列伝」：當是時、帝之左右前後皆伯顔所樹親黨。

（22）『元史』巻一三八「伯顔列伝」：其知經筵日、當進講、必與講官敷陳格言、以盡啓沃之道。

（23）『庚申外史』巻上・甲戌・元統二年：或時衷甲帶刀至伯顔

家、或夜入都人家飲、然猛憨無術、實無他異謀也。

(24)『元史』巻三八「順帝本紀」後至元元年（元統三年）五月甲辰：伯顏請以右丞相讓唐其勢、詔不允、命唐其勢爲左丞相。

(25)『高麗史』巻三六・忠恵王二年二月甲子：時太保伯顏惡帖木兒專權、待王不禮。

(26) 并王コンコテムルは憲宗ムンケの後裔にあたる人物とされる。その系譜および事蹟については、村岡倫「モンケ・カアンの後裔たちとカラコルム」（松田孝一・オチル編『モンゴル国現存モンゴル帝国・元朝碑文の研究』大阪国際大学、二〇一三年）に詳しい。

(27)『元史』巻三八「順帝本紀」後至元元年（元統三年）六月庚辰、同書巻一一四「后妃列伝」順帝后答納失里、『元史』巻一三八「伯顏列伝」。

(28)『元史』巻一三八「唐其勢列伝」：六月三十日、唐其勢伏兵東郊、身率勇士突入宮闕。伯顏及完者帖木兒、定住、闊里吉思等掩捕獲之。唐其勢及其弟塔剌海皆伏誅。

(29) 箭内亘「元史に対する悪評に就いて」（『東洋学報』一―一、一九一一年）。

(30)『元史』巻三八「順帝本紀」後至元元年（元統三年）四月己卯。

(31)『元史』巻三八「順帝本紀」至順四年四月辛未。

(32)『元史』巻四一「順帝本紀」至正八年正月辛亥。

(33) 前掲注23『庚申外史』巻上を参照。

(34)『元史』巻三九「順帝本紀」後至元三年末尾。

(35)『元史』巻一三八「伯顏列伝」。

(36)『新元史』巻二二三・二二四はそれとは題されないものの、アフマド・盧世栄・サンガ・テムデル・カマルなど、『元史』巻二〇五「姦臣列伝」に編入された諸伝を収録している。

(37)『庚申外史』巻上・乙亥・後至元元年。

(38)『元史』巻三八「順帝本紀」元統二年二月己未朔：「詔内外興擧學校。」同年五月壬辰：「命中書平章政事撒的領蒙古國子監。」同巻後至元元年五月戊子：「遣使者詣曲阜孔子廟致祭。」同年一二月戊寅：「蒙古國子監成。」同書巻三九「順帝本紀」後至元二年七月庚午：「敕賜上都孔子廟碑、載累朝尊崇之意。」同巻後至元四年正月：「詔修曲阜孔子廟。」

(39) 十三世紀前半のモンゴル人については、プラノ＝カルピニのヨハンネスによる記述がよく知られる（高田英樹『原典 中世ヨーロッパ東方記』名古屋大学出版会、二〇一九年）。「残虐なモンゴル」というイメージは、モンゴル自身が意図的に作り出した虚像であるという説がある。しかし、たとえ何らかの意図のもとで「戦略的に」行われたとしても、征服した都市の住民を大量に殺処分する行為は、もとより「残虐」と呼ばれて然るべきであろう。

(40) 小林高四郎「元代社会における「文化変容」小考」（同著『モンゴル史論考』雄山閣出版、一九八三年所収、初出：一九五四年）。

(41) モンゴル人の漢文化に対する態度については、無理解・無関心を強調する説（羽田亨）と、相当の文化的受容を認める立場（吉川幸次郎）とがある（羽田亨「元朝の漢文明に対する態度」（『羽田博士史学論文集 歴史編』東洋史研究会、一九五七年所収、初出：一九二八年）、吉川幸次郎「元の諸帝の文学――元史叢説の一」（『吉川幸次郎全集』一五、筑摩書房、一九六九年所収、初出：一九四三年））。当然のことながら、この種の問題は、どちらの説にもそれぞれ論拠と反証が存在する以上、二者択一的に断言すべきではない。個人的嗜好、時代の風潮、所属する社会階層、さらには場合によって内容によって、さまざまに異なる態度がありえた。ただ、総じていうなら、元朝時代を通じてモンゴル人と漢人の間には明白な身分上の区別はあったが、文化的な影響がなかったとは考えられない。ちなみに、元末の漢地に暮らした「蒙古人」に属する人々の多くは、遊牧民ではなく軍務などに従う都市住民であった。前掲注6萩原書を参照。

(42) 山本明志「モンゴルのひとたちを売りさばく――《人などを海外に輸出することを禁じる》」(赤木崇敏等共著『元典章が語ること――元代法令集の諸相』大阪大学出版会、二〇一七年)。

(43) 前掲注41吉川論文第五章「順帝とその太子」。

(44) 『庚申外史』巻上・己卯・後至元五年。この説は、文宗が幼少のトゴンテムルを広西に追いやった際に、明宗との血縁関係を否定したことと関わりがあるのかもしれない。

(45) 『庚申外史』巻下・壬寅・至正二二年。

(46) 『元史』巻一三八「伯顔列伝」。『庚申外史』巻上・丁丑・後至元三年によれば、郯王チェチェクトゥは、バヤンがかつて仕えたことがあり、その後も主家という態度をとったために、不軌を謀ったとして王子数人とともに殺されたという。また、バヤンから提案された縁談を拒絶したとの異説もあるが、当時最有力の諸王としてバヤンの警戒を招いたためとも考えられている。前掲注26村岡論文を参照。

(47) 『元史』巻三九「順帝本紀」後至元二年八月庚子。

(48) 『元史』巻一〇五「刑法志」雑犯。

(49) 『元史』巻一〇三「刑法志二」職制下：諸審囚官強愎自用、輒將蒙古人刺字者、杖七十七、除名、將已刺字去之。

(50) 『元史』巻一〇二「刑法志」：然則元之刑法、其得在仁厚、其失在乎緩弛而不知檢也。

(51) 『元史』巻三九「順帝本紀」後至元三年四月癸酉。

(52) 『元史』巻三九「順帝本紀」後至元三年四月末尾。

(53) 『元史』許有壬伝には、日ごろから漢人官僚を嫌っている「大臣」から、棒胡の蜂起を「反乱」と認めなければ罪に落としてやろうと試される場面がある(巻一八二「許有壬列伝」)。漢地の動乱への対応において、モンゴル人と漢人官僚との間に一定の疎隔があったことがうかがわれる。

(54) 『庚申外史』によれば、漢人・南人は寸鉄を帯びることも禁じられ、人民は馬を飼うことができず、官人のみが品階によって馬の数を定められていたという。また、蒙古人・色目人が漢人・南人を殴っても殴り返してはならなかったともいう(巻上・丁丑・後至元三年、庚辰・後至元六年)。もとより野史の記述だが、バヤンの施政が漢地人民にどのような受けとられ方をしていたのかを示す材料にはなろう。

(55) 『元史』巻三九「順帝本紀」後至元三年五月辛丑。

(56) 『元史』巻三九「順帝本紀」後至元三年五月戊申。

(57) 『元史』巻四〇「順帝本紀」後至元六年二月己亥。

(58) 『元史』巻四〇「順帝本紀」後至元六年三月辛未には病死、『庚申外史』巻上・庚辰・後至元六年には服毒自殺とある。

(59) 『元史』巻一三八「脱脱列伝」至正一五年一二月己未。

(60) 山崎岳「方国珍と張士誠――元末江浙地方における招撫と反逆の諸相」(井上徹編『海域交流と政治権力の対応』汲古書院、二〇一一年)。

元代の水運と海運
——華北と江南はいかにして結びつけられたか

矢澤知行

やざわ・ともゆき——近畿大学国際学部教授。専門は元代交通史・社会経済史。主な論文に「元末地方政権による「外交」の展開——方国珍、張士誠を中心として」（平田茂樹・遠藤隆俊編『外交史料から十~十四世紀を探る』東アジア海域叢書七、汲古書院、二〇一三年）、「元代淮浙における塩政の展開」（『愛媛大学教育学部紀要』六一、二〇一四年）などがある。

元代中国では、華北と江南を一体的に運営していくため、大運河を軸とする水運と近海を航行する海運が併用された。両者を比較すると、江南から華北への漕運《そううん》は海運に一本化されていったが、大運河も別の経済的・軍事的な役割を担い続けた。その中で勢力を伸長させた江南在地の富民《ふみん》らが社会を動かす存在になっていった。

はじめに

古くから水運の発達してきた中国大陸において、隋代における大運河の開通が一つの大きな画期であったことに疑う余地はない。その後の中国王朝は、南方の経済的余剰を、政治的に重要な位置を占める北方に向けて運ぶことが可能となった。唐宋時代に成熟したこの南北漕運は、国家を一体的に運営していくために不可欠な方策となったのである。

ところがその後、金と南宋が淮河《わいが》を挟んで対峙する間に、南北間を結んでいた大運河はその機能を失ってしまった。そうした状況が約一〇〇年間続いたころ北方から出現したのがモンゴル帝国である。モンゴルは華北を支配下に置き、金に代わって南宋と対峙する形勢となった。その後、世祖クビライ期に南宋の都臨安を開城させ、中国大陸を再統一すると、止まっていた時代の歯車は再び動きだした。元朝は、大運河の復旧整備による水運の充実に努めると同時に、海運という新たな選択肢を加えることによって、南北中国の一体的運営を図ろうとしたのである。

本稿では、元代の華北と江南を結びつけた水運と海運を取り上げ、両者の推移を確かめつつ、それぞれの果たした役割について論じる。(1) また、元代の中期以降、水運と海運がどのような社会的影響を及ぼしたのかという点についても論及したい。

一、大運河の復旧整備

元代に実施された大規模な国家事業の一つとして、大都（現北京）の造営が挙げられる。一二六七年に始まり、完成まで二十余年の歳月を要したこの事業には、膨大な人的物的支援が必要だった。また、年々増大しつつあった大都やその周辺の人口を支えるためにも、税糧の供給を目的とした漕運環境の整備が求められるようになったのである。

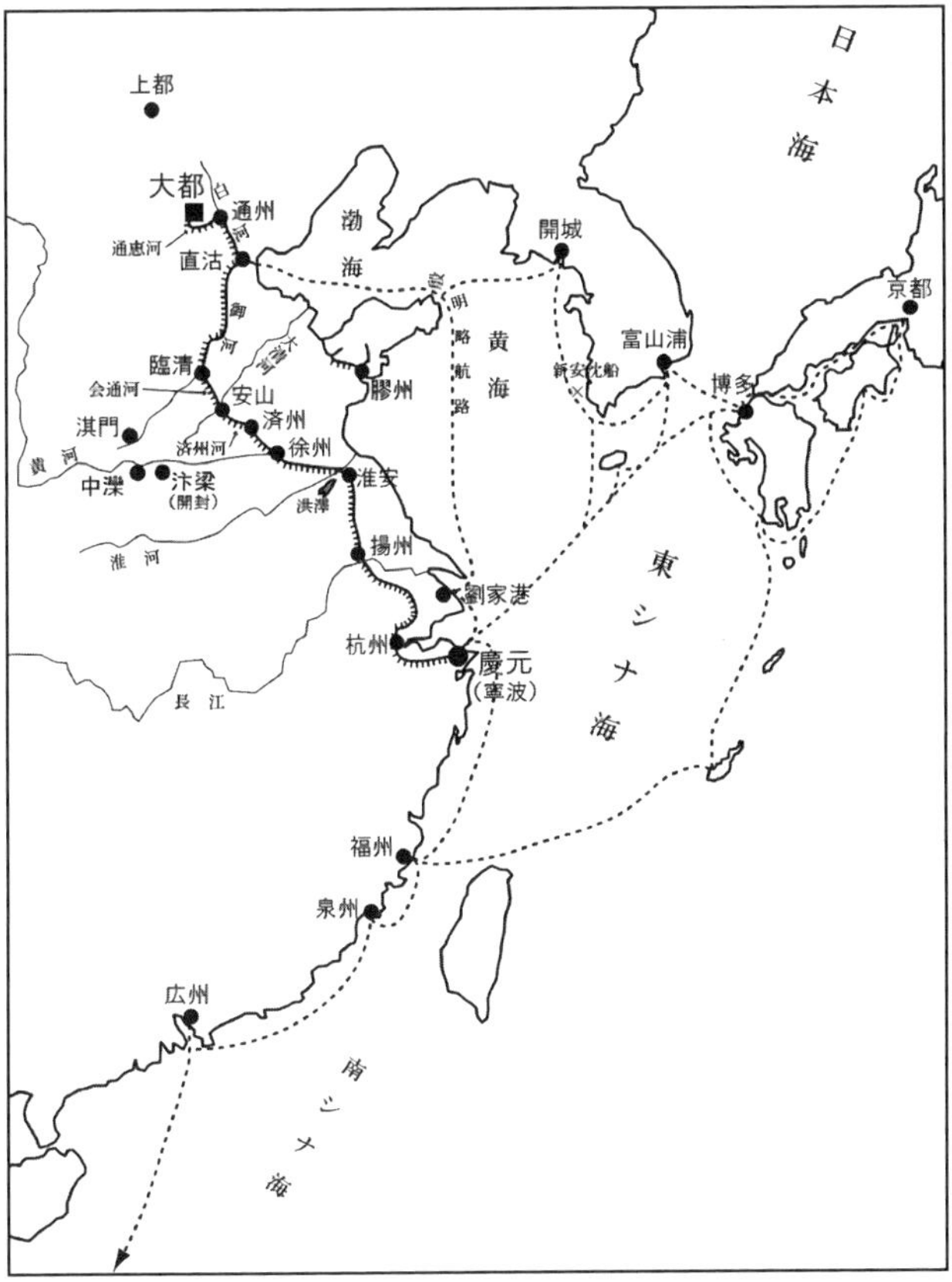

図1　元代における大運河、海運、海上貿易の主要経路

元朝は早くも臨安開城と同年の一二七六年には大運河の復旧整備に着手し、やがて江南地域から大都への税糧輸送が開始された。しかし、元の大都は、唐宋代の都と違ってかなり北方に位置していたため、輸送距離と経路が問題となった。当初、中灤《ちゅうらん》と淇門《きもん》を経由するコースが用いられたが、西側に大きく迂回《うかい》していたうえ一部陸送区間を含んでいたため敬遠された。そこで、大都まで直接的に向かう東寄りコースを抜本的に整備することとなった。具体的には済州《さいしゅう》河（済州

～安山）と会通河（東阿～臨清）が開削されて一二八九年には直沽《ちょくこ》（現天津）まで接続し、さらに一二九三年、大都に直結する通恵河（通州～大都）が新設された。一連の復旧整備工事の結果、杭州から大都に至る全長約一七〇〇キロメートルの大運河が開通したのである。だが、この大運河には、海抜高度四〇メートルを超える箇所があった。そのため運河の水量維持が困難になることもあり、結局一部に陸送区間が生じるなど、運輸体制は盤石とはいえず、依然として課題を残したままであった。(2)

二、海運の開始とその背景

大運河を用いた漕運は比較的早くから始まっていたが、その間も大都の食料需要は増大しつづけた。そこで、もう一つの選択肢として浮上したのが近海を航行する海運である。元代の海運に関する基本史料、危素『大元海運記』や『元史』食貨志・海運によると、一二八二年、重臣バヤンが世祖クビライに海運の試行を提案したのがその端緒である。バヤンは、南宋を平定した際に没収した図籍《とせき》などを海船で輸送したことを記憶していて、この方法を南北漕運に活用することを着想したのである。ただ、厳密にいえば、かつて南宋の海船が稲米などの密輸物資を積んで北上し、金朝の設けた山東の交易場に持ち込んでいた事例が確認できるから、元代の海運がまったく初めての試みというわけではなかった。(3)とはいえ、後述するような組織的かつ大規模な事業展開が見られたという意味において、元代の海運は先駆的なものとして評価に値する。なお、バヤンによるこの建議の背景には、第三次日本遠征の中止決定があったとも考えられる。つまり、失敗に終わった第二次日本遠征（一二八一年、弘安の役）ののち、第三次遠征の遂行も一時検討されたが、これを取りやめて、海運事業への着手に船舶などを振り向けたのである。(4)

　バヤンの建議を容れ、さっそくクビライは、上海総管の羅璧《らへき》や、塩徒（塩商）または海賊（海商）の出身で元朝に帰順した朱清《しゅせい》・張瑄《ちょうせん》らに命じて平底船六十艘を新たに造らせ、海道を経由して四万二〇〇〇余石の税糧を大都まで輸送することに成功した。一二八三年のことである。この海運事業に朱清・張瑄を当初から参画させたのは、長江河口付近や東シナ海域の地理を熟知する彼らの協力が事業の遂行に何としても必要だったからである。初回の成功を受けて、海運を本格的な事業として展開するため、元朝は海運万戸府《かいうんばんこふ》を設けて彼らをその要職に据えた。

　とはいえ、開始当初の海運がすべてにおいて順調だったわけではない。長江河口以北の沿岸海域は、沙岸《さがん》・沙洲《さす》・浅灘《せんだん》が多いため座礁の危険性が高く、それらを回避する航路の開発はまだ十分に進んでいなかった。このため江南から渤海《ぼっかい》までの航行に四〜五ヶ月を要する場合もあったという。(5) なお、海運の草創期は、ちょうど大運河の東寄りコースにあたる会通河の開削を進めつつあった時期にあたる。元朝は、海運という新たな南北漕糧の選択肢を得たものの、内陸水運の充実にも依然として注力していたのである。

三、海運の飛躍的発展

一二九三年、杭州から大都に至る大運河が全通したころ、海運事業に新たな動きが見られた。朱清の配下にあった殷明《いんめい》略《りゃく》という船戸によって新たな海運航路が定められたのである。それ以後、輸送船は、劉家港《りゅうかこう》など江南の海運港を出航してから直線的に山東半島の先端付近の成山《せいざん》に向かい、半島を回って直沽に至るようになった。さらにそこから開通したばかりの通恵河などを経て大都に税糧を運び込んだ。従来の航路よりも所要日数はかなり短縮され、最短で約半月、最長でも約四十日となり、(6) 輸送効率は飛躍的に高まった。海運は自然条件に左右される場合もあったから、毎年のように漂流や溺没《できぼつ》などの事故が起こったものの、それでも〝河漕《かそう》の費と比較すれば、海運は得るところが多かった〟(7) というのが当時の認識であった。

実際のところ元代の海運事業が比較的安全に運用されていたことは、史料を通じて確認できる。『大元海運記』には、海運が開始された一二八三年以後四十七年間の年ごとの運糧数、到糧数、事故糧数データが記録されている。このうち事故糧数の値をもとに損害率を算出すると、一二九二年までの平均値は約六・九パーセントとやや高いが、殷明略航路が定まった一二九三年以降は一・八パーセントとかなり減少していることがわかる。また、運糧数の経年推移を見ると、年によって増減はあるものの、海運開始からの五年間で約十倍の規模（年間四十〜五十万石）に達し、その後四年間でさらにその三倍の規模（年間一五〇万石）にまで増加した。しかし、華北で豊作が続いて輸送する必要がなかったため、一二九六年には年間三四万石まで激減する。運糧数が急速な伸びを見せるようになったのはそれ以降で、一三一〇年に年間二九二万石、一三二〇年に三二六万石、そして記録の最終年にあたる一三二九年には三五二万石に達した。海運の最終的な事業規模は、開始当初比にして約七七倍まで拡大したことになる。

海運に用いられた船舶の輸送量については、星斌夫《ほしあやお》氏による分析がある。(8) 海運開始当初の輸送量は一隻あたり平均三四二石とそれほど大きくなかったが、氏によれば、その後、一三一四年以降には八〇〇〇〜九〇〇〇石の大船が造船されたという記録があるものの、一三三〇年の輸送船の登録隻数をもとに概算すると、一隻一航海あたりの輸送量の平均値は一〇〇〇石程度であったという。約一八〇〇隻に及ぶそれらの船舶が春秋二度の海運輸送に従事した結果、年間三五〇万石を超える税糧輸送を実現したのである。

このような形で急速な発展を遂げた海運は、大都首都圏の膨大な人口を支えるために行われた国家事業といえるものであった。とりわけ、朱清・張瑄やその一族が不正蓄財などを理由に一三〇三年、取り潰しにあって以降、海運事業は官営方式に切り換えられ、国家事業としての性格はいっそう強まった。一方、江南在地の船戸《せんこ》らは、元朝から海運事業を委託された、いわば経営者であった。輸送船ごとに国家から支払われる脚価すなわち輸送料には変動があったものの、事業が軌道に乗っていた時期の彼らの収入を、松田孝一氏の試算[9]に基づいて推測すると、およそ三年で輸送船の建造費を償還できるほどの恵まれたものであった。彼ら船戸の中には、海運万戸府の官位を得た者も少なくなかったし、後述するように、私貿易によって利益を最大化しようとする者もいたのである。

四、大運河の存続と河南江北《かなんこうほく》地域

海運事業の発展の陰で、大運河の相対的地位は低下せざるをえなかった。すでに一二八九年には水運から海運への切換えが提案され[10]、一二九一年には水運を担当していた江淮漕運司《こうわいそううんし》が海運関連の官署に合併された[11]。また、一二九三年には大運河が全通したものの、先述のように水量の維持が困難な箇所もあるなど課題を抱えていた。そうした状況の中で、南北漕運の営みは海運に一本化されていった。

しかし、大運河を軸とする内陸の水運が廃れていったわけではない。南北漕運とは別の目的で稼働を続けることになるのである。最初に指摘しなければならないのは、大運河沿線の諸地域が単なる通過点ではなかったという点である。とりわけ華北と江南のあいだに位置する河南江北地域は、長いあいだ係争地であったが、元軍がそこを南下して南宋を接収すると同時に、先述のように大運河の復旧整備が始められた。制圧して間もない江南の各地へと通じる交通インフラの整備は、軍事戦略上、何にもまして優先すべき事項だったといえるし、その後も軍事要地としての河南江北の位置づけが変わることはなかった。

河南江北に新設された屯田との連携も重要な目的であった。

荒廃状況からの復興をめざすため、河南江北には、洪澤屯田《こうたくとんでん》など全国でも屈指の規模をもつ屯田が複数設けられ、それらに計五万人近い数の兵士が配置された。彼らの多くは旧南宋からの「新附《しんぷ》軍人」だったと考えられる。これらの屯田で生産された税糧が大運河を通じて輸送され、時に屯田が大運河の復旧整備に必要な人や物資を補給することもあった。屯田と大運河は密接に連携しながら、元朝の国家事業を下支えする役割を果たしていたといえる。(12)

　もう一つ、河南江北の南東部にあたる両淮《りょうわい》地方が塩の一大生産地であった点も無視できない。その淮塩《わいえん》の代表的な集散地が、大運河の重要な結節点にあたる淮安《わいあん》と揚州であった。淮塩の専売は元朝の財政収入のうち相当大きな部分を占めており、同地における水運の維持と発展は塩の流通や私塩の取り締まりなどのために必要な措置であった。(13)

　このように、河南江北地域は、元朝にとって華北と江南を実質的に結びつけるうえで欠かせない存在であった。そしてこの地域の軍事的・経済的重要性を支えていたのが大運河を軸とする水運であった。大運河のこうした役割は、明清代へと継承されていくことになる。

五、海運と海上貿易の接点

再び海運に論を戻す。元代の海運は、宋代の東シナ海における海上貿易の繁栄の延長上に始まったともいえる。なぜなら、先述のように南宋の海船が金と密貿易を行っていた前史があるし、また、元朝に帰順した朱清・張瑄らも東シナ海を活動圏としていたからである。海運が本格化してからも、そこに従事していた船戸の一部と東シナ海貿易を生業とする海商とが一定の割合で重複していたと考えてよい。

　藤田明良《ふじたあきよし》氏は、元代の海運について、東シナ海で活動する〝海上勢力の協力なしに機能しなかっただろう〟と評するとともに、当時の主要な海域交通路として、元の大都に近い山東半島と高麗の都開京《かいけい》を結ぶコースと、江南から東シナ海を経由して朝鮮半島沿岸を北上するコースが機能していたと述べる。(14)この二コースのうち前者は中国の南北を結ぶ海運航路から分岐するものであったと見てよい。この分岐コースを用いた元代の船戸兼海商として、殷九宰《いんきゅうさい》の例を挙げることができる。(15)殷九宰は規模の異なる三艘の巨船を所有し、北方に税糧を海運したあと、元朝から支給される船脚銭《はくきゃくせん》を元手として朝鮮に赴いて交易し大富を得たという。(16)このようなケースが一般的だったといえるかどうかの確証はない。しかし、植松正氏《うえまつただし》が述べるように、海運万戸府を中心として江南の物資を集積、流通させるネットワークが形づくられ、そこには海道のみならず内陸の河川や運河を経由する運輸業全体が含まれ、さらには海外との関係まで視野に入っていたと考えられる。(17) そして、そのネットワークを機能させるうえで中心的な役割を果たしていたのが、江南在地の海運万戸・副万戸クラスの有力な船戸たちだったのである。

六、江南在地の富民・豪民《ごうみん》の動向

国家として発展の著しかったクビライ期に比べ、元代の中後期は、中央における政局の混乱もあって、低迷した時代と理解されがちである。だが、江南とくに長江デルタ地域にあっては、諸産業の発展を背景に富民・豪民といった在地の農商諸勢力が社会経済的な実力を蓄えていた時期と見ることができる。(18) その中でも主要な位置を占めていたのが、海運事業や海上貿易で財を成した有力な船戸や海商たち、あるいは大運河沿線の揚州や蘇州などを拠点に活動して資産を形成した塩商たちであった。

海運の開始当初からすでにその伏線はあった。これに協力した朱清と張瑄は、もともと江南デルタ地域における塩商・海商としての活動を基盤としていた。南宋平定後の元朝にとって、こうした塩商の処遇がしばしば問題となり、旧南宋に出自をもつことの多い彼らが江浙行省《こうせつこうしょう》など地方政権の中枢に入り込む一方で、西方出身のオルトク商人らも、とくに経済・財務部門で活躍の場が与えられていた。オルトク商人がその資本を塩業に投入する事例もあったが、植松氏が着目したように、泉府司《せんぷし》系統の色目人《しきもくじん》と江南の在地勢力の朱清・張瑄が対立し、両者の間に緊張関係が生まれることもあった。(19) 海運万戸府をめぐっては、朱清・張瑄らの失脚後も、西方系の財務官僚と江南在地の富民・豪民との間の確執が続いたが、(20) その後、一三三〇年頃から徐々に元朝による統制が弛緩《しかん》し、江南社会の自立的傾向が強まっていった。

そして、元朝の末期、方国珍《ほうこくちん》や張士誠《ちょうしせい》らの諸勢力が割拠するようになると、大運河や海運にも甚大な影響が及んだ。まず、大運河を軸とする水運網に支えられ、財政上きわめて重要な役割を果たしてきた淮塩の流通が滞った。例えば一三四六年、大運河を通行する輸送船がわずかの〝騎賊〟に襲われても打つ手がなく、漕運に支障を来していたという記事が『元史』に見える。(21) こうした事態に対応する軍事的・経済的な余力を元朝は失いつつあったのである。河南江北地域は元朝にとって江南支配を維持するための生命線だっただけに、事態は深刻であった。

一方の海運も同様の道を辿《たど》った。方国珍は一三五〇年前後から元朝に対して帰順と離反を繰り返し、海運に協力するかと思えば、当時の海運拠点だった劉家港や太倉《たいそう》を数次にわたって襲撃するなど、元末の海運事業に揺さぶりをかけ、じわじわと打撃を与えた。(22) 海運が機能しなくなると、大都への税糧供給は絶たれ、中国を統一的に支配する基盤は急速に失われていった。なお、元末に台頭した張士誠や方国珍の背後に、江南在地で勢力を伸長させた富民・豪民の存在があったことは、江南社会をめぐる時代状況の変化を色濃く反映したものといえよう。

おわりに

元代における大運河の整備と海運事業の開始は、時代の歯車を大きく駆動させた。いずれも国家事業として開始され、華北と江南を一体的に運営していくことが当初の目的であった。そしてその目的は十分に達成されたといえる。

まず、海運は、江南から華北への税糧の輸送を組織的かつ大規模な形で実現したという点において、隋代における大運河の開通と同様に歴史上重要な意味を持つ。これをモンゴルという異民族王朝による収奪と見なすこともできるが、実際には、南方の経済的余剰を北方に向けて運ぶことにより国家を一体的に運営していくという課題を隋唐宋朝から踏襲しつつ、海運という新たな手段を用いて成功させたと理解すべきである。もう一歩踏み込んでいえば、遊牧・農耕世界から海洋世界までを視野に収めた壮大な事業だったと評価することもできよう。一方の大運河は、南方から北方に向けての漕運という点では、海運に主役の座を譲った。しかし、河南江北地域に位置した大運河は、江南の各地方を俯瞰《ふかん》する軍事的な役割や、屯田・塩業と連携して国家財政を下支えする役割を維持しつづけた。その点において、元代の大運河は、華北と江南の結合のために不可欠な存在だったといえる。

元代の中後期には、江南在地の富民・豪民らがしだいに社会を動かす存在となった。海運や海上貿易、あるいは販塩などを通じて資産を形成した、有力な船戸・海商・塩商たちが、江南社会において自立的に振る舞うようになっていったのである。彼らの中に方国珍や張士誠らを支援する者も現れるなか、元明交替を迎えることになる。

明代に入ると、当初は、南京に首都が置かれていたため、北方への漕運の需要は大きくなかった。その後、永楽帝期に北京遷都が行われたが、海禁や倭寇の影響もあって海運の復活は絶望的な状況となった。このため十五世紀の半ば頃から大運河の再整備を進めた結果、内陸水運を用いた南北漕運が再び成熟の時代を迎えた。なお、中国の近海を航行する海運事業の本格的な復活は、十九世紀、清の道光帝期まで待たなければならない。

注

(1) 元代の水運と海運に関する主要な研究は次の通りである。星斌夫「元代海運経営の実態」(『歴史の研究』七、一九五九年)五二—七一頁、星斌夫「蒙古占領下の華北における税糧輸送について」(『集刊東洋学』三、一九六〇年)六四—七八頁、高栄盛「元代海運試析」(『元史及北方民族史研究集刊』七、一九八三年)四〇—六四頁、星斌夫『大運河発展史——長江から黄河へ』(平凡社、東洋文庫四一〇、一九八二年)、松田孝一「中国交通史——元時代の交通と南北物流」(『東アジア経済史の諸問題』阿吽社、二〇〇〇年)一三五—一五七頁、徳山『元代交通史』(遠方出版社、一九九五年)、陳璧顕主編『中国大運河史』(中華書局、二〇〇一年)、植松正「元初における海事問題と海運体制」(京都女子大学東洋史研究室編『東アジア海洋域圏の史的研究』二〇〇三年)七五—一四二頁、植松正「元代の海運万戸府と海運世家」(『京都女子大学大学院文学研究科研究紀要(史学編)』三、二〇〇四年)一—一七〇頁、拙稿「元代の水運・海運をめぐる諸論点——河南江北行省との関わりを中心に」(『愛媛大学教育学部紀要』五三—一、二〇〇六年)一六一—一七〇頁。

(2) ニーダム『中国の科学と文明』第一〇巻・土木工学(思索社、一九七九年)四二四—四二六頁。

(3) 曾我部静雄『宋代政経史の研究』(吉川弘文館、一九七四年)二五四—二五七頁。

(4) 前掲注1星斌夫論文、五九頁、前掲注1植松正論文、一三二頁。

(5) 前掲注1徳山書、一三三頁。

(6) 前掲注1徳山書、一三四頁。

(7) 『元史』巻九七食貨志・海運。

(8) 前掲注1星斌夫論文、五七—五八頁。

(9) 前掲注1松田孝一論文、一五一頁。

(10) 『元史』巻一六世祖本紀・至元二十六年(一二八九)正月。

(11) 『元史』巻一六世祖本紀・至元二十八年(一二九一)正月。

(12) 拙稿「大元ウルスの河南江北行省軍民屯田」(『「社会科」学研究』三六、一九九九年)一九—三九頁。

(13) 拙稿「元代両淮地方の水運と塩業」(『愛媛大学教育学部紀要』五四—一、二〇〇七年)一五七—一六五頁。

(14) 藤田明良「「蘭秀山の乱」と東アジアの海域世界——一四世紀の舟山群島と高麗・日本」(『歴史学研究』六九八、一九九七年)二六—二八頁。

(15) 前掲注1植松正(二〇〇四)論文、一五七—一五八頁。

(16) 鄭文康「潘紹宗小君墓誌銘」(『平橋稾』巻一四)。

(17) 前掲注1植松正(二〇〇四)論文、一二二頁。

(18) 拙稿「元代淮浙における塩政の展開」(『愛媛大学教育学部紀要』六一、二〇一四年)二二五—二三三頁、拙稿「モンゴル元朝治下の江南地域社会をめぐる諸論点——元代中後期の社会経済史を中心として」(『愛媛大学教育学部紀要』六三、二〇一五年)二四五—二五三頁。

(19) 前掲注1植松正(二〇〇四)論文、一一七頁。

(20) 前掲注1植松正(二〇〇四)論文、一一九—一二四頁。

(21) 『元史』巻四一順帝本紀・至正六年(一三四六)三月。

(22) 拙稿「元末地方政権による「外交」の展開——方国珍、張士誠を中心として」（平田茂樹・遠藤隆俊編『外交史料から十〜十四世紀を探る』東アジア海域叢書七、汲古書院、二〇一三年）三二七―三六八頁。

モンゴル朝における道仏論争について

――『至元辯偽録』に見える禅宗の全真教理解

松下道信

まつした・みちのぶ――皇學館大學文学部教授。専門は中国宗教思想・道教。主な著書に『格致餘論注釈』（朱振亨著、共訳、医聖社、二〇一四年）、『丘処機『西遊記』を読む――チンギス・ハンと会った道士』（皇學館大学講演叢書第一六三輯、皇學館大学出版部、二〇一七年）、『宋金元道教内丹思想研究』（汲古書院、二〇一九年）などがある。

金代、新たに勃興してきた道教の一派、全真教。チンギス・カンによる庇護もあり、全真教は当初、大きな教勢を誇ったが、やがて仏教との確執を生むこととなった。本論では、道教と仏教の論争の記録である『至元辯偽録《しげんべんぎろく》』を中心に二教の論争の内容を概観し、そこに見える禅宗の全真教理解を分析することで、『至元辯偽録』の史料性について検討する。

はじめに

「道士たちの言葉はでたらめである。先の約束に従い、道服と道冠を脱がし、すぐさま髪を切り落とせ。」（『至元辯偽録』、大正蔵第五十二冊、七七二a）

憲宗八年（一二五八）、日没が迫り、既に暗い、造営されたばかりの開平府の行宮《オルド》で、クビライはこのように宣言した。これにより全真教第八代掌教の張志敬（一二二〇～一二七〇）以下十七名は、身に纏《まと》っていた星冠袍服を脱がされ、髪を切り落とされることとなった。いわゆる至元道仏論争の最終的な裁定が下された瞬間であった。

宋金交替による戦火の下、北中国では王重陽《おうちょうよう》（一一一三～一一七〇）による全真教、劉徳仁（一一二二～一一八〇）による真大道教、蕭抱珍《しょうほうちん》（?～一一六六）による太一教《たいいつきょう》と呼ばれる新たな道教教団が相次いで誕生した。中でも道仏論争の当事者となった全真教は、王重陽の下、馬丹陽（一一二三～一一八四）ら七真と呼ばれる高弟たちにより教勢を拡大させた。

また、七真の一人丘処機《きゅうしょき》（一一四八～一二二七）は、太祖十七年（一二二二）、遠路はるばるヒンドゥークシ南麓まで赴き、チンギス・カンに謁見したことでモンゴルの庇護を受け、教団の発展を盤石のものとした。全真教は現在でも正一教《しょういつきょう》と並び、道教を二分する勢力を有するが、この時の道仏論争における敗北は、王重陽以来、教勢を拡大し続けてきた全真教にとって初めての大きな挫折であった。

この論争を記録するのが、祥邁《しょうまい》『至元辯偽録』（以下、『辯偽録』と略記）である。『辯偽録』は論争の一方の当事者である仏教側の記録であり、また、その難解さも手伝って、その史料性の限界が指摘されることもあった。本稿では『辯偽録』に基づき、道仏論争の経緯を確認した上でその問題点を整理し、特に禅宗から見た全真教理解について確認することで『辯偽録』の史料的価値について若干の検討を加えることにしたい。

一、『辯偽録』とその問題点

（一）道仏論争の経緯

中国において道仏論争は度々繰り返されてきた。仏教の伝来以降、道教と仏教は互いに影響を与え合いながら展開し、それゆえにしばしば批判・排斥し合い、また、時の権力者により一方が優遇されたり、熾烈な論争が戦わされたりしてきた。いわゆる至元道仏論争――ただし、実際の論争は至元年間以前のものである――もそうした流れの中に位置付けられるものであり、大規模な道仏論争としてはその最後とされるものである。

まず『辯偽録』と、そこに見える道教と仏教の論争の経緯について、先行研究によりながら確認しておこう[1]。

『辯偽録』、元・祥邁（生卒年不詳）撰。冒頭に置かれた張伯淳の序によれば、至元二十八年（一二九一）正月、祥邁は、皇帝の詔勅を受けて『辯偽録』を撰述し、皇帝に奏上後、入蔵し流通したと言う。

『辯偽録』に記される道仏論争は、その書名とは異なり、実際には至元年間に行われたわけではなく、むしろクビライ即位前の、モンケ朝で行われたものである。論争の発端は、太宗オゴデイの時代、後に掌教となる李志常（一一九三～一二五六）が令狐璋《れいこしょう》・史志経らと『老子八十一化図』を作成し、それを刊行したことに遡る。その後、王志坦（一二〇〇～一二七二）・温的罕らはこの『老子八十一化図』を広めようとして朝廷に持ち込んだ。それに目を止めた、時の都僧省の禅僧少林福裕（一二〇三～一二七五）は、その内容が仏教を誹謗するものであることから、アリク・ブケを通してモンケに訴え出た。かくして憲宗五年（一二五五）八月、カラコルムの万安閣において李志常と少林福裕による対論が行われた。第一回目の討論である。第七代全真教掌教となっていた李志常は福裕の追及に対して辞に窮し、討論は仏教側の勝利に終わった。翌月聖旨が下され、板木は没収、道教側には破壊した仏像の修復と返還が命ぜられたほか、別に占拠した仏寺四八二箇所のうち、三十七箇所の返還等が命ぜられている。

第二回目の経緯は以下のとおりである。前回の対論後の決定を履行しない全真教に対し、翌年（一二五六）、その執行責任者であったカシミール僧ナーマ（那摩）は、福裕や至温らと共にカラコルムに赴いた。しかし、対論が予定されていた七月十六日、昔剌行宮《シラオルド》に李志常らは現れず、モンケは道教側の敗北を言い渡した。また、同年、両者は再度対論することとなっていたが、冬が迫り、道士たちは来なかった。そこでモンケは「道士たちが来ようとしなかったのは、道理が成り立たず議論したくなかったためだろう」（七七〇c）と宣言して僧侶たちを燕京に帰した。この一連の経緯は、むしろ論争の不成立を示すものである。なお、李志常は七月、対論に遅れて参上した際、仏教側と鉢合わせし、狼狽《ろうばい》して憂悶の余り頭部に腫瘍を患い、翌年落雷に感じて死去したと言う。

第三回目となる論争は、憲宗八年（一二五八）、モンケの命を受けた、クビライの主導の下で行われた。仏教側は、旧金領のいわゆる漢地から少林福裕以下、禅宗を中心とした僧たちに加え、カシミール僧ナーマ、チベット僧パクパ（抜合斯八）ら各地の僧、総勢三〇〇余名。対する道教側の対論者は、李志常のあとを継いだ全真教掌教張志敬、蛮子王先生、道録樊志応《はんしおう》、道判魏志陽、講師周志立等二〇〇余名。それに立ち合いとして儒者の竇黙《とうもく》と姚枢《ようすう》、また、丞相蒙速速、廉平章、張仲謙ら、やはり二〇〇余名が参加するという大規模なものであった。討論の形式も従来のような一対一のものではなく、パクパなど仏教側の複数の発言が確認され、むしろ道教側は一方的に仏教側から指弾された格好であった。

冒頭で見たとおり、対論の結果は道教側の敗北に終わった。ナーマの命により、対論した十七名の道士たちは燕京に護送され、星冠袍服は竿に掛けてさらしものにされた。道教側に占拠されていた四八二箇所の寺院や土地等のうち、二〇二箇所が返還され、また、『化胡経《けこきょう》』『老子八十一化図』等の「偽経」及びその版木が回収された。最終的には同年七月十一日、燕京の大憫忠寺にて百官の面前でそれらは焼却されたと言う。以上がおおよその道仏論争の内容である。

なお『辯偽録』巻五には至元十七年（一二八〇）、道教側が引き起こした放火事件から翌年十月二十日の『道蔵』が焼却されるまでの経緯について記され、「聖旨焚毀諸路偽道蔵経之碑」等の碑文や祥邁の文集と思われる『虚鍾受扣集』が置かれている。この焚経に際しては、正一教から張宗演（一二四五～一二九二）、全真教から第十代掌教祈志誠（一二一九～一二九三）、真大道教から李徳和、太一教から杜福春と、旧南宋領の正一教を含め、道教の各宗派が立ち合っていることも注意される。

（二）『辯偽録』における問題点

この『辯偽録』は元代の道仏論争を記した重要な文献とされる一方で、様々な問題も指摘されている。

まず問題として挙げられるのが、この記録が仏教側のものだということである。道教側には論争に関するまとまった記録がなく、記録には仏教側による潤色の可能性が排除できない。こうしたことから道教研究者の窪徳忠《くぼのりただ》は『辯偽録』を詳細に検討した。指摘は多岐にわたるが、ここではそのうちの何点かを紹介しよう。

まず窪は『辯偽録』の構成を分析し、各巻の記述の形式や体裁が食い違うことを指摘した上で、本来は巻一・二のみが祥邁の自著であった可能性があるとする。また、第二回対論に李志常が遅参し、その後憤悶の余り死去したという点については、李志常は既に同一二五六年六月二十日に死去しているとして、そもそも参内は不可能であったこと、第三回対論のパクパの参加についても、『元史』パクパ伝には対論に参加したことが書かれていないことを指摘する。その他、本来時代の変遷に伴って使い分けられるべき燕京・大都といった地名の用法に混乱が見られることや、仏教側の暴力行為を無視したあからさまな仏教寄りの態度など、『辯偽録』の問題点を細かく指摘している。そして、全真教と仏教の対論の「実相のすべてを正しく伝えているか否かという点になると、すこぶる疑わしい」（一二四頁）としている。

窪徳忠の指摘に対しては、既に回答がなされているものもある。例えば、パクパの対論への参加の有無については、今枝由郎《いまえだよしろう》が、チベット文献である『サキャ派全書』第七巻『'Phags-pa全書』中に、パクパ（Phags-pa）による『道士《どうし》調《ちょう》伏偈《ぶくげ》』という文書があることを紹介し、これによりパクパが対論に参加したことが確認できることを指摘している。(2)

そもそもこの道仏論争は、モンケによるカラコルムで行われた諸宗教の討論の一部であり、道教と仏教の間だけで行われたものではなかった。これは、フランシスコ会修道士ルブルクのギヨーム『旅行記』やチベット年代記『紅史』カルマパクシ伝からも確認される。(3) これらは共に第一回・第二回の道仏論争と同時期に行われており、モンケによるカラコルムでの討論はモンゴル全土の諸宗教に対して等しく行われたのであった。なお、この際、全真教が仏教に「敗れた」ように、仏教もキリスト教に「敗れて」いると言う(4)。

また、その史料性の問題と絡んで、『辯偽録』に収められる複数の聖旨・令旨についても指摘がある(5)。これらの文章は極めて特殊な文体で記されたものであるが、書式の分析から当時の発令文の年代に伴う変化と正確に対応し、当時の政治文書として信頼の置けるものであるとされる。もちろん依然として様々な検討の余地が残るものの、こうした点から見れば、『辯偽録』が即座に「疑わしい」ものとして否定できないことが見えてくる。

ところで、クビライによる第三回対論については、上で見たとおり、規模もかなり大きく、第一・二回対論とその特徴を異にする。この背景には、チンギス・カンからモンケ朝に至る宗教政策と、やがて来るクビライ朝における方針転換があったとされる(6)。

七真の一人丘処機はチンギス・カンと謁見したことにより、漢地の道教を掌管する権利を手にした。この頃、科挙は中断していたこともあり、全真教団は実質的な文書行政を遂行できる漢人集団としてその役割が期待されていた。こうしたこともあって、当時の全身教団は儒者たちのいわば「藪淵《そうえん》」となっていたものと思われる。第一回・第二回対論の中心人物である李志常も儒家出身であったとされる(7)。

しかし、全真教に遅れをとりはしたものの、仏教も教勢を立て直し、次第に勢力を回復する。華北を根拠地とするクビライにとって、中国仏教と道教の軋轢《あつれき》は直接的な利害に関わる問題でもあった。中村淳は、クビライがモンケによりカラコルムで開かれた各宗教間の論争を利用して、全真教を排除しようとしたこと、また、その際、パクパを頂点とする仏教界の再編を模索していた可能性について指摘している(8)。これに従えば、クビライが帝位に就くに当たり、道教から仏教への移行はもはや既定路線であったのであり、こうして第三回の対論が道教側にとって深刻なものとなったことは、いわば必然であった。

『辯偽録』が記すように、対論において道士たちは理に屈して押し黙ったとされ、時に暴力を振るわれ流血までしている(9)。陳垣《ちんえん》は論争後の焚経について、「諸臣は西僧の鼻息を見て一言も言わず、（時の掌教の）祈志誠らは（『老子』に言う）知栄守辱の態度を守り、なすに任せるばかりであった」（五八頁）と述べる。陳垣は窪徳忠同様、全真教を「新道教」として捉え、総じて美化する傾向にある(10)。だが、上述のとおり、クビライにより道教から仏教への転換が決定事項であったとすれば、陳垣のこうした見方もあながち道教側に肩入れしたものばかりとは言えないかもしれない。
　この第三回対論の裁定の際、クビライは、道士たちが常々説く禁呪や、火の中に入っても燃えないといった方術をやってみせよと述べている（七七二a）。これについて、窪徳忠は、これは祥邁がクビライの口を借りて述べたものと見て、『辯偽録』の著者である「祥邁は全真教団の内容と性格とをほとんど知らず、従来の道教教団と似たような傾向をもつように考えていた」（一四〇頁）と推論している。だが、果たして仏教側は本当に全真教について無理解であったのであろうか。これは、この論争の本質にも関わる問題であろう。

二、『辯偽録』に見える全真教理解

（一）全真教への批判

　窪は『辯偽録』巻三・巻四は道教の暴挙と憲宗朝の対論の経緯をまとめたものとするが、『辯偽録』にはここを中心に全真教の教理についての叙述や祥邁の三教論が散見される。以下、これを中心に『辯偽録』の全真教理解について点検していこう。

・出神について

『辯偽録』の全真教の教理への批判としては次のような文章が見られる。

　（丘処機に）神仙の要諦を尋ねると、「固精養気」と「出神入夢」を論じるばかりで、それを道の極致とし、林霊素の神遊（魂が仙界に遊ぶこと）を賛美し、王害風（重陽）の入夢を珍重した。また、馬丹陽がいつも「『聖賢の提奨』に度々あずかって真性は異境に遊んだ」と言っていたことを持ち出した。　（巻三、七六六b）

　耶律楚材『西遊録』巻下には丘処機への批判を列挙した「丘公十謬《きゅうこうじゅうびゅう》」があるが、[11] その「丘公十謬」及びその直前の二箇所にことほぼ同文が見られる（一五頁）。『辯偽録』はこの文章以外にも大量に『西遊録』を引用しており（巻四七七三c～七七四a）、ここも『西遊録』を踏まえて書かれたものであろう。『西遊録』は、前半が西域の地理、後半が丘処機を中心とした全真教批判から成り、耶律楚材（一一九〇～一二四四）により一二二九年に著された。耶律楚材はチンギス・カンに召見されてよりそばに仕え、また、金からモンゴルにかけて活躍した曹洞宗の禅僧万松《ばんしょう》行秀《ぎょうしゅう》（一一六六～一二四六）に師事した。彼は丘処機とも直接対面しており、元朝の全真教と禅宗の関係を考える際、欠かせない重要な人物である。
　まずここでは、神仙の要は「固精養気、出神入夢」にあるとされる。精・気を堅固にし、修養するという「固精養気」の説明は内丹道ではよく見られるものである。注目したいのは、その次の「出神入夢」の語である。「出神」は内丹術におけるクライマックスとも言えるもので、気を錬成することにより特別に練り上げた神《いしき》を身外に出すことを指す。「出神入夢」は「道の極致」とされ、『西遊録』「丘公十謬」でも「彼の宗の極理」と述べられている。直後の「王害風の入夢」も、「出神入夢」をつづめたものであろう。[12] 王重陽の『重陽教化集』には、王重陽が馬丹陽・孫不二夫婦を教化する際、鍵の掛かった全真庵から「出神」して抜け出したことや、馬丹陽の「夢に入り」、天国や地獄の様子を示して彼を教え導いたことが記されている。では、なぜ出神が必要とされたのだろうか。

　全真教が、禅宗の性説を吸収したことはよく知られている。しかし、心上に全ての解決を求める禅者にしても、最終的に訪れる死という現実は避けられない。当然、禅宗側から言わせれば、悟りの境地においては生死という考え方自体が放擲されるべきものではあろう。だが、現実には禅者たちがしばしば枯坐や空疎な問答にふけって現実世界に対応できていないことを目の当たりにした内丹道や全真教では、天地に貫通する気を錬成することで金剛不壊の聖胎の完成を目指した。これにより現実世界の中でも最大と言うべき死という問題に対し、凡俗の肉体が滅びたとしても聖胎を凡俗の肉身より脱すること、すなわち出神により立ち向かおうとしたのである。こうした気の錬成を中心とする功法は一般に命功と呼ばれる。なお全真教は真性の把捉――これは性功と呼ばれる――は、同時に宇宙における万物創造の根源的あり方、「造化の機」そのものの把握につながり、出神を完成させると考えていた。つまり、真性の把握は同時に出神といった命功の完成をもたらすのであり、これにより彼らは生死のあり方から抜け出そうとしたのである。

・「六牛図」と「牧馬図頌」

　ここで出神と絡んで、『老子八十一化図』を広めたとして名指しで批判されている金坡王先生、すなわち王志坦に「六牛図」があったことについて触れておきたい。[13] 王志坦は丘処機の門人で、張志敬の後を継ぎ、掌教となった人物である。

　禅宗には修行の過程を、牛を飼い馴らすことで表現した、牧牛図頌と呼ばれる一群の図や頌が残る。これらはおおよそ五代から宋代にかけて流行し、代表的なものとしては普明《ふみょう》「牧牛図頌」や廓庵師遠《かくあんしおん》「十牛図頌」がある。実はこれを受けて、内丹道や全真教及び道学の周辺でも同様のものが幾つか作成されたことが知られている。[14] 王志坦の「六牛図」もその一つであると思われる。現在、王志坦の「六牛図」は残らないが、全真教にはやはり牧牛図頌に影響を受けて著された、円明「牧馬図頌」(『上乗修真三要』所収)が残り、ここから王志坦の「六牛図」の内容をある程度推測することができるように思われる。作者の円明については不明ではあるものの、

図1　円明「牧馬図頌」(全真教)

第十図(右)では修行者の意馬が死ぬ場面が、第十二図(左)では円相の中に聖胎が描かれる。『道蔵』所収『上乗修真三要』より。

おそらくは王志坦と同じ頃に活躍した全真教の人物であろう。以下、少し回り道になるが、「牧馬図頌」に触れておこう。

「牧馬図頌」は十三図からなり、また、その内容も牛でなく馬に変更され、驚くべきことに第十図では馬が死んでしまう(**図1**)。これは、禅宗の牧牛図頌では牛が法体そのものを指すのに対し、牧馬図頌では修行者を苦しめる意馬が描かれていることによるもので、最終的に馬は死んでしまわざるを得ないのである。また、禅宗の普明「牧牛図頌」第八には円相が描かれ、修証双忘《しゅしょうそうぼう》の境地を表すとされるのに対し、「牧馬図頌」では意馬の死後、円相の中に聖胎と出神の様子が描かれる。「牧馬図頌」では性空に終わることのない、出神による死への挑戦が取り扱われていたのである。

王志坦に戻ると、彼には『道禅集』という、書名からして極めて禅の影響を濃厚に感じさせる詩文集が残る。そこには、次のような詩が見られる。

白牛常に白雲中に在り、無形に出入して暁風に跨す。
閑《しつ》かに丹田向《に》て日月を耕し、霊苗滋種功を労さず。

この初句は普明「牧牛図頌」第八の詩句と同一でありつつ、後半は内丹を詠っていることが注意される。簡単に言えば、ここでは禅宗の性空を超えて、内丹的な境地が示されているのである。このように考えてくると、失われた王志坦の

「六牛図」も、おそらくは「牧馬図頌」同様、修証双忘の果てに内丹の錬成や出神を説いていたのではないかと思えてくる。なお、禅宗でも、円相に見える絶対的な境地に到達した後の現実への回帰は一つの問題とされていた（図2）。[15]となれば、ここには性空の果ての現実への対応をめぐり、禅宗と全真教の違いがいよいよ浮き彫りになってこよう。王志坦は『辯偽録』では『老子八十一化図』を広めたことが批判されているが、その背景には、こうした双方の教理をめぐる先鋭的な対立があったように思われる。

図2　廓庵「十牛図頌」（禅宗）
第十図「入鄽垂手」では、人牛倶忘の境地から現世に回帰した出山仏の姿が描かれる。それは時に痴聖の形をとるとも言う。『四部録』より。

・「聖賢の提挈」

上で挙げた『辯偽録』の全真教への批判の後半、「馬丹陽がいつも『聖賢の提奨』に度々あずかって真性は異境に遊んだ」と言っていた」という一文についても見ておこう。[16]「聖賢の提奨」は『西遊録』では「提将」とも書かれる。ここで想起されるのが、「聖賢の提挈《ていけつ》」という言葉が、七真の詩文、とりわけ丘処機とその弟子の尹志平（一一六九〜一二五一）の周りに頻出することである。提挈とは手助けという意味。聖人や賢哲、時に神仙などにより修行者に手が差し伸べられることである。[17]

全真教が従来のような内丹法を取らなかったことは既に指摘されている。[18]彼らは丹田への存想や導引や吐納といった諸術を有為なるものとして否定し、調息のみを無為なるものとして認めた。彼らはそうした実践を通して真性の把捉と、それに伴う内丹、すなわち命功の成就を目指したのである。これは一挙に内丹の完成を目指すという意味で上根的立場に立つものであった。とはいえ、これは根機の優れた者ならばともかく、そうでない修行者にとっては、修行するに当たって、内丹術という具体的な向上のための手段を喪失するという深刻な事態をも同時にもたらした。ここに、従来の内丹道には見られない、全真教特有の「聖賢の提挈」を待ち望む考え方が広がった原因が潜んでいたものと思われる。

全真教徒たちが「聖賢の提挈」を説いていたことは禅宗でも知られていたようで、尹志平『清和真人北遊語録』巻四には、丘処機の詞（『磻溪集《ばんけいしゅう》』巻五「錬心」）に見える「神仙の提挈」という一句が禅宗から批判されたことを記している。『西遊録』や『辯偽録』の記述はこうしたことを受けているのであろう。結局、「『聖賢の提奨』に度々あずかって真性は異境に遊んだ」というのは、全真教の説いた、真性の獲得、聖賢の提挈、出神入夢という三つの要素が混在した記述であるようにも思われる。このように見てくると、『辯偽録』の記述は、耶律楚材の『西遊録』に基づくこともあって、かなり正確に全真教の教説に対応した記述であることが理解できよう。

(二)『辯偽録』の三教論

以上を踏まえて、最後に『辯偽録』に見える三教論について確認しておきたい。

祥邁は三教関係について、「そもそも儒・道・仏の三つは代々三教と称されてきた。その勧善懲悪という点に限れば、三教はどれも遵守すべきである」と言うものの、「その宗旨の深浅を比較してみれば、そこに優劣が生じざるを得ない」と述べている（七六三a）。すなわち、儒道仏は三教と呼ばれ、共に行われるべきものではあるが、その宗旨には優劣が生じざるを得ないとして仏教を最も高く位置付けているのである。彼によれば、儒教は済民忠孝を、老子は謙退遠害を、仏教は慈悲利生を宗旨とし、これにより儒教が国家や家々の身命をながらえ、老子は紛争を解決し後の憂いを消すのに対し、仏教は群霊を救済し、「性命を窮めた」（七六三a）ものとされる。

さらに、祥邁はクビライの言を借りてこのようにも述べる。

今上皇帝（クビライ）はかつて次のように言われた。「世間の人々は孔子や老子と仏陀を三聖と称しているが、この言い方はでたらめである。孔子や老子の教えは政治で用いることは少ない。彼らは性命に達しておらず、現世について説くだけで、賢人と称することができるだけだ。仏陀が示された教えは、生死や善悪の根源を極め尽くし、深くこの世とあの世の『性命の道』に通じ、千変万化にして神聖であることこの方ない。これこそ真に大聖人である。」（七六三b）

ここでは、一歩進んで、孔子と老子が現世の教えにとどまる賢人とするのに対し、仏陀を「生死や善悪の根源を究め尽くし、深くこの世とあの世の『性命の道』に通じ」た聖人としている。おそらくこの祥邁及びクビライの三教論は、至元道仏論争の終美を飾る総括として巻二の末尾に置かれているものと思われる。なお同様の見解は巻三の冒頭でも確認される。また、続けて後に道士たちが老子の説を捨ててでたらめを説くようになり、三張の猥雑な術を交え、王重陽や丘処機に至ると言う（七六五c）。老子は「賢人」でしかなく、その末裔である道士たちはそこから更に堕落したものであるとされるのである。

ここで言われる「性命の道」は、巻三の元好問「重陽真人碑」に見える王重陽の言葉と対応するものであろう。そこにはこのように記されている。

（王重陽は）かつてこう言った。「禅僧は性に達しているが命については明らかにしていない。儒者は命について語っているが性について述べていない。私は今、その両方を修めた。だから全真と言うのだ。」（七六六a）

ここでは王重陽により「全真」の語の由来が語られる。「全真」の語は、弟子の馬丹陽が王重陽のために立てた全真庵に始まるとされるが、(19) これは王重陽自身により全真の内容が語られている点で極めて重要な資料と言える。全真教は、儒仏二教と異なり、性命、すなわち性功と命功を双修するために「全真」なのである。(20) なお、奇妙なことではあるが、この碑は顕彰を嫌った全真教徒により後に壊されたと言い、この碑文は元好問の文集にも残らない。

問題は、しかし、窪が指摘するように、当時、「道徳性命の学」と呼ばれていたのは、むしろ全真教であったということである。(21) 実際、管見の及ぶ限り、禅宗、とりわけ対論に参加した林泉従倫《りんせんじゅうりん》やその師である万松行秀の文章に性命を強調する文章は見られない。このように考えてくると、むしろ祥邁らは「性命の学」を根源的な学問と認めた上で、意識的に老子を儒教同様世俗の教えに追いやるだけでなく、更に道教をその後塵を拝する迷妄に過ぎないものとし、仏教を独占的に「性命の学」であると位置付けようとしていると見るべきであろう。もっとも内丹道や全真教で説かれる、気の思想や命功については仏教にそもそも備わらない以上、最終的にその内容については触れられないままであったのである。

おわりに

実は、禅宗は早くから全真教をかなり意識していたように思われる。それは、福裕や耶律楚材らの師、万松行秀にまで遡る。彼は丘処機ら全真教と前後して金朝に接近しているだけでなく、著作にも全真教についての記事が散見される。例えば、『請益録《しんえきろく》』（卍続蔵第一一七冊）第二則では全真教徒との問答が見え、『従容録《しょうようろく》』（大正蔵第四八冊）巻四第五十七則で取り上げられる「清閑なるは真道の本。無事なれば小神仙」（二六三b）という句も王重陽の『全真集』巻一二「憨郭郎」詞に見えるものである。(22) こうして見てくると、李志常や少林福裕らにより行われたモンゴル朝の道仏論争は、彼らの師である丘処機と万松行秀以来の思想的、政治的対決の一つの帰結であったとも言えよう。

窪徳忠は、『辯偽録』において禅宗は全真教の教理について余り理解していなかったとするが、本稿で見てきたように、彼らはむしろかなり正確に全真教を理解していたと言うべきであろう。クビライは従前より王志坦らと面識があったが、そのクビライの上で見た言葉も、彼の道教理解を反映したものであったのか、それとも殊更に道教を排斥しようとしてのものであったのかは判然としない。いずれにせよ、その論争の背後には禅宗と全真教の教理をめぐる先鋭的な問題意識が潜んでいたと見るべきであり、『辯偽録』の史料としての価値は思想的な面からも肯定的に評価できるものと言えるだろう。

注

(1) 論争の経緯については、岩井（大慧）「元初に於ける帝室と禅僧との関係に就いて（上）（下）」（『東洋学報』第一一巻第四号・第一二巻第一号、一九二一年・一九二二年）、陳垣『南宋初河北新道教考』（中華書局、一九六二年〔初出は一九四一年〕）、高雄義堅「元代道仏二教の隆替」（『東方宗教』第一一号、一九五六年）、野上俊静「元代道仏二教の確執」（『元史釈老伝の研究』朋友書店、一九七八年）、窪徳忠「モンゴル朝仏道論争研究序説」（『モンゴル朝の道教と仏教――二教の論争を中心に』平河出版社、一九九二年）、中村淳「モンゴル時代の「道仏論争」の実像――クビライの中国支配への道」（『東洋学報』第七五巻第三・四号、一九九四年）にまとめられている。

(2) 今枝由郎「パクパ 'Phags-pa造『道士調伏偈』について」（『東洋学報』第五六巻第一号、一九七四年）参照。

(3) 前掲注1中村論文参照。以下、中村による。

(4) 中村淳はルブルクの対論者を福裕であると推測しているが（前掲注1中村論文、注34）、道教がそうであるように、この「敗北」について触れた仏教側の文章は見あたらないようである。

(5) 高橋文治『モンゴル時代道教文書の研究』（汲古書院、二〇一一年）。また、前掲注1中村論文参照。

(6) 前掲注1中村論文参照。

(7) 「志常、亦儒者避難為道家者流」（『析津志輯佚』学校、北京古籍出版社、一九八三年）一九九頁。

(8) 前掲注1中村論文参照。

(9) 張志敬は、おそらく第三回の対論時に侍中劉秉忠らに殴打され、流血している（七六九c）。

(10) 陳垣や窪徳忠の説く「新道教」に、時代的なバイアスが存在することについては、拙稿「『新道教』再考――全真教研究の枠組みについての再検討」（『宋金元道教内丹思想研究』汲古書院、二〇一九年）、「金代の道教――「新道教」を越えて」（『金・女真の歴史とユーラシア東方』アジア遊学二三三、勉誠出版、二〇一九年）を参照。

(11) 『西遊録』は『真臘風土記校注・西遊録・異域志』（中外交

通史籍叢刊第四、中華書局、二〇〇〇年）所収向達校注本を用いた。これは宮内庁図書陵旧鈔本に基づく王国維手鈔本による。

(12)『西遊録』巻下に、「丘公嘗挙渠師王害風出神入夢為畢竟事」（一五頁）とある。

(13)「所著信心録六牛図伝於世」（『甘水仙源録』巻七、高鳴「崇真光教淳和真人道行之碑」）。

(14) 前掲注10拙著所収「牧牛図頌の全真教と道学への影響――円明老人『上乗修真三要』と譙定「牧牛図詩」を中心に」を参照。

(15) 例えば、宋の廓庵「十牛図頌」は、第八「人牛倶亡」を表す円相の後に第九返本還源及び第十入鄽垂手が置かれるが、柳田聖山によると、ここには第八で得られた絶対的な境地から現実への回帰を一つの主題としていると言う（上田閑照・柳田聖山『十牛図――自己の現象学』筑摩書房、一九八二年）。また、万松行秀『請益録』第六十則には、北宋の仏印了元「四牛図」は白牛から黒牛への変化が描かれ、それは「混俗和光」を意味すると言う（四八八c）。これも同様の主題を取り扱ったものであろう。

(16)「聖賢の提挈」については、前掲注10拙著所収「全真教における志・宿根・聖賢の提挈――内丹道における身体という場をめぐって」を参照。

(17) 高橋文治は『西遊録』に見える「聖賢」は王重陽を指すと解釈するが（前掲注5高橋書、二三二頁）、「聖賢」の語は王重陽の詩詞にも見えることから、おそらくこれは一般的な用法であろう。なお弟子の七真らの詩文では修行の完成に向けた聖賢への希求が中心であるのに対し、王重陽の詩文では修行者たちに対し、「聖賢に通じよ」と鼓舞する形で詠われていることが多い（例えば、『重陽全真集』巻七「漁家傲」第一首など）。

(18) 例えば、窪徳忠『中国の宗教改革――全真教の成立』（法蔵館、一九六七年）・蜂屋邦夫『金代道教の研究――王重陽と馬丹陽』（汲古書院、一九九二年）・『金元時代の道教――七真研究』（汲古書院、一九九八年）などを参照。

(19) 蜂屋邦夫『金代道教の研究』（汲古書院、一九九二年）一五頁・八四頁。

(20) ただし儒教の言う命は天命を意味し、内丹道で言う命・命功とはずれがある。

(21) 前掲注1窪論文、注35参照。なお、「道徳性命の学」は、朱子学に対しても用いられた呼称でもある。

(22) 荒木見悟は、禅宗と朱子学の対立の問題点を唐・宗密及び澄観にまで遡って点検する際、『従容録』第一則評唱を援用している（『仏教と儒教』新版、研文出版、一九九三年、二四五頁）。荒木はそこに見える「邪因・無因とは澄観の老・荘・易批判の立場を受けるもの」とするが、万松行秀の全真教との関係を考えれば、ここでの直接の批判対象は、まずは丘処機ら全真教の説く造化論であったと考えるべきかもしれない。

元版大蔵経の刊行と東アジア

野沢佳美

のざわ・よしみ――立正大学文学部教授。専門は東洋近世史、印刷漢文大蔵経史。主な著書に『明代大蔵経史の研究――南蔵の歴史学的基礎研究』（汲古書院、一九九八年）、『印刷漢文大蔵経の歴史――中国・高麗篇』（立正大学情報メディアセンター、二〇一五年）、論文に「宋・福州版大蔵経の印工について」（『立正大学東洋史論集』二〇、二〇一九年）などがある。

いま日本に現存する元版大蔵経には、朝鮮半島経由で請《しょう》来《らい》されたものが多い。それらは、十四世紀の高麗国官僚らが元朝下の中国から求めてゆかりの寺院に施入したもので、十五世紀の朝鮮時代に日本へ請来された。小稿では、元版大蔵経中の「施《せ》入《にゅう》記《き》」を手掛かりに、十四世紀の東アジア海域における元版大蔵経の輸出入状況の一端を考察する。

はじめに

木版印刷技術を用いた仏典の一大叢書である大蔵経（一切経）の開板は、宋（北宋）初の四川・成都で着手された。開《かい》宝蔵《ほうぞう》（蜀版《しょくはん》とも。五〇四八巻、巻子本）と呼称されるこの大蔵経以降、歴代中華王朝および遼（契丹）・金・高麗・日本などで、十数種の木版大蔵経が相次いで開板・刊行された。[1] モンゴル・元朝下では、金・南宋代の大蔵経刊行が継続されつつ、新たな開板事業が公私に興され、加えて湖州・福州では大蔵経の版式に準じた主要仏典の刊行もみられた（小蔵経）。そして、それらには元代ならではの特徴が垣間みえる。

元版大蔵経は中国域内のみならず、周辺諸国、とりわけ高麗や日本へも盛んに搬出され、なかんずく日本の各所にはいまなおその遺品が大切に保管されている。元朝下で開板・刊行された大蔵経が東アジアにおいて、どのような動きをもって諸国に搬出・伝存されてきたのかを、とくには日本に現存する元版大蔵経中の「施入記」を手掛かりに考えたい。

一、元代における大蔵経の刊行

靖康の変（一一二六〜二七年）の際、開宝蔵の板木は金軍によって持ち去られたとされるが、北宋後半から南宋期の江南では福州（東禅寺蔵《とうぜんじぞう》・開元寺蔵《かいげんじぞう》）や湖州（思渓蔵《しけいぞう》）・平江（磧砂《せきしゃ》蔵《ぞう》）において私版大蔵経の開板・刊行が相次いだ。

こうした情勢を受け、金・南宋を収めた元朝では、華北・江南において諸大蔵経の補修・追雕《ついちょう》とともに、新たな大蔵経開板が展開された。華北では、金朝から引き継いだ燕京（元の大都、いまの北京）弘法寺《こうほうじ》の金蔵の補修・校訂がなされ（弘法寺蔵）、官版の位置を与えられた。

いっぽう江南では、湖州法宝資福寺の思渓蔵の板木が宋元戦争時に寺宇とともに灰燼《かいじん》に帰したため、江南仏教界の大徳《だいとこ》らは新たな大蔵経の開板を白雲宗に要請した。杭州南山大普寧寺住持の古山道安はその要請を受け入れ、ただちに大都に赴き元帝クビライから教団の認可と開板の許可を得、至元十四年（一二七七）より開板が着手された（普寧寺蔵《ふねいじぞう》）。普寧寺蔵の完成後、南宋末より中断されていた平江（蘇州）延聖院（のち延聖寺）では大徳元年（一二九七）に開板が再開された（磧砂蔵）。こうして元代江南では普寧寺蔵・磧砂蔵が刊行されるが、北宋末以来刊行を継続していた福州版の両蔵も、そのつど補刻・改刻が加えられながら、元朝末期まで存続した。

大徳六年（一三〇二）、松江府僧録の管主八《カンジュルーパ》は杭州大万寿寺において「河西字（西夏文）大蔵経」三六二〇巻の開板を完了した。彼は、この大蔵経を三十蔵刊行して『華厳経』などとともに寧夏路・永昌路（ともに、いまの甘粛省）の寺院に施入し、[2] また西蕃字（蔵文）の仏典を多数刊行してチベットの各所に施入した。なお管主八は、大徳十年（一三〇六）、江南では流通していない「秘密経」を大都弘法寺から取り寄せ、杭州で開板して普寧寺蔵に追補するとともに、当時遅滞していた磧砂蔵の開板事業を援助して推進させている。

延祐年間（一三一四〜一三二〇）には、福建建陽の后山報恩万寿堂で「毘盧《びる》大蔵経」が開板されたが、これは福州版に準じた般若・華厳・宝積《ほうしゃく》・涅槃《ねはん》の四大部経のみの刊行であった。[3] 次いで、泰定元年（一三二四）から至正九年（一三四九）にかけ、湖州の妙厳寺《みょうげんじ》（普寧寺以前に古山道安が住持した寺）でも普寧寺蔵の版式に準じた四大部経を独自に開板した（妙厳寺版）。[4] これら「小蔵経」の刊行は、福州版や普寧寺蔵の刊行過多（とくに四大部経は需要が多い）による板木の摩耗・破損等を緩和するための予防的処置もあったのではなかろうか。

元末に至ると「元官蔵」と称される新たな大蔵経が刊行されたという。後至元《こうしげん》二年（一三三六）、太皇太后の卜答失里《ブダシリ》

（文宗の皇后）が大蔵経三十蔵を刊行した。その際の彼女の「印施願文」部分は、すでに鵜飼徹定《うがいてつじょう》、小野玄妙《おのげんみょう》の両氏によって指摘・紹介されていたが、仏典自体は確認されず「謎の大蔵経」であった。ところが一九七九年、雲南省図書館から同じ願文を持つ三二巻の仏典が発見された。(5) 版式は江南系大蔵経に等しい（一行十七字詰、折帖）が、大版で上下の界線が双線（子持ち界線）という特徴を持っており、発見者はこれを「元官蔵」とした。

その後、一九八三年に対馬の仁位《にい》東泉寺でも雲南省図書館本と同種の『大方広仏華厳経（八十巻本）』七七巻を含む印刷仏典が多数発見された。(6) 村井章介《むらいしょうすけ》氏はこの『華厳経』を弘法寺蔵とみたが、版式の相違（金蔵の校補増広本である弘法寺蔵は一行十四字詰の巻子本）から、雲南本・東泉寺本は弘法寺蔵とは別種の「元朝の官版大蔵経」（元官蔵）とする説が有力である。(7)

元朝下での大蔵経刊行の影響が江南系大蔵経中に垣間みえる。たとえば、磧砂蔵の一部仏典にはパスパ文字、ウイグル式モンゴル文字、西夏文字が確認（刻工名かは未確定）される（西大寺および般若寺の普寧寺蔵の紙背にパスパ字印記が確認される）。また、管主八が普寧寺蔵に追補した「秘密経」（磧砂蔵には管主八の子が元朝最末期に板木を施入）中の『密呪円因往生集』（一巻。西夏期に編纂）では陀羅尼《ダラニ》が漢字とパスパ文字とで併記されている（当初は漢字と梵字の併記）。そして元代に刊行された磧砂蔵には、チベット仏教の影響が強く反映した構図の扉絵（現在、八種が確認）が付されるものもある。(8) これらの特徴は、モンゴル・元という時代性が反映したものといえよう。

二、宋元時代の日・中と大蔵経

上記したように、元版大蔵経（普寧寺蔵や磧砂蔵）は高麗や日本にも盛んに輸入されている。以下では、報告書や現存目録、調査・研究によって指摘されている、日本に現存する元版大蔵経に添付された「施入記」によって、輸入のルートや時期などにつき、再整理してその特徴を考えたい。

中国における印刷大蔵経の周辺諸国への伝播、なかんずく日本への将来は北宋初に入宋し開宝蔵を下賜された東大寺僧奝然《ちょうねん》を嚆矢とする（その後、高麗などへも下賜）が、宋（とくには南宋）との交流を持つ日本には平安末（十二世紀後半）以降、鎌倉期を通じて宋版大蔵経（福州版両蔵や思渓蔵）が多く輸入された。

当該期における日本への宋版大蔵経の輸入状況については、大塚紀弘《おおつかのりひろ》氏の詳細な研究がある。(9) 大塚氏は、諸資料から日本にもたらされた五十九の宋版大蔵経事例を整理し、重複と疑問の事例を除くと四十八蔵の輸入となり、当該期には五十蔵以上が請来された可能性を示唆する。このうち、元朝が建国された一二七一年以降、鎌倉幕府滅亡頃（一三三〇年代）までの間の輸入事例（十三例）のうち、七例がいまなお日本に現存（一部分も含め）するという（思渓蔵が六例、磧砂蔵が一例）。平安末・鎌倉期にあっては福州版・思渓蔵が直接ルートによって中国から輸入されるが、「弘安の役」前後から「一切経の請来は減少に向かった」（大塚氏）という。

鎌倉幕府滅亡後の南北朝の対立、室町幕府の成立といった国内の政治的混乱が展開される一三三〇年代後半以降、一三九二年の「南北朝の合体」までの間、中国からの直接ルートによって宋元版大蔵経が輸入された事例は、現存が確認されるものとして西大寺（一三四四年以前輸入）と東福寺（一三七七年輸入）の所蔵本（いずれも普寧寺蔵が主体）と、極めて少ない。(10)

鎌倉幕府滅亡後およそ十年弱、日・元双方の事情によって貿易は断絶したが、一三四二年に中国に派遣された天龍寺船（派遣の主目的が大蔵経入手）を契機に、翌年、元朝は天龍寺船との貿易を認め、これ以降日元貿易は再開されたという。十四世紀半ば頃になると、浙江《せっこう》沿岸部での方国珍や張士誠の乱による海上治安の悪化が進み、いっぽう日本禅林の渡海ブームが沈静化したが、日・元間での商船・僧侶の往来はみられるという。(11)

十四世紀後半に黄河の氾濫や紅巾の乱の発生で混乱した中国江南では、一三六八年、朱元璋（洪武帝）によって明朝が建国された。統一を完了した明朝は倭寇対策もあって、やがて海禁と朝貢体制とが合体した明朝独自の対外政策が採られることになる。(12)

要するに十四世紀（とくには一三三〇年代以降）は、日中両国の国内事情に加え、東アジア海域における安全かつ恒常的な貿易活動が展開できる状況ではなかった。

ところが「南北朝の合体」以降、とくには十五世紀に入ると日本では、大内氏を始めとする西国大名や室町殿による朝鮮への高麗版大蔵経（再雕本《さいちょうぼん》）求請が頻繁になされるようになる。この情勢の変化は、先行研究によって大蔵経を求める当該期の国内状況などが明らかにされている。(13)とすれば、十四世紀の東アジア、とくに東シナ海域では元版大蔵経の輸出入状況はどのようになっていたのであろうか。

三、十四世紀の元版大蔵経と高麗

国内動乱の日本を尻目に、元版大蔵経は高麗へと搬出されていた。この事実は、後年、朝鮮から日本に請来された元版大蔵経中の「施入記」がその事情を伝えている。日本現存の元版大蔵経の中には、高麗の国王や官僚が中国から大蔵経を購入し寺院に施入した経緯を記した「施入記」を持つ事例があり、従前の調査や研究で指摘・紹介されてきた。いま、それらの事例を改めて一覧化したのが次の**表1**である。

　これら十例は、おそらくそのすべてがいったん高麗へもたらされて寺院に収蔵され、のちの朝鮮時代に日本へ搬出されたものであり、多くが十五世紀に今川氏・大内氏・宗氏によって請来・施入されている。

　十四世紀の高麗における元版大蔵経輸入は、①高麗国王・王璋《おうしょう》による普寧寺蔵五十蔵の刊行および「四方梵刹」への「布施」（施入先は元朝域内とする意見もあるが、高麗国内へも施入されたのではないか）した行為が契機となり、以後、高麗官僚らによる元版大蔵経購入が展開されたもののごとくである。

　紙幅の関係ですべての事例は取り上げないが、①・⑥南禅寺所蔵の普寧寺蔵（以下、南禅寺本と略）および、近年実態が明らかになりつつある⑧杏雨書屋《きょううしょおく》所蔵の磧砂蔵（以下、杏雨書屋本と略）を取り上げておきたい。

　南禅寺本は普寧寺蔵を主体とし、福州版・思渓蔵・高麗蔵・和版・写本などからなる混合蔵（五六八五帖）であり、開宝蔵（一帖）や多数の初雕本《しょちょうぼん》高麗蔵（一七一五帖）を含むことでつとに有名である。(14) 普寧寺蔵の一部に、応永元年（一三九四）孟夏（四月）に博多居住の僧慶安《けいあん》が兵庫禅昌寺へ施入するため収集した旨を記した「墨書」がある。橋本雄《はしもとゆう》氏は、この南禅寺本は今川了俊《いまがわりょうしゅん》が朝鮮に求請し入手した二蔵のうちの一蔵であり、輸入前から混合されていた可能性が高いという。(15) しかし、今川が朝鮮に求請したのは応永元年十二月であり、「両蔵」が日本へ届けられたのは翌年三月初のことであるから、(16) 南禅寺本の、少なくとも慶安が集めた普寧寺蔵とは無関係であろう。とまれ橋本氏は南禅寺本を朝鮮請来とみているが、確かに①と⑥の高麗国王の「施入記」を持つ仏典があること、初雕本高麗蔵を多数含むことを考えれば、慶安が収集した普寧寺蔵（状況からみて応永元年以前の朝鮮請来品であろう）および和版・写本、それに後年追補されたという再雕本高麗蔵を除く普寧寺蔵や福州版・思渓蔵・初雕本高麗蔵は朝鮮請来の可能性が高い。ただ、現在まで南禅寺本中の高麗関係資料は報告されていない。仮に、南禅寺本の中国版大蔵経が朝鮮請来（つまりは高麗へ輸入されていた）であるのなら、①や⑥以外にも普寧寺蔵中には元貞二年、至大元年、延祐六年、延祐七年、天暦《てんれき》二年、天暦三年、至正十五年など、元代後半における〝中国での「施入記・題記」〞が確認されるから、輸入前の朝鮮各地で「掻き集め」て一蔵としたもの

典拠資料	日本への輸入時期・輸入者	現蔵者(→は国内移動)	出典
普寧寺蔵本『仏本行集経』巻第三十一	応永元(1394)年に今川了俊が朝鮮より入手した二蔵のうちか?	兵庫・禅昌寺 →京都・南禅寺	辻森要脩「南禅大蔵跋文蒐録(八)」(『仏典研究』、1930)。馬場久幸『日韓交流と高麗版大蔵経』(法蔵館、2016)。許恵利「北京智化寺発現元代蔵経」(『文物』1987-8)
磧砂蔵本『正法念處経』巻第一(「清音寺」旧蔵印あり)	(不明)	茨木・清音寺 →京都・大谷大学図書館	藤島・梶浦「大谷大学図書館蔵　宋金元版仏典目録」(『大谷大学真宗総合研究所　研究所紀要』第七号、1989)、梶浦晋「日本における漢文大蔵経の収蔵とその特色――宋元版大蔵経を中心に」(『東アジア海域交流史　現地調査研究』第3号、2009)
普寧寺蔵本『大宝積経』巻第三十一(「三韓」印あり)	室町期に大内氏が将来?	?→埼玉・喜多院	『喜多院宋版一切経目録』(川越喜多院、1969)。梶浦晋「日本における漢文大蔵経の収蔵とその特色――宋元版大蔵経を中心に」(『東アジア海域交流史　現地調査研究』第3号、2009)
普寧寺蔵本『正法念處経』巻第五十一(国清寺旧蔵)	応永十五(1408)年に大内盛見が要請、将来。	山口・国清寺 →滋賀・園城寺	梶浦晋「日本における漢文大蔵経の収蔵とその特色――宋元版大蔵経を中心に」(『東アジア海域交流史　現地調査研究』第3号、2009)。馬場久幸『日韓交流と高麗版大蔵経』(法蔵館、2016)
普寧寺蔵本『大般若経』巻第一	応永三十(1423)年頃に宗貞茂が将来。	対馬・西福寺	山本信吉『古典籍が語る』(八木書店、2004)、山本信吉「対馬の経典と文書」(『仏教芸術』95、1974)
普寧寺蔵『四分律』巻第十一奥書	応永元(1394)年に今川了俊が朝鮮より入手した二蔵のうちか?	兵庫・禅昌寺 →京都・南禅寺	辻森要脩「南禅大蔵跋文蒐録(一)~(九)」(『仏典研究』、1929~30)。橋本雄「大蔵経の値段――室町時代の輸入大蔵経を中心に」(『北大史学』50、2010)
普寧寺蔵本『大般若経』巻第一	室町前期に将来。	対馬・妙光寺	山本信吉『古典籍が語る』(八木書店、2004)、山本信吉「対馬の経典と文書」(『仏教芸術』95、1974)
杏雨書屋磧砂版大蔵経の「風呂敷(幅子)」	宝徳四(1452)年に宗貞盛が寄進。	対馬・上津八幡宮 →大阪・武田杏雨書屋	須田牧子「対馬宗氏の大蔵経輸入――杏雨書屋所蔵大蔵経の紹介を兼ねて」(『日本歴史』748、2013)
普寧寺蔵本『大智度論』巻第一/『慧上菩薩問大善権経』	応永十五(1408)年に大内盛見が要請、将来。	山口・国清寺 →滋賀・園城寺	梶浦晋「普寧寺版大蔵経について」(『西大寺所蔵元版一切経調査報告書』、1998)掲載の写真。同「日本における漢文大蔵経の収蔵とその特色――宋元版大蔵経を中心に」(『東アジア海域交流史　現地調査研究』第3号、2009)。山本信吉『古典籍が語る』(八木書店、2004)。馬場久幸『日韓交流と高麗版大蔵経』(法蔵館、2016)
相国寺高麗版一切経	(不明)	京都・相国寺	馬場久幸『日韓交流と高麗版大蔵経』(法蔵館、2016)

表1　日本現存の高麗国輸入元版大蔵経一覧

	施入(印造)年月	西暦	版種	施主(発注者)	当初の施入先	施入記・備考
①	皇慶元年九月	1312-09	普寧寺蔵	(高麗国王) 王璋	四方梵刹	推忠揆義協謀佐運功臣開府儀同三司太尉上柱国駙馬都尉瀋王征東行中書省右丞相高麗国王王璋恭聞一大蔵教四十九年……五千巻……遂捨浄財印造三蔵聖教一切宝計圓五十蔵布施四方梵刹……今上皇帝聖躬万歳　皇太后懿算無疆　……先考太師忠烈王　先妣皇姑齊国大長公主……弟子王璋……皇慶元(1312)年歳在壬子九月日謹題 ※同記を持つ『付法蔵因縁経』巻第一が北京・智化寺にもあり。
②	十四世紀初？	13-	磧砂蔵	(高麗国施主) 金禄・妻朴氏	子菩寺	高麗国施主／奉訓大夫前判典医寺事金禄／南陽郡夫人朴氏施財印造大蔵尊経一蔵捨／入子菩寺流通供養／棟梁戒丘　宗邑　升楧　松栢／同願道人請印／平江黄土塔橋陸家印造 ※京都大学人文科学研究所にも同記を持つ仏典(経名不明)あり。
③	皇慶三年三月	1314-03	普寧寺蔵	(高麗国) 朴景亮	神孝寺	嘉議大夫耽羅軍民万戸府達魯花赤高麗国匡靖大夫都僉議評理上護軍朴景亮／自揆非才幸塵有位籍庇／仏天之巨海涵恩／聖澤之陽……謹捐浄財印造／聖典全蔵奉安于神孝寺永充供養流通……／皇帝聖寿万歳／皇太后齊年／瀋王　国王寿齡延永……／……／龍華之妙会者／皇慶三(1314)年三月　日謹誌 ※同記を持つ『宗鏡録』巻第九十一が早稲田大学図書館(古典籍データベース)にあり。
④	延祐元年十月	1314-10	普寧寺蔵	(高麗国) 車氏	(不明)	奉　三宝弟子高麗国星山郡夫人車氏　特為／皇帝万万歳／瀋王為首三殿……／及己身与祖母国大夫人李氏……／……／……願捨納家財印成／大蔵経一部流布無窮者／延祐元(1314)年甲寅十月　日識／幹善大徳　靖恭／殿前仁成／殿善　天友／通事康　仁伯
⑤	泰定三年正月	1326-01	普寧寺蔵	(高麗国) 趙璉	(不明)	宣授中儀大夫王府断事官匡靖大夫僉議賛成事上護軍　趙璉／化主　　行淳／泰定三(1326)年正月孟春印成
⑥	泰定五年正月	1328-01	普寧寺蔵	高麗？	(不明)	(墨書)大元国浙西道嘉興路在城大悲西界莫家■面南居住奉仏弟子陸曹■三名文彬同妻顧福一娘家眷等発心喜捨経睦一至一十巻保扶家■安寧吉祥如意者泰定五年正月日 ※普寧寺蔵の刊記等に「元貞二年」「至大元年」「延祐六年」「延祐七年」「泰定三年」などあり。
⑦	泰定五年二月	1328-02	普寧寺蔵	(高麗国) 朴環・妻李氏	(不明)	清信戒弟子故全州戸長朴環妻李氏女、仰告十方／……／……与子桑門臨川正柔、同／……／泰定五(1328)年二月日　臨川寺住持大徳正柔志
⑧	後至元六年	1340	磧砂蔵	(高麗国) 秦就・妻権氏	天徳社 (天徳寺)	比丘清六、普請十方諸善檀那、抽出芥縁積等須弥、越庚辰九月願焉、正如比丘、航海于宋土、購得三蔵一部、既購得已、不数月而還、邀安于天徳社、永永輪福以此殊勲、三途苦海憾尽并余、施主前郎将秦就・永嘉郡夫人(権氏)
⑨	至正二十二年以降？	1362-？	普寧寺蔵	(高麗国) 李允升・妻尹氏	万日寺	奉　三宝弟子高麗国通直郎典校寺丞李允升 同妻咸安郡夫人尹氏／謹発誠心捨財印成／大蔵尊経一蔵敬安于郷邑古阜郡万日寺看／誦流通……祝延／皇帝万万歳／皇后齊年／太子千秋／国王千年　文虎協朝野寧／仏日増輝……／次冀追薦　先考通直郎李祚　外考奉常大夫／尹■　先妣光山郡夫人金氏　洞州郡夫人金氏各離／……／至正　年　月　日幹善比丘　法琪／同願比丘玄珠　祖行　承湛　覚胡 ※同記を持つ仏典が大谷大学図書館・東北大学附属図書館・京都大学人文科学研究所・国立国会図書館に所蔵。
⑩	(不明)	？	普寧寺蔵	(不明)	(不明)	※『大般若波羅蜜多経』600巻のみ普寧寺蔵。 ※高麗版仏典に陶弘房の妻の墨書あり。大内氏関連の朝鮮経由将来か？

■は判読不能の文字を示す。

（初雕本および開宝蔵も）であろう。そして、〝中国での「施入記・題記」〟の存在は、知られている以上に普寧寺蔵が高麗に輸入されていたことを示す証拠でもあり、別に検討したい。

近年の調査・研究によると杏雨書屋本（磧砂蔵と普寧寺蔵の混合蔵。四五四八帖）は、対馬の宗貞盛《そうさだもり》が一四四九年に朝鮮へ求請した結果入手したもので、宝徳四年（一四五二）に上津《かみつ》八幡宮に施入された。また、杏雨書屋本を包んでいた風呂敷（幅子）の墨書から、同本は後至元六年（一三四〇）六月に高麗の比丘清六、秦就とその妻権氏が施主となり、比丘正如が「宋土」に「航海」して「購得」し、慶尚道の天徳社（天徳寺）に安置したものであった。(17)つまり、この杏雨書屋本も中国（元）から高麗に輸入されたのち、宗貞盛の求請で朝鮮から贈与されて対馬に渡った大蔵経であった。

ただし、問題なのは杏雨書屋本が高麗の天徳社に施入された時期である。風呂敷の墨書から後至元六年の輸入とされるが、他の風呂敷の墨書には永楽二年、永楽三年、宣徳二年といった明初の年次もある。このことについて古泉圓順《こいずみえんじゅん》氏は、杏雨書屋本は元と明の二期に分けて納められたと理解している。その当否は今後の研究に俟たねばならないが、注意したいのは『大般若経』巻第一の巻末に「杭州衆安橋北／楊家経坊印行」の重廓黒方印が捺されていることである。古泉氏はこの一巻のみを「坊刻本」（町版）と判断し、のちに補填したと理解しているようである。

元末の磧砂蔵は平江（蘇州）の陸家（表の②）や姚家が刊行した事例があり、上記の杭州楊家は磧砂蔵の扉絵をも印刷していた書肆（民間出版業者）で、その活動は元から明代前期にまでおよんでいる。加えて、明代に入ると磧砂蔵を求める者（請経者）たちは挙《こぞ》って杭州に赴き、上記の楊家、さらには朱家といった書肆が磧砂蔵の刊行を請け負っていたのである。(18)杏雨書屋本の磧砂蔵全体は杭州楊家が刊行したとみても不自然ではない（なぜ『大般若経』巻第一のみに印記があるのか疑問は残る）が、いっぽうで古泉氏が指摘する天徳社分納説は一概に否定できないのである。

というのも、『開館二〇周年記念　杏雨書屋図録』（一九九八年）によれば、杏雨書屋本には「至正二三年」（一三六三年）の刊記があるという（四六頁）。上記したように「至正二三年」は管主八の子が磧砂延聖寺に「秘密経」の板木を施入した年でもある。「至正二三年」刊記が実在する（誤認でない）なら、天徳社分納説や元末明初刊行の可能性を考えてみる必要がある（普寧寺蔵との混合の時期や場所も）。

杏雨書屋本の天徳社への施入時期については再検討の余地があるが、たとえ元末明初の刊行であっても、高麗への輸入が事実であったことは動かない。ちなみに、杏雨書屋本の『目録』が二〇一七年より刊行（本稿執筆時、第九冊までが刊行）されているので、近い将来、「至正二三年」刊記の有無が明らかにされよう。

おわりに

以上、元代における大蔵経刊行の状況および高麗・日本への輸入状況を、とくには日本に現存する元版大蔵経中の「施入記」を手掛かりとして概観してきた。

平安末から鎌倉期を通じては、宋版大蔵経（福州版と思渓蔵）が直接ルートで輸入されていた。しかし、十四世紀の、とくには鎌倉幕府滅亡から南北朝動乱をへて南北朝が合体する十四世紀末までの間、直接ルートによって元版大蔵経が輸入された事例はわずかであった。いっぽう、元版大蔵経の高麗輸入は多く確認される。これは、当時の日・中両国の政治的・社会的な混乱、さらには倭寇の活動などにより、両国の東シナ海域を往来する商船・僧侶はあるものの、安全かつ恒常的な貿易活動が保障されないこと、さらには日本における大蔵経入手の意欲が減少したことによるものであろう。対して高麗では、国王による普寧寺蔵五十蔵の刊行もあってか、官僚による元版大蔵経購入が一種のブームになったかの感があるが、なにゆえそうした状況が半世紀も継続したのか、また高麗では陸路・海路のいずれで輸入していたのか（杏雨書屋本は海路）、なども今後の検討課題である。

混乱が収束した日本では十五世紀に入ると、大内氏や室町殿を始めとした諸勢力が朝鮮に対して盛んに高麗版大蔵経を求請した。度重なる要求に対して朝鮮では高麗版のみならず、国内に所蔵されていた「中国板印大蔵経」（『李朝実録』）をも日本に下賜している。こうした中国（元）↓高麗・朝鮮↓日本というルートによって、日本には比較的多くの元版大蔵経が持ち渡たられていたのである。まさに「東アジア交流の生きた証[19]」である。

なお、朝鮮から輸入された元版大蔵経は他の蔵経本と混合されていることが多い（**表1**①・⑥と④・⑨は印造時期の異なる同版種の混合）。これらの混合は、上記したように朝鮮が日本の要求に対処するため、国内各地の大蔵経を探し出して一蔵とし日本に贈ったことを示している。[20]鎌倉期までに直接ルートで輸入された宋元版大蔵経も混合蔵である場合が多く、そのことを考える上でも参考になる。

最後になるが、トルファンから大蔵経の版式を持つ『大般若経』の断簡が発見されている（出口常順コレクション）。この断簡は、十行ほどの紙片であるが、一折六行、一行十七字詰、版心に「宿　三巻　五」とある。いずれも江南系大蔵経の特徴であるが、この『大般若経』巻第一三三の断簡は法量（寸法）や字体から東禅寺蔵と判定されている。(21) しかし、宮内庁書陵部所蔵の東禅寺蔵本とは字体もさることながら、各行の文字配列が異なっている（宮内庁書陵部収蔵漢籍集覧データベース）。ちなみに、書陵部所蔵の南宋・磧砂蔵本とも異なっている（同前）。開元寺蔵あるいは思渓蔵、普寧寺蔵の可能性があるが、いずれにしても江南系大蔵経が西域にも伝播していたことを示す事例として貴重である。

注

(1) 以下、中国・高麗における印刷大蔵経の概要と歴史については、野沢佳美『印刷漢文大蔵経の歴史――中国・高麗篇』（立正大学情報メディアセンター、二〇一五年）および同書所収の「主要参考文献一覧」中の関連文献による。

(2) この大蔵経の残巻が、ストックホルムのスウェーデン民族学博物館の「スヴェン・ヘディン・コレクション」にある（西田龍雄『西夏文華厳経』I・II、京都大学文学部、一九七五・一九七六年）。

(3) 竺沙雅章『宋元仏教文化史研究』（汲古書院、二〇〇〇年）の「第二部第四章　元版大蔵経概観」、三五六頁。なお、この開板をウイグル人の亦黒迷失《ユグムッシュ》が援助している。

(4) 野沢佳美「宋元時代における湖州妙厳寺の出版活動」（『立正大学東洋史論集』一六、二〇〇四年）。

(5) 童瑋・方広錩・金志良「元代官刻大蔵経的発現」（『文物』一九八四―一二、一九八四年）。

(6) 村井章介『アジアのなかの中世日本』（校倉書房、一九八八年）三六〇―三九三頁。

(7) 前掲注3竺沙書、三四九頁。

(8) 北村高「元朝の非漢字文字――磧砂版大蔵経の刻工名より」（『神女大史学』八、一九九一年）、梶浦晋「普寧寺版大蔵経について」（奈良県教育委員会事務局文化財保存課編『西大寺所蔵元版一切経調査報告書』奈良県教育委員会、一九九八年）。

(9) 大塚紀弘『日宋貿易と仏教文化』（吉川弘文館、二〇一七年）の「第I部第三章　宋版一切経の輸入と受容」、九〇―一二九頁。

(10) 稲城信子「西大寺所蔵元版一切経の構成とその特色」（前掲注8報告書所収）、梶浦晋「日本現存の宋元版『大般若経』――剛中玄柔将来本と西大寺蔵磧砂版を中心に」（『金沢文庫研究』二九七、一九九六年）。

(11) 榎本渉『東アジア海域と日中交流――九～一四世紀』（吉川弘文館、二〇〇七年）の「第二部　日元交通の展開」、一〇六―二〇九頁。また、同『僧侶と海商たちの東シナ海』（選書日本中世史4、講談社選書メチエ、二〇一〇年）。

(12) 檀上寛『明代海禁＝朝貢システムと華夷秩序』（京都大学学術出版会、二〇一三年）。

(13) ここでは、須田牧子『中世日朝関係と大内氏』（東京大学出版会、二〇一一年）、橋本雄「大蔵経の値段――室町時代の輸入大蔵経を中心に」（『北大史学』五〇、二〇一〇年）を挙げるにとどめる。

(14) 山本信吉『古典籍が語る――書物の文化史』（八木書店、二〇〇四年）二五七頁以下。馬場久幸『日韓交流と高麗版大蔵経』（法蔵館、二〇一六年）六二―六五頁。

(15) 前掲注13橋本論文、五頁。
(16) 前掲注13須田書、一四三頁。
(17) 古泉圓順「杏雨書屋所蔵　磧砂版大蔵経の刊記」（『杏雨』一二、二〇〇九年）、同「再び　杏雨書屋所蔵　磧砂版大蔵経の刊記」（『杏雨』二一、二〇一八年）、須田牧子「対馬宗氏の大蔵経輸入――杏雨書屋所蔵大蔵経の紹介を兼ねて」（『日本歴史』七八四、二〇一三年）。
(18) 野沢佳美「元末明初における大蔵経印造と経鋪」（『立正史学』九八、二〇〇五年）。
(19) 前掲注17須田論文、八五頁。
(20) 前掲注14馬場書、一八五―一八七頁。
(21) 藤枝晃編著『トルファン出土仏典の研究――高昌残影釈録』（法藏館、二〇〇五年）二六三―二六四頁。なお書影は二四一頁。

◎コラム◎

南宋最後の皇帝とチベット仏教

中村 淳

なかむら・じゅん――駒澤大学文学部教授。専門はモンゴル時代史。主な論文に「敦煌莫高窟北区第127窟出土チベット語文書断片」（『13―14世紀モンゴル史研究』一、二〇一六年）、「新発現ガンゼ＝チベット族自治州檔案館所蔵チベット文法旨簡介――モンゴル時代における東チベット史研究の可能性」（『13―14世紀モンゴル史研究』二、二〇一七年）、「大モンゴル国の成立――1206年と1211年」（『駒沢史学』九六号、二〇二一年）などがある。

はじめに

元代は、チベット仏教がモンゴル皇室によって厚遇された時代として知られる。たとえば皇帝クビライがチベット仏教サキャ派の高僧パクパを帝師《ていし》とし、以後その地位には同派の高僧が任命され帝国仏教界に君臨したことは、その最たる例であろう。では、こうして中国本土で存在感を大きく高めたチベット仏教と在地の中国仏教とのあいだには、いったいどのような接点があったのだろうか。本コラムでは、クビライによって滅ぼされた南宋最後の皇帝、趙顕《ちょうけん》（一二七一～一三二三年）という人物の生涯を介して、その一端を見てみたい。(1)

一、南宋の滅亡とチベットでの修行

一二七六年、丞相バヤンの率いるモンゴル軍が首都臨安《りんあん》（杭州）に迫ると、南宋の朝廷は抵抗をあきらめて降伏した。ときに六歳であった皇帝の趙顕は囚われの身となり、元の夏都である上都に移送され、瀛国公《えいこくこう》に封じられる。臨済宗の僧、念常《ねんじょう》による『仏祖歴代通載《ぶっそれきだいつうさい》』（一三四一年成立）は、翌年チベットに行きサンスクリット文字やチベット文字で書かれた仏典の学習をするよう、クビライによって命じられたと伝える（七歳）。元代、江南で罪を犯した人物がチベットに、チベットの罪人が江南へ流刑に処せられる例がみられるが、このたびの措置にも同様の意図があったであろう。一二八二年末には上都にいるよう命が下っており、この間つまり五～六年のあいだ修行を積んだようである。一二八八年には、ふたたびチベットに赴き仏法を学ぶように命じられた（十八歳）。そして『元史』本紀によると、その三年後の一二九一年に母の全太后《ぜんたいごう》とともに仏門に入るのである（二十歳）。

このように趙顕は二度にわたってチベットの地で仏教を学び、ついには出家するのであった。元末明初を生きた権衡《けんこう》の『庚申外史《こうしんがいし》』には、自ら願い出て白塔寺で僧となり合尊大師《がっそんたいし》と号したと伝える。白塔寺とはクビライの勅令により冬都である大都（今の北京）の城内に建てられた大聖寿万安寺《だいしょうじゅばんあんじ》のことで、妙応寺《みょうおうじ》と名をかえて現存するチベット仏教様式の寺院である。ひときわ目をひくチベット式の白塔にちなんで、元代から現在にいたるまで白塔寺と称されるこの寺院。その工事を監督したのは、帝師パクパの弟子であった。当代の禅宗の逸話を集めた『山庵雑録《さんあんざつろく》』（一三七五年成立）は、後述する趙顕の詩を引く前に「合尊大師は宋の幼主にして瀛国公である。クビライの命で剃髪して僧となり、帝師がみずから秘密戒法を授けた」と記す。つまり帝師から戒を受けてチベット仏教の僧侶となったというのである。

趙顕はチベット語文献にもその名を留める。たとえばチベット年代記『フゥラン・テプテル』（一三六三年成立）には、

クビライが帝位に就かれ、一二七六年に南宋の皇帝幼主が帝位に就いて三年たったところに、バヤン丞相によって宋の国土は奪われ、皇帝はサキャに送られてラツンとされた。

とある。[2] 趙顕は『元史』などの漢籍に幼主と記されており、同書の著者もその呼称を知っていたのであろう。ラツンのラは天、ツンは僧の意。滅びたとは言え、もとは一国の皇帝であった趙顕の立場を反映した呼称だったのであろう。『仏祖歴代通載』には、修行して戻ってきた趙顕をクビライが「皇家仏」と呼ぶ場面があるが、ラツンの意味によく合致する。そしてここに、漢文史料にみえる合尊（当時の漢字音はho tsuən）とは、ラツン（lha btsun）というチベット語による号の音写であったことが明らかになるのである。

二、仏典の翻訳

趙顕はただ単に修行して仏僧となっただけではなく、チベット語や漢文でものされた仏典の翻訳を行なったことが知られる。たとえば、ナルタン版チベット大蔵経（一七三二年開版）に収められた『因《いん》明正理論《みょうしょうりろん》』には、以下のような跋文がある。[3]

（本書は）唐の三蔵《さんぞう》という者がサンスクリット語から漢文に翻訳して、のちにある者が翻訳を求めたために、中国のラツン・チョーキリンチェンが、サキャ寺で漢文版とチベット語版の双方をよく校勘、修訂して正しく翻訳した。

同書については、玄奘《げんじょう》がよったサンスクリット語原典の存在が確認されておらず、チベット語訳は玄奘による漢訳から

の重訳である。つまり中国仏教からチベット仏教への影響という観点からも注目される論書なのである。チベット仏教を代表する学僧プトン（一二九〇～一三六四年）がチベット大蔵経を校閲した『目録』にもラツン・チョーキリンチェンの訳としてみえ、同書の成立を一三二二年とする。死の前年のことになる。このほかにも、『百法明門論《ひゃっぽうみょうもんろん》』を漢文からチベット語に翻訳しており、また逆にチベット語から漢文に訳した例が『吉祥《きっしょう》喜楽金剛自受主戒儀《きらくこんごうじじゅしゅかいぎ》』である。雲南省大理市の法蔵寺《ほうぞうじ》で発見され、そこには「大成就師発思巴辣麻伝、持咒沙門達宗着思吉吟禅訳」と記される。発思巴辣麻はパクパ・ラマ、達宗着思吉吟禅はラツン・チョーキリンチェンの音写。つまりパクパによる戒儀を趙顕が漢訳したものなのである。[4] 同書の発見によって、元代の中国仏教界にチベット仏教の戒儀に対する需要があったということが明らかになった。また趙顕は漢文とチベット語で記された仏典を自在に読み、正確に飜訳する力を身につけていたこともわかる。

三、その死をめぐって

その死（五十三歳）については、『フゥラン・テプテル』が先の記述につづけて「のちに英宗シディバラのときに殺されると、血が乳として流れでた」と伝える。同書はこの趙顕の逸話に先立ち、五胡十六国時代のこととして鳩摩羅什（クマーラジーヴァ）が冤罪で斬首された際（四〇九年？）、血が乳に変わったと記す。[5] また仏教では、切られて白い乳が出るのはその人が忍辱《にんにく》を成就している証しとされる。[6] 同書を読む者は、趙顕の逸話からその含意を感得することになろう。そして十五世紀に成ったチベット年代記『テプテル・マルポ・サルマ』や『テプテル・ゴンポ』、十八世紀中頃に成立した『パクサムジョンサン』などにも、趙顕は宋代最後の皇帝としてラツンの名をもって記されている。チベットにおいて、特別な存在としてながく認知されていたことがわかる。

漢籍においては、まず『仏祖歴代通載』が一三二二年にチベット高原の東北に接する河西（甘粛省）で死を賜ったと伝える。『庚申外史』によると、晩年は皇帝の命令で旧南宋領から遠く離れた甘州の山寺で過ごしたというから、そこで刑に処せられたのであろう。殺された理由は、趙顕が大都滞在中に詠んだ五言絶句の詩がきっかけとなったことが別の史料からわかる。問題の詩は、元末の随筆集『南村輟耕録《なんそんてっこうろく》』に「宋の幼主の詩」として載せられる。[7]

寄語林和靖　梅花幾度開
黄金台下客　応是不帰来
林和靖《りんわせい》に言づてします　梅はあれから幾度花を開きましたでしょうか
黄金台の客人である私は　二度とそこへ帰ることはないでしょう

林和靖とは、杭州の西湖にある孤山に隠棲した林逋《りんぽ》（九六七～一〇二八年）のことで、諡《おくりな》は和靖先生。その名を出すことで、故国を思慕していることがわかる。黄金台は戦国時代の燕の昭王が築いたもの。ここでは燕京すなわち大都を指す。つまり、みずからが皇帝として君臨していた古の都に思いを馳せながら、大都で捕らわれの身となっている自分はもうそこに戻ることはできないと、その心情を詠じているのである。同書の著者陶宗儀《とうそうぎ》は、わずか二十字に無限の寂寥感が秘められており、これを読んで感じ入らない者はいないだろうとする。また『山庵雑録』は先に引いた出家の逸話のあと、英宗朝（一三二〇～一三二三年）に気晴らしに吟じた詩だとし、そしてそれをみた見張りの者が、この詩が旧南宋領の人びとの心に暗示的な影響をもたらすと英宗シディバラに報告し、斬り殺されたのだという。この詩を詠んだあとに甘州行きを命じられたのであろう。なお同書は、処刑された際に趙顕の体からは白い乳があふれるように流れ出たと記す。チベット語文献とまったく同じ描写であることに驚く。

おわりに

『山庵雑録』は、足利義満が洪武帝を介して日本に招こうとしたことでも知られる禅僧、恕中無慍《じょちゅうむおん》（一三〇九～一三八六年）が記したものであり、日本でもよく読まれた。この詩も多くの日本人の目に触れたことであろう。また、清の厲鶚《れいがく》と馬曰琯《ばえつかん》が編んだ『宋詩紀事《そうしきじ》』も、「燕京で作る」という標題を付してこの詩を収める。明にかわって満洲人が建てた清の時代にも、宋元交替期を象徴する人物が詠んだ詩として味読されたのであろう。ところで元末明初に編まれた漢籍には、一三六八年に大都を明け渡した順帝トゴンテムルが趙顕の子であるという話しをまことしやかに記すものがある。南宋と元、それぞれ最後の皇帝の姿を重ねあわせたのかも知れないが、もちろん史実ではない。またそもそも順帝は、元朝最後の皇帝ではない。

チベット語と漢文による種々の文献に残された断片のごとき史料や伝存する仏典から得られる情報を紡ぎあわせた時、我が国では忘れ去られてしまった趙顕という人物のまさに数奇な人生が浮かび上がってくる。趙顕がチベット仏教と中国仏教の媒介者であったことは確かであるが、では具体的にどのような影響が双方に及んだのかなどについては、研究はまさにその緒に就いたばかりである。

注

（1）趙顕について最初にまとめた論考は、王尭「南宋少帝趙顕遺事考弁」（『西蔵文史考信集』仏光文化、一九九二年）八八―一一四頁（初出は一九八一年）である。近年、次の論文が出た。Kaiqi Hua, "The Journey of Zhao Xian and the Exile of Royal Descendants in the Yuan Dynasty," *Buddhist Encounters and Identities across East Asia*, Brill: Leiden, 2018, pp.196-223.

（2）稲葉正就・佐藤長共訳『フゥラン・テプテル――チベット年代記』（法藏館、一九六四年）五九頁。「就く」という動詞については、クビライに対してのみ尊敬形が用いられている。訳文は一部省略、意訳した。以下同様。

（3）池田練太郎「『大乗百法明門論』の諸問題」（『印度学仏教学研究』二九―一、一九八〇年）六九―七〇頁。チベットで二度修行を積んだことが確認できた趙顕は、少なくとももう一度はサキャ寺に行ったことがわかる。

（4）沈衛栄『蔵伝仏教在西域和中原的伝播――《大乗要道密集》研究初編』（北京師範大学出版社、二〇一七年）七九頁、注三。

（5）前掲注2稲葉・佐藤共訳書、五〇頁。

（6）衣川賢次「師子尊者、頭を切らる」（入矢義高監修・禅文化研究所唐代語録研究班編『玄沙広録』下巻、筑摩書房、二〇一六年）二三八―二四一頁。

（7）井波律子『大王朝の興亡　隋・唐――宋・元』（岩波書店、二〇一四年）二九八―二九九頁。

附記　本稿はJSPS科研費20H01324の助成を受けたものである。

◎コラム◎

夷狄に便利な朱子学——朱子学の中華意識と治統論

垣内景子

かきうち・けいこ——早稲田大学文学学術院教授。専門は中国近世思想。主な著書に『「心」と「理」をめぐる朱熹思想構造の研究』（汲古書院、二〇〇五年）、『朱子学入門』（ミネルヴァ書房、二〇一五年）などがある。

一、朱子学の華夷意識

華夷《かい》の弁別に厳しく、強烈な中華意識を持つとイメージされることの多い朱子学は、夷狄《いてき》の元朝においていわゆる国教となった。元朝だけでなく、地理的にもより辺境に位置する朝鮮や日本という夷狄の地においても、朱子学は官学となり珍重された。朱子学といえば体制教学・御用学問というもう一つのイメージも、皮肉なことに夷狄の政権によって決定付けられたといっても過言ではない。この一見矛盾するかのような歴史の巡り合わせは、朱子学の祖である朱熹《しゅき》にとっては想定外であったかもしれないが、そこには朱子学ならではの理由があった。むしろ、朱子学だからこそ夷狄の政権にとって都合が良かったのであり、夷狄だからこそ朱子学を必要としたのである。

そもそも、朱子学といえば「攘夷《じょうい》」というイメージは、幕末の日本人が当時の内憂外患の時代状況の中で朱子学を巧みに利用した結果作り上げられたもので、そこにも夷狄（日本人）にとっての朱子学の利用価値が見て取れるのだが、華夷の弁別に関する朱熹の態度はそれほど硬直したものではない。もちろん、朱熹の生きた南宋の時代は、常に夷狄（金）と対峙しており、朱熹は和議には批判的であった。とはいえ、何が何でも徹底抗戦を唱えるのではなく、国力を養うために持久戦に持ち込むべきだという程度の冷静さは持ち合わせていた。「攘夷」という言葉に込められたある種の熱さは、朱熹には無縁なものであったのだ。

また、たとえば華夷を話題とすることで有名な『論語』八佾《はちいつ》の「夷狄之有君、不如諸夏之亡也」について、朱熹は「夷狄ですら君主がいるのに、諸夏（中華）の君主がないがしろにされているのは嘆かわしい」という意味に解釈している。この条については、「たとえ夷狄に君主がいたとしても、君主がいない状態の諸夏にすら及ばない」、すなわち夷狄はどんなに理想的な状況にあったとしても中華には及ばないというもう一つの代表的な解釈がある。それに比べて朱熹の解釈は、夷狄と中華の差異を民族的決定論ではなく、君主の有無という文化的優劣で論じている。つまり、朱熹にとっての華夷とは、漢民族とそれ以外という民族や血統ではなく、あくまでも儒教的「道」の有無によって区別される余地を残すものであったのだ。

二、道統・正統・治統

　儒教の正嫡を自任する朱子学において、この「道」の伝統継承を意味する「道統」と、王朝の正統性を意味する「正統」とは、原理的には不可分の関係にあった。儒教において、君主は同時に「道」の体現者であり、王朝交代も有道の君主から有道の士への「禅譲」が理想とされた。しかし、それが実現できていたのは堯《ぎょう》・舜《しゅん》・禹《う》・文・武までで、最高の有道者であったはずの孔子は、君主として政権を担ったわけではない。この最大のアポリア以降、現実の王朝交代の「正統」と、「道」の継承を意味する「道統」とは、時に交錯しながら、別々の領域を創り出していったのである。特に、「道統」の継承をみずからの任務とする朱熹は、現実の王朝の正統性や南宋皇帝の道義性とはまったく別のところに、万人に開かれた「道」の伝統を位置づけたのであった。そして、その上で改めて万人の一人としての皇帝に「道」の実現を求め、それを補佐する役割を士大夫の存在価値としたのであった。

　朱熹の「正統」定義については、すでに指摘があるように[1]、思いのほかドライなものであり、そこに道義的評価は含まれない。朱子学の「正統」定義を端的に示す『資治通鑑綱目《しじつがんこうもく》』の凡例に拠れば、天下を統一して二代続けばその王朝は「正統」と見なされた。その結果、儒教の道義的観点からは問題視されざるを得ない秦や隋も「正統」の王朝となる。もちろん、朱熹の念頭には元のようなまったくの異民族王朝はなかったであろうが、二代続けば「正統」であるならば、元も立派な正統王朝に他ならない。何よりも、夷狄の元朝にとって都合の良かったことは、王朝の「正統」と道義的「道統」とがいったん切り離されたことであった。元は、その道義性を問われることなく、機械的に「正統」と認定される。道義性という、いかようにもケチのつけられる基準を持ち込めば、民族的に夷狄であることを改めて俎上にのせなければならない。事実、元を経た明代の方孝孺《ほうこうじゅ》などは、朱子学者であるにもかかわらず、君主の道義性を「正統」の要件とし、元を「正統」から除外した。

　このいったん切り離された「正統」と「道統」を再び結び合わそうとしたのが、元代における「治統」論である。「治統」とは王朝の政治的正統性を意味しており、朱熹のいう「正統」と同義であるのだが、「治統」という新しい用語の登場によって、「治統」と「道統」の両方が揃った王朝を改めて「正統」と呼ぶことになる。そして、その場合、朱子学を国教としたという事実が「道統」の継承を示すこととなり、元は「治統」「道統」を兼ね備えた「正統」であるという論理ができあがるのであった。

このように、朱子学の「道統」概念は、一方で現実の政権とは別個の領域を形成し、一方でその継承をいうことによって政権の権威をより強固なものにすることを可能にした。「道」の前では民族的華夷の弁別はなくなるのであった。朱子学には都合の悪い現実を不問に付し、ときにはそれを逆手にとって現実を読み替えることができる理念という便利なものがあったのだ。逆にいえば、負い目のある者ほどそれを正当化する理屈を必要とするということであろうか。朱子学の理念があったればこそ、夷狄の王朝は中華となり得たのである。朝鮮が「小中華」を誇り、幕府の御用学問であった朱子学が尊皇派の倒幕運動の根拠になり得たのと同じように、元は「治統」「道統」兼ね備えた「正統」となることができたのであった。

三、朱子学と科挙

以上のように朱子学が元朝に与えたものがあると同時に、官学化されたことによって朱子学が被った影響もある。もちろん、朱子学の内容が変わったわけではない。しかし、朱子学が科挙の基準になったことによって、朱子学はいつしか出世のための学問という役割を担わされるようになる。少なくとも、科挙に血道《ちみち》を上げる士大夫たちの姿が朱子学者の姿としてイメージされるようになったことは否めない。その結果、出世のためではない「己《おのれ》のため」の学問(『論語』)、すなわち自己修養のための学問が別途強調されるようになる。これがいわゆる「心学」の台頭である。この儒教の「心学」化の傾向は、本を正せば朱熹自身に始まるのだが、朱熹没後朱子学が体制教学となり科挙と密接に結びつくことによって、朱子学を批判するものとしての「心学」が元代以降徐々に生まれ、明代の陽明学につながるのであった。(2)

ちなみに、朱熹の時代にも、科挙と「己のため」の学問との間で悩むという構図は存在した。朱熹のもとに集まった門人たちの中にも、科挙のための勉強は本物の学問ではないという葛藤を朱熹に訴える者が多くいた。朱熹自身も、「科挙のためにどれだけの人がだめになったことか。」(『朱子語類』巻一三)と科挙の弊害を嘆いている。しかし、朱熹という人は存外現実的な一面も合わせ持っており、科挙に苦しむ門人に次のように語っている。

「科挙が人を悩ますのではない。人が科挙に悩むのだ。……もし孔子が今の時代にいたとすれば、やはり科挙を受験せざるを得なかっただろうが、どうしてそのことが孔子を悩ませただろう。……私は科挙について幼いときから自然に重きをおいていなかった。考えがあって軽んじたのではない。それはちょうど生まれつき酒を飲むことを好まない人が酒を見て気分が悪くなるのと同じで、酒の害を知ってそうなったのではないようなものだ。」（『朱子語類』巻一三）

父命で科挙のために郡学に入ることをためらう門人には、次のように語っている。

「お父さんが君に科挙の勉強をすることをお望みである以上、どうして郡学に入らずにおられようか。昼間は科挙のために学び、夜はこちらの書物を読むようにすれば、どちらもうまくいく。お父さんの命に背けば、どちらもだめになってしまう。父と子がいがみあって、何のための学問だ。」（同上）

たいした苦労もなく十九歳で科挙に合格できた秀才のアドバイスは、意外と冷たいものであった。

注

（1）土田健次郎『治統』覚書——正統論・道統論との関係から」（『東洋の思想と宗教』二三号、二〇〇六年）二九—四三頁、『朱熹の思想体系』第七章　士大夫と社会（汲古書院、二〇一九年）。

（2）三浦秀一『中国心学の稜線——元朝の知識人と儒道仏三教』（研文出版、二〇〇三年）。

回顧されるモンゴル時代
——陝西省大茘県拝氏とその祖先顕彰

飯山知保

いいやま・ともやす——早稲田大学文学学術院教授。専門は中国華北社会史。主な著書に『金元時代の華北社会と科挙制度——もう一つの「士人層」』（早稲田大学出版部、二〇一一年）、論文に "Steles and Status: Evidence for the Emergence of a New Elite in Yuan North China," *Journal of Chinese History*, vol.1, pp.1-24, November, 2016 などがある。

本稿は、清代後半においてモンゴル時代（元代）がいかに、そしてなぜ顕彰されたのか、陝西省大茘《だいり》県拝氏を中心に考察し、長期的な華北社会の歴史の中で、モンゴル時代に由来する祖先伝承が、現在の華北の人々に大きな影響を与えたことを論じる。

はじめに

道光五年（一八二五）十一月、陝西巡撫のオシャン（鄂山、一七七〇～一八三八）の申請により、十四世紀前半に生きた大元ウルスの重臣バイジュ（拝住、一二九八～一三二三）が忠献公に追封され、あわせて陝西省大茘県の忠義祠に祀られたことが、『宣宗成皇帝実録』に記録されている。(1) この、わずか二十七字の記録は、前後に関連する記事もなく、読者にやや唐突な印象を与えるだろう。この記事のみに従えば、バイジュという五世紀前に死去した人物への追封は、オシャン（正藍旗出身のボルジギド氏）の何らかの思惑により行われたと思えるが、本稿で述べるように、この追封の背景には、そうした個人的な事情をこえた、当時の社会におけるモンゴル時代の記憶とその「再利用」をめぐる、より大きな問題があるように思われる。

一三六八年に大元ウルスのカアン、トゴン・テムル（在位一三三三～一三七〇）が北上する明軍の攻勢をうけて大都を放棄した後、華北に残留したモンゴルをはじめとする非漢人たちの命運は様々であった。モンゴル時代に史料を残した人々とその家系の多くには、明代に入ってから同時代史料の光が当たらなくなるが、その一方で、大元ウルスに仕えた大量の軍官や兵士が明朝に投降し、明軍に編入されたことが明らかにされている。[2] しかし、こうした人々のその後の歴史については、明軍に編入された人々の中でのある程度の割合が、十四世紀後半の洪武帝による粛清の対象となったこと以外、[3] 史料的な限界もあり、ほとんど不明である。十八世紀後半以降に華北でも編纂が徐々に広まった家譜・族譜や、口伝の民間伝承などにおいても、明初の大規模な戦乱と人口の離散・激減が強調され、[4] あたかもモンゴル時代と明代の間には歴史的・社会的な大断絶があったかの前提があるかのようである。

しかし、近年積極的に進められる現地調査により、実際には十九世紀以前の華北において、モンゴル時代の記憶は、我々が想像するよりも広範に語り継がれており、二十世紀に至る華北社会の歴史を理解するためには、モンゴル時代・明代の断絶を乗り越えて、通時的な問題設定をする必要が提唱されている。[5] また、一九九〇年代以降の「尋根《シュンゲン》」などと呼ばれる、祖先の歴史を探索する機運の高まりの中で、大学や民間団体が中心となって、モンゴル時代に華北をはじめとした「中国」に移住してきた人々の後裔と、その根拠となる史料を収集する運動が行われ、その成果の一部は網羅的な事例集として刊行されもしている。[6]

こうした中で興味深いのは、そうした収集された事例をみると、モンゴル時代の祖先の顕彰を記録する史料の作成が、バイジュの事例と同じく、十八世紀後半から十九世紀半ばまで、皇帝の治世でいえば、乾隆年間の半ばから道光年間に集中している点である。

本稿の目的は、清代後半においてモンゴル時代（元代）がいかに、そしてなぜ顕彰されたのか、陝西省大茘県拝氏の事例を考察し、長期的な華北社会の歴史の中で、モンゴル時代をどのように位置づけるべきか、その見通しを述べることである。

一、バイジュの追封とその主導者たち

（一）バイジュとは誰か

大元ウルスの統治下において、バイジュは比較的よくみられた名前であるが、一八二五年に忠献公に追封されたバイジュとは、一体誰なのであろうか。その手がかりは、彼が祀られた忠義祠があった陝西省大茘県にある。民国二十六年（一九三七）に編纂された『続修大茘県旧志存稿』には、「拝忠献公奉旨入祀記及原呈及題奏」という、追封の顛末と、その申請書と上奏文が収録されている。[7] その内容の詳細につい

ては後述するが、ここで重要なのが、追封されたのがジャライルのバイジュであると明記される点である。このバイジュとは、チンギス・カンに仕えた功臣ムカリ（?〜一二二三）の直系子孫であり、英宗シデバラの治世（一三二〇〜一三二三）に中書平章政事・中書左丞相を歴任した人物である。彼は、十四世紀前半における大元ウルス中枢での権力闘争の中で、武宗カイシャンと仁宗アユルバルワダという二人のカアンの母であったダギ（?〜一三二二）の後ろ盾を得たテムデル（?〜一三二二）に対抗し、シデバラの信任を得た。しかし、テムデルの死後、その一派の粛清が進行する中、巻き返しをはかった御史大夫テクシらにより、上都から大都に向かう途上のシデバラが南坡で暗殺された際に、バイジュも殺害された。「忠献公」の封号には、主君と運命をともにした忠臣を顕彰する意味合いが込められていると考えられる。

（二）拝家村における拝氏

現在の陝西省大茘県では、官池鎮拝家村を中心として数千の人々が、このバイジュの後裔を名乗っている。(8) 伝承によれば、篤麟というバイジュの息子が、大元ウルスが大都を放棄したあと河北に居住し、のちに現在の拝家村付近に移住してきたという。大茘県には「帖（鉄）」と「達（答）」という、同じくモンゴルの後裔を名乗る二姓があり、清代以前にはお互いに婚姻関係にあることが多かったと現在言われている。一八二五年の追封ののちには、それを記念した碑刻が拝氏の墳墓に立てられたが、前世紀の複数の洪水により、いまは隣村の領域内の地下に埋没してしまっている。さらに、一九五〇年代には三峡ダムの建設にともなう予想外の水害の可能性があったため、全村が寧夏回族自治区中衛市中寧県の西民郷へと退避した。この際、十九世紀以来の拝家村は放棄され、いまは完全な更地になっている。現在の拝家村は、この退避がおわったのち、帰郷した人々が再建した居住地である。

近年、バイジュの後裔としての活動が盛り上がっており、拝氏の族人のうちの何人かは、同じくムカリの後裔を名乗る人々により、陰暦三月三日に洛陽、そして陰暦五月十三日と十四日に内モンゴルの烏審《ウーシン》旗で行われるムカリの祭祀に参加するようになった。彼らにとって、道光五年の追封は、文字通り清代以降の一族の歴史の中で最も重要な出来事であった。

（三）道光五年の追封にむけての運動の主導者たち

さて、前述の「拝忠献公奉旨入祀記及原呈及題奏」の著者は、大茘県に隣接した朝邑《ちょうゆう》県出身の李元春（一七六九〜一八五四）という人物で、清代陝西を中心に勃興した学派である「関学」の主要人物の一人である。そして、同じく申請に賛同した人物として、県教諭の劉学師、廩増附生《りんぞうふせい》の王璉《おうれん》が挙げられる。この劉学師は、「関学」の伝統の中で重要な位置を占める馮従吾《ふうじゅうご》（一五五六〜一六二七）の学統を継ぐ者として、李元春の書簡に登場する人物である。(9)

申請は、知県鄧公、知州徐公、総督鄧公《とうこう》、そして巡撫公鄂（すなわち本稿冒頭にあらわれたオシャン）と認可を得てゆき、最終的に道光五年の追封へと至ったことになる。ここからは、追封の主体がオシャンではなく、大荔県を中心とした地域の知識人たちであったことがわかる。

それでは、なぜ李元春らはバイジュの追封を推進したのだろうか。バイジュの子孫を名乗る人々が居住していた拝家村は、渭河と洛河に挟まれた氾濫原に位置し、頻繁な洪水により砂礫が堆積する、お世辞にも豊かとは言えない地域に位置する。現在、砂礫は除去され農業開発が進展しているが、以前の環境の一端は、大荔県内の観光地である沙苑の荒涼とした風景として保存されている。李元春が個人的にこの村に特別な思い入れがなかったことは、おそらく追封が計画される以前に、彼が友人に送った、盗賊の跳梁に心を痛める手紙の中で、楊村、蘇村、大村、丁家園子などとともに、拝家村を「盗賊が略奪品を隠匿する」場所として名指し、当該地域での盗賊の活動を仔細に記していることからも明らかだろう。(10)

（四）李元春とその学術的立場

前述したように、李元春は当時の陝西において「関学」の領導者のひとりとして学術活動を行なっていたが、まずここで確認しておくべきなのが、郷土の歴史編纂に対する彼の思い入れである。彼よりもひと世代先に活動し、金石学や地方志編纂などに巨大な足跡を残した畢沅《ひつげん》（一七三〇〜一七九七）は、地方官として長い時間を過ごした陝西各地で、碑刻調査や地方志編纂を主導した。例えば、李元春が生きた時代、最も新しい大荔県の地方志は、畢沅が編纂して序を寄せている。(11)また、大荔県で畢沅は碑刻調査などを行い、「贈安定郡伯蒙君新阡表《しんせんひょう》」など県内の碑刻は、のちに『関中金石記』に収録された。

こうした畢沅の旺盛な活動を、どうやら李元春は外来者による彼の郷里についての恣意的な歴史編纂として、苦々しく思っていたようである。というのも、後述するように、彼は陝西、とくに彼の郷里である朝邑とその周辺地域の地方志を、新たに編纂する強い意志を持っていたからである。その背景には、地元の人々の意見を十分に採用せず、地方官の裁量で取捨選択された歴史上の人物の表彰には、多くの遺漏があるとの認識があった。その中のひとりが、畢沅の『大荔県志』では触れられてもいないバイジュであった。

（五）申請書の構成

なぜ李元春は、追封という形でのバイジュの顕彰を選択したのだろうか。「拝忠献公奉旨入祀記及原呈及題奏」の「原呈」部分をみると、それがおおむね次のような構成となっていることがわかる。すなわち、⑴書き出し部分「私が思いますに、忠臣が国の恩顧に報い、その多大な功績が同時代にひろく知られていれば、すぐれた君主はその賢善を褒め称え、以前の王朝の人物であってももらさず世間に知らしめます。（竊思、藎臣報国、功烈雖顕於當年、聖主褒賢、旌表不遺夫前代。）」、⑵『元史』に依拠し、七代にわたるバイジュの家系を記述、⑶南坡における死を中心としたバイジュの事跡の概略とその忠節の賛美（この部分が全文の半分以上を占める）、⑷バイジュの追封の必要性を訴える文言（「その子孫が大茘にのこされていても、祭祀は行われず、［バイジュの］霊魂はどこに依るのだろうか。［忠義祠に］祀られるよう申請し、忠臣の魂を慰めるべきです。（後嗣遺於茘土、煙祀未挙、霊魂何憑。応請崇祀、以慰忠魂。）」）というものである。李元春はなぜ、こうした構成で申請を作成したのだろうか。とくに注目すべきは、⑴にあるように、なぜ「前代の忠臣を顕彰する君主」という言説から文章が始まっているのかという点である。そして、この点をふまえて同時代の関連する史料を読むと、彼が念頭においていたと思われる、ひとつの国家プロジェクトが浮かび上がってくる。

二、『一統志』の世紀

（一）『大清一統志』編纂の経緯

大元ウルスと明に続いて、大清帝国においても、康熙年間（一六六一～一七二二）に『一統志』の編纂が計画された。三藩の乱（一六七三～一六八一）や編纂担当者の失職・引退などにより編纂はしばしば中断したが、雍正帝の治世（一七二二～一七三五）から編纂計画がふたたび動き出し、各省での調査が行われ、乾隆九年（一七四四）に最終的に刊行された。その後、乾隆二十九年（一七六四）に、新疆の設立をうけて増修が決定され、乾隆五十四年（一七八四）にまたしても刊行されるに至った。さらに、嘉慶十六年（一八一一）に三回目の編纂が行われることとなり、道光二十二年（一八四二）に完成する。

換言すれば、十八世紀を中心とするおよそ一五〇年間は、『一統志』の編纂が継続的に行われた、歴史上稀な一時代ということになる。そして、三回にわたって行われた編纂事業のうち、二回が乾隆帝の治世に完成されていることは、注目すべきである。なぜならば、『一統志』編纂の過程で、乾隆帝はその他の関連する事業も展開していたからである。

（二）『勝朝殉節諸臣録』

そのひとつで、おそらくバイジュの追封と直接の関係があるのが、主に明朝に殉じた忠臣の顕彰を目的とした、『勝朝殉節諸臣録』の編纂である。『明史』『御批歴代通鑑輯覧』や『大清一統志』編纂時に収集された書籍などから明朝に殉じた臣下を選び抜き、その顕彰のために乾隆四十一年（一七七六）に上梓された『勝朝殉節諸臣録』について、乾隆帝は、三六〇〇名にのぼる収録対象の広さが歴代王朝のいずれの書籍にもまさることを強調した。しかしその一方で、候補者の事績の真偽が考究し難いうえ、調査の中で胥吏などが私欲のために人々に害をあたえることを慮り、それ以上の調査は行わないことを宣言した。(12) 編纂を行ったシュヘデ（舒赫徳、一七一〇～一七七七）と于敏中《うびんちゅう》（一七一四～一七七九）も、『勝朝殉節諸臣録』の冒頭にも収録された「議疏」において、「明朝の滅亡からすでに一〇〇年以上たっていて、正史に収録されていない事例は、古老も答えようがなく、信頼に足る文献もないため、忠臣の子孫を称する者からの申請のみによってその真偽を明らかにするすべがない」(13) ことを理由に、実地調査のさらなる実施に否定的な見解を示している。

「殉節諸臣」と認定された人物は、各地の州県に設置された忠義祠に祀られ、拝氏の事例では、追封に際して、族人六人の国子監への特別入学が許可されている。(14) 追封には何らかの形での恩典が子孫に与えられることが多く、それは在地社会における彼らの地位や権益の増大に直結する可能性があった。明清交替において様々な原因により死去した人々が膨大な数にのぼることを考えれば、明朝に対する「殉節諸臣」の子孫を主張する人々が州県の衙門に殺到する光景を、乾隆帝たちは容易に想像することができただろう。前代の忠臣をも包摂する道義的な絶対的権威を誇示しつつ、関連する歴史の叙述を独占的に行うというかのような立場は、皇帝による顕彰の対象が普遍的であることを前提とするがゆえに（『勝朝殉節諸臣録』には様々な社会階層の人々が収録される）、評価の対象とされた無数の臣民からのその「恩恵」への直截的な反応を、常に警戒せざるを得なかったともいえよう。しかし、皮肉なことにその警戒は、ほかならぬ乾隆帝および彼の父祖の『一統志』編纂のための広範な史料収集を命じる体系的な政策の前には、おそらく焼け石に水程度の効果しかなかったのではないだろうか。

（三）『一統志』編纂のための調査

康熙年間に開始されてから、『一統志』編纂のため、全国的な調査が繰り返し企図され、実施された。その成果によりまず省レベルでの地方志が編纂され、雍正六年（一七二八）

には六年に一回の省志編纂が命じられた。乾隆五年（一七四〇）についに編纂の完成した『一統志』が乾隆帝に献上されたあとも、先にみたようにさらなる『一統志』の重修が行われ続けることになる。つまり、十七世紀後半から十九世紀前半まで、帝国の多くの地域では、当地の歴史や地理環境に関する調査が、少なからぬ中断時期をはさんだものの、断続的に行われ続けたのである。現在我々が目にする膨大な清代地方志が編纂され続けた背景のひとつには、こうした『一統志』編纂にむけた政策もあったと考えるのは、的外れではないだろう。そして、歴史的に重視されるべき祖先を持つと考える人々が、その功績の顕彰に積極的に取り組むようになるのも、ある意味自然な成り行きであったと思われる。

（四）拝家村拝氏と李元春との関係

李元春には「拝忠献崇祀記」という、バイジュの追封の経緯についてのもう一篇の文章が残されている。それによれば、拝家村からやってきた拝文偉によって、バイジュの末裔であるその家系の家譜と系図（神軸）が県の衙門（あるいは学校）に提出されたことが、そもそもの追封の発端であった。これに対し、李元春は「〔バイジュから続く〕歴代の家系は信用がおけて詳らかにできる（世系確然可詳。）」と評している。[15]ここで想起すべきは、「忠臣の子孫を称する者からの申請のみによってその真偽を明らかにするすべがない」という、乾隆帝とその臣下たちの前述した懸念である。

李元春が『勝朝殉節諸臣録』とそこに収録されるこうした懸念を読んだことがあったか否かは、考究するすべがない。しかし、これも前述した「拝忠献公奉旨入祀記及原呈及題奏」の「原呈」部分の(1)書き出し部分、(2)正史である『元史』に依拠したバイジュの家系の紹介、(3)忠臣としてのバイジュの賛美という構成は、あたかも彼が乾隆帝らの懸念を払拭しようとしているかのような印象すら受ける。いみじくも李元春が「拝忠献崇祀記」で「拝氏は風の吹き荒ぶ沙漠の奥深くに住んでおり、誰が彼らにモンゴル時代の故事について問うようなころがあるだろうか？（拝氏居篆沙之深、誰復与問元代故事。）」と記すように、そもそも、拝文偉が家譜を自発的に提出したことは、国家による忠臣の顕彰が、当時いかに広く認知されていたのかを物語るだろう。[16]

李元春がみるところによれば、拝氏の家譜提出のような事例は、伝存する史料の数からみれば、あくまで氷山の一角であり、もし調査を行う吏員が手数料を要求したりしなければ、はるかに多くの事例が報告されるはずであった。[17]この不公正をただすため、かれは自身の郷里のために、『咸豊初朝邑県志』の編纂を行っている。前述した、当地の人間こそが地方志を編纂すべきという彼の信念を考えれば、バイジュの後裔の出現は、そうした「下からの」歴史編纂の正しさを証明する、絶好の機会とうつったのではないだろうか。

三、遍在するモンゴル時代の「再発見」

(一) 類似した祖先伝承のパターン

王建華氏の『散居在祖国内地的蒙古族及後裔』は、この二十年間に著者が調査した中国各地の「蒙古族」の末裔（その多くは現在蒙古族と識別されていない）を、関連する史料とともに紹介した書籍である。大茘県の拝氏の事例ももちろん紹介されているが、その他の事例をみると、多くの場合ある共通点が浮かび上がる。すなわち、十八世紀半ばから十九世紀にかけて、モンゴル時代の祖先の顕彰が始まり、家譜などが編纂され、それが現在の自己認識の源流となっている例が多い点である。

一例を挙げれば、河南省北部（安陽・濮陽・許昌）の董・李・馬・関・陳の五つの姓の「蒙古族」はやはりムカリの後裔を称し、乾隆十八年（一七五三）に内黄県の家族墓地（現在は「五姓墳」と呼ばれる）に立てられた碑刻をその根拠としてあげる。民国時代の『内黄県志』でもそれが取り上げられ、モンゴル時代の祖先伝承が県レベルで公認されたことも、拝氏の事例と共通している。(18)

もちろん、こうした民間伝承の史実性については相当の留保が必要であるし、基本的に後裔を称する現地の人々の主張をそのまま書く執筆態度についても、十分に留意が必要である。しかしここで注目すべきは、やはり現在の人々が依拠する資史料の作成年代と、その後の経緯の類似性であろう。

(二) 祖先の記憶による一族の結集と地位向上

モンゴル以外にも、モンゴル時代に移住してきた人々の後裔を名乗る一族の事例も少なくない。例えば、同じく河南省北部の濮陽県には、タンマチに所属したタングトの子孫を自称する楊氏一族がいる。彼らが有名なのは、モンゴル時代の祖先である唐兀《たんぐと》崇喜《すうき》（一二九九～？）が編纂した詩文集『述善集』の発見と、その家族墓地にいまでも立つ「大元贈敦武校尉軍民万戸府百夫長唐兀公碑銘並序」（一三五六年）の存在ゆえである。この家系の場合も、一旦は忘れられていた『述善集』が「再発見」されたのは道光五年（一八二五）であった。この家系は明代に科挙及第者を出しており、唐兀崇喜は正徳十三年（一五一八）に開州の郷賢祠に祀られた。しかしその後、一族の間での紐帯は薄れ、十八世紀末には、お互いの親族関係を漠然と意識する複数の家族が近隣に散居する状態であったという。『述善集』の発見の後、それが発見された十八郎村の家族墳墓を中心として楊姓の人々が結集し、現在県内で大きな勢力をもつに至っている。[19]

十九世紀以降の大茘県の拝氏も、同様な来歴をもつ。拝氏は、族人に少なからぬ死者を出したものの、同世紀後半のいわゆる「同治の回民反乱」において大茘県が被った破滅的な損害をも乗り越えた。一九三七年の大茘県志には、「漢族」とは異なる「蒙族」三姓のひとつとして記載され、[20]さらにはバイジュが祀られる県の忠義孝悌祠をまるで自分たちの家廟のように使っていると批判されてもいる。[21]自らの祖先が「忠臣」として表彰されたことは、貧しい氾濫原の砂地で暮らしていたこの一族の命運を大きく変えたのである。

『散居在祖国内地的蒙古族及後裔』などに記録される、各地に存在する清末から民国時代にかけて建造された祠堂や、時を同じくして編纂された家譜などは、たとえ「忠臣」の子孫として王朝に認定されるまではなくとも、祖先の顕彰により一族の状況が大きく変わったことを示唆している。

(三) 移民の大量移入の時代としてのモンゴル時代

ここで想起すべきなのは、明清時代の南方中国で行われた宗族の生成であろう。祖先祭祀を行う単位としての同族結合を中核とする宗族は、往々にして北方からの移民である始祖の伝承を核として形成された。民間信仰の団体や仏教・道教教団と競合しつつ、やがてそれらを押しのけて地域社会の権益を掌握してゆくこの親族集団にとって、その拡大の要因のひとつは、逆説的であるが始祖へと遡及して血縁を証明する史料の少なさであった。つまり、一族の歴史が厳密に確定されていないことは、新たな成員の参入を容易にする効果をもたらした。[22]往々にして一族の始祖が移民であるのも、実際に人々の激しい移動が繰り返されたという南方中国の歴史的事実のほかに、それが一族の発展戦略上好ましかったという側面もあるだろう。

そして、本稿で紹介した華北にとって、モンゴル時代とは大規模な移民の流入が起きた、歴史上最後の時代であったことは、この地域におけるモンゴル時代の位置づけを考えるうえで、とくに留意すべき点であろう。祖先の顕彰という形でモンゴル時代以来の歴史を「再発見」することは、新興の家系にとって、地域社会における自らの地位を押し上げ、その規模を拡大するうえで好ましい戦略でもあったのではないだろうか。

おわりに

(一) さらなる転換期としての民国時代

本稿でみたように、バイジュの追封や、おそらく十八世紀から十九世紀にかけてのその他のモンゴル時代の祖先伝承の顕彰も、それぞれの事例の背景はもちろん多様であるものの、モンゴル時代の「祖先」の事績をモンゴル時代の文脈で理解していたわけでは決してないという、明確な共通点をもつ。清代の価値観や社会的需要により、バイジュらは「忠臣」あるいは「始祖」として顕彰の対象となったのであり、それは関連する同時代史料に、拝氏らが自らを「モンゴル」などの非漢人の子孫であるとする記述が多くない点からも明らかであろう。

こうした状況が変化するのが、十九世紀末以降であるように思われる。先述した一九三七年の大荔県志に「漢族」とは異なる「蒙族」としての拝氏が特筆されるように、「漢族」と対比する形での集団としての認識が提示されることが明らかに多くなる。そして、現在に直結する形での自己認識に直接的な影響を与えたのが、二十世紀後半の民族識別であったと思われる。現在の拝氏の人々の間で語られる「蒙古族」という概念は、基本的に五十六の民族のひとつとしてのそれであり、そこから遡る形でのモンゴル時代の祖先伝承が理解されているように見受けられる。

（二）モンゴル時代（元代）史研究と長期的な華北史研究

換言すれば、現在の拝氏の「民族」意識の形成に、道光五年の追封とその経緯は実質的な起点としての役割を果たしていると思われる。大元ウルスの中国放棄以降、中国に残留したモンゴルなどの人々とその子孫は、「漢化した」とある意味きわめて簡単に論じられてきた。生活慣習や言語の面からは、この理解に大過はないだろう。しかし、モンゴル時代の記憶は、モンゴル帝国の支配の終了とともに消え去ったわけではなかった。[23]『一統志』編纂の影響がどの程度普遍的であったのかについては、これからさらに多くの研究の蓄積が必要であり、今後の課題である。だが、大元ウルスの支配は、十三～十四世紀のユーラシア史を形作ったばかりでなく、その後の現在につながる華北の歴史にとっても、その重要な起点ではないのだろうか。[24]

注

（1）『宣宗成皇帝実録』巻九〇（中華書局、一九八六～八七年）、四四三頁。「〔道光五年〕十月己未、追予元臣拝住、入祀陝西大荔県忠義祠。従巡撫鄂山請也」。

（2） 萩原淳平「元朝の崩壊と明初のモンゴル人」（『明代蒙古史研究』同朋舎、一九八〇年。初出は「明初の北辺について」『東洋史研究』一九巻二号、一九六〇年、一四一―一七三頁）二〇―三二頁；于志嘉『明代軍戸世襲制度』（台湾学生書局、一九八七年）二―一〇頁；谷井陽子「明初の対モンゴル軍事政策とその帰結」（『史林』九二巻三号、二〇〇九年）三六―三七頁。

（3） 川越泰博「第五章　藍玉の獄とモンゴル人――乃児不花と

その周辺」（『明代中国の疑獄事件――藍玉の獄と連座の人々』風響社、二〇〇二年、一一五―一四二頁。初出は「藍玉の獄とモンゴル人」『中央大学人文研紀要』第四二号、二〇〇一年）二五―四四頁。

（4）こうした明代初期の華北を舞台とした諸伝説については、趙世瑜『小歴史与大歴史――区域社会史的理念、方法与実践』（三聯書店、二〇〇六年）；Hok-Lam Chan, *Legends of the Building of Old Peking*, Hong Kong: Chinese University Press, 2008. を参照。

（5）趙『小歴史与大歴史』；井黒忍『分水と支配――金・モンゴル時代華北の水利と農業』（早稲田大学出版部、二〇一三年）；Jinping Wang, *In the Wake of the Mongols: The Making of a New Social Order in North China, 1200-1600*, Cambridge (Massachusetts): Harvard University Press, 2018；張俊峰・裴孟華「超越真假：元清両代河津干澗史氏宗族的歴史建構――兼論金元以来華北宗族史研究的開展」（『史林』二〇一七―六）九九―一〇九、一六四頁。

（6）王建華『散居在祖国内地的蒙古族及後裔』（内蒙古大学出版社、二〇一三年）など。

（7）陳少先・聶雨潤編『続修大茘県旧志存稿』巻二（陝西省印刷局、一九三八年）8a-9a。

（8）大茘県での調査に際しては、陝西師範大学の侯甬堅教授と拝根興教授のご助力を得ることができた。古代韓国史の専門家である拝根興教授は、この拝家村の出身であり、実際に調査にご同行いただいた。また、そもそも両教授のご助力を得ることができたのは、妹尾達彦先生のご好意による。調査に同行していただいた陝西師範大学博士候補生の張博氏をふくめた、これら四名の研究者の方々に心から御礼を申し上げる。

（9）李元春「答張乾伯書」（『李元春集』西北大学出版社、二〇一五年）一九八頁。

（10）李元春「与周二南言盗書」『李元春集』二〇六頁、「近来歳荒民饑、所在多盗而関内為甚、同、朝為尤甚、沙苑、洛、渭之間為尤甚。洛、渭間之盗雑有回、漢，皆窩囤楊村、蘇村、大村、拝家、丁家園子諸処、其來積有年所、並不関歳荒年饑。往者毎値冬春日落後即数十為群、挾雲梯兵械、公然停人村外、三更後即入村」。

（11）畢沅「大茘県志序」序（『大茘県志』、一七八六年印刷）1a-4a。

（12）『高宗純皇帝実録』巻一〇〇二（中華書局、一九八六～八七年）四一六―一八頁、「乾隆四十一年二月八日、…是因世近可徴、而朕加恩訪錄、已迴非漢唐宋諸朝所可及、不可謂不多。今既各加旌典、俾得共與闡揚。於崇奬忠貞、風勵臣節之道、已無遺憾。即使再加蒐採、亦未必能広至千人、於此事全局、有何増益。而稽諸文献無徴之余、必至真偽混淆、転不足以昭伝信。且恐有司詢訪、不免於胥吏輩藉端滋擾里閭、更非朕軫恤遺忠之本意。此事亦著照所議、無庸辦理。併以此旨、及議駁稿、備載巻首。仍将此通諭知之」。

（13）『勝朝殉節諸臣録』（四庫全書に収録）序、22b、「則自今上距国朝定鼎百有余年、正史既不載其名、故老又無從詢問、文献並不足徴、而僅拠其子孫呈報之詞、又将何所考核以辦其誣信」。

（14）陳・聶編『続修大茘県旧志存稿』巻二「拝忠献公奉旨入祀記及原呈及題奏」9a。

（15）李元春「拝忠献崇祀記」『李元春集』二八七―八頁。

（16）「拝忠献崇祀記」では「我国家旌揚善類、具有成例、近自陸宣公以下増祀学宮者凡六人、其入郷賢者又所在多有。」という、陸贄（七五四～八〇五）らの表彰についての記述があり、李元春が前代の人物の国家による郷賢祠などでの祭祀を念頭に置いていたことは確かである。

（17）李元春「咸豊初朝邑県志序」（『咸豊初朝邑県志』鳳凰出版社、二〇〇七年）1b-2a「自明以来、又有一統志、郡県志為一統志之本、一統志即為作史之本。近道光時、国家重修一統志、下諭、州県報節孝義行甚少、皆由吏書索費故然飾、今後不得更有抑阻。予見之而其時文匿不出郷閭、少有聞者。吾里僅挙一孝婦、無少費。既吾邑又徴王復斎著作、亦未聞」。

（18）王『散居在祖国内地的蒙古族及後裔』五八―六六頁。

（19）Tomoyasu Iiyama, "A Tangut Family's Community Compact and Rituals: Aspects of the Society of North China, ca.1350 to the Present," *Asia Major,* 27-1, pp.99-138, 2014.

（20）陳・聶編『続修大茘県旧志存稿』巻四、5b「沙南又有蒙族三姓、曰鉄、曰答、曰拝、自前明由燕遷居本県。其人壮実耐勞、与漢族漸習聯絡、久通婚姻」。

（21）陳・聶編『続修大茘県旧志存稿』巻六、1b-2a「然祠本公地、祀皆前賢。今以一家之私、而抹倒之。忠献有霊豈忍安乎」。

（22）Joseph P. McDermott, *The Making of a New Rural Order in South China 1. Village, Land, and Lineage in Huizhou, 900-1600,* Cambridge: Cambridge University Press, 2014.

（23）拝氏がどのような経緯でバイジュの記憶を保持した（あるいは発見した）のかについて、それに言及する史料は、管見の限りない。一方で、濮陽の楊氏については、これも先述したように、モンゴル時代の文献と碑刻が伝存しており、それらが現在に至るまで祖先伝承の核心となっている。このような、後世に影響を与える史料としての碑刻などは、その解釈の歴史を軸とした通時的な研究を可能とするという意味で、注目に値するように思われる。なお、大茘県拝氏については、その十九世紀の家譜の刊行計画が進められており、道光五年以前のこの家系の歴史について、今後新たな光が当てられると思われる。

（24）こうした、華北社会の歴史におけるモンゴル時代そして金代の重要性については、つとに趙世瑜氏が、注5で前掲した趙世瑜『小歴史与大歴史』などにより実証的に提唱しており、筆者もその多大な影響を受けた。

附記　本研究はJSPS科研費JP17K03147の助成を受けたものである。

「知」の混一と出版事業

宮　紀子

みや・のりこ――京都大学人文科学研究所助教。専門はモンゴル時代史。主な著書に『モンゴル時代の出版文化』（名古屋大学出版会、二〇〇六年）、『モンゴル帝国が生んだ世界図』（日本経済新聞出版社、二〇〇七年）、『モンゴル時代の「知」の東西』（名古屋大学出版会、二〇一八年）などがある。

アフロ・ユーラシアに展開した人・モノ・情報の大交流によって、各文化圏の学術・技芸は、画期的な進歩を遂げた。モンゴル朝廷は、古今東西の英知の集積と普及に熱心で、研究機関・各種学校の整備、書物の編纂・出版に公費を惜しみなく投入した。それは雇用と消費の創出にもつながった。多言語世界のなかで、「知」の絵図化が急速に発展し、朝鮮半島、日本、中東地域もその恩恵を受けている。

一、許衡の訓戒

人の心は印刷用の版木みたいなもの。もとの版刻が誤っていなければ、千、万の紙に刷ったとしても、みな誤ることはない。もとで既に誤ってしまっていたなら、これを紙に刷ると、誤っていないものなど無い。

この譬えは、一二五三年以降、クビライの王子たちの御学友、やがては指南役をつとめた王恂（一二三五～八一）が、チンキムから教師としての座右の銘を問われたさいに、許衡（一二〇九～八一）の言を紹介したもの。宮帳《オルド》において刊本を目にしたり、印刷工場を視察する機会が少なくなかったことを示す。

こんにち朱子学者として評価されることの多い許衡は、大《ダイ》金女真国《キムジュシェングルン》滅亡の大混乱のさい、モンゴル首脳部に医薬と卜筮の知識を買われて命拾いした経歴の持ち主で、貨殖や水利、それらに必要な数学等も弁《わきま》える博学の士であった。やがてクビライに請われて燕京（中都《カン・バリク》）の国子学の祭酒となり、王恂とともに、百官・怯薛《ケシク》の人員の子弟、俊英のために教鞭を執った。「諸生入学雑儀」、「日用節目」などの学規を設け、まずは唐の顔真卿の書体による習字、中国の歴代帝王の名諡《おくりな》・統系・歳年の暗記、算籌《さんちゅう》を用いた四則計算からはじめたようだ。教え子には、ジャライル国王家のアントン、ドルベン族のボロト、カンクリ族のブクムなどがいた。

二、混一への助走

(一)国子学の創設

国子学の設置命令は、オゴデイの一二三三年七月に遡る。大金時代の建物の多くが灰燼に帰していたが、孔子廟は逸早くチンギス・カンの治世の一二二二年から枢密院の跡地に七年をかけ再興されていた。後宮に妹を献じていた王檝(?〜一二四三)の口利きによるもので、経営権はかれの帰依する新興道教の全真教教団が獲得していた。そこに『重修大明暦』にもとづく具注暦の販売収益を投じて学生宿舎など必要な施設を増築し、国子学に転用したのである。

というのも、とうじ全真教は医薬・陰陽(卜筮・星暦等)、算術・女真語等の実学に長けた人材を多く擁し、チンギス・カンが丘処機に与えた仙孔八合識《バクシ》(道・儒の師)の称号を利用して燕京のみならず各地の祠廟・寺刹を次々に占拠していたからである(官立の廟学・書院へ一斉変換が容易)。くわえて、オゴデイの后妃・王子たちの寄進を得て、山西の平陽一帯で『道蔵』を刊行中、自前の出版工場も備えていた。教団の副代表の李志常(一一九三〜一二五六)は、かつて師の中央アジア旅行に随行し、オゴデイの王子たちへの御進講を担当するほどモンゴル語にも堪能であった。朝廷との諸事連絡はかれがつとめ、教師の長には道士たちから馮志亨(一一八〇〜一二五四)が選ばれた。五代の名宰相馮道の後裔という血統、大金治下の一時期、国子学に在籍していたことも理由だろう。財政面の管理は燕京の課税所長官の陳時可に委ねられ、国子学全体の統括には、〝中書〟の楊惟中(一二〇五〜五九)が任じられた。幼い頃からオゴデイの怯薛《ケシク》で育ったかれもまた、使臣《エルチ》として西域三十余国を歴訪していた。

こうした人員配置のもとに、先ずモンゴル以下諸部族の貴顕たちの子弟十八名、漢児《キタイ》官僚の子弟二十二名を選び、日々の飲食費を支給しつつ、怯薛の令史《ビチクチ》、通事《ケレメチ》として雅文・吏牘・直訳等の文体の駆使を目標に、怯薛と同じ四班に分け、漢語とモンゴル語を学ばせた。学生の中には、国書をはじめ多言語のあらゆる文書を統括するチンカイ(ケレイト部のウイグル)のもとで漢児の令史を束ねる〝中書省〟の頭児《かしら》粘合重山(女真)の子も含まれていた。かれらは、経・史の基本書のほか、古代の六芸に相当する弓箭、工匠の芸事、薬剤の処方、装飾品の産地、州郡の地志、酒醴《しゅらい》・麯糵《きくはく》・水銀の製造法、飲食・烹飪《ほうじん》など、のちに『事林広記』や『居家必用』といった百科全書にも収録されることになる分野、西域の英知も含め網羅することを求められた。この実学志向は、精緻な纂図本（図解）の需要、刻工の技術の向上に繋がってゆく。

ちなみに、国信使として南宋を訪れた王檝に返礼のため同行し、『使北日録』を著した鄒伸之は、一二三三年十月十五日に王檝の邸宅で雑劇を鑑賞し、三日後まさに開校したばかりの国子学を案内された。回廊に並ぶ石経や周の宣王の畋猟《まきがり》を大篆の書体で刻した石鼓のほか、おそらくは陸淳『春秋纂例』（一二〇三年平陽府刊）などの稀覯書《きこうしょ》も観覧した。モンゴル政府の伝統文化の保護を印象づける意図があったのだろう。

（二）朱子学の導入

国子学の設立を耳にした姚枢（一二〇三〜八〇）は、楊惟中のもとに馳せ参じ、いご協力して国子学の教員、自分たちの手足となる技官に相応しい実学を身につけた人材を捜し求めた。『銅人腧穴鍼灸図経』などの医術を修め、のちにチンキムの師となる竇黙（一一九六〜一二八〇）もその一人である。

姚枢は、最新の流行に敏感でアム河等処行尚書省の管区の衣服を纏い鬚も生やしていたらしいが、オゴデイの子クチュの南宋遠征軍に扈従したさい、程顥・程頤・朱熹等の性理学の著書を入手し、夢中になった。みずから取り仕切って『小学』、『語孟或問』、『家礼』を出版、さらに門人の楊古に沈括『夢渓筆談』の活字を再現させて、『小学』、『近思録』、『東莱経史論説』などの書を印刷し、国子学や太極書院等、関係機関に頒布した。また楊惟中は『四書集註』を、青冊《ココ・デプテル》（戸籍・徴税台帳）を管理する燕京等処行尚書省の大官人《イエケ・ノヤン》シギ・クトゥクの下で働いていた断事官《ジャルグチ》の田和卿こと耶律田山（西遼《カラ・キタイ》の郡王李世昌の子）も、『詩折衷』、『易程伝』、『書蔡伝』、『春秋胡伝』を公費出版した。許衡や竇黙は、それらを懸命に筆写、研究しはじめた。

（三）曲阜と儒学の保護

国子学の創設と同じ一二三三年七月、オゴデイは、儒学の崇奉の姿勢を示すため、開封にいた孔子の五十一代孫孔元措を保護して儒学の総本山たる山東曲阜に帰還させるよう命じ、四年後、衍聖公の襲封を追認した。さらに孔・顔・孟三氏の子孫、金朝の太常礼楽官と修習生、楽器・衣装の製作者たちの生活保証と賦役の免除、国子学と同じく具注暦の販売収益を投じた曲阜孔子廟修復についても許可した。

これらの事項は、当地の軍閥で多くの幕僚・名士を抱えていた厳実・厳忠済父子から、華北仏教の代表者であった海雲禅師、道教の石抹元（蕭元）大師、〝中書省〟所属の移剌楚才（耶律楚材一一九〇～一二四四）等複数の仲介によって、耶律田山とシギ・クトゥクに請願されたものであった。

口利きをした人々のなかでも特に移剌楚才は、熱心に動いた。かれは契丹の王族出身で大金の重臣だった亡父の名声のおかげで、チンギス・カン、オゴデイに漢児《キタイ》の陰陽人の頭児兼令史として仕えていたが、とうじ漢児管区（金・西夏・高麗の版図）および南宋接収後を見据えた行政・文化事業の利益・人事権をめぐって王檝や全真教と熾烈な争いを繰り広げており（御史大夫、宣撫使を称する王檝に対抗し、中書侍郎、領中書を名乗り、チンカイ等より上位に見える中書令君、中書相公の呼称を好んだ）、衍聖公等の顕彰は全真教の儒教代表兼任の正当性を否定することに繋がったからである。

国子学の設置で後れを取った楚才は、自身の牙城の漢児司天台もその傘下に置かれることを危惧した。楊惟中等による戦勝地での人材確保と各部署への配備、儒・道・仏三教の選試の動きにも焦りを覚えていた。そこで一二三六年、燕京に編修所、平陽に経籍所の設置を願い出た。オゴデイの許可を得ずに自身が編んだ文集、『庚午年暦』、『麻答把暦《ムタバル》』、それらにもとづく具注暦を公費で印刷・販売していたことを取り繕う目的もあったが、国家出版の可否決定権により、知識人たちを掌握しようとしたのである（著書の権威付けは、研究・教育・行政等諸機関への就職の足がかりになる）。編修所の長官に任じた梁陟、副官の王万慶、趙著には、見返りにオゴデイの王子たちのご進講に使用する四書五経の要略の直解を作らせた。一二四二年には纂図の『孔氏祖庭広記』を出版、儒教の復興者として地域と時空を超え自らの名を伝えることに成功した（分冊にした時に末尾となる二箇所へ自身の貢献を刻させた）。

（四）暦と数学の発展

皮肉なことに、移剌楚才の功績は散逸してしまった『麻答把暦』にこそある。かれは、大金以来の『重修大明暦』に替わる新暦製作に備え、太陽暦《ジャラーリー》と太陰の回回暦がわかるセルジューク朝スルタン・サンジャル（一一一八～五七年在位）の*al-zīǧ al-Mu'tabar*を、余人の協力のもと、テュルク語もしくはモンゴル語に翻訳し、そこから漢文版を作製、頒布した。

この暦が中国の天文学・数学に多大な刺激・影響を与えたことは、疑いない。正確に理解しようとすると、プトレマイオスの天文学、ユークリッド幾何学、フワーリズミーの代数学、二項定理の係数表や高次方程式を駆使するウマル・ハイヤーミーやシャラフッディーン・トゥースィーの研究書の知識が必要になるからである。中国の天文・律暦を究めた者なら、とりあえずアラビア数字と文字記号を覚え、原書の挿図・表からその内容を推測、ブハラやサマルカンドに駐在歴のある官僚・工匠に諮問しつつ、算籌を手に解答を導き出すべく試行錯誤を重ねただろう。じっさい能力と機会に恵まれていた元好問（一一九〇～一二五七）や李治（一一九二～一二七九）は、〝天元（へ）の一を立てて某と為す〟として未知数を設定、一元の高次方程式を解く新たな算術を開発・駆使して、それぞれ『如積釈鎖細草』、『測円海鏡』（一二四八年）を著した。また、平陽近郊の出身で、一二三一年に移剌楚才の推薦によって司天台に採用され、一二六一年頃には大監に昇進していた劉沢が、より高度な二元、三元の高次方程式もあつかう『乾坤括嚢』を在職中に刊行した。

それらは、司天台の学問を世襲する特定の家の子弟、推歩暦算科の学生たちの必須の教材となった。『算学啓蒙』（一二九九年）や『四元玉鑑』（一三〇四年）の著者朱世傑、『授時暦』製作を担った王恂と郭守敬（一二三一～一三一六）も少年時代に目睹していたと考えられる。

三、トルイ家が繋ぐ世界の「知」

(一)モンケの青写真

オゴデイの王子たちに限らず、同じくカラ・コルム周辺にいたトルイの王子たちも、皇帝《カアン》と君主《カン》になるまでの潜邸時代、母ソルコクタニ公主《ベキ》（ケレイト部族のオン・カンの姪）が中央アジアのブハラや河北の真定府路をはじめとする投下領（分地）から招集した優秀な学者たちの指導のもと、各国の歴史・地理の節要や君鑑、語学、天文学、医学、薬学、数学（ユークリッド幾何学など）を、テュルク語・モンゴル語の翻訳や図解によって学んでいた。

なかでも長子のモンケは、父とともに大金との三峰山の決戦を経験し、そのごバトゥの遠征にも従軍したため、精密な星図・軍事地図の作製、ユーラシア東西の正確な〝時〟の換算表、薬剤の名前の同定等の必要性を痛感していた。したがって、紆余曲折を経てカアンの座に坐ると、世界制覇以後を見据え、戸籍調査、徴税法・文書書式の整備など行政上の施策を展開するとともに、かねてからの構想を実現すべく、同腹弟のクビライとフレグにいくつかの指示を降す。

(二)至高の回回暦をめざして

西征に向かうフレグには、カラ・コルムの陰陽人のなかから、あえてトルイ家古参の天文学者ブハラ出身のジャマールゥッディーンを選び扈従させた。そして*Il Milione*『百万の書』の〝山の老人〟伝説で名高いイスマーイール派の拠点アラムートからトゥース出身の高名な学者ナスィールゥッディーン（一二〇一～七三）と観測機器・蔵書を救出させた。

アッバース朝接収ののちは、かれらに指揮を執らせて、バグダード、シリア、モースル、ホラーサーン等から人材と資料を集めながら、マラーガの地に司天台を建設、新しい回回《イスラーム》暦のための観測を開始させるのである（同時期、東西の知見を注ぎ込んだ新たな『本草図経』編纂も並行して進めるべく、中国の医薬に詳しい常徳を当地へ使臣として遣わしてもいる）。ナスィールッディーンは、換算表作製のため、フレグの侍医で全真教の道士の傅野（字は孟質）から、『宣明暦』、『符天暦』、怯薛《ケシク》の陰陽人以外には非公開だった『大明暦経串』の概要を学んだ。モンケはカラ・コルムにも大規模な司天台建設を計画していたようだが、急逝によって頓挫した。

そして新しい回回暦の編纂作業が後半にさしかかった頃、フレグも世を去り、息子アバカがその後を嗣いだ。ジャマールッディーンは、それまでの知見にもとづく『万年暦』と観測機器を携え、カアンとなっていたクビライのもとに参上、経過を報告した。一二六七年以降、モンゴル朝廷の諸行事はこの『万年暦』を基準とし、具注暦も販売された。ジャマールッディーンは、暦の精度をさらに高めるべく、回回司天台で日々観測を実施し、マラーガとの情報交換のためのデータを蓄えた。なお、マラーガの新暦は一二七一年にひとまず完成し *Zīğ-i Īlhānī*『イル・カン暦』と名付けられた。

（三）革新的な中国暦の編纂

いっぽう、東征を委ねられ漢児《キタイ》管区に拠点を置いたクビライは、大理国の接収時に資料を広く捜させたが、そのごはアリク・ブケとのカアン位をめぐる戦争や南宋接収に手間取り、フレグのようにすぐ新暦製作にとりかかるわけにはいかなかった。計算式の検証のためには、南宋宮廷が所有していた過去の膨大な観測データや関連資料の利用、海南島等いくつかの地点での実測が不可欠だったからである。

しかし、燕京等処行尚書省を筆頭に国子学や司天台等、大金末期の人材と設備を継承しつつオゴデイ時代に形づくられた各機関、東平厳氏や真定史氏の軍閥下に構築された人脈──諸々の遺産を活用すべく、姚枢、竇黙、許衡、移剌楚才の子の鋳、回回の医薬・星暦・諸言語に長じるイーサー（ネストリウス派キリスト教徒）を適切に配置し、自身の投下領の陰陽人である劉秉忠を重用するなど、着実に準備は進めていた。さらに各路・府・州・県に、儒学、医学、蒙古字（パクパ字・ウイグル文字のモンゴル語と諸言語の翻訳をあつかう）の設置を命じ、司天台の研究生の選抜試験も実施している（一二六五年、侍医の許国禎に漢児の名医を推挙させ、西域の薬への通暁を試験、六七年に四半世紀前の平陽府刊『御薬院方』を補訂のうえ重版した。『本草図経』の編纂のためとみてよい）。そして、中国風の諸々の組織体制の再整備は、一二七一年の末、〝大元〟の二文字を国号に冠する頃に概ね完了した。

平陽の経籍所は編修所に吸収され、弘文院、興文署と何度か名を改めたが、書籍・版木の蒐集と管理、校訂・翻訳・印刷などの業務は同じで、その管理はほぼ一貫して馬天昭（一一九七～一二七七）がつとめた。ただし具注暦の印刷は切り離されて、ジャマールゥッディーンが統括する秘書監（最高水準の文化芸術や科学技術、機密の陰陽文書を扱う）に委ねられた。

新暦は、次期カアンと目されていたチンキムへの贈物として、太史院――四元術や招差法など画期的な算術を駆使する王恂と水利事業で目覚ましい成果をあげていた郭守敬の指揮のもと、マラーガに倣った巨大な観象台と機器、全国二十七箇所の観測結果を用いて製作、一二八一年から実施された。時代の転換を象徴するかのように、完成と前後して姚枢、竇黙、許衡、王恂が立て続けに身罷《みまか》った。おまけに三年後には、チンキム自身もクビライによって権力を剥奪され、一二八六年の初め、軟禁状態のうちに逝去する。いっぽう『授時暦』と命名された新暦は、中国史上空前の精緻さを誇り、『万年暦』とともに約四〇〇年間、併用されることになる。

(四) 宿題の提出

『授時暦』は、更なる正確さを求め、引き続き観測によって補足・注釈等の作業が行われた。『新測二十八舍雑座諸星入宿去極』、『新測無名諸星』（一二八六～九〇年）等の星図も作製されたが、カアンや后妃・王子たちの運命に直結する占星術での利用のために秘匿された。『三垣列舎入宿極集』は、その一端を伝えるものと考えられている。なお漢児・回回両司天台の共同作業の必要がなくなってきた一二八八年、星象を観測する陰陽人たちの管理は、秘書監から集賢院のサルマン等の手に移された。

懸案の薬剤図鑑と世界地図の製作にむけても、一二八三年、ジャマールゥッディーンの副官となっていたイーサーとチンキムの腹心だったボロトを、フレグ・ウルス（イル・カン国）の当主アルグン（アバカの子）のもとに派遣する。ただボロトの場合は、クビライの寵臣アフマド暗殺の責を問われた永久追放で、国子学で習得した諸科目をはじめ、国家の制度設計、経済政策（紙幣の運用や度量衡・金銀の純度の統一の試み等）、勧農・水利事業等の知見を活かし、当地で丞相として駐在し、「知」の混一の手助けをすることが期待されていた（農業技術書 *Āṣār va Aḥyā*『蹤跡と生物』には、ボロトが姚枢等と編纂した『農桑輯要』の知識が反映され、クビライが御苑に茶樹を植えさせたことも伝える。じっさい大都宮城厚載門の東北の御苑内に水車、田圃、花の温室、果樹園があり、宦官や十戸長が『農桑輯要』に則って世話をしていたこと、『至正析津志』によって確認できる)。

『大元本草図経』の編纂は一二八五年から再開された。許国禎およびサルマンの指揮の下、南北諸路から招集された優秀な医学教授、多国籍の侍医たちが協力しながら各種言語の図鑑を整理、イーサーが持ち帰った資料との比較分析も進め、一二八八年に完成した。ウイグルの安蔵がモンゴル語に翻訳したという『本草』も、これだろう。

世界地図については、①天体観測によって導きだされた経緯度に基づく最上級の軍事地図、②伝統的な〝中華〟の概念に固執する漢児の官吏に、全世界におけるモンゴルの版図の広さを認識させるための巨大な一枚の彩色図、に分けて製作が進められた。前者は秘匿の対象であり、『経世大典』(一三三一年)に収録された西北諸藩の「地里図」、朱思本「輿地図」(一三二〇年)、フレグ・ウルスの百科全書*Nuzhat al-Qulūb*『心神の娯楽』(一三四一年)収録の方格図の水準から大凡の姿を類推するよりほかかない。「天下地理総図」と呼ばれた後者は、『翰墨全書』や『事林広記』が依拠する「大元六合混一図」のような中国地図とフワーリズミーやイスタフリー等伝統的技法のアラビア地図を合体し、羅針盤やアストロラーベを用いた*Rāh-nāmah*と呼ばれる回回商人たちの指南書・航海図によって港湾・島嶼《とうしょ》の描出を補ったもの。ただ協力を求められたアルグンが世界の西の四分の一の姿・形状を描出した*mappa mundi* (*portolano*)を入手するのは一二九〇年、それまでヨーロッパの描出は不充分だった。したがって、李沢民「声教広被図」、「混一疆理歴代国都之図」、「大明混一図」は、「天下地理総図」から派生したものとみてよい。

(五) 学校制度の再編とねらい

これらの事業は、チンキム派の粛清とクビライ派の財務官僚の復権、組織改革のなかで行われたが、各種学校も再編の対象となった。(蒙古)国子学は中都《カン・バリク》の北側の大都《ダイドゥ》城内に移転し、亦思替非《イスティーファー》文字(計算術《ヒサーブ》、特殊記数法《スイヤーカト》を駆使する簿記)をあつかう財務官養成のための回回国子学があらためて設置され、ともに国子監（幹部養成の帝国大学）の管轄となり、集賢院に属した。国子監は漢学全般の授業を担い、四元術や招差法などの高等数学は『授時暦』の編纂を行っている太史院に委託された(司天台は陰陽学に重点を置くようになっていた)。

路・府・州・県に遍く建設が命令もしくは奨励されていた儒学や書院については、各省にひとつずつ置く儒学提挙司に統括せしめることとなった。その職掌には著述の審査や人材の推薦が含まれており、かつての移刺楚才のような振舞を防ぐため、御史台系統の粛政廉訪司に監査させることも忘れていなかった。土木事業はもとより、教職員の大規模採用と国家が先導（ときには官民共同で実施）する編纂・出版という一大産業の展開によって、南宋接収以来の喫緊の課題であった雇用・消費の創出↓経済の循環↓社会の安定を解決しようとしたのである。各種学校の税役の免除、出版への資金援助は、あきらかにそのための施策であった。

四、書物がひらく新世界

（一）『集史』が伝える国家出版のシステムと漢字文化

一三〇〇年代初頭、フレグ・ウルスの宰相兼侍医のラシードゥッディーンが編纂した *Ǧāmiʿ al-Tawārīḫ*『集史』の第二部「Čīn 秦《チーン》と称されている漢児および Māčīn（＝蛮子《マンジ》／南家思《ナンキヤス》）の田地の君王たちの諸部族の歴史」の序文には、医学・陰陽学等に通じ、原書をはじめ「知」を具象化する纂図本の漢籍を数種携えてきた Lī tāǧī 李達之と Kim sūn 金遜の報告に基づき、大元ウルスの国家出版システムが要約されている。

完成稿に、当代の学者・識者たちが校勘・対読をなして、全員がそれに対し「古籍に代替し、中間にいかなる差訛も無い」との印信《ほしょうしょ》を書いた。そのあと再度、学者一名がその校勘をなした。それから〝かれらの法式〟に依って、中間にいかなる添改《かいざん》・刪補《さくじょかきたし》・重複・脱落もありえないようにしながら、原稿から印本が複数つくられた。かの〝かれらの法式〟は、いかに最良の書物たらしめるか――正確かつ書体は極めて美麗に、添改・刪補の機会が中間に存在しえないように、以下の三点の遵守を定めている。すなわち、かれらの間で権威づけられた各書物は、①その書物の各葉を楷書で版木に繕写すべく、能筆の書家が召喚される。②識者たち全員で、分担箇所を慎重に、すべて対読・校勘をなし、各版木（浄稿）の背面に親筆の文字で署す。③それから、腕の良い熟練した雕字匠《ちょうじしょう》たちがそれらを鋟梓《しんし》するように命じられる。

書物の全葉がこの方式のもとに模刻されると、全編倒錯無しに保存すべく、一葉一葉ごとにその葉数を連番で以て記す。それらの版木は、造幣局の極印《ごくいん》のごとく袋の裡に所定の正官の封記を以て委託、専門の諸店舗にて最上の方法で保管が命じられる。その業務に対し商税《タムガ》が決定・確定されている。某人がそれらの中から印本を希求するたびに、その提調のために任命されている集団のもとに参じ、戸部の定める請俸、工費（紙箚、飲食等諸費用）を納付する。すると、かれらは当該の書物の版木を取り出してきて、金貨のように紙の一枚一枚に印造し、当人に交付する。この方式によって、かれらの蔵書のいかなる書物においても重複・脱落の存在しうる可能性は

図1　Saray Album、『龍舒増広浄土文』、『金剛般若波羅密経』の「韋駄天像」
Topkapı Sarayı Müzesi, H.2154, fol.136a.（E J. Grube E Sims, *Between China and Iran: Painting from Four Istanbul Albums*, University of London, 1980.）／台湾国家図書館蔵（倉石武四郎『旧京書影』私製、1929年）／台湾国家図書館蔵（『中華再造善本』北京図書館出版社、2006年）

ない。

このほか、既述の『踪跡と生物』や *Tanksūq nāmah-yi Īlḫān dar funūn-i 'ulūm-i Ḫitāī*『漢児《キタイ》の諸《もろもろ》の学問技術に関するイル・カンの珍貴の書』（『晞范子脈訣集解』、『銅人腧穴鍼灸図経』、『本草図経』、『泰和律令』の翻訳叢書）の総序にも、印刷術への言及が見られる。だが、ラシードゥッディーンがより興味をもち紹介に熱を入れたのは、表意文字たる漢字の構造とその優れた機能であった。『百家姓』、『千字文』、『蒙求』、『説文解字』等の書名のほか、漢字の〝一〟を契約文書や為替では改竄を防ぐために〝壹〟と書き、天帝、天神の謂いでは〝太乙〟と書く場合があることまで聴取していた。

フレグ・ウルスに将来された漢籍の多くは纂図本であり、ティムール朝、オスマン朝に継承された宮廷画帖にも「二十四孝」の一葉が貼付されている。『集史』をはじめ十四世紀以降のイスラームの写本の細密画に影響を与えた〝漢児の巨匠たちの優良作品集に属する〟絹絵もある。モンゴルに護法神として信奉された韋駄天《いだてん》は、イブン・バットゥータも驚嘆した写実力を以て描かれるが、逆にこれを『龍舒増広浄土文』（一三二二年）の扉絵、あるいは大元ウルス治下で発明された朱墨二色刷の『金剛般若波羅密経』（一三四〇年）末尾の図と比較すると、精緻な版刻技術を再確認できる（**図1**）。

(二) モンゴル朝廷の先導

モンゴルが官吏に一貫して求めたものは、迅速かつ適切な事務処理能力、外国語を含めた雄弁さ、各種法令・四書五経・算法への精通、正確な計算力、端正な筆跡である。これに対応して、旧南宋領でも楊輝の『詳解九章算法』（一二六一年）や彭絲（一二三九～九九）の『（九章）算経図釈』刊本が次第に流通するようになった。都水少監をつとめた任仁発の『水利集』（一三〇八～二六年）、胡炳文『四書通』（一三二四年）、劉瑾『律呂成書』（一三四七年）等でも参照されている。これに限らず、東西交流の刺激のもと格段に飛躍を遂げていた華北の数学や医学を吸収すべく、燕京や平陽の書物を陸続と重刊し、潤沢な資金を背景に、纂図・連相・全相など絵図を盛り込んだテキストが急速に展開した。

能筆の書家が版木に繕写する方式は、学校教育の場で模範とされていた顔真卿の書体を、趙孟頫のそれへ移行せしめる結果となった。その仕掛け人はなんとカアンのアユルバルワダ。一三〇七年、皇太弟位を得た記念に出版を命じた絵入りの『孝経直解』と『列女伝直説』の版下を書かせたのが契機で、秘書監所蔵の書画の題簽や勅建碑の書丹にも常に指名するほどの熱愛ぶりであった。版下の作成には、『大蔵経』の写経事業と同様、多額の謝礼金が支払われたから、趙孟頫体を真似る者は自然と増えた。かくて、科挙再開の一三一五年に刊行、国子監でも使用された程端礼『（程氏家塾）読書分年日程』は、趙孟頫筆の『千字文』を推奨するに至る。

この『読書分年日程』は、朱子学を基軸に幼児から実学と最低限の教養を身につけてゆくための具体的な指南書、教本・参考書目録であり、その補足たる趙撝謙『学範』（一三八九年）とともに、朝鮮半島、日本でも長らく参照された。そして書籍の輸入と重刊、思想形成に多大な影響を与えた。兼好法師の『徒然草』一一〇、一一二段もそれを示唆する。

(三) アラビア文字と日本僧

ちなみに、程端礼の弟子で『学範』に序文を寄せた鄭真は、天台の陶宗儀（一三一六～一四〇？）の『書史会要』も推薦する。一三七六年の刊行だが、『南村輟耕録』と同様モンゴル時代の遺産にほかならず、若干の誤刻はあるものの、身近に存在したさまざまな字が紹介される**（口絵参照）**（通行の一九二九年陶氏逸園本は改竄がある重刊）。

いにしえの**則天文字**は呉文貴『宣和書譜』（一三〇二年）から、**契丹文字**は陶宗儀が私蔵もしくは目睹した遼～チンギス・カンの牌子《パイザ》からの移録。**梵字**と**パクパ文字**はクチャ出身の盛熙明『法書考』（一三三四年）から、**ウイグル文字**（子母併せて二十余字と数え、パクパ文字でk, t, p', z 〇 j, c', c, č と表記される漢音はウイグル文字に存在しないことも注記）と**アラビア文字**（p, č, žの表記を使用せず捺麻《ナーマ》（失）［夫《フ》］里《ルーク》 nā-mafrūq 分離できない＝捺麻《ナー・ム》失里《シュイル》 nā-mušʿir 発音しないhをいれて二十九文字）は杜本（一二七六〜一三五〇）の『華夏同音』からの転載で、いずれも稀覯書に属した。**平仮名**と日本語の単語は留学僧大用克全から得た情報で、日本の能書家として権中中巽《ごんちゅうちゅうそん》（「混一疆理図」の天淵清濬と親交があった）なども紹介されている。

瑞渓周鳳、月舟寿桂、彦龍周興、万里集九《ばんりしゅうく》、横川景三《おうせんけいさん》といった室町時代の禅僧たちは、この書を『事林広記』、『居家必用』、『図絵宝鑑』等とともに座右に置き、書道・中国書画蒐集の簡便な指南書として愛用した。京都の醍醐寺水本坊の僧侶や鎌倉建長寺の玉隠英璵《ぎょくいんえいよ》にいたっては、自力でパクパ文字の印鑑を作製している。ならば、一二一七年に九条道家の兄の慶政上人が泉州の港にて得た有名な〝南蛮文字〟が梵字ではなくアラビア文字だ！と気付いたものもいたかもしれない。

白樸の生涯と文学

土屋育子

つちや・いくこ——東北大学大学院文学研究科教授。専門は中国文学。主な著書に『元刊雑劇の研究（二）——貶夜郎・介子推』（汲古書院、二〇一一年）、『中国戯曲テキストの研究』（汲古書院、二〇一三年）、論文に「しゃべる女諫める女——中国戯曲の女性たち」（『集刊東洋学』第一二二号、二〇二〇年）などがある。

白樸《はくぼく》（一二二六～一三一二以降）は、字《あざな》を仁甫《じんぽ》といい、金朝末年に生まれ、元朝半ばまで生きた人である。白樸には、詞集『天籟集《てんらいしゅう》』のほか、散曲と雑劇二作品が現在に伝わっている。元朝に仕えない姿勢を貫いた白樸であったが、その作品からは、紛れもなく元という時代の潮流を感じることができる。

はじめに

（一）白樸という人

白樸（一二二六～一三一二以降）は、字を仁甫、のちに太素、号は蘭谷といい、原籍は隩州《おうしゅう》、金（一一一五～一二三四）の末年に生まれ、元の半ばまで生きた人である。元曲四大家の「関鄭白馬」、すなわち関漢卿《かんかんけい》、鄭光祖《ていこうそ》、白樸、馬致遠《ばちえん》の一人として知られている。「元曲」とは、「散曲」という小唄・端唄の類いの韻文と、「雑劇」という演劇およびその脚本の総称である。そのほか、詞集『天籟集』が伝わっているが、詩は残されていない。

本稿で白樸を取り上げるのは、行状が不明であることが多い元曲作家の中で、白樸の場合はある程度明らかになる人物だからである。のちほど取り上げるが、『天籟集』に付された二つの序文がその手がかりとなる。

白樸の幼年期は王朝交代期にあたり、その荒波と無縁ではなく、モンゴル軍攻撃による汴京《べんけい》（今の河南省開封《かいほう》。汴梁《べんりょう》とも）陥落の混乱の中で、母親を失っている。おそらくこの時の経験が彼の人生に何らかの影を落としたことは、容易に想像されるであろう。

(二) 金の滅亡と元好問の庇護

白樸の生涯を知る上で重要な資料が、詞集『天籟集』に付された二つの序文、すなわち、王博文による元・至元二四年(一二八七)序と孫大雅による明・洪武十年(一三七七)序である。また、父白華《はくか》については『金史』巻一一四に伝がある。それらを総合すると、白樸の前半生は次のようになる。

金に仕えていた父白華は、壬辰《じんしん》の難、つまり汴京包囲戦が行われた際に、首都脱出を図った哀宗に随行して都を離れた。一二三三年三月、汴京留守であった崔立が金朝に対して叛旗を翻し、金の梁王を殺害してモンゴル兵を引き入れた。汴京はたちまち混乱状態となった。七歳だった白樸は汴京にあって、母親張氏を亡くしている。

その彼を庇護したのが、金代を代表する文学者の元好問《げんこうもん》(一一九〇~一二五七)であった。元好問は父白華の兄の白賁《はくほん》と懇意であり、両家は家族ぐるみの付き合いがあった。白樸は元好問にしたがって聊城《りょうじょう》、さらに忻州《きんしゅう》に滞在したのち、真定(今の河北省正定県)に居を移す。この間、元好問は、実の親子以上に白樸を可愛がったようである。幼い白樸が病に罹ったときには、元好問は昼夜を通して、六日間彼を抱きかかえて看病した末にようやく回復したとの逸話が伝わる。そしてまた、学問の面では元好問の薫陶を受けた。勉強では飛び抜けて聡明であり、日々元好問から直接指導をうけ、すべて暗記することができた。数年ののち、父白華と再会したとき、白華は元好問に対して深く感謝した。後世、白樸の作品が高い評価を受けたのには、元好問が授けた教育もあずかっていたにちがいない。

(三) 真定と史天沢

白樸が長く滞在することになった真定は、漢人世侯の史天《してん》沢《たく》(一二〇二~一二七五)という人物が治めていた。[1] 史天沢は、字は潤和、大興府永清県(今の河北省永清県)の人、父は史秉《へい》直《ちょく》といって、もともと金に仕えていたが、金を見限ってモンゴルに投降した。秉直は老齢であることを理由に引退し、長男の史天倪《てんげい》を後継ぎとした。ところが、天倪が金の降将武仙に殺害されたため、その後を継ぐことになった。山東の真定を本拠地とし、金から元に降った知識人の保護に努めた。かつて金に仕えていた人々で元に仕えなかった白華、王若《おうじゃく》虚《きょ》、元好問らのほか、金の臣下であったが元に仕えた人々もまたその下に集まった。

白樸は、二十一歳頃(海迷失后《オグル・ガイミシュ》二年(一二四九))には、真定にすでに居を定めていたと推測されている。王博文の序文によれば、中統の初め（中統年間一二六〇～一二六三）、史天沢から朝廷へ推薦したい旨の誘いがあったという。しかし、白樸はそれを丁重に断っている。

（四）元朝に仕えず

仕官の誘いは、判明する限りではあるが、五十代半ばにも、年長の友人淮東按察使の董瀛《とうえい》（字《あざな》巨源）からあったことが、『天籟集』所収の詞からうかがえる。このときも、白樸は仕官を断っている。

元朝に仕えなかった理由を、孫大雅の序文では、おおよそ次のように記している。白樸先生は志を天下に持っていたが、すでに事態は大いに変わってしまった。代々金の家臣であったが、死を以て抵抗しようとは思わず、かといって爵禄を求めてその身を汚すことも欲しなかった。そこで己を屈し志を降し、世に遊んで気ままに振る舞い、家を金陵に移し、金の遺老たちにしたがい、思いを山水に解き放ち、日々詩と酒でゆったりと遊び、高雅な志を示して、仕官して天下のために働くことを忘れたのである、と。

王博文の序には、白樸が幼少期に争乱を経験し、母を失ったことで、鬱屈を抱えていたと記している。二つの序文から、白樸の仕官拒絶の理由をほぼ説明しうるであろう。

ただ、もう一つ考え得るのは、父白華の変節である。金の滅亡前後、白華は一度は南宋に降り、その後すぐに元朝に従っている。白華変節の汚名は、『金史』にも記されている。安田二郎氏によれば、父親が何らかの罪悪を犯したり、汚名を着せられたりした場合、その子がそれをカバーするような身の処し方をする例が見られるという。白樸の場合、弟やその子は元朝に仕えていることを考えると、白樸自身が仕官とは無縁の悠々自適の生活を志向したにせよ、あえてそのような生活を選択した可能性も考え得るように思われる。

一、白樸の詞

（一）白樸の詞に対する評価

詞とは詩の一形式で、一句が三字、四字、六字など、不揃いの長短句から構成される詩である。「詞牌《しはい》」というメロディに合わせ、定められた規則に則って作られる。

『天籟集』に収録される詞の数について、王・孫の両序文によれば、もともと二〇〇首程度の詞が収められていたという。しかし、現在伝わる『天籟集』には一〇四首にとどまり、流伝の過程でほぼ半数が失われてしまったことになる。

白樸の詞に対する評価は、中国近代の学者王国維《おうこくい》（一八七七～一九二七）が、その著作『人間詞話《じんかんしわ》』の中で、白樸の雑劇「梧桐雨《ごどうう》」は絶賛するものの、彼の詞については、南宋の詞人辛棄疾《しんきしつ》（一一四〇～一二〇七）の使用人とするにも足らないと、手厳しく酷評している。一方で、先程挙げた王博文の序文では、元好問の後を継ぐ名手であるとのべ、また、清の戴名世《たいめいせい》（一六五三～一七一三）は「尤《もっと》も雋妙《しゅんみょう》と称えらる」といい、また、そのほかの清人による序文も概ね好意的に評価している。王博文は実際に交友関係のあった友人であるから、身内びいきはあるだろうが、後世の批評を総合すると、宋詞のトップクラスの作者には及ばなくとも、元代を代表する詞人の一人と言えるのではあるまいか。

(二) 詠懐の作

白樸の詞からは、彼自身の交遊関係や訪れた場所や時間などの情報をうかがい知ることができる。ことに、五十代半ばに建康（今の南京）を訪れ、懐古、詠史の詞を複数残している。

例えば「水調歌頭《すいちょうかとう》」は、六朝の興亡史を詠み込んだものである。前半は、西晋の王濬《おうしゅん》が水軍を率いて呉を滅亡させた故事と、陳の後主が隋軍の攻撃に井戸へ飛び込んだ故事を引き、いまや遺跡となってしまったことに感慨を述べる。後半は、次のように詠う。

降幡一片飛出、難与向来同。璧月瓊枝新恨、結綺臨春好夢、畢竟有時終。莫唱後庭曲、声在泪痕中。
（降幡《しろはた》一片《いちまい》飛び出づれば、向来《これまで》と同じくし難し。璧月《へきげつ》、瓊枝《けいし》の新たな恨みも、結綺《けっき》、臨春《りんしゅん》にての好《よ》き夢も、畢竟、時有りて終わる。唱う莫《な》かれ後庭の曲、声は泪痕《るいこん》の中《うち》に在り。）

降伏すればすべてが一変する。陳の後主が楽しんだであろう璧月や瓊枝を詠んだ歌（陳の後主が詠んだ「玉樹後庭花《ぎょくじゅこうていか》」を指す）も、結綺や臨春といった楼閣での夢も、結局は終わってしまったのだ。玉樹後庭花をうたってくれるな、涙声になってしまうから。亡国の歌として知られる「玉樹後庭花」はよく知られたありふれた題材であるが、降伏すれば以前と同じではなくなるとは、白樸自身の経験そのものであっただろう。どんなに楽しくとも贅沢をしようとも、有限なのである。ところが皮肉なことに、金が滅び、南宋が滅びたからこそ、白樸はいまこの地を訪れることができたのである。うたいぶりは淡泊に見えるが、相反する思いが何層にも重なっているようである。

(三) 推薦を断る詞

先に紹介したように、白樸五十歳代のとき、年長の友人董瀛からの仕官の誘いを断った。その時、董瀛に送った断りの詞が「沁園春《しんえんしゅん》」である。

この詞の中で、三国の魏（二二〇～二六五）の嵆康《けいこう》（二二三～二六二）の「山巨源に与えて交わりを絶つ書（与山巨源絶交書）」が引き合いに出されている。嵆康の絶交書は、友人の山濤《さんとう》の推薦を断るために書かれたものだが、「交わりを絶つ」という激しい言葉に反して、山濤を非難することを意図したのではなく、おのれの姿勢を表明したものとされている。白樸が年長の友人の推薦を断るために記したこの詞は、董瀛の字《あざな》も巨源であったことから嵆康の故事を引きつつ、元に仕えない生き方を表明することが真の目的であったのだろう。次にその一部を挙げてみる。

自古賢能、壮歳飛騰、老来退閑。念一身九患、天教寂寞、百年孤憤、日就衰残。

（古《いにしえ》より賢能なるもの、壮歳《はたらきざかり》に飛騰《とぶがごとくかけあがり》し、老い来りて退閑す。一身に九患あるを念じ、天教《てんがしめす》の寂寞、百年の孤憤、日び衰残に就く。）

白樸も董瀛も当時としてはすでに高齢と言われる年代で、十分に人生の経験を積んできていたであろうし、おそらく董瀛にしても、白樸の気性は重々理解していての推薦だったのではあるまいか。とすれば、この詞は激しい拒絶の作ではなく、実際はやんわりとした断りと考えたほうがよいのかもしれない。というのも、白樸は元朝の天下を喜ぶ詞も残しており、元朝に仕えないことがすなわち元朝への反対意識からでているわけではないと考えられるからである。

二、白樸の散曲

（一）「散曲《さんきょく》」とは

「散曲」とは、詞から派生した当時の新しい韻文文学で、詞と同じく決まったメロディに合わせ、文字を填めるようにして作られる。このメロディを「曲牌《きょくはい》」といい、メロディごとにその句数、文字数、平仄《ひょうそく》が定められている。曲牌は、「正呂宮」「仙呂宮」「双調」といった「宮調」（西洋音楽の調性に相当する）によって分類されており、排列も一定の順が決まっている。散曲の場合、詞ほど規則は厳しくなく、「襯《しん》字《じ》」と呼ばれる字余りが許容される点が異なっている。形式には、「小令《しょうれい》」（比較的短いもの）と、「套数《とうすう》」（同じ宮調の複数の曲から構成される組みうた）の二つがある。

このように詞と散曲は関係の深い文学ジャンルではあるが、厳然とした違いが存在している。詞は、情緒の描出を重視し、やわらかな美的感覚を附帯するとされ、一方の散曲は、詞の美的感覚であれば取り上げないようなものを、リアルに描写することで、対象のイメージを鮮明にする傾向が見られるとされている。[2]

（二）恋心を詠む

白樸の散曲は、小令が三十首余り、套数が四首が残っている。

ここでは、「情を題す（題情）」と題された作品の中から一首読んでみよう。

【中呂】【陽春曲】軽拈斑管書心中、細摺銀箋写恨詞。可憐不慣害相思。則被你個肯字児。迄逗我許多時。

（そっと筆を取りしたためる心のうち、注意深く便箋をたたみ恨みのことばを書きつける。あわれ恋わずらいに慣れぬ身、あなたの色よいお返事欲しいため、ずいぶん長いことぐずぐずしてる。）

「そっと筆を取り」「注意深く便箋をたたみ」という動きから推測するに、おそらく主人公は女性で、思い人に手紙を書いている。それも「恋わずらいに慣れぬ身」というのは、まだ若いからではないだろうか。返事をもらうにはどう書いたものだろうかと思案するうちに、描き上げることができずにいつの間にか時間が経ってしまった、というのである。本作は、主人公の女性の初々しい美しさが感じられる作品となっている。

（三）雪を詠ず

「雪を詠ず（詠雪）」と名づけられた作品は全四曲からなる套数で、先に挙げた「題情」と同じく、白樸の散曲作品の特徴をよく示している。

【大石調】【青杏子】空外六花翻。被大風灑落千山。窮冬節物偏宜晩。凍凝沼沚、寒侵帳幕、冷湿欄干。

（空の彼方に雪の花がひるがえり、大風にあおられ山々に降りかかる。深き冬に恒例の風物は暮れ方にこそよい。沼地を凍り付かせ、寒さがとばりに入り込み、冷たさが欄干に染み通る。）

冒頭は、雪が舞い散るさまを描き、凍てつくような外の寒さが屋敷の中にまで入り込んできていることが詠まれる。続く二曲目では、富貴の家で催される風雅な宴会の様子が描写され、寒風吹きすさぶ屋外とは対照的に、暖かくした部屋には客が通され、和やかな雰囲気が漂っている。三曲目では、音楽が奏でられ、人々のざわめきが聞こえ（聴覚）、美人が酒を勧め、さかずきの金色やロウソクの銀色がきらめいている（視覚）。末尾の四曲目では、次のように結ぶ。

【結音】似覚筵間香風散。香風散非麝非蘭。酔眼朦騰問小鬟。多管是南軒蠟梅綻。

（宴の間に香しい風が散じたのを感じたのだが、香しい風が散じたのは麝香《じゃこう》の香りではなくフジバカマの香りでもない。酔った眼でもうろうとして小間使いにたずねる。（小間使いがこたえるには）おそらくは南の軒端にあるロウバイがほころんでいるのでございましょうと。）

そこへ目には見えないが、嗅覚に訴えてくる芳しいかおり。

これは何だろうと小間使いに聞けば、ロウバイがほころんでいるのでしょうとのこと。作者はおそらく香を感じつつ、ロウバイの姿を思い描いているはずである。全体として、詞が持っている美的感覚を、散曲という形式を借りて再現することを試みているように感じられる。

三、白樸の雑劇

(一)雑劇について

雑劇は、先に述べた散曲の套数一つを一幕（「折《せつ》」という）とし、それを原則四つ連ねた全四幕からなる演劇である。日本の歌舞伎などと同じく役柄があり、男性役を末、女性役を旦、道化役・悪役を浄、皇帝役を駕などという。歌劇であるが、主役の一人が歌唱するスタイルであり、日本の能楽でシテのみがうたうのと類似している。主役が男性なら「正末」、女性なら「正旦」と呼ぶ。

白樸の雑劇作品は次の十六種のタイトルが伝わる（元末明初の人鍾嗣成《しょうしせい》『録鬼簿《ろくきぼ》』に拠る）。「絶纓会《ぜつえいかい》」「赴江江《ふこうこう》」「東牆記《とうしょうき》」「梁山伯《りょうざんぱく》」「賺蘭亭《たんらんてい》」「銀箏怨《ぎんそうえん》」「斬白蛇《ざんはくじゃ》」「梧桐雨《ごどうう》」「幸月宮《こうげっきゅう》」「崔護謁漿《さいごえつしょう》」「銭塘夢《せんとうむ》」「高祖帰荘《こうそきそう》」「鳳凰船《ほうおうせん》」「牆頭馬上《しょうとうばじょう》」「流紅葉《りゅうこうよう》」「箭射双雕《せんしゃそうちょう》」（これのみ、『詞林摘艶《しりんてきえん》』及び『北詞広正譜《ほくしこうせいふ》』に拠る）。

現在見ることが出来る白樸の雑劇作品は、「唐の明皇　秋夜　梧桐の雨（以下「梧桐雨」と略す）」と「裴少俊《はいしょうしゅん》　牆頭馬上《しょうとうばじょう》（以下「牆頭馬上」と略す）」の二種である。(3)

(二)「梧桐雨」について

「梧桐雨」は唐の明皇《めいこう》こと玄宗と楊貴妃のロマンスに取材した作品である。「梧桐雨」のストーリーは先行する白居易《はくきょい》（七七二～八四六）「長恨歌《ちょうごんか》」にほぼ沿うが、「長恨歌」後半、玄宗の命を受けた道士が天上世界へ楊貴妃を捜しに行くくだりは、雑劇では採用されていない。

「梧桐雨」のテキストは六種類が現存するが、ここでは古名家本を底本とし、明末の臧懋循《ぞうぼうじゅん》（?～一六二一）が編纂した『元曲選』所収本を比較に用いる。古名家本は、明代刊行のテキストであるが、古い本文を有しているとされている。また、『元曲選』は古名家本などに基づき、難解な箇所や挿話などを改変している。(4)両者を比較しつつ、雑劇の内容を考察してみたい。

(三)「梧桐雨」のあらすじ

雑劇のあらすじを幕ごとに簡単に紹介しよう。

楔子（ここでは序幕）：安禄山《あんろくざん》が敗戦の責を問われ、都に護送されてきた。大臣の張九齢《ちょうきゅうれい》は死罪を主張するが、玄宗は気に入り、さらに楊貴妃の養子とする。楊国忠《ようこくちゅう》も安禄山を危険視し、彼を漁陽《ぎょよう》節度使に左遷させる上奏を行う。安禄山は楊国忠への復讐を誓う。

第一折：楊貴妃は、実は安禄山と深い仲であり、安禄山が長安から去ったことを残念に思っている。そこへ玄宗がお出ましになり、二人は永遠の愛を約束する。

第二折：玄宗と楊貴妃が宴を催すところ、四川から茘枝《れいし》が献上される。楊貴妃は霓裳羽衣《げいしょううい》の舞いを舞い、玄宗が梧桐（アオギリ）を象牙の箸で叩いて拍子を取った。[5] そこへ安禄山謀反の知らせが入り、一行は慌ただしく蜀に落ち延びる。

第三折：途中、父老たちの訴えにより、玄宗は太子（のちの粛宗）に命じ、長安奪回に戻らせる。次に軍が進まなくなり、将軍陳玄礼が兵士の不満を代弁し、楊国忠を殺すこと、さらに楊貴妃の処罰をも迫る。玄宗はやむなくこれにしたがい、ようやく軍は動き始めた。

第四折：反乱が平定され、玄宗は都に戻って、すでに位を太子に譲っている。玄宗は楊貴妃の絵姿を眺め、在りし日の楊貴妃との思い出を懐かしむ。しばしまどろむと、夢に楊貴妃が現れたが、たちまちその姿は消えてしまった。玄宗は梧桐に降る雨音を聞きながら、悲しみを新たにする。

(四) 作劇上の問題点

しばしば問題となるのが、楊貴妃と安禄山の関係である。これは先行する作品でうたいものの「天宝遺事諸宮調《てんぽういじしょきゅうちょう》」にも見える設定で、よく知られていた挿話のようである。しかし、すでに楊貴妃が玄宗を裏切っている事実は、第二折に見える玄宗と楊貴妃との愛の誓いにいささかそぐわない感じがする。『元曲選』本では、第一折の楊貴妃による当該のセリフを削除している。

第三折には、編年体の歴史書『資治通鑑《しじつがん》』（一〇四八年成書）の文をそのまま使った箇所が見られる。ただし、事件の発生する順序が変えられている。『資治通鑑』は、楊国忠の死、楊貴妃の自害、父老の訴えの順になっているが、「梧桐雨」では、先に見たように、楊貴妃の自尽を一番最後にしている。まず、父老の訴えという非常事態が起こって緊張状態が作り出されるものの、それは比較的容易に解決される。次に、楊国忠、楊貴妃殺害の要求という、さらに重大な問題をたたみかけるように発生させる。このような改変はクライマックスの盛り上がりを企図したものと考えられるだろう。

(五) 楊貴妃像の形象

第三折の構成に意を用いる白樸が、なぜ第一折に楊貴妃と安禄山の密通という、玄宗への裏切りともとれるエピソードを取り入れているのだろうか。

改めて「梧桐雨」における楊貴妃の言動を見直すと、彼女はいささか主体性が乏しいことに気がつく。例えば、第一折の安禄山との関係を告白するセリフでは、「この人は私が酒に酔ったのに乗じて私通し、酔いが醒めてからは誰にも言わず、日に日に親密になっておりました」と受け身であり、そのあと登場する玄宗とは何ごともなかったかのように対面する。第二折では、玄宗のもとめに応じて舞を披露する。第三折、軍隊に包囲され、死を迫られる場面でも、命は惜しくはないが、長年のご寵愛を捨て去ることはできないと訴えるものの、自尽は逃れられぬとわかると「お救いください」と懇願し、最期は「ひどい仕打ちにございます」と言い残して去っていく。このように状況に流されるよりほかなく、自分自身の意志による行動はできない、人形のような存在として形象されているのである。

（六）玄宗の姿が象徴するもの

第四折で、玄宗は生前の楊貴妃を偲ぶが、楊貴妃には本人の意志が薄弱である上、玄宗を裏切っていたことを考えれば、玄宗の嘆きは虚しいものとしか感じられない。

しかし、それでも本作が傑作であるとされるのは、玄宗と楊貴妃の悲恋が題材になっていること、文采派と言われる白樸の作劇や曲辞の巧みさによっていることもあるだろう。玄宗の愛する者を失った嘆きは、十分に人々の共感を呼ぶものであったに違いない。

失ったことの嘆き、喪失感は、壮絶な王朝交替の争いを経験してきた当時の人々にとって、共通する心情だったのではないだろうか。その失ったものとは、白樸の場合、親族、そして、滅びてしまった故国であったかもしれない。ただし、滅亡寸前の金国は、財政の窮乏や民族間の対立など、内部に様々な矛盾を抱え、もはや統治下の人々を守る力を持たず、皇帝みずから、危機的な都を脱出するようなありさまであった。そのとき白樸の父白華は哀宗に従っていたから、白樸は父親から当時の様子を聞くこともあっただろう。とすれば、故国を思おうにも、その故国はすでに人々を裏切っていたのであり、本劇の玄宗と楊貴妃との関係と二重写しになってくるのである。

（七）「牆頭馬上」について

「牆頭《しょうとう》馬《ば》上《じょう》」は、これも白居易の詩で新楽府の「井底に銀瓶を引く（井底引銀瓶）」に基づく作品である。新楽府「井底に銀瓶を引く」は、題目の下に「淫奔を止むるなり」と原注がある。正式な婚姻を経ないで男と一緒になった女が、男の家族の反対に遭って追い出され、行き場を無くしたという悲しい身の上話を語り、「淫奔」を戒める内容となっている。
「牆頭馬上」のテキストは三種類現存するが、ここではより原形を残す古名家本を底本とする。「牆頭馬上」のあらすじは次のとおり。

父親の代理で洛陽に出かけた裴少俊は、皆が着飾って郊外に繰り出す上巳《じょうし》の日、良家の娘李千金と出会う。二人は互いに恋に落ち、千金の自室で密会したところを乳母に見つかるものの見逃してもらい、少俊は千金を長安の自宅に連れ帰る。少俊は庭番に世話を頼み、自宅の裏庭に千金を隠した。端端と重陽という二人の子にも恵まれたが、七年目についに父親裴尚書の知るところとなる。裴尚書は千金に難題を二つ出し、千金が失敗するや、二人の子どもと引き離して追い出してしまう。千金が洛陽の自宅に戻ると、両親はすでに亡くなっていた。少俊は見事科挙に合格し、洛陽に赴任、千金を訪ねて復縁を申し出るが、千金は拒絶する。そこへ千金がもともと許嫁であったことを知った少俊の両親と孫二人も到着し、前非を悔いて、千金に少俊と復縁するよう頼み込む。千金は断り続けるが、二人の子の強い願いによって和解することを承諾し、めでたく団円となる。

(八)「牆頭馬上」の女主人公

本作の主人公李千金は良家の子女であるが、しとやかなたたずまいの中に、思い定めた男と駆け落ちする行動力やはっきり意見を述べる能力も持ち合わせた女性として描かれている。例えば、次のようなやりとりにその一端を見ることはできるだろう。

[孤]……你満飲此一杯。[正旦唱]【公篇】他把酒盞児擎、我便把認字児許。……[孤]孩児、哎。你認了我罷。[旦]你棄了我、我断然不認。[孤]你既不認、引着孩児回去。[端端、重陽悲云]奶奶、你好狠也。則被你痛殺我也。你若不認、要我両個性命怎的。我両個死了罷。[旦]我待不認来呵、不干你両個事。罷、罷。我認了罷。
[裴尚書]……この酒を飲んでくれ。[千金がうたう]彼は杯をとって手渡そうとするが、私が認めるとでも。[裴尚書]わが子や、ああ、わしを舅として認めてくれ。[千金]あなたは私を捨てたのです、断じて認めません。[裴尚書]認めぬというなら、子供たちを連れて帰るとしよう。[端端、重陽が悲しげにいう]お母さん、なんてひどいのでしょう。私たちは悲しくてたまりません。あなたが認めてくれぬなら、私たち二人の命はどうなるのですか。私たち二人は死んでしまいます。[千金]私

が認めようとしないのは、お前たち二人には関係のないこと。やめたやめた。認めますわ。

千金は年長の舅に対し、「あなたはわたしを捨てた、だから断じて認めない」とはっきりと表明してみせる。こうした人物像は元雑劇以前から存在はしており、特に民間で行われた男女の掛け合いといった芸能が影響している可能性があるだろう。また、冒頭で挙げた元曲四大家の関漢卿の作品にも、例えば「救風塵《きゅうふうじん》」という作品に、悪人に対して啖呵《たんか》を切る芸者が登場している。このような己の意思を持ったモノ言う女性の存在は、元曲という文学ジャンルに育ちつつあった傾向の一つであったのであろう。とすれば、白樸もまさしくその時代の潮流の中にあって、新しい流れを取り込みつつ創作を行っていた証左と言えよう。

おわりに

冒頭で紹介したように、白樸は幼少期に王朝交替という壮絶な経験をし、金の遺民となった元好問に育てられ、彼自身も元朝に仕えずという姿勢を貫いた。しかし、これまで見てきたように、それは元朝を拒絶するためではなく、彼なりの元という時代を受容するすべだったのではないかと思われる。新しく生まれた文学ジャンルに取り組み、作品を後世に残しているのは、その現れであろう。付言すれば、元好問は散曲を残しているものの数首にとどまり、雑劇にいたっては無い。白樸の生涯から、元という新たな時代を生きた知識人のあり方をうかがうことができるであろう。

注

（1）池内功「史氏一族とモンゴルの金国経略」（『中嶋敏先生古稀記念論集（上巻）』汲古書院、一九八〇年）。

（2）田中謙二「元代散曲の研究」（『田中謙二著作集　第一巻』汲古書院、二〇〇〇年。初出『東方学報（京都）』第四〇冊、一九六八年）。

（3）白樸の作と伝えられる「東牆記《とうしょうき》」という作品もあるが、明代の改変が加えられているとされ、白樸自身の作品とは見なしがたいので、ここでは対象としない。

（4）小松謙『中国古典演劇研究』（汲古書院、二〇〇〇年）。

（5）竹村則行「元曲「梧桐雨」と明皇撃梧桐図」（『楊貴妃文学研究』研文出版、二〇〇三年。初出『文学研究』第八八集、一九九一年）では、第二折が「明皇撃梧桐図」をモティーフに構想されていることを指摘する。

参考文献

『金史』（中華書局、一九七五年）
王文才校注『白樸戯曲集校注』（人民文学出版社、一九八四年）
徐凌雲校注『天籟集編年校注』（安徽大学出版社、二〇〇五年）
葉徳均「白樸年譜」（『戯曲小説叢考』中華書局、一九七九年）
狩野直喜「元曲の由来と白仁甫の梧桐雨」（『支那学文藪』みすず

書房、一九七三年。初出一九一一年）
吉川幸次郎『元雑劇研究』（『吉川幸次郎全集』第一四巻、筑摩書房、一九六八年。初版、岩波書店、一九四八年）
田中謙二「元代散曲の研究」（『田中謙二著作集』第一巻、汲古書院、二〇〇〇年。初出『東方学報（京都）』第四〇冊、一九六八年）
安部健夫「元代知識人と科挙」（『元代史の研究』創文社、一九七二年。初出『史林』第四二巻第六号、一九五九年）
愛宕松男・寺田隆信『モンゴルと大明帝国』（講談社学術文庫、一九九八年。初出『中国の歴史』第六巻「元・明」講談社、一九七四年）
金文京「白仁甫の文学」（『中国文学報』第二六冊、一九七六年）
杉山正明・北川誠一『大モンゴルの時代』（中公文庫、二〇〇八年。初出『世界の歴史9　大モンゴルの時代』中央公論社、一九九七年）
安田二郎「父の罪悪・汚名を掩蓋（カバー）する」（第六十五回東北中国学会大会公開講演、二〇一六年五月二十八日。講演録は『集刊東洋学』第一二四号、二〇二一年一月）

「元代文学」を見つめるまなざし

奥野新太郎

おくの・しんたろう――岡山理科大学教育学部准教授。専門は中国古典文学。主な論文に「劉辰翁の評点と「情」」（『日本中国学会報』六二、二〇一〇年）、「〝元代文学〟の範疇について」（『中国文学論集』四四、二〇一五年）、「『帰潜志』に記録された「金朝文学」の様相」（『日本宋代文学学会報』五、二〇一八年）などがある。

元代文学という概念はそれ自体に多くの問題を有している。元代文学をいかなるものとしてとらえ、研究していくのか。そのためには元代文学という概念自体、或いは中国文学史という枠組み自体を改めて問い直さなければならない。本稿では近現代文学研究の議論を手がかりに、元代文学という概念について再検討する。

はじめに

かつては文学史上の暗黒時代とされ、元雑劇を除けば特に見るべきものは無いとされていた元代文学だが、近年の歴史学の成果をうけ、暗黒時代という先入見も拭い去られ、文学史上の元代文学、特に詩や散文といった伝統的なジャンルの価値も見直されており、多様な研究成果が陸続と発表されている。そこではモンゴルに対する従来の様々なイメージが覆されるとともに、モンゴル治下の文学の状況についても新たな知見が次々と提出されている。元代文学研究は、中国古典文学研究全体の中では依然としてやや寂寞たる状況にはあるものの、領域そのものとしては、大陸を中心に一昔前とは全く異なる様相を呈している。だが、いまだ議論が尽くされていない問題も多く残されている。特に元代文学研究の場合、そもそも「元代文学」という概念自体が多くの問題を孕んでいる。そして、概念自体にゆらぎやひずみがあるということは、そこに立脚した研究にも影響を与えずにはおかない。元代文学研究が大きく進展を見せているいまだからこそ、敢えてここで「元代文学」というもの自体を脱構築的に見つめ直し、元代文学研究の根本的な問題について考えてみたいと思う。

一、『元詩選』の編者・顧嗣立の言葉から

顧嗣立《こしりつ》『寒庁詩話』（『清詩話』(1)所収本）に次のような記事がある。やや長いが引用する。

元詩承宋金之季、西北倡自元遺山好問、而郝陵川経・劉静修因之徒継之、至中統至元而大盛。然麤豪之習、時所不免。東南倡自趙松雪孟頫、而袁清容桷・鄧善之文原・貢雲林奎輩従而和之、時際承平、尽洗宋金余習、而詩学為之一変。延祐天暦之間、風気日開、赫然鳴其治平者、有虞・楊・范・掲、虞集字伯生、号道園、蜀郡人。楊載、字仲宏、浦城人。范梈、字亨父、一字徳機、清江人。掲傒斯、字曼碩、富州人。時称虞楊范掲、又称范虞趙楊掲。趙謂孟頫。一以唐為宗、而趨于雅、推一代之極盛。時又称虞・掲・馬祖常・宋本褧。継而起者、世惟称陳旅・李孝光・二張翥・憲。而新喩傅汝礪若金・宛陵貢泰甫師泰・廬陵張光弼昱皆其流派也。若夫揣錬六朝、以入唐律、化尋常之言為警策、則有晋陵宋子虚无・広陵成原常廷珪・東陽陳居采樵、標奇競秀、各自名家。間有奇才天授、開闔変怪、駭人視聴、莫可測度者、則貫酸斎小雲石海涯・馮海粟子振・陳剛中孚、継則薩天錫都剌、而後楊廉夫維楨。廉夫当元末兵戈擾攘、与吾家玉山主人瑛領袖文壇、振興風雅於東南。柯敬仲九思・倪元鎮瓚・郭義仲翼・郯九成韶輩、更倡迭和、淞泖之間、流風余韻、至今未墜。廉夫古楽府上法漢魏、而入於少陵・二李。門下数百人、入其室者惟張思廉憲一人而已。明初袁海叟凱・楊眉庵基為開国詞臣領袖、亦倶出自鉄崖門。而議者謂「鉄体」靡靡、妄肆譏弾、未可与論元詩也。

元詩は宋金の季《すえ》を承け、西北は元遺山より倡《とな》え、郝《かく》陵川《りょうせん》・劉静修の徒之《こ》れを継ぎ、中統至元に至りて大いに盛んなり。然れども麤豪《そごう》の習、時に免れざる所なり。東南は趙松雪より倡え、袁清容・鄧善之・貢雲林の輩従いて之れに和し、時に承平に際《あ》い、尽く宋金の余習を洗し、詩学之れが為に一変す。延祐天暦の間、風気日に開き、赫然《かくぜん》として其の治平を鳴らす者、虞・楊・范・掲有り、一《ひと》えに唐を以て宗と為し、雅に趨《はし》り、一代の極盛を推せり。時に又た虞・掲・馬・宋とも称す。継いで起こる者、世に惟だ陳・李・二張を称するのみ。而して新喩の傅《ふ》汝礪《じょれい》・宛陵の貢泰甫・廬陵の張《ちょう》光弼《こうひつ》ら皆な其の流派なり。夫の六朝を揣錬《すいれん》し、以て唐律に入り、尋常の言を化して警策と為すが若きは、則

ち晋陵の宋子虚・広陵の成原常・東陽の陳居采有り、奇を標し秀を競い、各《おのおの》の自ら名家なり。間に奇才天授、開闔《かいこう》変怪にして、人の視聴を駭《おどろ》かし、測度《そくたく》すべからざる者有り、則ち貫酸斎・馮海粟・陳剛中、継いで則ち薩天錫あり、而る後に楊廉夫あり。廉夫元末の兵戈《へいか》の擾攘《じょうじょう》たるに当たり、吾が家の玉山主人と与に文壇に領袖たりて、風雅を東南に振興す。柯敬仲・倪元鎮《げいげんちん》・郭羲仲《かくぎちゅう》・郯九成《たんきゅうせい》の輩、更に倡えて迭《たが》いに和し、淞泖《しょうぼう》の間、流風の余韻、今に至るも未だ墜ちず。廉夫の古《こ》楽府《がふ》は上は漢魏を法とし、少陵・二李に入る。門下数百人あるも、其の室に入る者は惟だ張思廉一人のみ。明初の袁海叟・楊眉庵開国の詞臣の領袖と為るも、亦た倶《とも》に鉄崖の門より出づ。議する者「鉄体」を靡靡《びび》たりと謂い、妄りに譏弾を肆《ほしいまま》にするは、未だ与《とも》に元詩を論ずるべからず。

この記事は『元詩選』という元代の詩歌を集大成する書物を編纂した顧嗣立が元詩の歴史を概述したものである。ここに述べられる内容は現在もなお元詩史の枠組みとして継承されており、研究の発展による精度や深度は比較できないものの、枠組みそのものはいまもなお有効である。この記事を一読すれば、おおよそ元詩史の概要を了解することができる。

ここで注意したいのは「元詩は宋金の季を承け」という冒頭の一文である。元代文学について、その始まりを論じる際には、華北―旧金朝エリアにおいては金からモンゴルへの継承、すなわち「金蒙」「金元」などの語を冠するかたちでその文学の如何が論じられることが多い。一方、江南―旧南宋エリアにおいては宋から元への継承、すなわち「宋元」の文学がいかに変遷したかが論じられる。元代文学は北と南と、それぞれ別の淵源を持つとされるのである。金と南宋と滅亡の時期に四十年ほどの時間差があることも、かかる南北淵源論を生ずる原因となっている。

また、顧嗣立は続けて次のように述べる。

元時蒙古・色目子弟、尽為横経、涵養既深、異材輩出。貫酸斎・馬石田祖常開綺麗清新之派、而薩経歴都剌大暢其風、清而不佻、麗而不縟、于虞・楊・范・掲之外、別開生面。於是雅正卿琥・馬易之葛邏禄迺賢・達兼善泰不華・余廷心闕諸公、並逞詞華、新声艶体、競伝才子、異代所無也。

元時は蒙古・色目の子弟、尽く横経と為し、涵養すること既に深く、異材輩出す。貫酸斎・馬石田綺麗清新の派を開き、薩経歴大いに其の風を暢《ちょう》し、清くして佻《かろ》からず、麗にして縟《しげ》からず、虞・楊・范・掲の外に、別に生面を開けり。是《ここ》に於て雅正卿・馬易之・達兼善・余廷心ら諸公、並びに詞華を逞しくし、新声艶体、競いて才子に伝わるは、異代の無き所なり。

『寒庁詩話』は詩話であるから、そこには散文・塡詞《てんし》・小説・曲・雑劇などの他ジャンルに関する言及は含まれず、それゆえこの顧嗣立の言は元代文学全般について述べたものではない。だがここには元代文学全般に関する根本的なキーワードが含まれている。元朝―大元ウルスとは非漢族であるモンゴルによる王朝で、それは中国大陸にとどまらず、ユーラシア規模の巨大な展開を実現したものであった。モンゴルの統治下には漢族以外にも多種多様な民族がおり、そこで漢族がいかなる立場におかれていたかは元代研究全体の大きな論点でもある。かかる状況のなか、文学においても非漢族の作家たちが多く活躍した。それは顧嗣立によれば「異代の無き所」であり、まさしく元代文学の大きな特徴であった。このことは現在でもやはり重視されており、古典的名著である陳垣《ちんえん》の『元西域人華化考』など多くの研究が蓄積されている。

以上の顧嗣立の言葉から導き出される元代詩歌の特徴とは次の二点である。

①元詩の起源を北方と南方と、複数指摘していること。
②元詩の作者として非漢族の存在を強調していること。

これら二点は「元詩」を「元代文学」に置き換えても有効であり、中国文学史のなかで元代文学を強く特徴付けるものであると同時に、元代文学に関する根本的な問題を示すものでもある。

筆者はかつて「元代文学」という言葉が持つ問題について論じた。[2]「元代文学」とは、中国文学史のなかの一領域であり、それは王朝交替史としての中国史に準拠した区分である。つまり、元代文学という呼称は、それを以て括られる文学群が、宋代文学でも金代文学[3]でも明代文学でもない、ということを意味している。一般に、正統論の伝統を持つ中国史では王朝交替は直線的かつ単線的にイメージされることが少なくないが、実際の各王朝の興亡は決してそうではない。元朝に関連する限りにおいても、

遼　九〇七～一一二五
宋　九六〇～一二七六
金　一一一五～一二三四
(蒙)元　一二〇六～一三八八[4]
明　一三六八～一六四四

と、それぞれ重複する時期を有している。我々が唐代、宋代、元代などと言うとき、通常それは時間軸上の単位として用いているわけだが、たとえば金代と呼ばれる時間は、江南

においては宋代と呼ばれる時間でもあるなど、地理的な限定を含む条件づきの単位であることを忘れてはならない。そして「元代」という単位もやはり一筋縄ではいかない。たとえばその起点については、チンギスの即位から、金朝滅亡から、国号の制定から、南宋滅亡から、など様々な数え方が存在する。それゆえ元代文学史を扱う書物では、元代という時期をどのように規定するか、該書における著者の見解がまず述べられるのが常である。これは従来の正統論的な王朝交替史をベースとする中国文学史という枠組みの限界を示すものと言える。遼宋金元と、十世紀から十四世紀にかけたこれらの王朝の文学は、直線的な中国文学史の枠組みでは処理できないのである。そして、議論に際してそのつど確認や定義をしなければならないほど、元代とは概念として曖昧なのである。

二、多元的な文学場

元代文学が南北それぞれの淵源を持つことは現在の元代文学研究でも重視されており、「金元」「宋元」のように、金宋それぞれと元との王朝交替における文学の様相が論じられている。たとえば査洪徳『元代文学通論』（東方出版中心、二〇一九年）でも元代前期は多くの源流が一つに融合して「統一的な元代文壇」を形作る段階であるとされ（上冊二四六頁）、「由金入元」と「由宋入元」と分けて論じられている。またこれは段階的な王朝交替の別というだけでなく、南北の差異という地理的な問題としての側面も持つ。中国大陸において、古来より南北の差異は自然環境や生活様式等のほかに、文学においても何らかの差異を生じさせるものであったが、元代文学においても南北の別と融合は重要なテーマである（たとえば元雑劇）。この南北というキーワードは重要で、たとえば胡伝志『宋金文学的交融与演進』（北京大学出版社、二〇一三年）は十世紀以降、すなわち遼宋の対峙《たいじ》から元による混一以前の期間を「第二次南北朝時期」（一頁）と呼び、唐宋（金）元と直線的に捉えられがちなこれらの時期を南北という構図で俯瞰的《ふかんてき》にとらえている。

だが、元代文学の内部に南北という境界＝補助線を引こうとすることは、言い換えれば、元代文学とは一元的に論じがたい概念であるということだ。いちど元代文学として一元的包括的に括っておきながら、しかしその内部は再度区分され、辨別的に論じられる。その場合、元代文学という包括的概念自体の有効性や妥当性が問われなければならない。

また、内的多層性に加えて、外的な拡張も考慮しなければならない。楊廉『元詩史』（人民文学出版社、二〇〇三年）によれば、孔斉『至正直記』巻一所載の、西域の鉄門関（現在のウズベキスタンにあった）に書き付けられていた「青門引」という詞（『和林志』）は、中国古典詩のなかで中原から最も遠い場所で作られた作品であると言う（六〜七頁）。ユーラシア大陸の東西に跨がる巨大な帝国の一部となったことで、かつてない空間的広がりを中国は経験した。[5]そしてそこから生じるのが②の特徴である。今までは世界の外にあったものが、同じ世界の内となったことで、かつてない多様性が生じた。内部には補助線を引き、外部に向かっては延長線を伸ばすことで、元代文学とはますます一元的にとらえきれないものとなってゆく。

後にも触れるが、一般に中国文学とは「中国における中国人による中国語を用いた文学活動」[6]を暗黙の定義として有している。それは中国文学が領域として各国文学の一であることから、当然の帰結であるともいえる。特に近代以降の中国文学研究とは、伝統的な漢学から脱却し、いわゆる世界文学を見据えつつ、文学＝literatureとしての普遍的な、或いは対話可能な価値を中国の文学＝literatureの中に見出そうとするものであり、それは世界文学と対をなす各国文学にほかならない。右の定義のうちには場・人・言語の三つの構成要素が指摘できるのだが、すでに述べたように、元代において「中国における」という場がどこまで適用できるかは、議論のあるところであろう。

②のように非漢族作家が特筆すべき特徴として取り上げられるのは人の問題である。「中国人による」ものが基本とされるからこそ、そうでないものが特徴として映るのである。だが、このような特徴が果たしてどれほど意味を持ちうるものだろうか。

文学とは究極的には個人による精神活動であり、作者の性質（個性と言ってもよい）が大きな意味を持つ。作者の性質は、その人の出自や生い立ち、属する社会や置かれた環境、出会った人々など、様々な要因から成り立っている。その点から言えば、たしかに漢族か非漢族かという区分は意味を持ちうるであろう。しかし、それは必ずしも作者を論じるための必要条件とはなりえないのではないか。

たとえば趙孟頫《ちょうもうふ》「薛昂夫《せつごうふ》詩集序」（『趙孟頫文集』[7]巻六）に言う。

> 嗟夫。吾観昂夫之詩、信乎学問之可以変化気質也。昂夫西戎貴種、服旃裘、食湩酪、居逐水草、馳騁猟射、飽肉勇決、其風俗固然也。而昂夫乃事筆硯、読書属文、学為儒生、発而為詩・楽府、皆激越慷慨、流麗閑婉、或累世為儒者有所不及、斯亦奇矣。蓋昂夫嘗執弟子礼於須渓先生之門、其有得於須渓者、当不止於是、而余所見者詞

章耳。

嗟夫《ああ》。吾（薛）昂夫の詩を観るに、学問の以て気質を変化すべきを信ずるなり。昂夫は西戎の貴種にして、旃裘《せんきゅう》を服し、湩酪《とうらく》を食《くら》い、居は水草を逐い、馳騁《ちてい》猟射し、肉に飽きて勇決たり、其の風俗たるや固《もと》より然り。而るに昂夫は乃ち筆硯《ひっけん》を事とし、書を読み文を属《つづ》り、学びて儒生と為り、発して詩・楽府を為《つく》るや、皆な激越慷慨《こうがい》、流麗閑婉《かんえん》にして、或いは累世儒者たる者の及ばざる所なるは、斯《こ》れ亦た奇なり。蓋し昂夫嘗て弟子の礼を須渓《しゅけい》先生の門に執れば、其の須渓より得たる者有ること、当《まさ》に是《ここ》に止まるべからざるも、余の見るところの者は詞章のみ。

薛超吾《せつちょうご》（一二七三?～一三五〇、字は昂夫、漢姓は馬）は貫雲石（一二八六～一三二四）とともに元代を代表するウイグル人散曲家として知られるが、彼は若い頃盧陵《ろりょう》の劉辰翁《りゅうしんおう》（一二三二～一二九七、字は会孟、号は須渓）に師事して学問や文学を学んでいる。趙孟頫が言う「学問が気質を変化させる」とは、中国の伝統的な華夷思想にも連なるものであろう。「諸侯夷礼を用うれば、則ち之れを夷とし、中国に進めば、則ち之れを中国とす」（韓愈《かんゆ》「原道」）(8)という言葉もあるように、華夷の別とは礼の有無によるものであり、必ずしも血統や民族などによるわけではなかった。非漢族作家は元代文学を特徴付けるものの一つとされるが、漢族に師事し、中国の学問や文芸を修めた薛超吾を、その出自にこだわり、趙孟頫ら漢族作家とことさらに区別する意味が果たしてどれほどあるかということなのである。出自に着目することを無意味だとは言わないが、全てを出自に帰結させ、或いは全てをそこに起因するような見方はやはり危険であろう。ことさらに非漢族という要素を強調する必要は必ずしも無いのではないだろうか。いみじくも顧嗣立が「異代の無き所」と述べるように、②の特徴は飽くまでも他の王朝との比較の上に成り立つものに過ぎないのである。そもそも非漢族であることを指摘される著名な文学者は歴史上多く存在する。元朝は異民族王朝であるがゆえに、とりわけそれが強調されてしまいがちであるのにすぎない。

このように、元代文学を「中国文学」として見た場合、場と人とそれぞれに再考を要する問題が指摘できる。時間的にも空間的にも明確な輪郭を描きがたく、作者についても多様性を有する元代文学とは、はたしていかなる文学群なのだろうか。我々は元代文学と呼ばれる文学群を、いかなるまなざしを以て眺めればよいのだろうか。(9)

三、「ことば」から

元代文学とは中国文学史の一環である。そして中国文学とは「中国における中国人による中国語を用いた文学活動」であるという暗黙の前提がある。だが、元朝のようないわゆる非漢族王朝においては、この前提は必ずしも成立しない。そもそも中国とは現代でも漢族を中心とする多民族国家であるとされており、歴史的に見ても常に様々な民族が共生していることは周知の通りである（そもそも民族という概念自体が慎重を要するものであるが）。一方で、文学史というものが民族や国民などの近代的な概念と不可分のところに生じたものであるということを思い併せると、元代文学を文学史で扱うことそれ自体が困難なことと言わざるを得ない。範疇《はんちゅう》として一元的であることを指向する一国文学史のなかに、多様性・多元性を内包する元代文学はうまくはまりきれないのである。

ではどうするか。ここで着目したいのは場・人に続く三つ目の要素である言語である。近年、わが国の教育職員免許法の改訂にともない、中等教育の英語において「英米文学」が「英語文学」とその名称を改めた。国籍から言語への転換である。世界中の多様な人々が英語で発信することが当たり前の世の中において、伝統的な一国文学史に基づく英米文学という概念では、もはや現実に対応しきれないのであろう。

これは中国文学においても同様で、近現代文学の領域では国籍や人よりも言語に基点を置く「華語語系文学（sinophone literature）」という概念が提出されている。及川茜《おいかわあかね》「華語語系文学の輪郭と展望」[10]によれば、「中国」「中国人」「中国語」という中国文学を構成する要素がいずれも「複数性」を備えるなか、その複数性と向き合いつつ、「中国中心的な本質主義から脱するための手がかりとして打ち出された方法論」であると言う。概念そのものをどのように定義づけるかについては史書美や王徳威など様々な議論があるが、ここではそれが言語に着目した視点であるというところを重視したい。それは及川が指摘するように漢文脈や漢字文化圏、漢文文化圏など古典文学研究でもしばしば用いられる概念とも「重なり合う部分を持つ」のだろう。

近現代文学研究におけるこれらの議論は、中国古典文学、とりわけ元代文学を考える上で極めて示唆に富むものと言える。近現代文学研究において、旧来の中国文学という概念では現実の文学活動を括ることができないところに、華語語系文学という新たな概念が提示された。同様に、伝統的な断代文学史である元代文学という概念が持つ種々の問題を、言語に基点をおいて見つめ直すことで、元代文学の新たな像がそこに結ばれるのではないだろうか。それは言語による文学史の解体と言ってもよい。

試みに言語によって括ると、古典文学では用いられる言語は文言《ぶんげん》にせよ白話にせよ、一定の同質性が指向されるため、「語系」という概念を用いるまではいかず、それはたとえば漢語文学のような謂いになろうか。それを必要に応じて時間や地域などの限定語によって区分し、細分化していく。結果として従来の金代文学や元代文学とほぼ重なるような区分が生ずるとしても、そこに王朝という要素が入っていないことは決定的に異なる。王朝という要素が無いということは、たとえば元好問は金代文学か元代文学かなどという討論はしなくても済むということだ。そこでは作者の出自や国籍、王朝への仕不仕なども作者の個性として還元しうるものとなろう。振り返ればかつて村上哲見《むらかみてつみ》が論じた宋末元初の文人の帰属問題も、「宋人か、元人か」という問題であった[11]。

四、「域外」の漢語文学

さらに、言語ベースで元代文学を捉え直すと、そこでは地理的な国境すらも必ずしも大きな意味を持たなくなる。その時視野に入ってくるのは、朝鮮や日本など周辺諸国の漢語文学であろう。これら東アジア文化圏を包括的に捉えた東アジア文学史のような試みもすでになされている。

東アジアという広汎な領域を一定の圏域として括るとき、有効な概念とは場や人といった「ハード」ではなく、思想や言語などの「ソフト」であろう。漢字や儒教など、東アジアを括る際に従来用いられてきた概念はそのことを物語る。元代とは、その内部に越境的な多様性を内包しながらも、一国史上の一朝代として位置付けられてきた。そこに根本的な齟齬がある。では、その多様性に着目した括り方を摸索したとき、そこには中国という場や人に必ずしもとらわれない、言語によって広く括られる文学の圏域を見出すことはできないだろうか。

たとえば日本文学研究者の小峯和明《こみねかずあき》は「東アジア文学圏と中世文学」（『中世文学』六四、二〇一九年）において、日本文学研究の「国際化」の必要を述べ、「日本における「東アジア文学史」の欠如」を問題であるとしつつ、「中国古典のみならず、朝鮮古典やベトナム古典を視野に入れ、直接の研究対象にすることで、日本文学とアジアの文学とをいかに包摂し複合化させるか、その方策が今後の行く末にかかわるであろう」と述べる。日本は古来より海外から様々な影響を受けてきた。それゆえ、日本文学研究においては中国や朝鮮など近隣諸地域との関連性は当然のごとく注意される。たとえば日本の中世文学が中国の宋元の文学や書物の影響を強く受けていることは周知の通りである。これらは影響という一方向的な関係の常として、日本文学研究では強く意識されるものの、中国文学研究でも同程度の関心が向けられているかといえば、必ずしもそうではないだろう。

だが、漢語による文学として括ってしまえば、それが同時期の別の場所で生じて展開したものとして、同じ地平の上で論じることが可能になるだろう。そこでは従来のような作家群、文壇、地域文学のような小領域も引き続き議論可能であると同時に、従来は境界線によって区切られていたものを結びつけることも可能となる。それによって従来とは異なる新たな研究テーマが見出されるかもしれない。

歴史研究における元代史は、伝統的な中国史という枠組みにとどまらず、モンゴル時代史という大きな括りや、或いはユーラシア史など、様々な枠組みのもとで、次々と新しい様相が明らかにされている。かかる領域において、文学研究も従来の伝統的な文学史という枠組みのみではなく、新たな枠組みによる見方を模索してもよいのではないか。そしてそれは、中国文学史という枠組み自体を我々がいまいちど問い直すきっかけともなるのではないか。

おわりに

藤井省三『中国語圏文学史』(東京大学出版会、二〇一一年)は「二〇世紀以後の中国語圏文学史とは、越境の歴史でした」、「中国語圏の現代文学とは、相互に越境しあう中国・香港・台湾そして日本との現代文化交流の物語なのです」と述べ、「越境」をその特徴とする「二〇世紀以後の東アジア文化・社会を展望する概念」として「中国語圏文学」という語を提唱する(iii頁)。

このように、近現代文学では、必ずしも中国(大陸)内で完結しない文学活動をも包括的に論じるために、土地や作者の国籍ではなく、言語に着目する試みがなされている。この考え方は古典文学にも適用できるのではないか。少なくとも元代の文学について考える際には、王朝という枠組みから脱却した視点に立った方がより包括的に論じることができるのではないか。いずれにせよ、断代史に基づく中国文学史の限界について、我々はいまいちど考える必要があるだろう。

本書において筆者に課されたテーマは「元代文学の成立」というものであった。だが、昨今の研究状況を見るに、中国古典文学研究の一領域としての元代文学は、大きな視点の転換を必要としていると考えられる。問題は根本にある。極言すれば、元代文学とはいまだ概念として成立しえていない。区分とは、全ては「便宜上」から始まっている。そして、いつしかそれが我々を強く束縛するものとなってしまっている。だが敢えてその束縛から逃れることで、我々が「元代文学」と呼んでいたものは、従来とは異なるものとして我々の目に映るのではないか。

かつて元代文学と呼んでいたものを異なる視点から再構築しようという試みが果たして妥当であるか否かは、今後さらに検討を続けていかなければならない。だが、旧来の「元代文学」という規矩《きく》ではもはや正確な図形は描けないことは、確かなのではないだろうか。

注

（1）王夫之等撰、上海古籍出版社、一九七八年新版、上冊。

（2）拙稿「〝元代文学〟の範疇について」（『中国文学論集』四四、二〇一五年）。

（3）「金代文学」という言葉がもつ問題についても拙稿「『帰潜志』に記録された「金朝文学」の様相」（『日本宋代文学学会報』五、二〇一八年）にて論じた。

（4）ここではチンギスの即位からトクズ・テムルの死までを数えている。

（5）元人の著作のなかには、史上最大の版図を誇る言説が多く見られる。

（6）「中国」「中国人」「中国語」なども定義を突き詰めれば多くの問題を生じるが、本稿の範疇を超えるため、ここでは措く。なおこれは後に示す華語系文学においても重要な論点となっている。

（7）任道斌編校、上海書画出版社、二〇一〇年。

（8）馬其昶校注・馬茂元整理『韓昌黎文集校注』（上海古籍出版社、一九八七年）巻一に「諸侯用夷礼、則夷之。進於中国、則中国之」と。

（9）元代文学研究における様々な論点やテーマには、元代文学をどのようなものとしてとらえるかに起因するものも少なくない。

（10）奈倉京子編『中華世界を読む』（東方書店、二〇二〇年）所収。

（11）村上哲見「弐臣と遺民――宋末元初江南文人の亡国体験」（『中国文人論』所収、汲古書院、一九九四年。＊初出は一九九三年）

景徳鎮青花瓷器の登場――その生産と流通

徳留大輔

とくどめ・だいすけ――出光美術館主任学芸員。専門は東洋陶磁史・考古学。とくに宋元陶磁における生産と流通・消費・受容の比較研究を進めている。主な共著・論文に『貿易陶磁器と東アジアの物流　平泉・博多・中国』（高志書院、二〇一九年）、「陶磁器から見た海域アジア――一三世紀から一四世紀の事例をもとに」（『史苑』七九巻二号、二〇一九年）などがある。

元代の青花の誕生と発展には、元朝における領域の拡大を背景にした西アジア地域との交流・交易、需要の拡大があった。景徳鎮窯ではその需要に応える中で、西アジア工芸の美意識を取り入れるが、それを形にできる窯業技術と管理体制が元代景徳鎮窯に存在していたのである。

白い背景に鮮やかなコバルトブルーが映え、緻密さと豪放さをあわせもつ筆致による文様が特徴の陶瓷器＝青花瓷器《せいかじき》（以下、青花と称す、**図1**）。一三三〇年代の中頃から突如として大量に元朝下の景徳鎮窯《けいとくちんよう》で焼造され、中国、東アジアのみならず東南・西アジアと広範囲に流通したことで知られる（**図2**）。中国陶瓷史において青花が誕生する以前、華北地域に広がる磁州窯《じしゅうよう》系の窯場では、鉄絵（銹絵《さびえ》）や紅緑彩といった筆書きによる意匠表現は存在していたが、主要な施文技法は刻花（彫り文様）や貼花《ちょうか》（貼り付け文様）であった。また色調も定窯《ていよう》、景徳鎮窯、龍泉窯《りゅうせんよう》、建窯《けんよう》に代表されるように白・青・黒といった単色（磁州窯は白と黒のコントラストはあったが必ずしも宋代の高級陶瓷器というわけではなかった）によるものが中心であったことを考えても、青花の誕生は中国陶瓷史上大きな画期であり、その後の主流な陶瓷器となっていく。本稿では、その景徳鎮窯青花の成立とその様式の特徴ならびに生産と流通の管理に関して整理を行う。

なお中国における青花の誕生は、晩唐期に河南鞏《きょう》義窯《ぎよう》で焼造されはじめた可能性が高いとされる。しかし施釉技術が元青花と同一の技法か否かという問題や、宋代には青花が見

られないことから、唐青花と元青花の系譜関係をどのように理解するのかは未解決の課題となっている。(1)

一、元青花の誕生――その出現時期について

では白瓷胎の上にコバルトによる青色で彩画され、釉下彩技術による青花瓷は、元代のいつ、どのようにして生まれたのか。

元青花の様式を考える基準作かつ紀年銘を有する最古の事例として、英国のディヴィッド・コレクションの至正十一年（一三五一）の紀年名をもつ青花雲龍文象耳瓶（一対）が注目されてきた。鮮やかなコバルトの発色、文様のあり方から元青花の完成形とも言われてきた。この時期は既に元代後期で、瓶の作行きの完成度が高いことから、初現的なものは至正十一年以前に生産が始まっていると考えられてきた。ではどの段階まで遡るのであろうか。

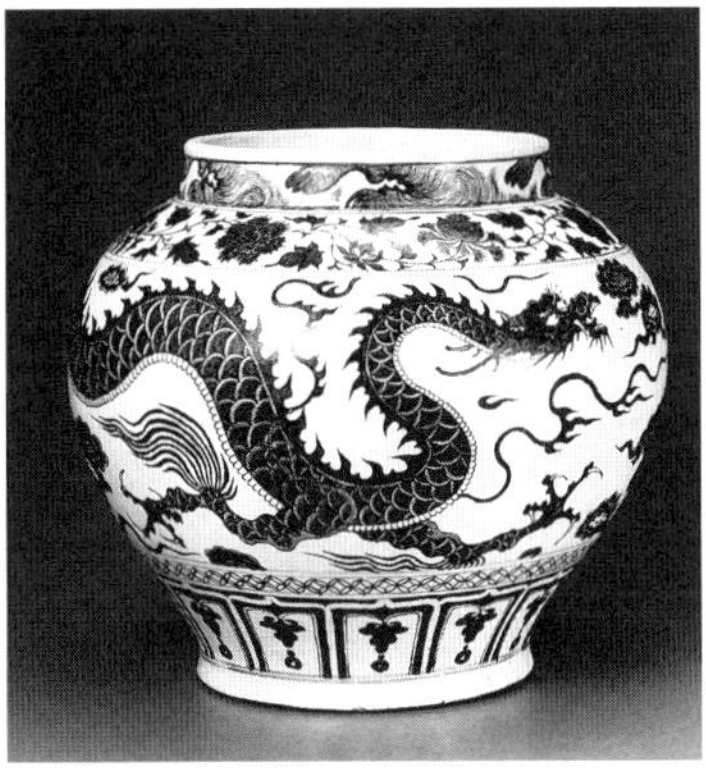

図1　青花龍文壺　元時代　景徳鎮窯
（出光美術館所蔵）

図2　本論で関連する窯址分布図
（筆者作成）

元青花の生産の始まりを考えるにあたり、注目されてきたのが朝鮮半島西南海岸の木浦沖の新安で発見された沈没船（以下、新安沈船と称す）である。新安沈船は中国の慶元（現在の浙江省寧波《ねいは》）を至治三年（一三二三）に出港し日本を目的地としていたが、航海の途中で沈んでしまったことで知られる。この沈船から引き上げられた陶瓷器は龍泉窯青瓷が主要であり、他の産地の製品も見られるが、元青花は発見されていない。

さらに生産地遺跡の一つである景徳鎮の落馬橋窯址の発掘調査が二〇一二～一五年にわたって行われた。(2)操業年代は三期五段に分けられ、そのうち第三期はさらに三段に細分されている。第一段は、至元十五年（一二七八）から大徳四年（一三〇〇）前後であり、青白瓷や灰青釉の製品、また精緻な卵白釉瓷の生産が始まっている。第二段は大徳四年前後から一三三〇年代中頃で、この段階では卵白釉瓷が大量に焼造さ

れるほか、少量であるが釉裏紅《ゆうりこう》や紅緑彩瓷の焼造も行われている。第三段は一三三〇年代中頃から至正十二年（一三五二）で、卵白釉・青花・藍釉・釉裏紅・紅緑彩などの製品が焼造され、落馬橋窯址の最盛期と位置づけられている。つまり十四世紀頃を境にして、卵白釉、その後、釉裏紅、そして一三三〇年代に青花瓷が焼造されていることを示している。

以上のような状況から、元青花の出現時期は十四世紀第2四半期の後半頃と考える理解が一般的となっている。

二、元青花の誕生の内的要因と外的要因

元青花の誕生に関しては、中国における磁州窯系の白地鉄絵をもとに発生したという独自発展説とコバルト顔料や釉下彩技術によるイスラーム陶器からの影響を重視する外的要因説がある。近年いくつかの先行研究の中でも指摘されるように筆者は、内的・外的要因が重層的に重なった結果、元青花が出現したと考えている。

ポイントは中国製瓷技術の伝統と西アジア工芸品の美意識が元青花の中に表現されていることである。[3] 陶瓷器を受容・使用する側（西アジア）の嗜好性や要望を的確に伝達し、製作者（景徳鎮窯）が理解し、その要望に応えるための原材料の獲得（調合を含む）とデザイン製作、それを実際に作り出す製作技術の存在（造形、施文技術、焼成方法など）があったことを示していると考えられる。そこで、以下に元青花が製品としてできあがるまでの製作のプロセスに沿ってその様相を見ていく。

（一）素地土（原材料）の獲得・改良

青花の製作において最初に必要なことは、質が良く高火度焼成に適した白瓷の素地土となる原料の獲得と配合である。景徳鎮窯では唐代以降、陶瓷器生産が徐々に活発化し、北宋代には質の高い白瓷・青白瓷（影青《インチン》）を焼造していた。しかし、精巧な原料が採土できる箇所が進坑一箇所のみであったことから、南宋代にはその原材料は枯渇し始めていたことが南宋・蔣祈《しょうき》『陶記』の記載から推測され、元代には新たなる原材料への改良が始まっていたのであった。景徳鎮の湖田窯址で検出された陶瓷片の胎土分析の結果、元代以降の陶瓷器の素地土は、宋代の陶瓷片の胎土の組成に見られるような地表面の陶土でなく、地表深くから採取した材料を使用しているという値を示していた。また元初から元の泰定年間（一三二四〜二八）の間に、陶石に長石類が風化して土質になった高嶺土（カオリン土）を混ぜて用いる「二元配合」により耐火度の高い素地土作りが行われていたことが明らかにされた。[4] そしてこの二元配合により一二八〇〜一三〇〇℃の高火

度焼成が可能となり、堅牢で大形・薄胎の瓷器作りを可能としている。[5]つまり、元代に入り、新たな瓷土の獲得と配合の改良に伴い、それまで以上に高火度焼成が可能で精良な素地土ができたのである。

（二）成形

成形技法は轆轤《ろくろ》成形、型成形などがある。とくに元代には器の大形化が顕著であるが、（一）による改良が、大小様々なサイズの器や種類を作ることを可能とした。また大形の器は焼成による歪みなどを防ぐために、轆轤により器全体を一体で成形するのでなく、胴上半と下半を別々に作り、それを胴中央付近で継いで成形するなど、素地土の特性を理解して様々な形を作る工夫が行われている。

（三）施文（文様を施す）

1　筆書きによる施文、釉下彩技術の導入

金・南宋代まで、景徳鎮窯をはじめ多くの窯場《かまば》（磁州窯と吉州窯を除く）では、陶瓷器の文様は彫り文様（刻花）や型押しによる文様（印花）が中心であった。元代においてもそれらは継承された一方で、景徳鎮窯では新たに白瓷胎に筆書きで文様が表されるようになり、一三三〇年代の中頃にはコバルトを用いて筆書きで文様を表し施釉・焼成する元青花が誕生する。それに先立ち青花と同様の技法で呈色剤に酸化銅を利用する釉裏紅も焼造されている。筆書きによる施文の後に施釉する釉下彩技法は、北宋代の十二世紀頃には磁州窯で発生している。磁州窯では白化粧を施し、その上に鉄絵具で文様を描き透明釉を施すものであり、元代においても磁州窯では主流の意匠表現であった。馮先銘氏は北宋の滅亡を招いた「靖康の変」（一一二七年）により、江西の地へ逃れた磁州窯の陶工が吉州窯に釉下彩の技術を伝えた可能性を指摘する。[6]吉州窯は胎土が白色であることから、磁州窯と異なり直接胎に鉄絵を施し、その上に透明釉を施している。このため磁州窯と吉州窯では、白化粧の使用／不使用の問題、文様構成の相違があること、吉州窯の鉄絵の作例にみられる独自性の創出や唐代の長沙窯の釉下彩瓷の影響を受けている可能性が考えられるなど、いまのところ筆書き技法がどのような過程を経て元青花へ採用されたかに関しての最終的な結論はでていない。その一方で、吉州窯の中には明らかに磁州窯の影響をうかがわせる作例がある。例えば北宋代中晩期の吉州窯の製品には瓷枕が数多く見られるが、変形如意形、束腰形、八角形などの非常に独特な造形のものは同時代の磁州窯に見られ、また低火度の緑釉を施す製品など、釉下彩技法以外にも磁州窯と吉州窯とで共通点があることは注目すべき点である。[7]このほか吉州窯と景徳鎮窯との関係については両窯は地理的に

近く、吉州窯では景徳鎮窯と類似する形態の青白瓷や、褐釉を施したものにも景徳鎮窯青白瓷とほぼ同様の意匠・造形のものが焼造されている。(8)

さらに景徳鎮窯では定窯の白瓷の覆焼の技法（伏せ焼き）が南宋中晩期には伝わっている。覆焼を行うには器の口縁部の釉薬を拭き取る釉剥ぎを行う製作工程と、支圏とよばれる窯道具が必要であることから、陶工または製陶技術が定窯から景徳鎮窯へと移転していると理解できる。定窯との関係でいえば、この他にも印花（型押し文様）における牡丹文やザクロ、飛鳳文などの文様や図案構成などは類似性が高い。(9) また耀州《ようしゅう》窯や越州窯の刻花技法・意匠、建窯の黒釉製品などの影響も景徳鎮窯には見られる。このほか、釉薬の上に色絵具で模様を施し焼成する釉上彩の技術である紅緑彩瓷は金代に磁州窯で焼造され始めたが、元代の景徳鎮窯でも焼造されるようになった。(10)

景徳鎮窯では北宋代に精緻な白瓷・青白瓷を焼造するようになり、中国国内で有名な陶瓷器の産地となるが、このように中国国内の各産地から窯業に関する情報や技術が断続的に集まりそれらが蓄積していたことになる。景徳鎮窯青花の出現を生み出す大きな内在的な要因となっていたものといえる。

2 青料（コバルト）の獲得——その背景と文様の構図

青花の完成に必須の原材料はコバルトである。雲南省・玉渓窯《ぎょくけいよう》では中国産のコバルトを用いた明代の青花が知られているが、その発色はやや黒ずみ濁っている。元青花のコバルトの成分分析の結果は、中国産とは異なっており、発色も鮮やかであることから西アジア産と考えられている。

ところでなぜ『青』なのか。中国国内では既に鉄絵はあり、白・黒の色彩での表現は可能であったが、なぜ青色のやきものが必要であったのか。また青色の龍泉窯青瓷以外になぜ青花が必要であったのでろうか。元青花を数多く受容していた地域である西アジアとの関係に着目してみたい。

イランのアルダビールコレクションや景徳鎮窯で採集された元青花の中に、アラビア文字が記されているものが知られている。アラビア文字は釉下に書かれて、焼成する前に記されていたのである。(11) これらの文字は記号などではなく、意味を有する言葉であることから、景徳鎮にはアラビア文字を書き、理解できる人物が存在していたことを示している。(12) このことはコバルトの原料入手先であり、また元青花を数多く受容していた西アジアとのつながりを想起させる。

弓場紀知《ゆばただのり》氏によると十三世紀半ばから十四世紀中頃にかけて、西アジアのイスラーム世界では、ラピスラズリやモスクの外壁を覆うタイルに代表されるような「青」色が非常に尊ばれていて、最高の陶器は藍釉の陶器であるラジュバルディーナ陶器（ラピスラズリ調の陶器の意味）とも称されている。またこの他、中世の西アジアでは、青釉陶器の青だけでなく、白地藍彩（図3）、白地藍黒などの青と白色を用いた陶瓷器やミナイ陶器やラスター彩などの上絵陶器、またエナメル彩ガラスといった上絵彩色ガラスなどがあった。[13] 森達也氏は、元青花の中国国外の主要な受容層である西アジア地域で用いられていた陶器やガラスといった美術工芸品に見られる西アジアの工芸美が元青花の出現をもたらした可能性を指摘する。[14] 筆者もこの陶瓷器を受容する側の美意識や価値観が元青花に関係しているという説は非常に興味深いものであると考える。例えば龍泉窯青瓷は、彫り文様であるため青花と比べてその文様的特徴の中で西アジアの影響を見いだしにくいが、そのかわり直径が四〇センチを超える大盤（皿）や、高さ四〇センチ以上の大形の瓶など、中国陶瓷の伝統では見られない器が作られた。これは西アジアを意識した造形的特徴を有するものが作られていたことを示しており、それと同じ要因であると理解できるからである。

図3　白地藍彩鎬文蛍手鉢　イラン　12-13世紀（出光美術館所蔵）

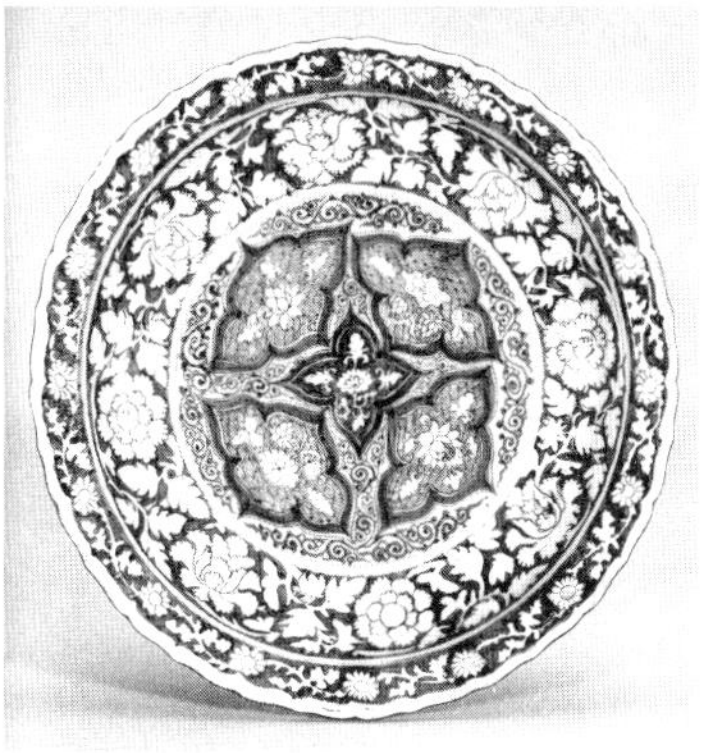

図4　青花牡丹唐草文輪花盤　元時代　景徳鎮窯（出光美術館所蔵）

　また文様や意匠構成に着目すると、西アジアの工芸の美意識には筆書きによる意匠豊かな陶瓷器やガラス製品が多く見られる。この工芸美に応える必要が景徳鎮窯には求められていたのであろう。器全体を緻密な文様で埋め、また放射状文様が展開する構図はその典型とされる（図4）。中国陶瓷は九世紀頃から西アジアへ本格的に流通する。時期により流通する製品の特徴や量に増減はあるものの、堅牢で形も整った中国陶瓷は西アジア地域で好まれてきた。結果として古くは晩唐五代三彩の影響を受けたペルシア三彩が生み出され、それがイスラームの地域での独自の様式を生み出してきた。[15] 元青花においてもエジプトのフスタート遺跡の出土品にも顕著に見られるが、元青花の写しを作っている。また先行研究でも言われるように元青花の精緻でかつ大形の作例の多くの遺品はイランやトルコの地域で数多く伝世していることから分かるように、その重要な需要者層は西アジアの人々であった。彼等は「青」を基調とする色彩・美観が強かった。

元朝では色目人が官僚として採用されていたことを考えると、景徳鎮窯にアラビア文字が分かる人物もいた可能性が高く、彼等により西アジアの人々の好みが伝えられた可能性も充分に考えられる。需要者の要求に応えるために西アジアから青色を発色する原料であるコバルトを入手し、中国各地の窯業技術が集積した景徳鎮では、必要に応じて技術を改良しながら、青花を生み出し西アジア風の意匠のものを焼造し、さらには中国国内での需要にも応えるために多様な作例を生み出していったものと考えられる。

(四) 焼成

陶瓷器の焼成に際して、中国南方地域では自然の丘陵の斜面を利用した構造の龍窯《りゅうよう》を使用している。景徳鎮の湖田窯でも宋代から元代初期までは龍窯であるが、元代には葫蘆形《ころがた》窯《よう》が築窯されている。[16] 窯址内からは卵白釉の白瓷（枢府手白《すうふではく》瓷《じ》）と高足杯、元青花の破片が出土している。この葫蘆形窯は基本的には龍窯を基礎に、北方式の半倒焔式馬蹄形炉の要素、とくに窯の燃焼室と焼成室との境に段差をもうけ応用したものであると考えられている。[17] 窯の構造の変化は、そこで焼成する陶瓷器の質を高め、量産を目的としていた。枢府手の白瓷や青花瓷の陶片が出土していることを考えると、宋代から元代初期までの龍窯ではうまく焼造できない製品を作るために改良された訳であり、そこに磁州窯をはじめとする華北系の築窯技術が導入されていることは、陶瓷器作りに関連する工人たちの移動の可能性を想起させる。またこのことは先述した、陶瓷器を製作する技術が断続的に景徳鎮に集まっている様相とも連動しているとともに、葫蘆形窯はこのあと明代にも継承されることから、元代に青花を焼造していく中で窯構造の改良が進められていたことを物語っていると思われる。

(五) 小結

本節では、原材料の入手の経緯や技術の系譜に着目しながら、陶瓷器（青花）の製作工程に沿ってその様相をみてきた。元青花は、西アジアの地域の人々の需要に応えるために生み出され、西アジア地域の工芸美の世界を青花瓷に映し出す必要があった。それは外的要因であるが、それを生み出すことができたのは、中国国内における様々な窯業技術が継続的に景徳鎮に集積していて、それを青花という白地に鮮やかな青色の陶瓷器を作り出すために応用・改良できたという内的要因があり、その両者が重層的に結びついて生み出されたといえる。

三、窯業の体系化・本格化と浮梁磁局

さて、先述したように陶瓷器に関する様々な技術や情報、人の移動が想定される景徳鎮であるが、景徳鎮における窯業遺跡の分布は、五代〜宋代ではその多くが景徳鎮の城内ではなく、近郊の農村部にあり、北宋代の遺跡の分布は広く規模も最大であった。しかし元代になると次第に減少し、かつ景徳鎮内に集約する傾向にあることが明らかにされている。これは窯業が農業から分離され、専業化が進み、代々陶磁器生産に従事する職人や業者が形成され始めたことを示唆しており、陶磁器産業の市内への集中に伴う生産の大規模化と商品経済の活性化を促すことにつながっている[18]。

この現象には、元代に景徳鎮において皇帝・宮廷用の御用瓷器の焼造が行われていたことが大きく関係していたものと思われる。文献史学における研究と近年の考古学的調査の結果、元代の景徳鎮における窯業のあり方、中でも御用瓷器の生産と民間の窯の操業との具体的な様相がより明らかにされつつある。

（一）浮梁磁局

景徳鎮における元朝の皇帝・宮廷用の瓷器生産に関して、浮梁《ふりょう》磁局《じきょく》が先学により注目されてきた。

『元史』巻八八、百官志四、将作院の条には、

> 諸路金玉人匠総管府、秩正三品。掌造宝貝金玉冠帽、繋腰束帯、金銀器皿、并総諸司局事。中統二年、初立金玉局、秩正五品。（中略）浮梁磁局、秩正九品。至元十五年立。掌焼造磁器、并漆造馬尾椶藤笠帽等事。大使、副使各一員。

とある。この記載から浮梁磁局とは、至元十五年（一二七八）に浮梁県での宮廷に関わる陶瓷器の焼造を管掌し、中央へ上納する役目を帯びた官公署・管理機構であったとの説が提出された。元代に御用瓷器を焼造していたことについて異論は唱えられていないが、明代の御器廠のように御用の瓷器を焼造した機関であった官窯の様相と異なり、官の統制が緩い、あるいは磁局は独立した窯場ではないといった、浮梁磁局の実態あるいは御用瓷器の生産のあり方について多くの議論がなされてきている。

ここで改めて主要な議論の三つのポイントを紹介しておきたい。

①「有命則供、否則止」

②御土窯と御土の使用と管理

③複数の地点の窯場における御用瓷器の焼造と民間に流通する瓷器生産との関わり

である。

①同時期の史料ではないが、浮梁磁局の活動内容を知る史料として明万暦二十五年（一五九七）の『江西省大志』・陶書・建置の条に、

元泰定、本路総管督陶、皆有命則供、否則止。

とある。元の泰定年間（一三二四～二八）には本路すなわち饒州路の総管の督造の下で、命があれば上納し、無ければ停止するという状況であったことが記載されている。このことから浮梁磁局は非常設的な機関であった可能性や、泰定年間の頃は「大使・副使」が存在しているにも関わらず、彼等よりもはるかに上級の官員が督造していたのであれば、浮梁磁局の機能が有名無実化していたことになる[19]。

②元の時代の孔斉の『至正直記』巻二、饒州御継土の条に、

饒州御土、其色白如粉堊。毎歳差官監造器皿以貢、謂之御土窰。焼罷即封土、不敢私也。或有貢余土、作盤盂碗碟壺注杯盞之類、白而瑩色可愛。底色未着油薬処、猶如白粉。甚雅薄難愛護世亦難得佳者。今貨者皆別土也、雖白而堊□耳。

とあり、御土窯が注目されている。天子に関わる「御」の字が使用されている御土窯の特徴はi)毎年官員が派遣されること、ii)その官員のもとで器を督造して上納すること、iii)御土は純良な白色陶土で、焼造が終了すると御土は封印され、私に使用できないことである。この御土は元代から使用されるようになったカオリン土であると考証されているが[20]、御土窯は極めて中央に管理されたものであることを示している。しかしその一方で、「貢余土」が生じれば一般の器を焼造し、それは質が良いものでありまた得難いともある。金沢陽《かなざわよう》氏はここから、わざわざ禁じる背景に、民間で御土を用いて器皿が焼造することが可能な生産のあり方であり、「御土窯」は官営工房ではなく民窯に対する統制のあり方であり、政府が焼成を命じ、御土を用いて民窯で御用器を焼造する体制が御土窯であったと指摘している[21]。これは明・清の御器廠のようなあり方とは異なっている。なお江建新氏は御土窯の性格については金沢氏と同様の見解であるが、さらに浮梁磁局と御土窯との関係については、『(康熙)浮梁県志』の序、『(同治)饒州府志』、職官四、名宦上などに基づき、元代の磁局の管理者が、少なくとも泰定年間（一三二四～二八）には饒州路総管に監督され始め、官職の階級は朝廷が派遣した官員よりも

高く与えられており、朝廷が磁局をかなり重要視していたものとして評価している。[22]

③に関して元代の景徳鎮では、明時代の御器廠が所在する珠山の他、湖田窯址、落馬橋窯址といった複数の地点で、御用瓷器が焼造されていたことが分かっている。それらの窯址で検出された具体的な作例は、「枢府」銘の白瓷、宮廷用の瓷器と思われる五爪二角の龍文の描かれた青花である。珠山では藍地白花と金彩が施された宝石青と孔雀緑釉器なども検出されている。また落馬橋窯址では、様式的に大きく二つに区分される青花が同時期に焼造されていることが明らかにされた。一つは以前からも落馬橋窯址や元代景徳鎮のその他の窯址でも発見されるタイプの作例であり、東南アジア地域でもよく出土する小形品で粗製の碗・小壺類であり、そこから「フィリピン型」（図5）と分類されているものである。もう一つのグループは湖田窯址でも類品が確認されてきた青花五爪龍文碗・麒麟文大盤・人物文梅瓶・魚藻文大罐・龍文扁壺などである。現存する多くがイランやトルコに収蔵されている青花と照合できることから「イラン型」（図6）と分類される一群である。「フィリピン型」の青花磁器とは全く異なる、元青花磁器の中の精品である。[23] これらの器物は皇帝や宮廷における利用だけでなく、西アジアの国・地域との国家的な外交・交易活動の中で、御土の利用が認められて生産・流通したものだと考えられる。また近年の落馬橋窯址の発掘調査で元代の地層からは卵白釉刻花五爪龍文大盤・青花五爪龍文碗のほか、墨書や青花でパスパ文字が記された青花碗などが出土している。これらの出土資料は、おそらく工匠が使用した器物であり、そのうち漢字で「汪宅」と記されたものは漢人が使用した器物、パスパ文字が記されたものは蒙古人、ある

図5　青花梔子花文小罐片（フィリピン型）元時代　落馬橋出土（出典：江建新2018より転載）

図6　青花雲龍文梅瓶片（イラン型）元時代　落馬橋出土（出典：江建新2018より転載）

いは異なる民族の匠戸が使用したものと考えられている。

このように御用瓷器と民間で使用する瓷器が同じ窯で、ほぼ同時期に焼造されていたという窯の操業のあり方はやはり明の御器廠とは大きく異なっている。そして景徳鎮の窯場には先述のアラビア語の例を含め、異なる民族の匠戸等の存在が想定される資料も出土しており、状況証拠が増えつつあるものといえる。

①から③で見てきたように、景徳鎮では御用瓷器を焼造していることには間違いないが、明清時代とは異なり国家により陶瓷器を焼造する固定の窯場が設置されているわけではないということは近年多くの研究者の共通見解となっている。さらに近年、新井《あらい》崇之《たかゆき》氏は、元代の戸籍制度である「諸色戸計」に着目し、浮梁磁局は、御器廠のような瓷器を生産する機関ではなく、景徳鎮の陶工たちを匠戸に組み込み管理するために浮梁県に設けられた局院であると位置づけている(24)。この場合、浮梁磁局は専用の作坊が常時設置されていた機関であるわけではないので、②③に見られる記録や現象についても説得力のある見解である。

皇室専用の瓷器を焼造することは元代に入り間もなく行われるようになるが、それらの器物を作る陶工たちは国家的な戸籍制度の中に組み込まれ、宮廷用の瓷器の焼造に際しては、中央からの命令があったときに、特別な陶土（御用土）の使用を許可された。そして命令がないときには、民間の陶工として瓷器生産に従事するという窯業体制であった可能性が高い。そのため景徳鎮における窯業技術は必要に応じて大きく改良がなされ、また民間に出回る製品にいたっても質の高い製品も多く焼造されるようになり、宮廷あるいは民間からの中国国内外の需要に応える陶瓷生産が行われていったといえる。

おわりに

本稿では元青花が誕生した要因とプロセスを、中国国内における要因と外的要因を多層的に捉えながら整理した。

それは元朝成立前後からみられる、景徳鎮窯に中国各地の陶瓷器の制作技術や情報が集積しており、当時最先端の陶瓷器の製作技術をもち、また新しい様式を生み出す可能性を内在していたことに注目した。それが西アジアにおける美意識を反映させた中国陶瓷の需要の高まりという外的要因により、原料のコバルトを獲得、西アジアの人々の習俗・価値観が伝わり、これにより元青花が出現さらにはいわゆる至正様式あるいはイラン型と分類される精緻で大形の器物が創出されていったのである。

元青花は中国国内外で広く流通した。元朝領域下では、大都、上都、杭州といった都や大都市や墳墓、さらには交通の駅に関わる都市でも出土・流通しており、大形で質の高い製品も中国国内で流通していた。一方、中国国外でもアジア各地に流通した。各地域における社会の複雑化の深度や経済活動、文化・生活様式によりその流通する器物の種類は異なるが、多くの地域で元青花は貴重な器物として認識された(25)。いわゆるフィリピン型と称される小形品が東南アジアだけでなく西アジアにも流通し、各都市や町の生活具として他の種類の陶瓷器と少量の青花が飲食容器として使用されている一方で、いわゆるイラン型のような大形で緻密な文様が描かれ精緻な作行きのものは、流通の背景・経路が異なっていた(26)。イラン型の製品は景徳鎮の数カ所の限られた地点(珠山、湖田、落馬橋)でしか焼造されてない。そして一般的な町や都市遺跡から出土していない。十四世紀代の事例でいえば、インドのデリーに所在するトゥグルク宮殿址で四四枚の元青花の盤・皿、二三枚の鉢、五枚の青磁盤が出土している。大盤は緻密な文様で隙間なく埋め尽くされており、まさにイラン型の特徴を有するものであるが、貿易品ではなくトゥグル朝のために、景徳鎮で特別に作られたものであると考えられている。トプカプ宮殿やアルデビール廟で所蔵されている同様の作例のものも、これと同様な背景で作られたものである(27)。元朝管理下で命に応じて焼造されたと思われる。とくにイラン型の作品は、西アジアにおける美術工芸の文様・構図との類似点が多く、その美意識を青花で作り出すことが強く求められていたと考えられることは先述したが、その結果、実際に景徳鎮青花が流通する中で、西アジアの地域で景徳鎮青花の写しがつくられ、そこには龍文、鳳凰文といった中国的文様も受容され、西アジアにおける美観にも影響を与えている。元代の龍泉窯青瓷もこの時期大量に大・小形品が流通・受容され、やはり在地の陶磁文化にも影響を与えた。そして元青花を写した焼き物作りが東南アジアや西アジアで見られることは元青花、あるいは中国陶瓷を手に入れたいという、それらの地域の人々の思いが見て取れる。

このように元朝の広がりは、中国および直接的・間接的であれ関係のあった多くの国・地域の文化に変化をもたらしており、そのインパクトは極めて大きいものであったのである。

注

(1) 例えば劉二〇一五、森二〇一七。
(2) 江二〇一七。
(3) 森二〇一七。
(4) 劉・白一九八二。
(5) 金沢二〇一〇。
(6) 馮一九七三。

（7）劉二〇〇四、張・李・袁二〇一四。
（8）劉二〇〇四。
（9）江二〇一三d。
（10）江二〇一三c。
（11）謝二〇一五。
（12）森二〇一七。
（13）弓場二〇〇八。
（14）森二〇一七。
（15）佐々木一九九五。
（16）江西省文物研究所・景徳鎮民窯博物館二〇〇七。
（17）熊一九九五、金沢二〇一〇。
（18）江二〇一三a。
（19）金沢二〇一〇。
（20）劉・白一九八二。
（21）金沢二〇一〇。
（22）江二〇一三b。
（23）江二〇一七・二〇一八。
（24）新井二〇一九。
（25）徳留二〇一九。
（26）佐々木・佐々木二〇一五。
（27）弓場二〇〇四。

引用文献（アルファベット）

新井崇之 二〇一九 「明初期における官窯体制の変遷と御器廠の成立年代に関する考察」（『中国考古学』一九）、一九五―二一二頁

馮先銘 一九七三年 「我国陶瓷発展中的幾個問題――従中国出土文物展覧陶瓷展品談起」（『文物』第七期）、二〇―二九頁

江建新 二〇一三a 「景徳鎮窯業遺存考察述要」（『景徳鎮陶瓷考古研究』文物出版社（初出は一九九一年））、一―一〇頁

江建新 二〇一三b 「元青花与浮梁磁局及其窯場」（『景徳鎮陶瓷考古研究』文物出版社（初出は二〇〇八年））、八七―九八頁

江建新 二〇一三c 「宋、元、明初釉上彩瓷考略」（『景徳鎮陶瓷考古研究』文物出版社（初出は二〇〇六年））、九九―一一八頁

江建新 二〇一三d 「景徳鎮宋代窯業遺存的考察与相関問題的探討」（『景徳鎮陶瓷考古研究』文物出版社（初出は一九九二年））、二一七―二三八頁

江建新 二〇一七 「論落馬橋窯址出土元青花瓷器――兼論元代窯業的若干問題」（『文物』第五期）、五〇―六一頁

江建新 二〇一八 「近年考古出土資料から語る元青花の生産とそれに関連する諸問題――落馬橋窯址出土の元青花を中心に」（『李秉昌博士記念　韓国陶磁研究報告十一「元と高麗」』大阪市立東洋陶磁美術館）、五八―九七頁

江西省文物研究所・景徳鎮民窯博物館 二〇〇七 『景徳鎮湖田窯址1988-1999年考古発掘報告』（文物出版社）

金沢陽 二〇一〇 「景徳鎮白磁青花の出現に契機についての若干の考察」（『出光美術館研究紀要』第一五号）、一七―三四頁

劉朝輝 二〇一五 「唐青花研究の再思考」（佐々木達夫編『中国陶磁　元青花の研究』高志書院）、二九一―三〇八頁

劉涛 二〇〇四 「吉州窯」（『宋遼金紀年瓷器』文物出版社）、一一四―一一九頁。

劉新園・白焜 一九八二 「高嶺土史考――兼論瓷石・高嶺与景徳鎮十至十九世紀的制瓷業」（『中国陶瓷』第七期）一四一―一七〇頁

森達也 二〇一七 「青花瓷器の誕生」（『染付――青絵の世界』愛知県陶磁美術館）、一三七―一四〇頁

佐々木達夫 一九九五「1911-1913年発掘のサマラ出土陶磁器分類」（『金沢大学考古学紀要』二二）、七五―一六五頁
佐々木花江・佐々木達夫 二〇一五「西アジアに流通した元青花」（佐々木達夫編『中国陶磁　元青花の研究』高志書院）、二三五―二四六頁
徳留大輔 二〇一九「陶磁器から見た海域アジア――一三世紀から一四世紀の事例をもとに」（『史苑』七九巻二号）、四七―八七頁
謝明良 二〇一五「元青花磁器覚書」（佐々木達夫編『中国陶磁　元青花の研究』高志書院）、四九―六六頁
熊海堂 一九九五『東亜窯業技術発展与交流史研究』（南京大学出版社）
弓場紀知 二〇〇四「元青花磁器とモンゴル帝国」（『文明の道⑤　モンゴル帝国』ＮＨＫ出版）、一六六―一九一頁
弓場紀知 二〇〇八『青花の道――中国陶磁が語る東西交流』（日本放送出版協会）、四八頁
張文江・李育運・袁勝文 二〇一四「吉州窯遺址近幾年考古調査発掘的主要収穫」（『中国国家博物館館刊』第六期）、一三―四一頁

【史料】
（元）孔斉『至正直記』巻二（一三六三年、上海古籍出版社、一九八七年）
（明）宋濂等『元史』（中華書局標点本、一九七六年）
（明）王宗沐纂修・陸万垓増修『（万暦二五年）江西省大志』（中国方志叢書、成文出版、一九八九年）

附記　本研究はＪＳＰＳ科研費20H01320、19K01105の助成を受けたものです。

『朴通事』から広がる世界

金　文京

きん・ぶんきょう——関西大学非常勤講師。専門は中国古典小説、戯曲。主な著書に『三国志の世界』（講談社、二〇〇五年）、『漢文と東アジア——訓読の文化圏』（岩波新書、二〇一〇年）、『李白——漂泊の詩人その夢と現実』（岩波書店、二〇一二年）などがある。

高麗末期、中国語会話習得のために編纂された教科書『朴《ぼく》通事《つうじ》』は、大都（北京）の日常生活の諸相を反映したものとして、つとに有名である。ただし従来は、語学方面からの研究が主で、内容については大都に関する資料および本書に見える小説『西遊記』の記事について注目が集まっていた。本論文では、なぜ本書に『西遊記』が登場するのかなどを通じて、本書に反映された当時の元と高麗との関係について考察してみたい。

はじめに——『老乞大《ろうきつだい》』と『朴通事』

十四世紀の後半、朝鮮半島の高麗王朝で作られた漢語（中国語）教科書である『老乞大』と『朴通事』は、当時の中国北方で話されていた、いわゆる漢児言語《かんじげんご》の実態を反映する一級の語学資料であるだけでなく、中国の史料にはみられない元代中国社会のさまざまな側面を知るうえでも貴重な文献である。またその内容だけでなく、教科書としての形式にも独自の特徴がある。

『老乞大』は、高麗の商人が元の首都である大都（今の北京）まで馬と朝鮮人参などを売りにでかけ、大都でそれらを売った後、今度は中国の物産を買い入れて帰国するまでのさまざまな経験を、場面ごとの会話でつづったもの。これに対して『朴通事』は、大都での生活に必要な諸方面にわたる情報、たとえばさまざまな物品の買物、契約書の書き方、各種の催し物、結婚や出産、誕生日などの儀式、宴会や劇場、弓試合などの娯楽、医者や散髪、風呂屋通いから、はては女性の口説き方までが、場面を設定した会話によって、いきいきと描かれている。このようなストーリー性のある会話による生活全般にわたる指南を兼ねた外国語教科書は、今日でこそ珍しくないが、十四世紀の教科書にすでにそのような方法が取りいれられている例は、世界的にみても稀れであろう。中国明代の外国語教材として有名な『華夷訳語』は、単語集であって文章による会話をともなわない。中国でその種の教材が作られるのは清代になってからであり、日本の長崎や琉球で作られた同種の教科書もまたすべて江戸時代のものである。

そもそも外交における通訳の重要性は言うまでもないが、朝鮮半島の歴代王朝ほど外国語通訳の養成を重んじた例は、これまた世界的に稀れであると思える。高麗は通文館（後に司訳院と改称）、漢語都監を設けて通訳の養成、監督に当たったが、その制度は朝鮮王朝にも受け継がれ、司訳院では漢語、日本語、蒙古語、女真（満州）語の四つの言語の教育と通訳養成が、その滅亡まで一貫して行われていた。朝鮮王朝の第九代国王、成宗は、御前で司訳院の漢語通訳たちに実際に会話をさせ、その能力を試し、「発音はよいが、流暢でない」と評したという。(1) 国王自ら通訳の試験をするなど、諸外国では考えられないことであろう。司訳院はソウルの王宮、景福宮の正門である光化門から至近の距離に置かれ、現在その跡地は外交部（外務省）となっている。

その司訳院において、『老乞大』と『朴通事』とは、時代による言語の変化により、語彙や語法に若干の修正を施しつつも、基本的な内容は変えず、朝鮮王朝時代を通じて教科書として用いられていた。うち『老乞大』については、近年韓国で、後代の修正を経ない高麗時代の原本であると思えるテキストが発見され、従来考えられていたよりも、より忠実に元代の漢児言語を写したものであることが確認された。これについてはすでに詳しい訳注を発表しているので、(2) ここでは『朴通事』を中心に、その内容の一端とそこからうかがえる元と高麗との関係の特徴について述べてみたい。

一、『朴通事』の作者とテキスト

作者は不明である。ただ書名から朴という姓の通事（通訳）で、かつ内容から見て大都に長年居住し、諸事情に精通していた人物であろうと推測できるのみである。『朝鮮王朝実録』の『世宗実録』五年（一四二三）六月壬申（二三日）の条に、『老乞大』、『朴通事』などは版本がないので鋳字所に印出させる。同十六年（一四三四）六月丙寅（二一日）に、鋳字所が印出した『老乞大』、『朴通事』を承文院と司訳院に頒布したことが見える。ただしこのテキストは現在伝わらない。現存テキストは次の四種である。

①『翻訳朴通事』—中宗（一五〇七〜一五四四）時に活躍した語学者、崔世珍（一四六七〜一五四三）がハングルによる翻訳を附したもの。乙亥字（一四五五年鋳造）による銅活字本。一五〇九〜一五一七年ごろに出版されたと考えられる。上中下三巻のうち上巻のみ現存。

②『朴通事諺解《ぼくつうじげんかい》』三巻—粛宗三年（一六七七）、司訳院の通事、辺暹、朴世華などが、崔世珍が書中の難解な語彙を解説した『老朴集覧』を参考に新たに翻訳したもの。本文は個別の字に若干の異同がある以外①と同じ。木版本。

③『朴通事新釈』三巻—英祖四十一年（一七六五）刊行、漢字本文のみの木版本。①②の本文にくらべ、内容はほぼ同じだが、部分的に削除、増補、また語彙などの書き換えがある。

④『朴通事新釈諺解』三巻—③の本文によってハングルの諺解を施した木版本。刊行年代は不明だが③の後であろう。

以上四種とも内容はほぼ同じで、全部で一〇六の場面、話題よりなる。その大部分は大都を舞台とするものだが、後述するように、高麗が舞台と考えられるものもある。

二、『朴通事』成立年代

『朴通事』の成立について従来広く知られていた説は、同書上巻次の部分（第三十九話、原書には番号、話者の区別、句読はないが、以下便宜のため第〜話と番号をつけ、話者を甲乙などで示し、句読を附す）を根拠としている。(3)

甲：南城永寧寺裏、聴説仏法去來。一箇見性得道的高麗和尚、法名喚歩虚、到江南地面石屋和尚根底、作與頌字。迴光反照、大発明得悟、拝他為師傅、得伝衣鉢。迴來到這永寧寺裏。皇帝聖旨裏、開場説法裏。

乙：説幾箇日頭？

甲：説三日三宿、従今日起、後日罷散。諸国人民、一切善男善女、不知其数。発大慈心、都往那裏聴仏法去。這的真善智識、那裏尋去？ 咱也随喜去来。

乙：你且停一停。我到衙門押了公座便来。

甲：咱両箇將些布施和香去、礼拜供養、做些因縁時好。説道：「人生七十古來稀」、不到三歳下世去的也有的。

乙：是裏。常言道：「今日脱靴上炕、明日難保得穿」。

（訳）

甲：南城の永寧寺に説法を聞きに行こう。一人の見性《けんしょう》得道《とくどう》の高麗の和尚、法名は歩虚とおっしゃるお方が、江南地方の石屋和尚《せきおくおしょう》さまのもとに行き、偈頌《げしょう》を作ってさしあげ、石屋和尚さまの光がその身に照り返って、大いに悟りをお開きになったとか。石屋和尚さまを師と仰ぎ、その衣鉢を受け継がれたが、大都にもどって、永寧寺に来られ、皇帝陛下の聖旨により、法会を開き説法をなさるそうだ。

乙：何日間の説法だい？

甲：三日三晩、今日から始まって明後日がお開きだ。諸国の人々、あらゆる善男善女、その数は数えきれず、みなおおいに信心を発して、仏法を聴きに行く。これぞまことの善智識、どこにでもいるというものではない。我らもおまいりに行くとしよう。

乙：ちょっと待ってくれ。おれは先に役所に行って、出勤簿に署名してから来よう。

甲：我ら二人で、お布施とお香を持ってゆき、参拝供養して、後生の縁とすればよかろう。「人生七十古来稀れなり」と言うが、三歳にもならずにこの世を去る者だっている。

乙：そうだな。諺にも、「今日は靴を脱いでオンドルにあがっても、明日また履けるとはかぎらない」と言うではないか。

ここにみえる高麗の和尚、歩虚とは、高麗末期の高僧として名高い太古禅師（一三〇一～八二）、法名はもと歩虚のちに普虚のことである。高麗末の文人官僚、李穡《りしょく》の序をもつ『太古和尚語録』巻上(4)によると、俗姓は洪氏、高麗洪州の人。至正六年（一三四六）春に入元、大都を経て、翌七年七月に江南の湖州霞霧山に石屋和尚清珙《せいきょう》を訪ねて太古庵歌を献じ、その法を嗣いで、十月に大都にもどった。右丞相の朶児赤《ドルチ》(只)、宣政院使の闊闊思《ココス》が順帝に奏上し、十一月二十四日の太子、阿由失利《アユシリ》の誕生日に、順帝の命を資政院使の姜金剛が伝え、永寧寺を住持、開堂説法し、八年春に帰国した。帰国後は恭愍王《きょうびんおう》の帰依を受け国師となり、死後、円証の諡《し》を賜る。したがってこの第三九話は、至正七年（一三四七）十一月以降に書かれたに相違ない。

永寧寺は、『析津志輯佚《せきしんししゅういつ》』「寺観」に「永寧寺は殊勝寺の北東に在り」、また「殊勝寺は光泰門近南に在り」とある。光泰門は金の中都の北西の城門で、「南城」は大都の西南の金の旧中都地域を言う。永寧寺は高麗と縁の深い寺であったようで、李穡の「夏日游城南永寧寺」詩（『牧隠藁』詩藁巻三）(5)に、「珍重たり郷曲の意」、また「次韻題永寧寺」（同上）にも「挽袖尽吾郷」（袖を挽くは尽く吾が郷）とあり、高麗人が多数いたらしい。そして『太古和尚語録』の言う「太子阿由失利」とは、高麗の貢女出身で、最後の皇帝、順帝の皇后となった奇皇后が生んだ愛猷識理達臘（Ayusiridara）にほかならない（正式に皇太子になったのは、六年後の至正十三年、後の北元の昭宗）。後至元五年（一三三九）の生まれなので、この年、九歳である。また順帝の命を伝えた姜金剛は高麗人の宦官で、皇后の財産を管理する資政院の長、つまり奇皇后の側近であった。

ところで『朴通事』は太古禅師歩虚の永寧寺での法会を話題にしながら、なぜそれが高麗出身の奇皇后が生んだ太子の誕生日のためであったことに触れないのであろうか。単なる偶然かもしれないが、『朴通事』の中には奇皇后への言及を避けたと思える記述が、実はもう一か所ある。第三十六話は西湖景（北京西北郊外、現在の頤和園の昆明湖を杭州の西湖に見立てた名称）の描写であるが、そこに「橋上丁字街中間正面上、有官裏坐的地白玉石玲瓏龍床、西壁廂有太子坐的地石床、東壁也有石床」（橋の丁字路の真中正面には、天子がお座りになる白玉石の玲瓏《れいろう》たる龍床があり、西側には太子がお座りになる石床があり、東側にも石床がある）とある。元はモンゴルの習慣により、中国とは反対に右（西）を上位とするので、皇帝の右は太子、そして東側の石床は皇后、おそらく奇皇后の座位と思えるが、それをなぜか述べない。

至正十六年（一三五六）、かねて国内の奇氏一族とその党派の横暴に業を煮やしていた高麗の恭愍王は、奇皇后の兄、奇《き》轍《てつ》の謀反を機に奇氏一族を誅殺し、至正の年号使用を停止したが、元の問責に遭い、まもなく撤回する。しかし恭愍王に一族を誅殺されたことを怨んだ奇皇后は、至正二十二年（一三六二）、恭愍王の弟の徳興君（塔思帖木児《タシュテムル》）を国王、自分の一族、奇三宝奴を世子にしようと画策するが失敗する。この間、高麗と元の関係は悪化し、特に奇皇后とは敵対することになる。これら一連の事件が大都在住の高麗人に大きな動揺をもたらしたことは想像に難くない。あるいは恭愍王（高麗）派と奇皇后（元）派に分かれ、対立することがあったかもしれない。『朴通事』の作者が恭愍王に同情的であったとすれば、奇皇后についての言及を敢えて避けた可能性もあるだろう。

それはともかく至正七年は、あくまで第三九話の背景となった永寧寺の法会があった年で、『朴通事』全体がこの年に書かれたわけではむろんない。第七三話は、年末の十二月二十五日に、正月の新しい衣服を縫うため、裁縫に適した日選びをする場面である。そこでの十二月二十五日の干支は乙丑で、かつ十二月は「大限」（一か月が三十日の月）とされている。細かい考証は省略するが、この前後の年代でこの条件に当てはまる年は、一三八八年すなわち明の洪武二十一年、高麗では禑王《ぐおう》（辛禑）十四年しかない。もし乙丑という干支が事実を反映しているとすれば、この話は一三八八年のこととなる[6]。

当時、高麗の実権を握っていた親元派の将軍、崔瑩《さいえい》は、一三八八年二月、明の遼東征討を敢行するが、派遣軍の将、李成桂（後の朝鮮の太祖）はこれに反対して、五月に鴨緑江の威化島から軍を返してクーデターを起こした。これが朝鮮王朝建国に結びつく威化島回軍事件である。これにより禑王は退位、子の昌王が即位し、崔瑩は逮捕され、この年の十二月に処刑された。翌一三八九年、李成桂は昌王を廃して恭譲王を擁立、その三年後の一三九二年に高麗は滅亡する。もし第七三話が一三八八年のことであれば、その時、作者はすでに大都から高麗に帰っていたであろう。そしてもし作者が恭愍王死後の高麗政局の混迷に見切りをつけていたとするなら、威化島回軍事件の後に新年の衣服を作るというのにも、何らかの意味が込められていたかもしれない。

要するに『朴通事』は、およそ元の順帝の至正年間（一三四一～一三六七）から明の洪武年間（一三六八～一三九八）まで、朝鮮では高麗の恭愍王の在位期間（一三五二～一三七四）から高麗の滅亡（一三九二）直前までのかなり長い期間にわたって書き継がれたものと考えられる。そしてそこには、その間の高麗と元をめぐる複雑な関係が反映されているのである。

三、『朴通事』と『西遊記』

従来の『朴通事』研究において、もっとも広く注目されたのは小説『西遊記』に関する記述である。『朴通事』には二か所に『西遊記』に関する記述がある。一つは第八十話に、「往常唐三蔵師傅西天取経去時節、十万八千里途程、正是痩禽也飛不到、壮馬也実労蹄」（その昔、唐の三蔵法師が西天にお経を求めて行かれた時、十万八千里の道のりは、まさに軽き鳥さえ飛んで至らず、壮健な馬もひづめを痛め）云々とある箇所、もう一つは、第八十八話で、二人の高麗人が部前（礼部前）の本屋で、『趙太祖飛龍記』と『唐三蔵西遊記』とを買う場面で、そこで車遅国《しゃちこく》において三蔵法師と孫行者が、妖怪の道士、伯眼大仙と法術争いをする話が詳しく紹介されている。

この車遅国での闘法の話は、現存『西遊記』の最古のテキストである明の万暦二十年（一五九二）世徳堂刊『西遊記』の第四十四～四十七回に相当し、高台での座禅、箱の中の品物を当てる、煮えたぎる油の中での入浴、首を切ってまた付けるなどの術くらべをし、孫悟空の活躍によって三蔵が勝ち、国王を仏教に改宗させるという『西遊記』の中でももっとも

図1　敬天寺十層石塔(国立中央博物館名品ギャラリー)

面白い話の一つとして広く知られている。しかも世徳堂本では伯眼大仙が虎力大仙などに名前が変わり、全体により詳しくなっているものの、基本的な筋は『朴通事』と一致する。かつ『西遊記』の古い資料の中で、この車遅国の話が見えるのは『朴通事』だけであることが従来注目されてきた。(7)

ただし『朴通事』の中で『西遊記』に関する記述は、従来から知られたこの二か所にとどまらない。第五十一話は南海普陀落伽山《ふだらっかさん》に参拝して、観音菩薩を礼賛する駢文《べんぶん》だが、その冒頭の「理円四徳、智満十身」云々は、世徳堂本第八回の観音を讃えた文章冒頭の「理円四徳、智満金身」と一字違いで、全体の内容もよく似ており、あるいは元代の『西遊記』から採ったのではないかと疑われる。もしこれをも含めると、『朴通事』は三か所で『西遊記』に言及していることになる。これはなぜであろうか。

四、『西遊記』と奇皇后

韓国ソウルの国立中央博物館に入ると、正面に大きな石塔が展示されている(図1)。これは高麗時代の敬天寺十層塔で、もとは高麗の王京(今の開城)南郊にあった。敬天寺は高麗歴代国王がしばしば行幸した名刹で、この石塔は至正八年(一三四八)に建てられたことが、塔基に刻された次の願文によってわかる。(8)(　)内は推定。

大華厳敬天祝延皇帝陛下万□□(万歳)、太子殿下寿万歳、皇后…(千秋、風調)雨順、国泰民安、仏日増輝、法輪常転…至正八年戊子三月日、大施主重大臣晋寧府院君姜融、大施主院使高龍鳳、大化主省空、施主法山人六怡□□普及於一切、吾等與衆生、皆共成仏道。

至正八年は先に述べた永寧寺の法会の翌年、よって太子は愛猷識理達臘、皇后は奇皇后である。大施主として名の見える姜融《きょうゆう》は高麗の重臣で、その娘は元の宰相、脱脱の寵姫であった(『高麗史』巻一二四『嬖幸二・姜融』)。もう一人の高龍鳳は、高麗籍の宦官で、姜金剛と同じく、かつて資政院使の職にあった高龍普（『高麗史』巻一二二「宦者伝」）のことであると考えられる。高龍普は奇氏が皇后になるうえで大きな力を発揮した。この塔の建立は奇皇后の意向であったと考えてよいであろう。

この敬天寺石塔の基壇部分には『西遊記』のさまざまな場面を描いたレリーフが多数刻されている。ただ題記がなく、また摩滅破損が激しいので、各場面が具体的に何を描いたかの判定は困難だが、幸いなことに後の朝鮮、世祖十一年（一四六五）建立の円覚寺石塔（ソウルのパゴダ公園に現存）は敬天寺の塔の忠実な複製であり、両者を対照することである程度の推定が可能である（図2・図3）。関連研究によれば、その中に車遅国の場面がある。(9) これによって、『朴通事』に『西遊記』が引用され、特に車遅国の話が載っているのは、当時の元の宮廷、なかんずく奇皇后と何らかの関係があることが推測されよう。

図2　円覚寺塔基壇中層南東側東面の三蔵一行図（模写）
（注9申紹然論文より）

図3　円覚寺塔基壇中層西側西面の車遅国図（模写）（同上）

五、印度僧指空と『西遊記』

天理大学今西文庫所蔵の『通度寺舎利袈裟事績略録』(10) の「西天指空和尚為舎利袈裟戒壇法会記」に、次にように見える。

今千載之下、忽有大師従西竺来。其号指空、乃中天竺国王第三子、刹利帝之種姓也。（中略）十万八千之里、跋渉行過、喫尽艱険、於泰定丙寅春始到京城、人謂之達摩来也（今千載の下、忽《たちま》ち大師有りて西竺より来たる。其の号は指空、乃ち中天竺国王の第三子、刹利帝（刹帝利《せっていり》の誤りか）の種姓なり。…十万八千の里、跋渉行過し、艱険を喫尽《きつじん》し、泰定丙寅（三年、一三二六）の春始めて京城（高麗の首都、開城）に到る、人これを達摩《ダルマ》の来たると謂うなり。）

通度寺は韓国慶尚南道梁山郡に所在、新羅善徳女王十五年（六四六）慈蔵法師開基の名刹である。「十万八千里」は、『西遊記』で三蔵が踏破した印度までの距離で、『朴通事』にも見えた。印度僧の指空が高麗に来たことについては、『高麗史』巻三五「忠粛王十五年（致和元年、一三二八）」に、「七月庚寅、胡僧指空説戒於延福亭、士女奔走以聴」（七月庚寅、胡僧の指空戒を延福亭に説く、士女奔走し以て聴く）とある。すなわち指空は、王都の延福亭と通度寺で法会を開き、熱狂的に迎えられたのである。この指空（?〜一三六三）とは何者であろうか。

順帝時代の事跡を述べた明初の権衡『庚申《こうしん》外史』（『叢書集成初編』）至正十九年（一三五九）の条に、「指空者西天刹帝利王第三子也。状貌魁偉、不去鬚髯、服食擬于王者。居京師四十年、習静一室、未嘗出門。王公貴人多見呵斥、雖帝亦不免。百八歳而死」（指空なる者は西天刹帝利王の第三子なり。状貌は魁《かい》偉《い》、鬚髯《ひげ》を去らず、服食は王者に擬す。京師に居ること四十年、一室に習静し、未だ嘗て門を出でず。王公貴人も多く呵斥《かせき》せられ、帝と雖もまた免れず。百八歳にして死す）、また『明太祖文集』（四庫全書本）巻一四「遊新菴記」に、「近者有元国師有異僧、名指空。独不類凡愚之徒。元君順帝有時問道於斯人」（近者《ちかごろ》有元の国師に異僧有り、名は指空。独り凡愚の徒に類せず。元君の順帝も時有りて道をこの人に問う）云々と、順帝の乱行を諫めたことが見える。

その詳しい事跡を記すのは高麗の李穡「西天提納薄陀尊者《せいてんダイヤナバトラそんじゃ》浮屠《ふと》銘《めい》 并《ならびに》序《じょ》」（『牧隠藁』文藁巻一四）[11]で、その他、元の危素「文殊師利菩薩無生戒経序」（四庫全書本『説学斎藁』巻四）、高麗の僧、懶翁《らんおう》の語録『懶翁和尚（普済尊者）語録』、同じく景閑の語録『白雲和尚語録』[12]、李穡「松月軒記」（『牧隠藁』文藁巻四、玉田達蘊《ぎょくでんたつうん》の伝記）などにも関連記事が見える。以下要点のみ記すと、指空は自ら称するところでは、印度の摩竭提《マガダ》国王第三子で、早くに出家し那蘭陀《ナーランダ》寺院で修行、また楞伽《リンカ》国（スリランカ）の普明に師事した。のち西蕃（チベット）を経て大都に至り、さらに安西王（フビライの孫、阿難答）王府（西安）の王傅、可提と問答し、ついで雲南などで布教を行い[13]、大都にもどって大順丞相（誰か不明）の高麗人の妻、韋氏の要請により、崇仁寺で戒を授け、泰定の初め（一三二四）上都で泰定帝に謁見、さらに高麗に行き、金剛山で説法、『文殊師利菩薩無生戒経』を伝えた（通度寺などで法会を開いたのはこの時）。天暦《てんれき》の初め（一三二八）文宗の詔によって元にもどり、その際、弟子の高麗僧、玉田達蘊が随行し、南人（旧南宋出身者）官僚の危素、欧陽玄等と交流、指空は大府大監、察罕帖木児の高麗人の妻、金氏の援助により大都の澄清坊に法源寺を建て住したが、そこには高麗僧が多かったという。文宗は指空と側近の僧侶（おそらくチベット僧）との御前での論争を望んだが側近の僧に阻まれ、さらに僧衣まで奪われ（僧籍剥奪）、その後十年余り蟄居《ちっきょ》を余儀なくされた。

しかし順帝の至正年間には、奇皇后と太子が宮中の延華閣に指空を招いて教えを乞い、至正七年（一三四七）に高麗僧、懶翁が、十一年（一三五一）に景閑が法源寺を訪れ、指空に師事した。十三年（一三五三）に奇皇后側近の高麗人宦官、姜金剛が『文殊師利菩薩無生戒経』を刊行、危素が序を、欧陽玄が跋を書いた。二十三年（一三六三）に示寂、遺言により遺骨は天寿寺（成宗と皇后の影堂があった）に安置されたが、明の洪武三年（一三七〇）その頭骨は弟子によって高麗にもたらされた。恭愍王は遺骨を親しく戴いて宮中に迎え入れ、(14)指空に長年師事した懶翁の尽力で、指空が再建した高麗仏教の総本山、檜巖寺《かいげんじ》（京畿道楊州）に葬られた。李穡の「浮屠銘《ふとめい》」は、北元の宣光八年（一三七八）、檜巖寺に塔が立てられた時のものである。ちなみに懶翁とその弟子の無学は朝鮮太祖、李成桂のブレインとなったため、その後の朝鮮仏教ではこの系統が主流となり、現在の韓国曹渓宗へと続く。なお朝鮮正祖十六年（一七九二）、指空に「西天三昧東土一祖大法師」の称号が追贈されている。(15)

以上でわかるように、指空は高麗ときわめて密接な関係にあり、中でも奇皇后をはじめ韋氏、金氏などモンゴル皇帝および高官に嫁いだ高麗人婦女の帰依を得た点が注目される。敬天寺石塔の願文にみえる「大施主の省空」は、あるいは指空の別名または誤読であるかもしれない。一方、モンゴル朝廷で勢力のあったチベット僧とは対立していたようで、順帝に対しても批判的であった。明の太祖、朱元璋が彼を評価したのはそのためであろう。それはおそらく順帝と奇皇后の後年の対立とも関係していよう。ただし摩竭提国の王子や那蘭（爛）陀寺での修行などには疑問もあり、その正体は謎に包まれている。彼がもたらした『文殊師利菩薩無生戒経』も他の文献に例を見ず、現存しない。おそらく偽経であろう。

ところで指空が法会を開いた通度寺には、順治九年（一六五二）に描かれた『三蔵法師西遊路程記』が現存する。(16)これは玄奘三蔵の印度への道程を描いたものだが、その後序に、「後人以此図慈蔵西域往返之図云云者皆妄也。従而釈者亦無窮、一盲引衆盲、相将入火坑、此之謂也。故今於此図末端発明虚実」（後人此の図を以て慈蔵西域往返の図と云々する者は皆妄なり。よりて釈する者また無窮、一盲の衆盲を引きて、相将いて火坑に入るとは此の謂なり、故に今此の図の末端に於いて虚実を発明す）とある。これによって朝鮮では、印度に取経の旅に行ったのは玄奘三蔵ではなく、新羅の慈蔵であるとの妄説が広く流布していたことを知りうる。

さらに通度寺の龍華殿には『西遊記』の場面を描いた壁画が現存するが、それは明代『李卓吾批評西遊記』（世徳堂本の改訂版）の挿絵を模したものである。(17) 通度寺は豊臣秀吉の朝鮮侵略（壬辰倭乱　一五九二）によって焼けたため、龍華殿は英祖元年（一七二五）に再建された。壁画はおそらくその時またはその後間もなく描かれたであろう。『三蔵法師西遊路程記』が再度作られたのも同じ理由によると思える。それ以前に壁画があったかどうかは不明であるが、龍華殿の創建は高麗恭愍王十八年（一三六九）、すなわち指空の遺骨が高麗に来る前年である。もしその時すでに壁画があったとすれば、それは敬天寺石塔の『西遊記』レリーフと同じようなものではなかっただろうか。これはむろん推測に過ぎないが、しかし通度寺に『西遊記』関係の遺物が二点あるのは偶然とは思えない。通度寺が『西遊記』と特別な因縁があるとすれば、それは高麗時代まで遡り、おそらく指空との関係によるであろう。

先述の李穡「浮屠銘」は、指空が印度から中国に到るまでの道程を詳しく述べるが、そこではたとえば于地国で国王の信じる邪宗外道を勘破して仏教に帰依させるなど、車遅国での呪術争いを彷彿させる話や、神頭国で桃を盗み食いしたり、火焔山を通過したりと『西遊記』を想起させる話があり、事実とは到底思えない。車遅国の話、あるいはさらに『西遊記』全体も、指空のこれら東遊譚をヒントとして創作されたのかもしれない。

六、開封の相国寺と車遅国——高麗と宋

『西遊記』の車遅国の話には、さらに別の要素がある。先に世徳堂本『西遊記』の車遅国の話と『朴通事』第八八話とは大同小異だと述べたが、その小異の一つに、三蔵一行が車遅国で泊まる場所が、世徳堂本では智淵寺、『朴通事』では智海禅寺という違いがある。

智海禅寺は、北宋の首都、開封《かいほう》の相国寺に有った禅寺である。范成大『（紹定）呉郡志』巻四二「浮屠」に、「元豊六年相国寺新創慧林、智海二寺」とある。(18) また宋の郭若虚『図画見聞誌』（四部叢刊本）巻六「相国寺」に、「東門之北、李用及与李象坤合画牢度叉闘聖変相」（東門の北に、李用及と李象坤合せて画ける牢度叉闘聖の変相）とある。この「牢度叉闘聖の変相」とは、『賢愚経』巻一〇「須達起精舎品」（『大正大蔵経』巻四）に見える外道の労度差（牢度叉）と仏弟子の舎利弗の幻術くらべの話で、敦煌の「降魔変文」（『敦煌変文集』）に

も見え、これが車遅国の話の原型である。車遅国での闘法は仏教と道教との争いという形をとっており、元代に頻繁に開かれた道仏論争[19]を反映していると思えるが、直接には北宋の相国寺の智海禅寺と「牢度叉闘聖変相」を継承したものであった。

高麗は元に降伏し駙馬国になったとはいえ、伝統的に中国文化の影響を強く受けており、宋に対しても親しみをもっていた。その点は旧南宋治下の中国人と共通する。彼らにとって、モンゴルの統治と中国の伝統文化をいかに調和させるかは大きな問題であった。当時、順帝は実は宋の最後の皇帝、恭帝の子であるという説（『庚申外史』後至元五年の条）があったのも、その一つの現れであろう。そういう視点から見れば、『朴通事』第八八話で、宋の太祖、趙匡胤《ちょうきょういん》の物語である『趙太祖飛龍記』と『唐三蔵西遊記』を買うというのも、偶然ではないかもしれない。

結びにかえて

以上、『朴通事』に反映された元と高麗との関係について、奇皇后と『西遊記』を中心に述べてきた。『朴通事』の背景となる当時の時代状況は、むろんこれにとどまるものではないが、最後にそれらとは全く異なる『朴通事』のもう一つの魅力について述べてみたい。

冒頭で『朴通事』は大都における生活指南を内容とする中国語教科書であると述べたが、実は必ずしもそうとは言えない部分がある。たとえば女性の口説き方が生活指南に必要かはいささか疑問であろう。いやそうでないという意見もあるかもしれないが、では次の第七四話などはどうであろう。

老子：咳、今日熱気蒸人裏、把這簾子都捲起、把這窓児都支起着。怎麼這般蝿子広？　将蝿払子来都赶了。将一把扇児来与我、熱当不的。

伯伯：這房子水芹田近、水蛙叫的聒譟。這孩児們怎麼這般定害我？　一壁廂去、浪蕩不的。好歹喫打去。

孩児：老子、伯伯阿、你敢那？

老子：我児、你来。好孩児、好孩児、你弟兄両箇引的那小廝們、背後河裡洗澡去。

児：定僧、你来。咱河裏浪蕩去来。
咱只這裏跳入去。我先跳、你看。「跳冬瓜、跳西瓜、跳的河裡仰不搽。」

父親：やれ、今日は暑くて蒸すなぁ。このすだれを全部巻き上げて、窓もすっかりはねあげて支えておけ。何だってこんなにハエが多いんだ、ハエ払いを持ってきてみんな追い払え。団扇を一つ持ってきてくれ、暑くてたまらん。

伯父：この家はセリの田が近いから、蛙の鳴くのがやかましい。この子達はなんだってこんなに邪魔ばかりするんだ。あっちへ行け、うろうろするな。じゃないと、きっとぶたれるぞ。

子供：父ちゃん、おじちゃん、できるもんかい。

父親：息子や、ちょっと来い。いい子だ、いい子だ。お前たち兄弟二人で、この子たちを連れて、裏の川で水浴びをしておいで。

息子：定僧、おいで。河に遊びに行こう。（川に着いて）ここから跳び込もう。僕が先に跳び込むから、見てろよ。「冬瓜《とうがん》跳んで（東へ跳んで）、西瓜跳んで（西へ跳んで）、川へ跳び込みゃ仰向けだ。」

これは夏の暑いある日、どこの家にでもありそうな家族の何気ない会話で、最後は「瓜guā、瓜、搽chā」と韻を踏んでいるが、全体がさながら一篇の散文詩であるといってもよい。少なくとも生活指南とは到底いえないであろう。また外国語教科書の内容としては、あまりにも近代的である。『朴通事』には、実はこのような日常生活の中のさりげない一情景の描写としか思えないものが少数ながら存在する。

なぜこのような内容の話が入っているのか、理由は不明である。あえて想像をたくましくするならば、これらは朴通事なる作者が、長年の大都での生活を終え、高麗に帰った後（一部、高麗を舞台とする話があることはすでに述べた）、二度ともどらぬありし日の思い出の数々をアトランダムに記録したものではないだろうか。『朴通事』の百六の話の順序には、一部を除いて特に内容的な配慮は見いだせない。むろん後に教科書として役立つよう編輯はしたであろうが、その基礎にあるのは作者の記憶であるように思える。そういう意味では、『朴通事』は作者にとっての「失われた時をもとめて」であったということも許されよう。

従来、『朴通事』はもっぱら語学研究の材料、あるいは歴史研究の史料と見なされてきたが、文学作品としても十分鑑賞にたえうるものであるということを、最後に強調しておきたい。

注

（1）『朝鮮王朝実録』の『成宗実録』二三年（一四九二）六月七日の記事に、「上御宣政殿。司訳院提調尹弼商、任元濬、李克増、金自貞入侍、任士洪等十三人分東西為耦、以漢語相問答訖、上令士洪及李昌臣相語良久、上曰：〝士洪等雖解漢音、口不快。〟」とみえる。

（2）金文京・玄幸子・佐藤晴彦訳注『老乞大——朝鮮中世の中国語会話読本』（「東洋文庫」六九九、平凡社、二〇〇二年）参照。

（3）閔泳珪「朴通事著作年代」（『東国史学』第九・十合輯、東国大学校、一九六六年）、梁伍鎮『老乞大・朴通事研究』（太学社、一九九八年）、金文京「高麗時代漢語教科書『朴通事』の成立年代について」（『藝文』一〇五号、慶応義塾大学文学部、二〇一三年）参照。
（4）『韓国仏教全書』第六冊「高麗時代篇三」（東国大学校出版部、一九八四年）。
（5）『影印標点韓国文集叢刊』三『牧隠藁』Ⅰ（民族文化推進会、一九九〇年）。
（6）前掲注3金文京論文参照。
（7）太田辰夫「朴通事諺解所引西遊記考」（太田辰夫『西遊記の研究』研文出版、一九八四年）参照。
（8）『敬天寺十層塔』（韓国国立文化財研究所、二〇〇六年）Ⅱ研究論文参照。
（9）前掲注8『敬天寺十層塔』、『円覚寺址十層石塔実測調査報告書』（韓国文化財管理局、一九九三年）、申紹然『円覚寺十層石塔의 西遊記浮彫研究』（ソウル大学校大学院文学碩士論文、二〇〇三年）、謝明勳『西遊記考論：従域外文献到文本詮釈』（台湾里仁書局、二〇一五年）第一章「西遊記新材料的提出：韓国敬天寺元代石塔西遊故事浮雕図解」。
（10）旗田巍「通度寺の事績記について」（『朝鮮学報』六一輯、朝鮮学会、一九七一年）より引用。
（11）『影印標点韓国文集叢刊』五『牧隠藁』Ⅲ（民族文化推進会、一九九〇年）。なおこの銘文には拓本があり、そちらの方が『牧隠藁』より詳しい。『朝鮮金石総覧』（朝鮮総督府、一九一九年）、李能和『朝鮮仏教通史』（国書刊行会、一九七四年）上巻、高楠順次郎「梵僧指空禅師伝考」（『大日本仏教全書』「遊方伝叢書」第四、『大正大蔵経』巻五十一）、岡教邃「朝鮮華蔵寺の梵筴と印度指空三蔵」（『宗教研究』新三巻五号、一九二六年）、北村高他「インド仏教伝播史の研究（1）——インド僧指空とその事蹟」（『龍谷大学佛教文化研究所紀要』第三三集、一九九四年）、同「インド仏教伝播史の研究（2）——インド僧指空とその事蹟」（同上第三四集、一九九五年）、また陳高華、張帆、劉暁『元代文化史』（広東教育出版社、二〇〇九年）四〇〇頁以下参照。なお指空が高麗に将来した貝葉経一枚が、国立東京博物館に所蔵されている、前記岡論文参照。
（12）『韓国仏教全書』第六冊「高麗時代篇三」。
（13）祁慶富「指空遊滇建正続寺考」（『雲南社会科学』一九九五―二）参照。
（14）『高麗史』巻四二「恭愍王五」十九年（洪武三年）に、「幸王輪寺、観仏歯及胡僧指空頭骨、親自頂戴、遂迎入禁中」とある。
（15）前掲注11「梵僧指空禅師伝考」所収金守温「檜巖寺重剏記」附載の教旨（国王の命令）。
（16）『通度寺聖宝博物館名品図録』（通度寺聖宝博物館、一九九九年）。
（17）朴世珍『通度寺龍華殿壁画研究』（二〇一三年韓国東国大学碩士論文）、松本真輔「通度寺における玄奘の絵画——『三蔵法師西遊路程記』と龍華殿西遊記壁画」（小峯和明編『東アジアの仏伝文学』勉誠出版、二〇一七年）参照。
（18）『宋元地方志叢書』（中国地志研究会、一九七八年）第四冊。
（19）窪徳忠『モンゴル朝の道教と佛教——二教の論争を中心に』（平河出版社、一九九二年）参照。

日元間の戦争と交易

中村　翼

なかむら・つばさ――京都教育大学教育学部社会科学科准教授。専門は日本中世史、東アジア海域史。主な論文に「日元貿易期の海商と鎌倉・室町幕府」（『ヒストリア』二四一号、二〇一三年）、「東アジア海域世界の境界人と政治権力」（『日本史研究』六七九号、二〇一九年）、「琉球王国の形成と東アジア海域世界」（『グローバルヒストリーから考える新しい大学歴史教育』大阪大学出版会、二〇二〇年）

日元関係は、二度の戦争にも関わらず、盛んな交流が実現したとよく総括される。しかしながら、国家間の外交・戦争が民間レベルの交流と別次元の問題だったわけではない。本稿では、戦争をはじめとする国家間の関係が及ぼした影響を念頭に置きつつ、日元貿易の展開を整理し、あわせて日元貿易の担い手の実態に迫りたい。

一、日元関係史研究の転換

日元関係史のハイライトは、なんといっても元朝の日本侵略（以下、モンゴル襲来）であろう。戦後の歴史学は、戦前の研究蓄積を基礎とし、新たな視点からモンゴル襲来の史的意義を論じてきた。旗田《はただ》巍《たかし》の『元寇』は、その到達点の一つである。旗田は、モンゴル帝国の膨張とアジア各地における人々の抵抗という発想から、モンゴル帝国の日本侵略とその放棄までを描いた(1)。また網野善彦は、モンゴル襲来の日本史上の意義を、十三世紀後半から十四世紀前半における政治・社会・経済・文化の諸動向と関連づけて論じた(2)。

旗田・網野の問題意識が、「未曾有の国難」とされてきたモンゴル襲来像を批判し、これを相対化することにあるのに対し、一九八〇年代後半以降の研究潮流は、これとは異なる関心から行われた。その第一は、国家間の政治・外交関係にとらわれず、民間レベルを含むより裾野の広い交易や文化交流の実態に迫ることを指向する諸研究である。日宋・日元間の交流の活況が注目されたのも、その延長線上にあるといえる。[3] またモンゴル帝国史研究、とりわけ杉山正明の問題提起を通じ、モンゴル帝国の主導でアフロ・ユーラシアを覆う「自由開放型の経済・交流システム」が機能したとの見解が定着したことも大きい。[4] これにより、海域交流のピークとして、モンゴル時代が強く意識されるようになったからである。

このように、今では日元関係史の中心的なテーマは、モンゴル襲来から日元間の交易・文化交流へと移り、モンゴル帝国とアジア各地との関係も、帝国主義による侵略・支配から転じて、グローバリズムへの包摂という文脈で叙述されるようになった。そのことを念頭に置きつつ、本稿では、日元関係史を論じる上でしばしば強調される〈戦争にも関わらず盛んな交流〉というパラドクスの内実に迫りたい。近年では、国家レベルの政治関係と民間レベルの交流とは別次元の問題だとする意見もある。しかし、そう割り切ってよいのか。このような問題関心から、本稿では、日元間の戦争と交易とが互いにいかなる影響関係にあったのかを整理していく。

二、日元間の戦争

(一) モンゴル帝国のアジア戦略

十三世紀初頭よりモンゴル帝国は西夏、ついで金を滅ぼし、南宋と対峙した。しかし、一二五九年、モンゴル帝国による南宋包囲網の構築が進むなか、皇帝（カーン）のモンケが陣中で急逝。アリク・ブケが帝位を継いだが、クビライはそれを認めず、一二六四年には帝位を簒奪する。かかる顛末もあり、モンゴル諸勢力を統御し、自身の求心力を高めることは、クビライにとって切実な課題となっていた。そこで目をつけたのが、南宋統治下の江南の富であり、クビライはその集積と再分配を指向した（杉山注4著書）。それを実現させる過程で、アジア東方の諸勢力を自陣営と南宋陣営とに色分けし、自陣営の諸国・諸勢力に対し、貢納・軍事協力など具体的な服属関係を求めていった。

(二) モンゴル帝国の日本招諭

クビライの使節がはじめて日本に到着したのは、一二六八年のこと。この時の牒状に「兵を用うるに至りては、夫れ孰《たれ》か好む所ならん」という文句が記されていたことはよく知られている。モンゴル帝国側の論理からすれば、牒状の内容は穏健で、日本との善隣友好を求めたものである。しかし、帰属の一元化と服属の実質化を求めるクビライの姿勢は、日本に対しても一貫している。この牒状を日本側が黙殺すると、一二六九年には高麗経由で新たな牒状が日本に伝えられた。張東翼が紹介したこの牒状によれば、一二七〇年春までに日本が使者を派遣しなければ、「天威赫怒し、将に命じて師を出し、戦舸万艘をして径《ただ》ちに王城を圧せしめん」とある。[5] 服属か戦争かの二択を迫る姿勢は、明白である。

　モンゴル帝国が日本にアプローチをした理由は何であろうか。断案はないが、背景として、十世紀末頃より日本が博多―寧波《ニンポー》間を往来する海商を介し、宋に武器原料たる硫黄を拠出していたこと、[6] モンゴル帝国への服属を選択した高麗が、これ以前より対馬や大宰府（守護の武藤氏）から「進奉」（高麗国王への進上を名目とした交易）を受けていたことを挙げることは許されよう。実際、一二五〇年代には日本と高麗は南宋を慕っているとの認識が南宋側にはあった。[7] モンゴル帝国が日本で産出される硫黄を手中に収めようとしたと判断できるかは微妙だが、南宋の味方につかないよう、牽制する意図は認めてよかろう。

（二）日本側の対応

　それに対する日本の態度はどうか。最初の招諭を黙殺したのは、この時の牒状が武力攻撃を示唆するのみならず、「大蒙古国皇帝、書を日本国王に奉る」（「奉」は、下位者の上位者に対する行為）という異例の書き出しを持つなど、従来の外交文書の常識からは逸脱していたことが大きいだろう。[8] そして日本側は、牒状到来をうけ、これを実態がわからない「異国賊徒」の書とみなし、「国家珍事大事」と不安を募らせた（『深心院関白記』）。

　しかし、その後もモンゴル帝国（元朝）との交渉を一切拒否し続けた幕府（とそれに従った朝廷）が防衛体制をまともに構築し始めるのは、一二七一年九月を大きく遡らない時期からとみられる。幕府・朝廷とも、モンゴル帝国がアジアで影響力を強め、各地に服属か戦争かを迫っているという新たな事態を適確に把握した上で、事にあたったとは考えにくい。[補注1] 当初における危機意識の低さと、文永の役後の武断一辺倒の姿勢も、発現の形態は異なるものの、ともに外交手腕の未熟さの表れといってよい。これらにみえる日本の外交政策の頑なさは、他のアジア諸国・地域の政権・権力の姿勢と比較すると一層際立ち、こうした姿勢こそが、次章以下でみるように、日元貿易を不安定化させる原因にもなった。

三、日元貿易の盛衰

（一）新安沈没船から

　日元貿易の活況を象徴する歴史資料の一つに、新安《シナン》沈没船がある。[9] 一九七五年、大韓民国全羅南道新安郡曽島面《チョルラナムドシナングンチュンドミョン》防築里《パンチュンニ》の道徳島《トドクト》沖でこの沈没船に関わる陶磁器が発見されたことをうけ、翌一九七六年から一九八四年までの九年間に十次にわたる発掘調査が行われた。現在、木浦《モッポ》市（大韓民国全羅南道）の国立海洋文化財研究所に展示されているこの沈没船は、全長約三四メートル、幅約九メートル、重量約二〇〇トンの中国式の外洋船（ジャンク船）である。

船体そのものにくわえ、沈没船の積荷がその姿を現したことも特筆すべきことである。二万点を超える陶磁器、重量にして約二八トン、およそ八〇〇万枚に相当する銅銭などが引き上げられ、銅銭回収のためのバキュームにより、都合三六四点の木簡も採集された。これらの木簡は主に積荷に付けられた荷札とみられ、その分析は後で行うとして、ここでは次の二点を押さえておきたい。一つは、木簡の記載などから、この沈没船が至治三年（一三二三）六月頃に寧波周辺を日本にむけて出港したとみられること。もう一つは、当時の貿易船としては特に巨大ではない一艘の沈没船にこれ程の荷が積載されていたことで、これにより、当該期における貿易の規模の大きさが強烈に印象づけられることになった。

（二）戦争直後の低迷と途絶

しかしながら、新安沈没船から知られることはあくまでも貿易船一艘あたりの積載量の巨大さであり、当該期における貿易の全体像ではありえない。近年では、南宋代よりも元代の方が、寧波―博多を結ぶ交易は活発だったとよくいわれるが、確かな裏付けがあるわけではない[補注2]（日本僧の留学は元代の方が活発だが、貿易船の往来数とは別問題）。日宋貿易に比して日元貿易が軽視されてきた学界状況を意識した問題提起と受けとめたい。

そのことを念頭に、ここからは日元貿易の展開を通時的に追っていこう。(10) 日元貿易は、元朝が南宋の事実上の首都・臨安（杭州）を掌握し、慶元（寧波）を手中に収めた一二七六年以降に始まる。鎌倉幕府の吏僚による『建治三年記』（一二七七年）は、「宋朝滅亡、蒙古統領の間、今春（一二七七年）渡宋の商船等は交易に及ばずして走り還る」と記すが、実際には、交易が不可能だったわけではない。ただし、宋元交替に伴う混乱や元朝の第二次日本侵攻（弘安の役）を前にした政情不安の影響は確かにあった。そもそも博多―寧波を結ぶ交易は長距離移動・長期滞在を必須とし、自ずから高いリスクを伴うから、大きなリターンが十分に期待できない状況下ではなかなか実施されないと考えられる。実際、一二八〇年代前後には、日元間を往来する貿易船は大きく減便していたことが窺える。さらに弘安の役後にはしばらくの間、貿易船の往来が途絶する。これは元朝側が日元間を往来する貿易船をシャットアウトしたことの反映とみられ、こうした傾向は、少なくとも一二八五年頃までは続いたとみられる。

（三）クビライ没後における貿易の盛衰

一二九二年、クビライは日本から来航した商船の帰国に託すかたちで服属を求める牒状を伝えたが、この遠征計画はクビライの死没（一二九四年）をうけ、帝位についた成宗テムルにより放棄される。そして、その情報はまもなく日本に伝わったようである。

とはいえ、すぐさま日元貿易が盛んになったわけではない。一二九九年にテムルが日本の招諭を試みたことで緊張は再び高まり、しばらく日元間の商船の往来はみられなくなる。が、この時の外交交渉が不首尾に終わったことで、元朝は日本招諭を諦め、榎本が指摘するように、元朝はその後、日元間を往来する商船に対する管理体制の構築を進めていく。一三〇二年十月に慶元に浙東都元帥府、一三〇四年八月に慶元の外港にあたる定海に千戸所をそれぞれ設置したのは、防衛の観点から「倭船」に備えた措置であった[11]。他方、日本側はどうかというと、幕府は一三〇二年には異国警固番役を縮小・再編しており、緊張は少しく緩和されたと判断される。日元貿易も遅くとも一三〇四年には復活していた。

しかし、一三〇九年、貿易管理を担う役人とのトラブルから、「倭商」（日本から来た商人）が慶元城内で大規模な火災事件を起こしてしまう。これにより、慶元は甚大な被害を蒙ったし、元朝に留学中の日本僧も一斉に検挙され、この後、日本僧はしばらくの間、渡航の自粛を余儀なくされる（確実な復活事例は、一三一四年）。このとき、貿易船の往来それ自体が停止されたかは分からない。だが、榎本もいうように、これ以降、元朝側がより一層「倭商」への警戒を強めたことは間違いない。とりわけ一三二五年頃には、日元貿易の管理は慶元ではなく、外港の定海で行うべきとの中書省の奏上が泰定帝イスン・テムルによって許可されたとみられ、倭船の慶元への入港は原則不可となったようである[12]。

（四）「倭商」の暴動と日本の内乱による貿易の途絶

元朝の警備強化にも関わらず、倭商の暴動事件は一三二八年と一三三五年にも勃発した。とくに後者の衝撃は大きく、この事件を学界にはじめて紹介した榎本によれば、元朝はこれ以降、対日貿易をしばらく停止し、その措置は一三四三年におけるいわゆる天竜寺造営料唐船との交易まで続けられたという（榎本注11著書第二部第一章）。

もっとも、この間の貿易の途絶は、元朝の方針だけが原因とはいえない（中村注10論文）。室町幕府が主導した天竜寺船の派遣をめぐる顛末を伝える『天竜寺造営記録』には、「宋船往来のこと、その沙汰有り」との文句（おそらく小見出し）に続けて、「元弘以後中絶せば、十ヶ年を経て興行せらるの条、時節何様たるべきか否か、度々評定有り」とある。「元弘以後」は、鎌倉幕府滅亡後をいう常套《じょうとう》句である。実際には、一三三五年までは商船の渡航があったわけだが（前述）、『天竜寺造営記録』からは、鎌倉幕府滅亡とそれに続く南北朝内乱といった日本国内の政情の不安定化をうけ、ながらく貿易が極度の低迷・途絶に陥ったことがわかる。天竜寺船の派遣をめぐっては室町幕府内で賛否が割れたが、その時に元朝側の政策が意識された様子はない。

（五）日元貿易に通底する構造的な問題

以上の経緯からは、日元貿易の盛衰を規定した要因として、①日元間の軍事・外交的な緊張関係、②倭商の暴動とそれに対する元朝の警戒態勢、③内乱などによる国内の政情不安が挙げられる。このうち③は、後述する一三五〇・六〇年代にも当てはまるが、日元貿易に固有の要素とはいえない。問題は①・②で、両者がリンクする点に当該期の特徴をみいだせる。すでに榎本が指摘するように、日本が元朝との国家レベルの交渉を一切絶っていたが故に、元朝は交易上のトラブルを解決する有効な方法を持ちえず、それに起因する元朝側の警戒態勢が、倭商の不満や元朝側の役人の不正や増長を招くことになった。そしてこうした悪循環こそ、日元貿易に通底する不安定因子であった（榎本注11著書第二部第一章）。全体的にみれば、日元間の交易は戦争にも関わらず、活況を呈したともいえるが、①・②による構造的な不安定性はぬぐえず、さらに時として③が加わったことで、日元貿易の時代は前代に比べ、海商にとって困難の多い時代であったと見通せる。そのことは、海商をとりまく経営環境や活動形態にも少なからず影響を及ぼしたであろう。

四、海商の経営形態

（一）北条氏による貿易独占？

日元貿易の時代の海商の実態に迫りうる資史料は多くないが、宋代と同じく日中双方に拠点ないし人脈を持つ海商が重要な役割を持ち続けたと考えて、まず間違いない。また、貿易船の経営方式も宋元代を通じ、基本的には同様であろう。中国では宋代以降、貿易船には綱首（船の経営者ないしその代理人）の他、募集に応じて乗り込んだ客商や船の漕ぎ手（水主）などが、それぞれ自己資本や他者からの委託品を持ち込んでおり、交易を終えて得られた物資は通常、出資額などに応じて委託者に分配された。[13]

かつては北条氏（特に得宗家《とくそうけ》）による貿易独占という議論もなされたが、[14] 根拠とされた一二九八年に五島列島沖で難破した貿易船の史料をみるに、得宗関係者は貿易船に出資をした利害関係者の一部にすぎず、北条氏の貿易独占という事実はない（中村注10論文）。

（二）寺社造営料唐船という方式

日元貿易の担い手やその経営方式を考察する上で、十四世紀の史料で「（寺院名）造営料唐船」等と呼ばれる貿易船（いわゆる寺社造営料唐船）の評価は、一つの論点である。史料上、建長寺船・勝長寿院船・関東大仏船・天竜寺船の例が知られる。これらに対しては、幕府が御家人を動員し、博多―五島列島間での警護や帰国後の積荷の搬送（判明するのは、博多―京都間）を命じており、幕府の保護が与えられていた。さらに天竜寺船（「造天竜寺宋船」）の場合、綱司（綱首と同じ）が「商売の好悪を謂わず、帰朝の時、現銭五仟貫文は寺家（天竜寺）に進納せしむべく候」との契約を、室町幕府との間に結んでいたことが知られる（『天竜寺造営記録』）。

問題は、幕府がこれらの唐船にいかなる立場から保護を加え、綱司と契約を結んでいたかである。現時点での支配的な見方は、幕府の保護は貿易船の一出資者としてのそれであり、「（寺院名）造営料唐船」という呼称は、幕府がある貿易船に対して一往復に限り与えた国内向けの「看板」で、貿易船の持つ多様な顔の一つに過ぎないというものだ。またこの場合、五〇〇〇貫文は、幕府が出資した積荷の対価（請切契約）と位置づけられる。(15)

村井章介が提唱したこの説明は、前項でみた日宋・日元貿易の基本的な経営方式に即した理解であり、一定の説得力がある。もっともこの説は、五〇〇〇貫文を幕府出資分の対価の全額とみるが、これは最低保障額とみるべきではないか。決め手には欠くが、「商売」の結果、仮に幕府の出資分で五〇〇〇貫文分以上の対価が得られたなら、五〇〇〇貫文を「寺家」に進納し、残りを積荷の出資者である幕府に納める契約が結ばれたと考えた方が、自然だと思う。

（三）新安沈没船の木簡から

しかし、天竜寺船の「現銭五仟貫文」については、幕府が出資した分への対価ではなく、遣明船の経営者（勘合保持者）が貿易船全体から徴収した抽分銭のごとき上納金であった可能性も、私は捨て切れないと考えており、(16)「（寺院名）造営料唐船」と呼ばれた貿易船を、かかる契約に基づいて派遣されたものと理解している。そう判断する根拠は、先に触れた新安沈没船から採集された荷札木簡にあり、私は新安沈没船を「東福寺造営料唐船」と呼びうるものと考えている。その際、ポイントになるのが「綱司私」と記された一一〇点及び「東福寺公用」「東福寺公物」「東福寺足」等の記載を持つ四十一点の木簡の解釈である。

従来、「綱司私」木簡が付された積荷は綱司の自己資本であり、東福寺は綱司の出資者とみなされ、天竜寺船における幕府・天竜寺—綱司の関係がこれに重ねられてきた（村井注15論文、榎本注11著書第一部第二章）。そして、私見とは異なり、かかる観点から村井は新安沈没船を「東福寺造営料唐船」とみなしている。しかし、当該期の一般的な交易形態に照らせば、綱司は複数の方面から出資を受けていたはずであり、「私」たる綱司に対応する「公」が東福寺のみというのは、いささか奇妙である。また、荷札木簡である以上、これらは船内において積荷の管理責任者を明示する目印として付けられたとみるのがよく、実際に綱司以外の搭乗者（木簡からは承天寺釣寂庵《ちょうじゃくあん》の「秀恵」（別の木簡にみえる「秀忍」と判読されている人物？）や「道阿弥」、「八郎」など多くの名が知られる）が、自己資本分と委託物資の区別を木簡によって行っているようにはみえない。

かかる前提に立って、〈綱司＝私〉と〈東福寺＝公〉の関係を考えよう。すると「公用」とは、綱司以外の搭乗者の管理分を含む貿易船の積荷全体から、貿易船の代表者たる綱司が東福寺関係者（東福寺木簡に記された花押の主）の監督下で徴収・管理した東福寺に対する上納金と解釈できるのではないか。綱司自身が「公用」の管理に関わるからこそ、綱司が自ら用意したり、他者から委託された分の対価、すなわち「公用」以外に綱司が管理責任を負う積荷には「私」と記しておく必要があったと判断される。この場合、東福寺関係者の関わり方が問題となるが、さしあたって二通りの解釈がありえよう。一つは、東福寺に関係する入元僧が慶元等で綱司が確保した「公用」の現物確認を行った場合（現在の私見は、こちらに傾く）。もう一つは、東福寺の使者が貿易船に同乗しており、綱司とともに「公用」の徴収・管理に関わったとする考え方である（旧稿の理解）[17]。

（四）海商にとっての寺社造営料唐船

以上、東福寺木簡が付された新安沈没船の積荷（確認できる限り、すべて銅銭）を後の遣明船における抽分銭のごとき上納金と解釈し、天竜寺船において契約された「進納」分の「現銭五仟貫文」を、これと重ねて理解すべきことを論じてきた。かかる私見に対しては、遣明船において抽分銭の徴収が可能なのは、日明勘合の所持が貿易に必須であった明代固有の条件によるとの批判もあろう。

しかし、必ずしもそうとはいえない。そもそも貿易船を派遣する際、綱司は自己管理分の輸出品はもちろん、船の整備や水・食糧の調達といった諸々の用途（室町期には一五〇〇貫文程度）を工面する必要があった。最終的にその費用の大半は室町期と同様、搭乗者から徴収する運賃等から賄うのであろうが、[18]貿易に伴うリスクの高さが意識されると、搭乗者となる客商の募集は容易ではなくなる。天竜寺船の場合、日本国内の政情不安により、ながらく貿易船の派遣自体が実現しておらず、派遣をめぐる「評定」が「群議が一揆せず」という有様なのも、貿易のリスクが強く意識されたからに違いない。この問題を克服する上で、「造天竜寺宋船」という看板を掲げ、室町幕府の支援（とくに国内での安全保障）をアピールすることは、相当な有効性を持ったと推測できる。当然、綱司と一蓮托生の関係となった幕府の関係者は、有力な出資者候補となったはずである。

(五) ポスト〈博多綱首の時代〉

以上の私見は、幕府に対する綱首層の依存度を高めにとるが（ただし、寺社造営料唐船が当該期に支配的な経営方式であったと論じる意図はない）、これこそ日宋貿易の段階とは異なる日元貿易期の特徴であると考える。

日宋貿易で活躍した「博多綱首」のごとき日中間を結ぶ有力海商の姿が十三世紀後期以降、史料から追えなくなる。この現象につき、榎本は、宋元交替期の長期に及ぶ貿易活動の低迷により多くの海商が没落し、その社会的地位が低下した事態の反映とみており（榎本注10論文）、これには私も同意する。そしてこのことは、日元貿易が再開した十四世紀にも通底しよう。日元貿易が構造的に不安定要素を持っていたことが一因だが、それだけではない。慶元への入城制限といった「倭商」に対する様々な規制が元朝側でとられたことで、博多綱首の卓越性をかつて支えた人脈やノウハウは、無効化したとはいわないが、前代ほどのアドバンテージを失っていたと推測されるからである。中国側とのパイプは海商が経営を維持する上で、きわめて重要な要素であったが、それを十分に満たせる海商は博多綱首の後継者を含め、はたしてどれ程存在したであろうか。

博多綱首の直接の後継者の優位が相対化されるなかでは、これとは異なる系譜を持つ海商の新規参入もありえただろう。かくして海商間の競争が激化するなか、公権力＝幕府の後押しを受け、貿易船発遣の最大の障害である貿易船の艤装と搭乗者の確保を有利に進めることで、貿易に参画しようとする海商が出てきたのではなかろうか。新安沈没船は、こうしたケースに該当しよう。この貿易船が発遣された一三二三年には東福寺の再建事業が進行中で、それには鎌倉幕府の支援が認められる。[19]「[寺院名]造営料唐船」という看板の付与主体を、限られた事例から一般化して幕府に限定する私の解釈に対しては榎本の批判もあるが（榎本注7論文）、新安沈没船を幕府が関わった「東福寺造営料唐船」とみなしうる余地は大いにあると考える。

他方、日元貿易が「倭商」の暴動や政情不安により低迷・途絶した時期にあっては、幕府のお墨付きは挑戦支援の意味を持ったはずである。寺社造営唐船の出現は、「博多綱首」が安定的かつ卓越した地位を占めた〈日宋貿易の時代〉が終わり、必ずしも安定した基盤を持たない海商たちが綱首となった〈日元貿易の時代〉を象徴する事象といえよう。

五、末期日元貿易と次代の萌芽

天竜寺船の派遣を契機に再開された日元貿易だが、南北朝内乱の最中の一三四〇年代に、途絶する以前の水準まで回復しえたかは、実のところ定かではない。しかし、いずれにせよ一三五〇～五六年には、慶元を含む浙江地域が戦火を蒙ったため、貿易は再び途絶する（榎本注11著書第二部第二章）。最後にこれ以降の動向に触れ、むすびにかえたい[20]。

一三五〇年代における再度かつ長期間の貿易途絶は、日元貿易の担い手（当然、一枚岩ではない）に様々な対応を迫ったはずである。貿易から撤退した者もあろうが、それ以外にも慶元―博多ルートの安定化を待つ者や、別ルートでの日元交易を開拓しようとする者、元朝以外との交易を模索する者など、様々な対応が考えられ、しかもそれらは択一的な選択肢ではなかったであろう。

ちょうど慶元―博多を結ぶ交易が再開された一三五七年より、南九州から福建に至る航路が利用され始めるが、これは琉球列島を経由したに違いない。また、一三五〇年代より俄に激化した「倭寇」との関係が課題だが、これと時期を同じくして九州地域と朝鮮半島とをつなぐ人や富の移動も増大した。前者の動向を前提に、元明交替以後、かつての日元貿易の担い手が明使を那覇に引き込んだことで、「琉球国」の朝貢貿易が開始されたとみられるし、後者は九州の大名・領主層による日朝通交の前提となろう。このように、元明交替後の東アジア海域世界の交易ネットワークの変容は、末期日元貿易への海商の対応の一つの帰結であり、日元貿易の活況との対比で抑圧的・限定的といわれる日明通交のあり方も、その観点から位置づけていく必要があろう。とはいえ、未だ十分な材料を持ちえていない。今後の課題である。

注

(1) 旗田巍『元寇――蒙古帝国の内部事情』（中央公論新社：中公新書、一九六五年）。
(2) 網野善彦『〈網野善彦著作集五〉蒙古襲来』（岩波書店、二〇〇八年。初出一九七四年）。

(3) その到達点として、羽田正編『〈東アジア海域に漕ぎだす一〉海から見た歴史』(東京大学出版会、二〇一三年)を挙げておく。
(4) 杉山正明『クビライの挑戦――モンゴルによる世界史の大転回』(講談社：講談社学術文庫、二〇一〇年。初出一九九五年)。
(5) 張東翼「一二六九年「大蒙古国」中書省牒と日本側の対応」(『モンゴル帝国期の北東アジア』汲古書院、二〇一六年。初出二〇〇五年)。
(6) 山内晋次『日宋貿易と「硫黄の道」』(山川出版社、二〇〇八年)。
(7) 榎本渉「宋元交替と日本」(『岩波講座日本歴史』中世二、岩波書店、二〇一四年)。
(8) 石井正敏『〈NHKさかのぼり日本史外交篇8〉「武家外交」の誕生』(NHK出版、二〇一三年)第二章。
(9) 新安沈没船については、主に大韓民国文化公報部文化財管理局編『新安海底遺物』資料篇Ⅱ・資料編Ⅲ・綜合編(同和出版公社、一九八四・八五・八八年)を参照。
(10) 本項の記述については、榎本渉「初期日元貿易と人的交流」(『〈宋代史研究会研究報告第八集〉宋代の長江下流――社会経済史の視点から』汲古書院、二〇〇六年)、中村翼「日元貿易期の海商と鎌倉・室町幕府――寺社造営料唐船の歴史的位置」(『ヒストリア』二四一号、二〇一三年)を参照。
(11) 榎本渉『東アジア海域と日中交流――九～一四世紀』(吉川弘文館、二〇〇七年)。
(12) 榎本渉「建長寺船の派遣とその成果」(村井章介編『東アジアのなかの建長寺――宗教・政治・文化が交叉する禅の聖地』勉誠出版、二〇一四年)。
(13) 斯波義信『宋代商業史研究』(風間書房、一九六八年)、同「綱首・綱司・公司――ジャンク商船の経営をめぐって」(森川哲雄・佐伯弘次編『内陸圏・海域圏交流ネットワークとイスラム』櫂歌書房、二〇〇六年)。
(14) 瀬野精一郎「鎌倉時代における渡唐船の遭難にみる得宗家貿易独占の一形態」(瀬野・村井章介編『〈日本古文書学論集五〉鎌倉時代の政治関係文書』吉川弘文館、一九八六年。初出一九七五年)。
(15) 村井章介「寺社造営料唐船を見直す――貿易・文化交流・沈船」(『日本中世の異文化接触』東京大学出版会、二〇一三年。初出二〇〇五・二〇〇六年)、榎本注11著書第一部第二章。
(16) 以下、中村注10論文によるが、一部に修正や論点の追加を施した。なお、私見に対しては、榎本渉の批判があり(榎本注7論文)、荷札木簡についても、大庭康時が私見とは異なる理解を提示している(大庭康時「新安沈没船出土木簡の基礎的検討」『博多研究会誌』一四、二〇一七年)。両者の指摘や橋本雄からの私信、その後の自身の考究を通じ、旧稿には再検討すべき点も出てきている。だが、旧稿の結論も様々な可能性を考慮した上でのものであり、論旨の撤回・修正・堅持のいずれを取るべきかは、もう少し考えてみたいところである。そしてその際には、とくに榎本がいう貿易船の「派遣主」(一般出資者とは区別される出資者)なるものの存在形態をどう捉えるかが、一つの焦点となると思う。
(17) 東福寺木簡が付された銅銭を上納金とする私見から離れて、搭乗した東福寺の関係者が綱司とは関係なく獲得・管理した物資とみることも可能ではある。その場合、「東福寺公用」の文言は「綱司私」との対ではなく、たとえば他の木簡にある「筥崎奉加銭」等と横並びと解釈される。しかし、これだと「綱司私」が浮いてしまう。

(18) 橋本雄「遣明船と遣朝鮮船の経営構造」(『遙かなる中世』一七、一九九八年)。この点、旧稿の理解を改めている。

(19) 川添昭二「鎌倉末期の対外関係と博多」(大隅和雄編『鎌倉時代文化伝播の研究』吉川弘文館、一九九三年)。

(20) 以下は、中村翼「東アジア海域世界の境界人と政治権力――一四世紀の分水嶺を考える」(『日本史研究』六七九号、二〇一九年)、同「琉球王国の形成と東アジア海域世界」(秋田茂・桃木至朗編『グローバルヒストリーから考える新しい大学歴史教育』大阪大学出版会、二〇二〇年)による。

[補注1] 本稿脱稿後、曾昭駿「モンゴル襲来期における入宋僧と南宋禅宗」(『仏教史学研究』六二―二、二〇二〇年)に接した。文永の役前夜の日元間の外交交渉に新たな知見を加えているので参照されたい。ただし幕府による大陸情報収集の精度や積極性はいぜん不明な点も多く、今後の課題である。

[補注2] 本稿校正中、榎本渉「日宋・日元貿易船の乗員規模」(『国立歴史民俗博物館研究報告』二二三、二〇二一年)を得た。南宋代もしくは南宋代末~元代より貿易船の乗員数が増大したという。貿易船数の変化が不明である以上、貿易規模の変化を直接導く材料とはできないが、貿易環境の変化を予想させる貴重な成果である。あわせて参照されたい。

日元間の僧侶の往来規模

榎本　渉

南宋・元代に多くの日本僧が中国に渡ったことはよく知られるが、その事例の集成は、木宮泰彦《きみややすひこ》の研究以来一世紀近く行なわれていない。本稿では、現時点で明らかになっている入宋日本僧・入元日本僧・来日宋元僧の事例を再集成し、入元僧の規模や宋元代の渡航頻度の推定などを試みた。

一、日本僧留学の盛期としての宋元代

（一）僧侶の往来と宋元風仏教教団の興隆

一般に日本僧の中国渡航というと、遣隋使・遣唐使・遣明使など国家使節に伴うものの印象が強い。だが使節の渡航頻度は一時期を除き高くなかったし、しかも使節団の帰国後も中国に残り留学する僧侶はさらに限られた。(1)これに対して南宋・元代の中国は日本との使節の往来がほとんどなかったが、名の知られる例だけで数百の日本僧が留学した。また数は多くなかったが、同じ頃には宋元僧の来日も見られた。

鎌倉時代日本の律宗・禅宗諸派においては、入宋日本僧・入元日本僧・来日宋元僧らによって、宋元寺院での生活規範や儀礼の再現が目指され、またその前提として、建築・調度品・服飾・飲食・漢字音なども宋元風に行なわれた。(2)こうして現れた信仰空間は、平安時代に確立した顕密仏教寺院とは異質のものとなった。鎌倉文化の一要素である宋元風文化は、多くこうした宋元風仏教寺院を介して、日本列島に紹介された。入宋僧・入元僧・来日宋元僧らは、十三・十四世紀の日中間を媒介し文化的な同期を導いた存在として、重視されな

えのもと・わたる――国際日本文化センター准教授。専門は東アジア交流史。主な著書に『東アジア海域と日中交流――九～一四世紀』（吉川弘文館、二〇〇七年）、『南宋・元代日中渡航僧伝記集成　附江戸時代における僧伝集積過程の研究』（勉誠出版、二〇一三年）、『僧侶と海商たちの東シナ海』（講談社学術文庫、二〇二〇年）などがある。

くてはならない。

（二）木宮泰彦の業績

入宋・入元僧は国家使節として選ばれたものではなく、貿易船に便乗して個別に渡航したものだった。したがって渡航の機会や人数に制限はなく、意欲と資金さえあれば、誰でも留学が可能だった。ただし彼らは国家との関係が希薄なため、その活動は公的な史料にあまり残らない。交流の様相を知るためには、様々な史料から断片的な情報を収集するしかない。主な史料としては、渡航した僧侶やその関係者の著述・伝記があるが、(3) 書画・古文書・日記・聖教奥書・金石文などから情報が得られる場合もあるし、二次資料ではあるが系図・由緒書などにも入宋・入元僧の名が現れることがある。

こうした情報を集成したものとして、一九二六・二七年に刊行された木宮泰彦の大著『日支交通史』上下巻（金刺芳流堂）がある。(4) 本書は隋～清代に日中間を往来した僧侶の事例や活動を網羅的に紹介したものだが、もっとも多くの事例が確認できる時代が南宋・元代で、南宋期の入宋僧が一〇九件、来日宋僧が十四件、入元僧が二二二件、来日元僧が十三件挙げられている。本書は早くも一九三一年に陳捷《ちんしょう》によって『中日交通史』として中国語訳され、一九八〇年にも胡錫年《こしゃくねん》によって『日中文化交流史』として中国語訳されている（ともに商務印書館刊）。他にも中国では、木宮の成果をそのまま流用した書籍がまま見られる。木宮の成果はそれほど長い間、入宋・入元僧の基礎研究として参照され続けてきた。

（三）木宮の成果の更新

もちろん木宮の研究は刊行からすでに一世紀近くを経ており、年代比定の誤りや誤伝の採用なども明らかになっている。たとえば木宮が南宋期の入宋僧とした挙げた戒覚が、実際には北宋一〇八二年に入宋した人だったことは、戒覚の旅行記『渡宋記』の発見で明らかにされた。(5)

木宮が挙げなかった僧侶も多く紹介されている。まとまったものとしては辻善之助『日本仏教史』（岩波書店）があり、入宋・入元僧の挙例は木宮ほど網羅的でないが、木宮が挙げなかった僧侶が二十件含まれている。(6) また陳高華は十四世紀の中国の詩文集から、日本僧に関わる作品を紹介した。(7) そこに現れる入元・入明僧は二十三件に及び、十五件は木宮未紹介の僧である。他にも多くの個別研究で、入宋・入元僧の新事例の指摘は相次いでいる。

杉山正明は、木宮の提示した二二二件という入元僧の件数は「一桁をふやして考えなければならない」としており、(8) 文字通りに受け取れば入元僧は千人以上いたという見込みになる。その根拠とされるのは陳高華の研究だが、十五件の新事例だけでは、木宮の五倍近くに見積もる根拠としてはいかにも弱い。とはいえ、木宮以後の成果を踏まえた整理がない現状では、これを否定することもまた難しい。現状で我々は、いったい何人の僧侶を把握できているのだろうか。入宋・入元僧や来日宋元僧の事例は、そろそろ再集成される必要がある。

二、日中僧侶往来事例の再集成

(一)一覧表の対象年代

以上の問題関心から、この度南宋・元代の中国と日本の間を往来した僧侶について、現状で知られる事例を集成した一覧表を作成した(以下表1中の項目に言及する時は【No.】で表記)。もちろん木宮の研究と同様に、この表も完全なものではあり得ないが、あえて一つのたたき台として提示するのが、本稿の目的である。なお本来は僧の名だけでなく、典拠史料や年代考証なども附すべきであるが、その点は紙数の限界から別の機会に譲らざるを得ない。

以下、一覧表の編集方針に関する留意点を述べる。まず僧侶の配列は、おおまかには渡航年代に準じている。ただし実際には年代不明の例が大半を占めるため、厳密なものではない。時代区分は、日本からの渡航年代(来日宋元僧は日本への渡航年代)を基準としており、たとえば宋末一二六六年に入宋し、元代一二七九年に帰国した白雲慧暁【141】は、入宋僧として扱っている。

時代は南宋・元代を対象とするが、その区切りは必ずしも王朝の存続年代と一致しない。まず南宋は一一八五〜一二七五年とした。日本僧の入宋は一一六七年から数件確認できるものの、それらは後白河院・平氏政権の対外政策との関係が推測され、政権の意向と無関係に現れた鎌倉期の入宋僧とは性格が異なる。(9) そこで一覧表の収録対象は、一一八五年の平氏滅亡以後(つまり鎌倉時代)に限定した。

南宋の終わりを一二七五年としたのは、日宋交通の宋側の窓口が主に両浙路の慶元だったことによる。南宋臨安府の朝廷は一二七六年正月に元に降伏しており、残存勢力の抵抗はその後も続くものの、両浙路《りょうせつろ》の府州の多くは朝廷に倣い、慶元も同月中に降伏した(『延祐四明志』巻二)。日本から中国への渡航シーズン(三・四月か九月)を考えれば、日宋交通の終期は一二七五年に設定して良い。

その後一二七七年六月には、春に入元した日本の貿易船が「宋朝滅亡、蒙古統領」のことを知りすぐに帰国したことが、大宰府より鎌倉幕府に報告されている(『建治三年記』建治三年六月八日条)。これまで日本には宋元交替の情報が入っていなかったのだろう。つまり一二七六年中に出航・帰国した貿

表1　日中間渡航僧一覧表（一一八五～一三七〇）

入宋僧(1185～1275)	
1	○明庵栄西*
2	○練中
3	○勝弁
4	心戒房
5	直念
6	○俊芿
7	○安秀
8	○長賀
9	理教
10	五眼房
11	宗真
12	○安覚
13	○隆禅
14	○明信
15	○良祐
16	○曇照(2)
17	○大歇了心
18	○定心
19	○慶政
20	○思斉
21	○幸命
22	寛昌
23	智玄
24	○明全
25	○道元
26	○廓然
27	○高(亮)照
28	思敬
29	○湛海(5)
30	○道玄(元)
31	思就
32	定舜
33	勤杲
34	信慶
35	弁海房
36	行弁
37	円空
38	覚心(2)
39	○神子栄尊
40	○円爾
41	了行
42	頼賢
43	浄刹
44	政元
45	乗蓮
46	○湛慧
47	○天祐思順
48	○性才
49	○月翁智鏡
50	妙空
51	無得□一
52	○道祐
53	○覚音
54	○一翁院豪
55	能
56	○印
57	○悟空敬念
58	海
59	○済宝
60	○覚如
61	○定(貞)舜(2)
62	性心
63	然
64	○覚琳
65	○生
66	仙
67	国
68	覚妙房
69	塩田和尚
70	生智
71	疑浄
72	○無本覚心
73	○覚儀
74	○親(観)明
75	○源心
76	○承性
77	導生
78	○無関玄悟
79	宗純
80	○無象静照
81	○寂巌禅了
82	○海月明心
83	○寒巌義尹(2)
84	○樵谷惟僊
85	○俊
86	葦航道然
87	○桃溪徳悟
88	○南洲宏海
89	○舜
90	○合(令)
91	○元
92	範
93	清
94	聖実
95	広
96	西
97	観
98	観
99	快
100	○任
101	○乗道房
102	○常禅房
103	○無修円証
104	○山叟慧雲
105	○蔵山順空
106	○元
107	明元
108	定俊
109	○徹通義介
110	○南浦紹明
111	○正見
112	○行一
113	○明仁
114	○寂庵真照
115	○禅心
116	○円戒正基
117	○寂意房
118	○照阿
119	○性憲
120	○禅忍
121	○直翁智侃(2)*
122	祖伝
123	○無隠円範
124	○寂庵上昭
125	等覚
126	○無伝聖禅
127	○覚
128	永(承)宝
129	如真
130	○約翁徳倹
131	性恵房
132	○円海
133	○桂堂瓊林
134	肯庵
135	万
136	○巨山志源
137	真舜
138	○覚総
139	○景用正因
140	○無外爾然
141	○白雲慧暁
142	蓮寂
143	蓮
144	本覚
145	心
146	○智光
147	○慈源
148	○玄志
149	○澄
150	○円俊
151	簡
152	孤舟
153	弁智
154	全遠
155	道英

156	○不退徳温
157	○傑翁宗英(2)*
158	徳会
159	○専暁
160	○龍峯宏雲
161	○大和法橋

入宋僧または入元僧	
162	徹叟道映
163	○一関祖丘
164	円種
165	○慈海(2)*
166	○道意房
167	○霊果(霊杲)
168	○慈心
169	○道円
170	玉峰潜奇
171	○林叟徳瓊

来日宋僧(1185～1275)	
172	方庵智圻
173	○蘭溪道隆
174	○義翁紹仁(2)*
175	○龍江応宣
176	徳智
177	忠*
178	凝*
179	○兀庵普寧*
180	宝山□鉄
181	○古潤世泉*
182	○大休正念
183	行恭
184	宗徳
185	○西澗子曇(2)*
186	㑃牛恵仁

入元僧(1277～1370)	
187	無及徳詮
188	○玉山玄提

189	湛然
190	○柏庵宗意(3)
191	○見山崇喜(2)
192	義立
193	○自牧道淳
194	覚道
195	沢舜
196	鏡
197	義
198	○可菴円慧
199	○恵通
200	倹
201	順性
202	道覚房
203	恵存
204	義
205	○愚直師侃
206	○蒙
207	○寛
208	源朝
209	○東洲至道
210	○千峰本立
211	○秀崖宗胤
212	字堂慶卍
213	機嶽□断
214	○龍山徳見
215	○遠溪祖雄
216	戒(快)誉(2)
217	性空
218	義一
219	東震正誉
220	○雪村友梅
221	○敬叟□簡
222	浄行
223	道眼(源)
224	○無隠元晦
225	○嵩山居中(2)
226	○無著良縁
227	了覚

228	○復庵宗己
229	運
230	○孤峰覚明
231	○蔵海□密
232	○無雲義天
233	○特峰妙奇
234	○無二法一
235	○清溪通徹
236	○大智
237	○此山妙在
238	全玄
239	○実翁聡秀(2)
240	已
241	無極正初
242	○賢
243	放牛光林
244	○円極全珠
245	○古先印元
246	○明叟斉哲
247	○業海本浄
248	○石室善玖
249	大冶永鉗
250	竺心景樹
251	○西庭□栢
252	○別伝妙胤
253	○玉井□源
254	○石門□韶
255	○月山友桂
256	喬木□聳
257	蒙
258	○古相□弘
259	○寂室元光
260	○可翁宗然
261	○鈍庵曇俊
262	○別源円旨
263	○円薫
264	○大朴玄素
265	○赤城了需
266	○無涯仁浩

267	○祖庭□芳
268	○平田慈均
269	○月林道皎
270	無隠法爾
271	○霊叟太古
272	○傑山了偉
273	○関西義南
274	○無礙妙謙
275	字海聡文
276	東海□日
277	南宗□海
278	木禅□喬
279	丁一
280	諸
281	○淵
282	○空
283	○足庵祖麟
284	○鉄牛景印
285	喝岩□一
286	芝岩□仙
287	○中庭宗可
288	要翁玄綱
289	朋
290	○天岸慧広
291	○中巌円月
292	○不聞契聞
293	○安
294	○瑞興
295	遠
296	宝
297	棟
298	○紹
299	○宗
300	○東白円曙
301	○物外可什
302	○不昧興志
303	○無夢一清
304	○鉄舟徳済
305	○古源邵元

306	○鼇峰霊巨
307	中山清誾
308	○古鏡明千
309	○一溪清演
310	○黙庵霊淵
311	東林□忍
312	○霊栖
313	○柔
314	○慧
315	冬
316	○東
317	○元
318	秋
319	賑
320	道全
321	○正堂士顕
322	○友山士偲
323	○太虚元寿
324	○元旨
325	曇韶
326	○嵒宝明投
327	巨舟
328	○志韶
329	妙空
330	智
331	○寂曇
332	○霊江周徹
333	○大徹大竃
334	○夫
335	○郁
336	滅宗□興
337	○箾溪□鞏
338	○月翁□照
339	○士林得文
340	○復初本礼
341	○一峰通玄(2)
342	○通叟宏感
343	道妙房(2)
344	的
345	○約庵徳久
346	○礼智
347	○大弁正訥
348	徳
349	仲剛□銛
350	玉淵堅璐
351	白石契珣
352	竹
353	○揀
354	○東林友丘
355	万丈□沾
356	如
357	○虎溪道壬
358	賀茂保世(法名不明)
359	○祖杲
360	○天岸祥麟(2)
361	○鈍夫全快
362	○空叟智玄
363	○木機
364	○乗
365	○枯木紹栄
366	○秉行
367	○英
368	○兆
369	○鳳
370	○琛
371	○斉
372	○泉
373	○関
374	○頓
375	○裔(良)節
376	○裔瑞
377	○宗
378	○裔訓
379	○策
380	○雲
381	○雲夢裔沢
382	○玄璵(2)*
383	○裔翔
384	○苗
385	○裔楚
386	○椿
387	○喜
388	○裔翰
389	○克中致柔
390	○太虚契充
391	○広
392	○恢
393	○古
394	○裔龍
395	忠
396	正仲彦貞
397	○玄森
398	○愚中周及
399	○性海霊見
400	○友石清交
401	万山堅一
402	○無格良標
403	良本
404	○無文元選
405	○元通
406	悟庵智徹
407	雪竇源光
408	霊侃
409	○良樹
410	○大拙祖能
411	○碧巌□璨
412	朴
413	了明
414	序
415	玉
416	○南海宝洲
417	○如聞
418	○大本良中
419	○善慧
420	○以亨得謙
421	大同妙喆
422	正菴良因
423	○義空性忠
424	契寃
425	石屏子介
426	直翁□侃
427	智周房
428	頂雲霊峯
429	玉泉周皓
430	玖
431	○宗遠応世
432	○東伝正祖
433	○月心慶円
434	○無我省吾(2)
435	霊
436	等
437	○印
438	○古剣妙快
439	○独芳清曇
440	○竺芳祖裔
441	栄
442	茂林周春
443	周説
444	○得誾
445	○元東
446	○守一
447	○元栄
448	○自肯
449	○稟浄
450	○清安
451	○寛珍
452	○智燈
453	○妙愚
454	○正幢
455	○椿庭海寿
456	○秀崖全俊
457	高山通妙
458	○太初啓原
459	○宗猷
460	○元章周郁
461	別岸

462	照慧
463	○中山法頴
464	○少林如春
465	○信中自敬
466	斉嶽
467	透
468	義
469	○廷用文珪*
470	得中□進
471	頤
472	明海□宝
473	中菴寿允*
474	○大道得志
475	○至道良弘
476	演
477	建
478	処蕁
479	曇高
480	桂巌□昌
481	逆流建順
482	○伯英徳俊
483	○大年祥登
484	○密
485	○易
486	○恵
487	○偆
488	○済
489	○輔
490	○儀
491	○日岩一光*
492	秀巌九頴
493	範堂令儀
494	大極以中
495	夢庵顕一
496	東白□昇
497	東雲□海
498	震
499	○無方宗応
500	能翁玄慧
501	益宗福謙
502	仲謙
503	聞極□聡
504	○観中中諦
505	○江西常沼
506	在山僧傑
507	竹居□簡
508	裕
509	○大機□全
510	○蘭江清楚
511	○曇聡
512	○寰中元志
513	斯道紹由
514	○如心中恕
515	○絶海中津
516	○汝霖妙佐
517	○大象宗嘉
518	○充
519	○霊南
520	○陽谷
521	○甲山興東
522	○介然中端
523	○無聞普聡
524	中郁
525	貞遠
526	○成
527	巳
528	隆
529	○無相□訥
530	○無外□厳
531	○思遠□聞
532	○桂巌□月
533	○絶照□用
534	○大功元績
535	○大岳妙積
536	笑雲□喜

入元僧または入明僧	
537	○権中中巽*

538	規外中模
539	嵩岳明中
540	○金山明昶
541	○久庵道可
542	周南
543	○珠
544	廉
545	月千□江
546	懽
547	性
548	○格
549	○友
550	○元
551	○生
552	山
553	大用克全
554	斗南永傑
555	恒中宗立
556	石隠宗璵
557	此宗曇演
558	機先□鑑
559	天祥
560	桂隠
561	愚中梵慧
562	○志満
563	虚室希白
564	純
565	嗣
566	栄
567	安
568	相
569	紹
570	符

来日元僧(1277～1370)	
571	○無学祖元
572	○鏡堂覚円
573	○梵光一鏡
574	愚溪如智(2)*
575	慈洪
576	○一山一寧
577	○石梁仁恭
578	○法平
579	○東明慧日
580	○東里徳会
581	○霊山道隠
582	古澗
583	○清拙正澄
584	○玉田永錤
585	杖林□策*
586	○明極楚俊
587	○竺仙梵僊
588	○懶牛希融
589	延
590	○東陵永璵
591	道元文信*
592	聯菴明聴

【1】1187年の他に1168年にも入宋。
【121】入宋2次説は『直翁和尚塔銘』に拠るが疑う説もある。
【157】入宋1次・入元1次。
【165】1293年以前に2次入宋か入元。
【174】宋に帰国後再来日。
【177～179、181】宋に帰国。
【185】元に帰国後再来日。
【382】1342年出航予定、1345年以前別便で出航し高麗に漂着。
【469】入元1次・入明2次。
【473】入元の途上高麗漂着、後に朝鮮に再渡航。
【491】入元1次・入明1次。
【537】入元・入明各1次か入明2次。
【574】来日未遂1次、来日後に即時帰国1次。
【585】元に帰国。
【591】明に帰国。

＊木宮泰彦『日支交通史』所掲の僧は○を附した。
＊複数次渡航した僧は(　)を附して回数を示した。

易船はなかったと考えられる。同年春から秋には、日宋貿易の中継地である舟山群島や定海県が張世傑ら南宋遺臣の攻撃にさらされており、それにより安全な商取引や僧侶の渡航が困難となったためと考えられる。[10] よって一覧表では、元代を一二七七年以後とした。

元代の終期は明が建国され順帝がモンゴルに逐われた一三六八年ではなく、一三七〇年とした。これは明代極初期には元代と同様の市舶司貿易が行なわれ、依然として商船を通じた留学が可能だったことや、日本から最初の遣明使が派遣されたのが一三七一年であることもあるが、いま一つの事情として、元末の禅僧楚石梵琦《そせきぼんき》の存在がある。楚石は元代中国でもっとも多くの日本僧が入門した僧で、その数は名が知られるだけで四十人に及ぶが、その半分近くは楚石没年の一三七〇年以前に入元・入明したということ以外に、渡航年代を推定する手掛かりがない【521~536】。本稿ではこうした史料上の制約もあり、便宜的に元代の下限を一三七〇年に設定することにする。

(二)僧侶の往来件数と延べ渡航回数

一覧表には入宋僧一六一件、入宋僧または入元僧十件、来日宋僧十五件、入元僧三五〇件、入元僧または入明僧三十四件、来日元僧二十二件、合計五九二件を挙げることができた。[11] この中で木宮が挙げたのは一覧表中に「〇」を付した三五七件で、一覧表の件数はこれと比べて一・六六倍の増加となる。[12] また表中の他の僧と同一人物の可能性がある事例が入宋僧六件・入元僧九件あり、[13] 総件数はこの分減る可能性がある。以上を念頭に置いた場合、入宋僧の件数は一五五~一七一件(件数の幅は、宋代か元代か確定できない事例と重複立項の疑いがある事例の存在による)、入元僧の件数は三四二~三九五件である。

なお一二七〇年代前半に入宋した後に一二七九年に入元した傑翁宗英《けっとうそうえい》【157】は一覧表で入宋僧に含めたが、件数としては入宋・入元僧双方で数えている。同様に、宋代と元代に各一次来日した西澗子曇《せいかんすどん》【185】は、一覧表では来日宋僧としているが、以下の集計では宋僧・元僧双方の事例として扱うことにする。

入宋・入元・来日が複数回に及んだ者もおり、該当する者は一覧表中で( )に回数を示しておいた。多くは二次だが、柏庵宗意《はくあんそうい》【190】は三次、湛海《たんかい》【29】は五次に及ぶ。これらを念頭に置いて延べ渡航回数を数えると、日本僧の入宋は一六三~一八一次、宋僧の来日は十六次、日本僧の入元は三五四~四〇八次、元僧の来日は二十四次となる。[14]

(三) 僧侶の渡航頻度

以上の僧侶の件数や渡航回数は当時の全事例ではなく、史料から偶然判明したサンプルに過ぎない。だが南宋後期から明初にかけて、日中の史料の残存傾向に顕著な変化がないならば、サンプルの出現傾向はある程度実態を反映していると見て良いだろう。そこで南宋と元代で僧侶の往来頻度を比較してみるに、入宋僧・来日宋僧を合わせた延べ渡航回数(一七九〜一九七次)を対象年数の九十一年(一一八五〜一二七五)で割ると、一年あたりの平均渡航回数は一・九七〜二・一六次となる。一方入元僧と来日元僧の延べ渡航回数(三七八〜四三二次)を九十四年(一二七七〜一三七〇)で割ると、一年平均四・〇二〜四・六〇次となる。元代の僧侶の往来頻度は、おおまかには南宋の倍程度だったと推測できる。

ただ僧侶の渡航事例は、時期によって増減がある。宋代では一二四〇〜七五年の末期三十六年間に事例が集中するので、この時期について試算してみよう。入宋僧では湛海【29】(第四次・五次)および無得□一【51】以後の事例、来日宋僧では全事例がこれに該当する。厳密には一二四〇年以前か以後か未確定の事例はあるが、ひとまずの目安として上記の事例に基づいて延べ渡航回数を数えると一二六〜一四三次となり、これを三十六年で割ると一年当たり三・五〇〜三・九七次となる。

元代については旧稿で触れたように、宋元交替後三十年ほどは軍事的緊張のため、僧侶の往来が限られた。日元間の交流の盛況は、元が日本招諭を放棄した一三〇五年以後である。[15]一二七七〜一三〇四年の二十八年間で日元間を往来した僧は二十三〜三十八件で、[16]全体の三割近くを占める年数にもかかわらず、件数は多く見積もっても全体(三四二〜三九五件)の一割程度にしかならない。

これに対して一三〇五年以後に入元した僧は三一四〜三六二件で、[17]延べ渡航回数は三二三〜三七三次に達する。これに同時期に来日した元僧【579〜592】の渡航回数一四次を加えると三三七〜三八七次となる。また一三〇五年以後の六十六年間中、少なくとも十四年間は、元の日本船受入停止措置や内乱状況悪化のため、日元間で貿易船の往来途絶があった。[18]そこでこれを除く五十二年間で、同時期の入元僧・来日元僧の延べ渡航回数を割ると、一年平均で六・四八〜七・四四次で、宋末の倍近い数値になる。十四世紀の日元間では、南宋期を大きく上回る頻度で僧侶の往来が見られたといえそうである。

三、往来規模総体の推算

(一)一三五〇年に来日した元船

一覧表に挙げた僧侶は、日宋・日元間を渡航した僧侶全体の中でどのくらいの割合を占めるのだろうか。統計が存在しない以上厳密な検証は不可能だが、一三五〇年の来日元船は推測の手掛かりになりそうである。博多を治める鎮西管領《ちんぜいかんれい》一《いっ》色直氏《しきなおうじ》は、この船が到着すると帰国した僧侶十八人のリストを作成して京都に送ったが、その写しは公家の洞院公賢《とういんきんかた》の日記『園太暦《えんたいりゃく》』観応元年四月十四日条に引用されている。これは一艘の船に乗る僧侶全員の名前が判明する唯一の例である。

その中で龍山徳見《りゅうざんとっけん》【214】・円薫《えんくん》【263】・天岸祥麟《てんがんしょうりん》【360】・無夢一清《むむいっせい》【303】・克中致柔《こくちゅうちじゅう》【389】・足庵祖麟《そくあんそりん》【283】・特峰妙《とくほうみょう》奇《き》【233】の七人は後に日本で住持を務めており、他史料からも入元の事実が確認できる。また善慧《ぜんえ》侍者【419】は、一三四六年に常陸法雲寺から派遣され一三四九年十二月に帰国の途に就いた慧侍者に同定される。元東《げんとう》【445】は来日元僧清拙《せいせつ》正澄《しょうちょう》【583】(一三二六～三九年在日)から入元を見送られた東禅人【316】と同一人物の可能性がある。他の九人【446～454】については、この人名リスト以外で確認できない。つまり偶然残されたこのリストがなかったら、我々は十八人中八名ないし九名の名しか知ることができなかった。この事例を敷衍すれば、我々は入元僧全体の内で半分程度を把握できていると推測できる。

一三四二年派遣の天龍寺船も参考になる(派遣翌年に慶元入港)。この船で入元した愚中周及《ぐちゅうしゅうきゅう》【398】の年譜の注釈書『愚中周及年譜抄』に拠れば、天龍寺船には六十人餘の入元僧が乗っていたが、これに含まれる可能性が高い僧は三十一人を挙げることができ【372～402】、やはり半分程度が判明していることになる。ただし一覧表にはこれ以外にも天龍寺船で入元した僧が含まれているし、逆に三十一人の中には実際には乗船できなかった僧が含まれている可能性があるから、(19)情報の精度としては不十分である。

(二)入元僧の総件数と総渡航回数

入元僧の総件数(x件とする)について、大まかな試算をしてみよう。まず総件数に対する一覧表所掲件数の比を、一三五〇年来日元船の例を参考にして、8/18～9/18と考える。ただし同船で帰国した十八人は、例外的に全員の名前が判明する事例だから、8/18～9/18の比率を適用する対象としては除外する。すなわち一覧表の入元僧三四二～三九五件中、十八件を除く三二四～三七七件が、x-18件の8/18～9/18に当たると考える。不等式で示せば324×18/9≦x-18≦377×

18/8となり、これを解くとxは六六六〜八六六件となる。

ただし客死・遭難などのために帰国できず留学の成果を日本で生かせなかった僧は、帰国した僧よりも史料に残る可能性が低いと予想できる。したがって帰国人数を基準にした割合である8/18〜9/18は、帰国できなかった僧を含む入元僧全体を扱う場合、もう少し低く（総件数は多く）見積もるべきである。どの程度修正すべきかは判断に悩むが、ここでは最大でも一割程度と見て上限を一・一倍し、入元僧の総件数を六六六〜九五二件としておく。さらに誤差も想定して範囲を広めに取り、総件数六〇〇〜一〇〇〇件程度と考えておきたい。

同様に入元頻度も試算してみよう。一三〇五年前後で僧侶の往来頻度が変わることを鑑みて、一三〇五年以後を対象とすると、入元僧の延べ渡航回数は一覧表から三二三〜三七三次が確認できる。ここから同時期の延べ渡航回数の総数を試算すると六二八〜八一六次となり、往来があった年数の五十二でこれを割ると、一年あたりの平均入元人数は一二・〇八〜一五・六九件となる。この上限を一・一倍して一七・二六件とし、さらに数値の誤差も想定すると、一年当たりの平均渡航人数を十一〜十八件程度となろう。[20]

（三）元国内における日本僧

以上の試算に拠れば、日本僧は毎年十数人が元に渡っていたことになる。入元僧の中で留学期間が判明する事例を平均すると十四年程度になるので（具体的な挙例は略す）、元では一五四〜二五二人程度の日本僧が常時国内を行脚していたと推測される。至大「倭寇」（一三〇九年）や泰定「倭寇」（一三二八年）の折に元が日本僧を検挙したり、明初に洪武帝が日本僧を南京の寺院に軟禁したりするなど、日中間に緊張が走るたびに中国で日本僧の去就が問題にされたのは、[21]二〇〇人前後の日本僧が国内を動き回っている現状への国家的対応だったと言える。もっとも大国の余裕からか、管理コストを考慮してか、南宋・元は常時においては彼らを放置していた。こうした事態の評価は今後の課題だろう。

以上の推計は日中交流に関する様々な問題を考える手懸りになると考えるが、これについては別の機会に譲りたい。[22]また入宋僧や来日宋元僧の渡航規模については、一三五〇年の帰国僧リストの如き史料が存在しない。その試算についても後日の課題としたい。

注

（1）拙稿「中世日本僧の中国留学――一二〜一三世紀を中心に」（『MINERVA世界史叢書4　人々がつなぐ世界史』ミネル

ヴァ書房、二〇一九年）。
（2）この点を論じた近年の成果として、西谷功『南宋・鎌倉仏教文化史論』（勉誠出版、二〇一八年）。
（3）伝記については、拙著『南宋・元代日中渡航僧伝記集成 附江戸時代における僧伝集積過程の研究』（勉誠出版、二〇一三年）で集成を行なった。
（4）後に合冊され、『日華文化交流史』（冨山房、一九五五年）として再刊された。
（5）森克己「戒覚の渡宋記について」（『続日宋貿易の研究』勉誠出版、二〇〇九年、初出一九七二年）。
（6）第二巻（一九四九年）の一七〇～一八一頁および第五巻（一九五〇年）の一九～四六頁。叙述の多くは辻『日支文化の交流』（創元社、一九三八年）に基づくが、事例の追加もある。
（7）陳高華「十四世紀来中国的日本僧人」（『文史』一八、一九八三年）。
（8）杉山「はるかなる大モンゴル帝国」（『世界の歴史』九、大モンゴルの時代、中央公論新社、一九九七年）二八二頁。
（9）拙著『僧侶と海商たちの東シナ海』（講談社学術文庫、二〇二〇年、初出二〇一〇年）。なお木宮は一一八四年以前の事例として、重源《ちょうげん》・栄西《えいさい》・覚阿《かくあ》・金慶《きんけい》の四件を挙げている。
（10）拙稿「初期日元貿易と人的交流」（『宋代の長江流域』汲古書院、二〇〇六年）。
（11）弘安の役の時の元人捕虜が法名を名乗ったと見られる事例や（前掲注10拙稿）、貿易船の船長が法名を名乗った事例は含めていない。
（12）木宮が南宋期の入宋僧とした戒覚（実際は北宋期）を除き、木宮が安覚良祐という一人の僧としたものを安覚【12】と良祐【15】の二人とするなど、年代・人名の比定は木宮と異なるところもある。
（13）南宋は、58＝132、65＝77、66＝68＝69（84も再入宋時の名とする説あり）、75＝145の可能性、元代は、279＝285、281＝310、316＝445、365＝441、387＝536、408＝426、476＝557、490＝493、503＝511か523の可能性がある。一覧表には他にも道元【25・30】・定舜《じょうしゅん》【32・61】・覚心《かくしん》【38・72】・観【97・98】など同名の僧が散見するが、上記十五件以外は別人と判断している。
（14）渡航回数については、遭難・客死によって片道の渡航になった者と往復渡航したものを区別して扱うのが理想的だが、留学の事実のみ判明し帰国の有無は不明な事例がかなりの割合を占め、これを念頭に置いた分析ははなはだ煩雑になる。そのため本稿では片道・往復の区別をせず、ともに一次として扱うことにする。
（15）前掲注10拙稿。
（16）傑翁宗英【157】および入元僧の最初の二十三件【187～209】中、柏庵宗意【190】を除く二十二件は一三〇四年以前の入元が確実。入宋僧か入元僧か確定できない十件【162～171】は、入元していれば一三〇四年以前。柏庵および入元僧二十四～二十七件目【210～213】は、一三〇四年以前の可能性も以後の可能性もある。
（17）最大値は入元僧二十四件目以後の事例【210～570】に柏庵宗意【190】を加えたもの。最小値はここから一三〇四年以前または一三七一年以後の可能性がある三十八件【210～213、537～570】、重複立項の可能性がある九件と柏庵宗意を除いたもの。
（18）拙稿「元朝の倭船対策と日元貿易」「元末内乱期の日元交通」（『東アジア海域と日中交流――九～一四世紀』吉川弘文館、二〇〇七年）。途絶期は、一三三六～四二年、一三五二～五六年、一三六六～六七年。

(19)『梵竺仙禅師語録』四明竺仙和尚偈頌には、京都南禅寺住持の竺仙梵僊《じくせんぼんせん》【587】が天龍寺船で入元する僧二十六人に与えた送別偈が収められるが、その一人である洲侍者は、中巌円月とともに入元しようとするも公府の制止によって乗船できなかった南海宝洲《なんかいほうしゅう》【416】に同定される(『南海和尚伝』)。中巌円月は一三四二年夏に乗船して入元しようとして官司の制止で果たせなかったことが知られるが(『中岩月和尚自暦譜』康永元年条)、これは同年秋出航予定の天龍寺船と考えられる。つまり南海も天龍寺船に乗る予定だったことになる。ならば天龍寺船での入元を予定していた洲侍者も、南海に当たると見るべきだろう。つまり竺仙から入元を見送られた洲侍者は、実際には入元できなかったのである。一覧表では洲侍者を除く二十五人を天龍寺船で入元した僧に数えたが【372〜396】、実際には乗船できなかった僧も含まれるかもしれない。

(20) 十八人が乗った一三五〇年の船の事例を考えると、この見積もりは少なく見えるが、この頃は元の治安悪化を受けて帰国する僧が増えた時期だったことも念頭に置く必要がある(拙稿「元末内乱期の日元交通」)。また六十人以上が乗った天龍寺船の事例もあるが、これは室町幕府が派遣した船であり、例外的に乗員数が多かったと見るべきであろう。

(21) 前掲注18拙稿、前掲注9拙著。

(22) これについては、拙稿「日中交流史の中の中世禅宗史」(末木文美士監修『中世禅の知』臨川書店、二〇二一年)でいささかの考察を行なった。

モンゴル帝国と北の海の世界

中村和之

なかむら・かずゆき——函館工業高等専門学校特命教授（法政大学国際日本学研究所客員所員）。専門は北東アジア史・アイヌ史。主な著書に『中世の北東アジアとアイヌ——奴児干永寧寺碑文とアイヌの北方世界』（菊池俊彦共編、高志書院、二〇〇八年）、論文に「中世・近世アイヌ論」（『岩波講座　日本歴史』第二〇巻、岩波書店、二〇一四年）などがある。

モンゴル帝国・元朝はアムール河下流域・サハリン島に進出し、吉烈迷（ニヴフ）から百戸や千戸を任命して支配下に置いた。一方骨嵬（アイヌ）は元朝との戦いが続き、元朝の支配体制には組み込まれなかったが、しだいに交易網に組み込まれていく。モンゴル帝国・元朝の統治は、明代の衛所制や清代の辺民支配など、その後の中国王朝がこの地域に展開した統治システムの原型となったものと思われる。

はじめに

モンゴル帝国・元朝が本格的に海の世界に乗りだしたのは、クビライ・カアンの時である。[1] モンゴル帝国は、ジャワ島やヴェトナムなどにも攻め込んだ。モンゴル帝国が敗退した場合もあるが、結果的に海上の交易ネットワークの発達を促した。このようなモンゴル帝国の東南アジアの海への展開は、海域アジア史の研究分野のひとつとなり、実証研究が発表されている。[2] それに対して、日本海の北部からオホーツク海にかけての海域については、文献史料や考古学資料が乏しいこともあって研究が進んでいない。本稿では、アムール河下流域とサハリン島（樺太《からふと》）を中心に、モンゴル帝国と北の海の世界との関係について検討してみたい。

とくに、モンゴル帝国・元朝がアイヌやニヴフなどサハリン島の先住民に取った対応の違いは、モンゴル帝国が、国家を形成していない地域をどのように支配下に組み込んだのかを知る手がかりとなるものと思われる。

一、中国王朝のサハリン島への進出と地理認識の推移

(一)モンゴル帝国・元朝とサハリン島

アムール河下流域とサハリン島についての文献史料が残っているのは、モンゴル帝国・元朝の時代以降である。『元一統志』には、遅くとも金代にはアムール河の下流域に奴児干《ヌルゲン》城が置かれたと記されているが、ヌルゲン／ヌルガンという地名から見て、(3) 元代に東征元帥府《とうせいげんすいふ》が置かれ、明代にはヌルゲン都司《とし》が置かれた、現在のティル村のことと思われる。ただし発掘によって位置がわかっているのは、明初に女真人の宦官イシハによってヌルゲン都司に併設されたヌルゲン永寧寺の址《あと》のみであり、(4) ヌルゲン都司の実態はわからない。都司(都指揮使司《としきしし》)という名称が連想させるような、官衙を構えていたかどうかは不明である。

モンゴル帝国・元朝がアムール河下流域に軍を進めたのは、クビライ・カアンの即位からさほど時間をおいていない時期であった。その後、シッディの率いる軍が、サハリン島にまで進軍したことが知られている。(5) シッディは、チンギス・カンの四駿に数えられる武将ムカリの玄孫にあたる人物で、ムカリは国王の称号を与えられていた。ムカリ国王家(ジャライル国王家)は、ある時期からトゥルイ家に仕えており、シッディのサハリン島侵攻はクビライ政権において実施された。おそらくはシッディらの遠征の結果として、戚輔之《せきほし》『遼東志略』(陶宗儀『説郛《ぜっぷ》』弓《まき》六二所収)に、「又《また》東北は奴児干《ヌルゲン》に至り、海を渉《わた》ると吉列迷《ギレミ》など諸《もろもろ》の夷之《えびすの》地が有り、咸《み》な統《しはい》の内《うち》に属している」とあるように、ヌルゲンから海(間宮海峡)を渡ったところに吉列迷が住んでいるという地理認識が生まれた。吉列迷**kiai-lie-miai**とは、(6) 吉烈迷**kiai-lie-miai**、あるいは吉里迷**kiai-li-miai**とも書くが、古アジア系の狩猟漁撈民であるニヴフの祖先の呼称**gillemi**を漢字の音で宛てたものである。十九世紀初頭の民族分布を示した地図によれば、ニヴフはサハリン島のほぼ北緯五〇度以北とアムール河の河口域に居住していた。したがって、先のヌルゲンから海を渡ったところに吉列迷が居住するとの記述にも符合する。

(二)明朝のヌルゲン都司経営と清朝の辺民支配

元代に続く明代には、永楽帝の命令でヌルゲン都司を設置したイシハらが、ヌルゲン永寧寺を併設した。イシハらが立てた一四一三年の「勅修奴児干永寧寺記《ちょくしゅうヌルゲンえいねいじき》」の石碑に「海西《かいせい》自《よ》り奴児干《ヌルゲン》に抵《いた》り、海の外の苦夷《クイ》の諸民に及ぶまで、男婦《だんじょ》に賜《たま》うに衣服・器用《きぐ》を以《もっ》てし、給《あた》えるに穀米を以てし、宴《もてな》すに酒饌《さけさかな》を以てしたところ、皆踊躍《おどりあが》って懽忻《よろこ》び、一人も梗化《さから》っ

て率《したが》わない者《もの》は無《な》かった」という表現があり、ヌルゲンから海の外に苦夷が住むと認識されるようになった。苦夷ないし苦兀《クイ》とは明代のアイヌの表記であり、元代には骨嵬《クイ》ku- uəiと表記されていた。骨嵬とは、ウリチ語などのツングース諸語やニヴフ語などで、アイヌを意味するkuyi～kuyi～kuiを漢字の音で宛てたものである。このように元代・明代とも、サハリン島の存在が知られていたことがわかるが、サハリン島に住む集団として元代には吉列迷が、明代には苦夷があげられているところが違う。これは「勅修奴児干永寧寺記」が、明朝の朝貢交易の及ぶ範囲を記しているためと考えられる。イシハのアムール河下流域への遠征は、永楽年間に五回、宣徳年間に二回を数えたが、一四三五年に宣徳帝が死んだ後は、明軍がアムール河下流域に派遣されることはなくなった。さらに一四四九年の土木の変の後は、明朝の直接的な影響力は低下した。

十七世紀になると清朝は、康熙帝《こうきてい》の時にサハリン島北部に勢力を伸ばし、辺民《へんみん》支配を行った。これに続く雍正帝《ようせいてい》の時には、サハリン島の中南部に勢力をのばした。清朝がサハリン島の中南部に進出を始めたのは、カムチャツカ半島の存在をロシアから知らされたことと密接な関係がある。一七二六～二七年に北京で行った露清の国境交渉に際して、ロシアと清朝は地図の交換を行った。ロシア側から提供された地図を見て、清朝は衝撃を受けた。カムチャツカ半島のすぐ南に、エゾが描かれていたからである。清朝はエゾを自らの支配下にあると見なしていた。このことをきっかけとして、清朝はロシアと対抗するためサハリン島中南部に進出をすることになった。(7)

(三)サハリン島の地理認識の変化と地図

以上のべてきた地理認識の推移を、地図で確認してみよう。朝鮮王朝で成立し、モンゴル時代の世界地図をもとにした地図とされる『混一疆理歴代国都之図《こんいつきょうりれきだいこくとのず》』(一四〇二年完成)の北東アジアの部分にはアムール河とウスリー川と思われる二つの川の間に「水達々列速萬戸下千戸……」との記述がある。水達達とは元代にしか見られない表現だが、ツングース系の集団を意味する。列速とは吉列迷の書き誤りである。したがってこの部分は「水達達《すいたつたつ》・吉列迷《ギレミ》萬戸《ばんこ》のもとの下千戸《かせんこ》の……」と読むべきであろう。(8) またこの地図には骨嵬という文字は現れないし、サハリン島も描かれていない。同じく、イタリアの宣教師マテオ・リッチが作成し、一六〇二年に北京で刊行された『坤輿万国全図《こんよばんこくぜんず》』にもサハリン島は見えない。清の康熙帝の命により一七一七年に完成した『皇輿全《こうよぜん》覧図《らんず》』になって初めてサハリン島の北部が登場する。サハリン島に関する知識は、やがて『乾隆《けんりゅう》内府《ないふ》輿図《よず》』（『乾隆十三排図』ともいう）に引きつがれる。

二、白主土城をめぐる考察

（一）白主土城とはなにか

中国王朝が、サハリン島の存在を初めて知った時期はよくわからない。もし唐代の流鬼国がサハリン島だとすれば、唐代ということになるが、(9) 正確な地理認識を得たのは元代のことである。地図にまで反映されるようになるのは、清代の初期を待たなければならない。では、モンゴル帝国・元朝がサハリン島に進出したことを明確に示す証拠はあるのだろうか。実は元代のものと明確にいえる遺物などは確認されていない。唯一、可能性があるものとして白主土城《しらぬしどじょう》という遺構がある。

図1　ティル（○）とサハリン島の土城（●）の位置

白主土城とは、サハリン島西岸の最南端にあるクリリオン岬から二キロメートルほど北上した海岸段丘上にある砦《とりで》の遺跡である。

新岡武彦《にいおかたけひこ》氏は、サハリン島には西海岸の白主土城、小能登《このと》呂《ろ》の土城、アレクサンドロフスク・サハリンスキーの土城、東海岸の馬群潭《まぐんたん》の土城の四つの土城があると指摘している。(10) なお小能登呂の土城について新岡氏は、発見が第二次世界大戦中ということもあり、詳しい確認調査がなされていないの

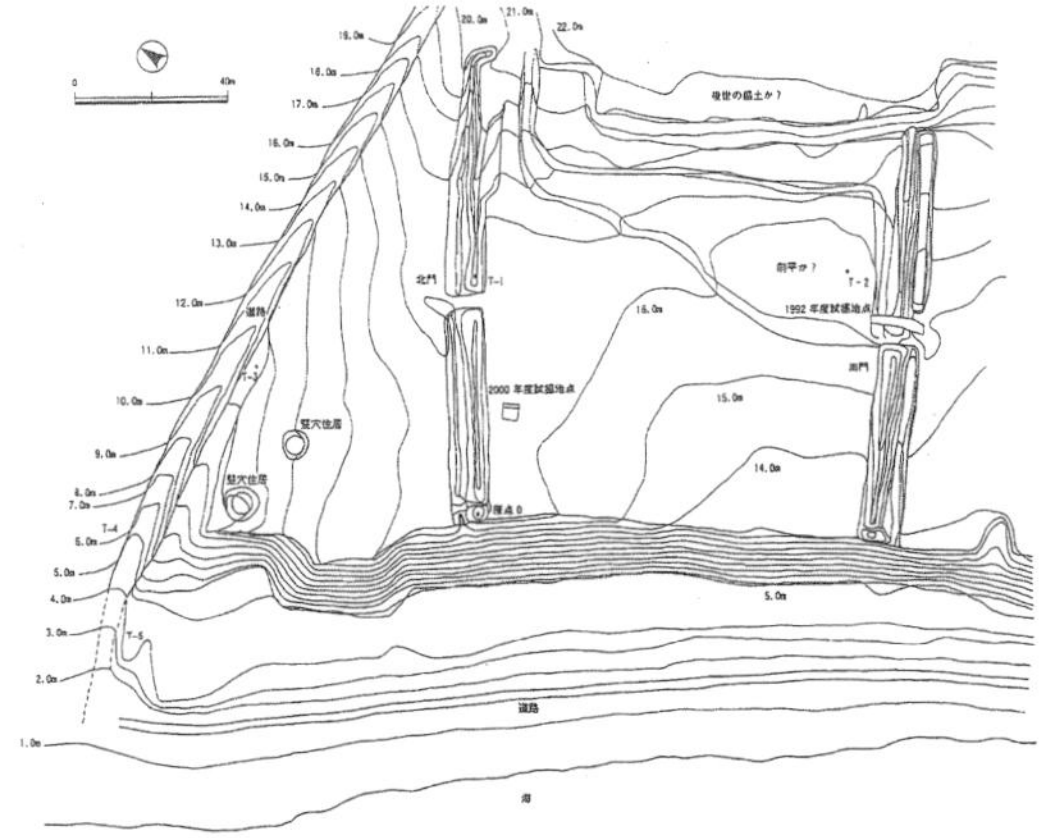
図2　白主土城の測量図(13)

で、信用できる情報ではないと指摘している。残る三つの土城のなかで、現存するのは白主土城だけであるが、ほかの土城も規模については記録がある。白主土城は一一五×一一四メートル、アレクサンドロフスク・サハリンスキーの土城は長辺が約一〇〇メートル、短辺が約五四・五メートルの長方形で、[11] 馬群潭土城は約五四メートル四方である。これらの正方形ないし長方形の土城は、いずれも大陸系の土城と考えられるが、考古学的な発掘や文献史料の検討によって、構築年代がわかる土城はない。ただ白主土城については、土塁が版《はん》築《ちく》の構造であることがわかっている。[12] 版築は中国の土木技術である。またこの時期の北海道には、版築の構築物が見あたらないので、この技術は大陸経由でもたらされたものと考えられる。

(二) 白主土城をめぐる諸史料

白主土城については、江戸時代後期の日本史料に記述がある。北方での活動では有名な人物が、いずれも白主土城について言及している。まず近藤重蔵《こんどうじゅうぞう》『辺要分界図考』巻之三、[14] には、

シラヌシ〔西部ニ見ユ〕
トアクナイボ沙濱グイ〔カラフト地西南ノ尽頭ナリ。夷住アリ。此処ノ丘上ニ古城跡アリ、土人名《なづけ》テトイチヤシト云、其制方百間四方許《ばかり》アリテ、門ノ跡一ケ所、其外土手アリ。夷人云、古レプルグルノ攻来リシ時築ク所ナリト。夷語ニレプンハ海、グルハ衆ニシテ、惣テ海西ヨリ来ルモノヲ指ス。山丹人モレプングル也。粛愼靺鞨モレフンクルナリ。蝦夷ニレプンクル合戦ノ浄瑠璃アリ。〕

とあり、土城の位置はグイといい、トイ・チャシと呼ばれていたことが記されている。これはアイヌ語で、土の砦という意味である。またレプン・クル（沖の人）が築いたものとするアイヌの言い伝えを記している。ここでいう浄瑠璃とは、アイヌの口承文芸として知られるユカㇻないしユーカㇻ（英雄叙事詩）のことである。ユカㇻでは、レプン・クルとヤエン・クル（内陸の人）との戦いが語られるが、これがアイヌ民族の歴史的な事実を反映するという見解[15]に対しては、否定的な意見もある。[16] つぎに松田伝十郎『北夷談』四、[17] には、

一、シラヌシより去る事凡一里程東海岸に字《あざ》グイと称する所あり。其処に砦の旧跡あり。夷言にチヤシと称す。（中略）所の老夷に尋るに、何のとき又何ものゝ造るにや年月は勿論砦主どもしるものなし。其製嶋夷の作る処にあらざるゆへに図を顕す。左のごとし。〔又老夷いふ昔、胡人作ると云伝《いいつた》ふ。〕

とあり、土城の位置はグイといい、胡人が作ったという言い

伝えを記している。胡人とは、漢語で西方や北方に住む異民族のことであり、近藤重蔵のレプン・クルに当たるものであろう。さらに間宮林蔵『北夷分界余話』巻之二[18]には、

シラヌシを去る事凡一里許東海岸にコヾハウと称する処あり。其処に堦《とりで》の旧趾あり、夷言チャシと称す。其状図のごとし。三面に堤を築き、前一方堤を設けず、其中凡二十四、五間あるべし。三方の堤下悉く堭《こう》を穿つ。何れの時又何者の造る所にや、年月・堦主共にしるべからず。其製島夷の造る処にあらざるに似たり。

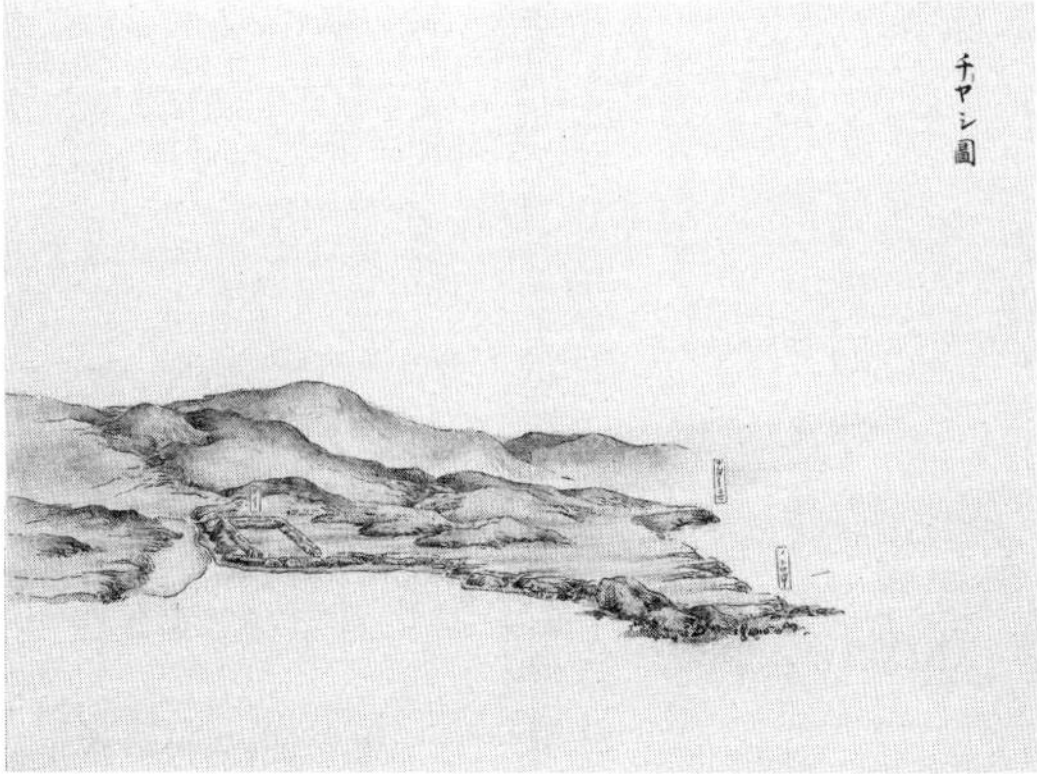

図3　間宮林蔵『北夷分界余話』巻之二「チャシ図」
（国立公文書館内閣文庫蔵）

とあり、土城の位置はコヾハウといい、誰が造ったかわからないが、アイヌが造ったものではないと記している。このように白主土城は大陸系の土城で、アイヌ以外の集団が造ったものであると考えられていたことがわかる。

さて間宮林蔵は『北夷分界余話』に「チャシ図」を掲げ、白主土城のところに「グイ」と記している。また間宮林蔵『北蝦夷島地図』の「北蝦夷地西海岸図　シラヌシ　ヨリ　ヱントモカヲマッフ　ニ到ル　壱」（内閣文庫蔵）では、白主の位置に「グ井」という地名を記している。一方『北夷分界余話』では、白主土城の地名をコヾハウとしている。グイとコヾハウの二つの地名の関係は不明だが、あるいは広さが違う、二つの地名があったのかもしれない。

(三) コヾハウとは果夥のことか

筆者は、コヾハウという地名に注目している。この地名に音が似た地名が元代の史料にも見えるからである。その史料は『国朝文類』という。『国朝文類』は別名を『元文類』ともいい、この本の巻四〇から巻四二には、経世大典《けいせいたいてん》序録が収められている。『経世大典』は元代に編纂された政書で、元代の制度や法律などをまとめた本である。『経世大典』は散逸して伝わらないが、『元史』の志の部分は、『経世大典』を

もとに書かれたとされている。元代の公文書は、各官庁の間でやり取りされた文書を、直接話法で記録する点に特徴がある。ただ抄録が行われたため、本来であれば記載されていたであろう一連の行政処理の結論の部分を欠いている。以下、『国朝文類』として引用する史料は、すべて『国朝文類』巻四一、経世大典序録、政典、招捕、遼陽骨嵬、からのものである。なお、招捕の前には征伐という項目が立てられており、南宋、高麗、日本などについての記事が集められている。骨嵬は、征伐の対象とは区別されるものとして認識されていた。その理由として、元朝側から国をなしていないと認識されていたためではないかと思われる。

大徳元年五月、骨嵬《クイ》の賊の瓦英《ウァイン》は、吉烈迷《ギレミ》の造った所の黄窩児《ファンウォル》船《せん》に乗って海を過《わた》り、只里馬《チリマ》觜子《みさき》に至って乱を作《な》した。八月、吉烈迷《ギレミ》人の奴馬失吉《ヌマシェキェ》は海を過り、為子《ウェイツ》砦《とりで》に至り、内豁疃《ヌアイホトン》の人に遇《あ》って、「吉烈迷人の牙乞木《イヤキェム》が『骨嵬の賊と不忽思《ブフス》等《ら》が、今年の海が凍る比《ころ》に以《なった》ら、果《クオ》夥《フォ》を過ぎ、打鷹《たかまち》人を虜掠《とりこ》に欲《し》ようとしている』と称《い》っているので、乞《ど》うぞ之《これ》を討《せいばつ》してください」と言った。既而《すで》に遼陽省よりの咨《ぶんしょ》には「三月五日、吉烈迷の百戸の兀勧《ウケン》吉《キェ》等《ら》が来帰《やってき》たので、魚・糧・網・扇を給《あた》え、存恤《ねぎら》って(決められた)坐《せき》に位《つか》せ、管《かん》兀者《ウジェ》吉烈迷《ギレミ》万戸府《ばんこふ》に文を移《おく》って収管《ほご》した。六月五日、官軍が賊を吸刺豁疃《ヒチホトン》に於て敗《やぶ》った。七月八日、骨嵬の賊の玉不廉古《ユプレンク》は果夥より海を過《わた》り、拂里河《フリガ》に入ったが、官軍は之を敗った」とある。

この大徳元年（一二九七）の記事に、サハリン島における元軍の拠点として果夥kuo-huoという地名が記されている。筆者はこの果夥が、地名の音の類似および『国朝文類』に見える吸刺豁疃《ヒチホトン》（アムール河畔のキジ）などの地名との位置関係から、間宮林蔵がいうコヾハウではないかと考えている。(19)もしこの考えが正しいとすれば、果夥は白主土城のこととなり、版築という中国の建築方法で築造されていることと適合する。また元軍は、サハリン島の南端にまで軍を進め、ここに砦を築いていたことになる。

三、『国朝文類』に見える吉烈迷と骨嵬

(一) 元朝と吉烈迷との関係

さきにのべたように、『国朝文類』はもとが公文書であるため、関係する人名を漢字の音で記録しており、さらに多くの人名については、どの集団に属するのかも記されている。以下に、所属する集団別に人名と発音をあげた。さらにその人物が位を持っている場合は〔 〕の中に示す。史料に登場する順に名前をあげている。(20)

兀的哥人　厭薛 iem-sie

吉烈迷人　蓋分 kai-fən〔百戸〕、不忽里 pu-hu-li〔百戸？〕、皮牙思 p'i-ia-sï〔千戸〕、奴馬失吉 nu-ma-ʃɪəi-kiəi、牙乞木 ia-k'iəi-mu、兀勧吉 u-k'iuen-kiəi〔百戸〕、甲古 kia-ku、乞失乞乃 k'iəi-ʃɪəi-k'iəi-nai〔百戸〕、皮先吉 p'i-sien-kiəi、多伸奴 tuo-ʃɪən-nu、亦吉奴 iəi-kiəi-nu、

骨嵬　瓦英 ua-iəŋ、玉不廉古 iu-pu-liem-ku、[21] 玉善奴 iu-ʃɪen-nu

不明　不忽思 pu-hu-sï、大河沙 ta-ho-ṣa、荅剌不魚 ta-la-pu-iu

右記のうち、兀的哥 u-tiəi-ko 人はアムール河下流域に住むツングース系の少数民族ウデへと名称が類似しており、ツングース系の集団とみることができる。集団が不明な三名のうち、不忽思は吉烈迷の不忽里と同一人物なのではないかと思われる。おそらく、どちらかが書き間違いなのであろうが、筆者は不忽思が正しいのではないかと考える。その理由は、吉烈迷に皮牙思という人名があり、～思という語尾が共通するからである。もしこの考えが正しければ、不忽思（あるいは不忽里）は吉烈迷ということになる。大河沙と荅剌不魚が、どの集団に属するのかはわからない。

骨嵬の人名のうち、瓦英 ua-iəŋ と玉善奴 iu-ʃɪen-nu は、アイヌの成人男性の名前に多くみられる -ainu という語尾を漢字の音で表しているものと思われる。アイヌ語でアイヌということばには、神に対する人という意味と、女性に対する男性という意味がある。そのため、アイヌの男性の名前には語尾が -ainu という形が見受けられる。語尾が無声化すると -ain となる。有名なコシャマインやシャクシャインなどはその例であるが、瓦英と玉善奴も同様であり、アイヌの名乗りを示しているものと考えられる。また玉不廉古 iu-pu-liem-ku の語尾は、-ainu と同じくアイヌの男性の名前に見られる語尾である -kur を、漢字の音で表したものかもしれない。kur はアイヌ語で、人という意味である。

一方、吉烈迷には -kiəi、-sï、-nai という語尾の人名が見受けられる。おそらく、当時の名乗りの特徴を示しているのであろうが、筆者はニヴフの名前について知識がなく、これ以上はわからない。注目すべきは、傍線を付けた多伸奴 tuo-ʃɪən-nu と亦吉奴 iəi-kiəi-nu の二人である。吉烈迷のなかでは、この二人だけが瓦英や玉善奴と同様にアイヌ風の名前を持っている。興味深いことには、この二人の吉烈迷は、骨嵬と元朝との間を調停しようと動いている。当然この多伸奴・亦吉奴は、骨嵬と意思の疎通ができたであろう。彼らについては、

アイヌとニヴフとの混血であった可能性、あるいはニヴフ語に堪能なアイヌが元朝の役人にニヴフだと偽って言った可能性など、いくつかの可能性が考えられる。

元朝から百戸ないし千戸の地位を与えられているのは、吉烈迷人だけである。また吉烈迷人は、史料に吉烈迷人または吉烈迷と書かれるが、骨嵬は骨嵬人とは書かれない。兀的哥人の例から考えると、元朝の支配下にある場合は人をつけ、支配下にない場合は人を付けないというように、書き分けがなされているのかもしれない。十一名の吉烈迷人のうち、百戸は三人ないし四人である。さきに不忽里について〔百戸？〕と記したが、その理由は、『国朝文類』に、

大徳二年正月、招討司の上言に「吉烈迷人の百戸の蓋《カイ》分《フェン》と不忽里《プフリ》等《ら》は先に逃げて内豁瞳《ヌァイホトン》に往《ゆ》き、叛人《むほんにん》と結連《けったく》し、骨嵬に投順《とうこう》して耗《あくじ》を作《な》したが、旨《みことのり》を奉じて之《これ》を招《きじゅん》させようとした。千戸の皮牙思《ピイアス》が『蓋分等は已《すで》に反《そむ》いたのだから、招《きじゅん》させることは可《で》き不《な》い』と以為《いう》ので、遂《つい》に止《さたやみ》にした」とある。

とあり、蓋分が百戸であるのは間違いないが、不忽里は百戸であるのかないのか、どちらとも判断しがたいからである。さて千戸は皮牙思一人であるから、百戸と千戸を合わせて四名ないし五名となる。もし多伸奴 tuo-ʃıen-nu と亦吉奴 iəi-kiəi-nu が吉烈迷ではなく骨嵬なのであれば、吉烈迷は九名となる。そうすると、半数近くの吉烈迷人が元朝から地位を与えられていたことになる。また、さきの史料にもあるように、千戸の皮牙思は、蓋分等を帰順させようという元朝側の意図に異議を差し挟むという発言力を持っていたことがわかる。

（二）元朝と骨嵬との関係

これまでのべたように、吉烈迷は元朝の支配のもとに身分秩序が形成されていたが、骨嵬は元朝の支配体制の外側にいたことがわかる。では骨嵬と元朝との間には何の接触もなかったのかといえば、実はそうではない。そのことを示す興味深い記述が、元代の大都（北京）の地誌である熊夢祥《ゆうぼうしょう》『析《せき》津志《しんし》』にみえる。著者の熊夢祥の正確な生没年は不明だが、明代のはじめに九十余歳で没したとされているから、本書の成立は十四世紀の前半と考えられる。『析津志』の原本は明代の末期には失われ、他書に引用された佚文を集める作業が進められている。同書の物産、鼠狼之品に、(22)

銀鼠〔和林《カラコルム》と朔北《さくほく》の者《もの》を精《こうきゅう》と為し、山の石の罅《われめ》の中に産《すんで》いる。初生《うまれたばかり》には赤毛に青《あおみがか》っているが、雪に経《ふれ》ると則《たちま》ち白くなる。愈《なんど》も年を経《へ》て深《とて》も雪《しろ》い者は愈《ひじょう》に奇《きちょう》とされ、遼東《りょうとう》の骨嵬《クイ》（のところ）に之《これ》が多い。野人《やじん》が海上の山や薮《やぶ》の中に於《お》いて鋪《こや》を設け以《そこ》で中国之物《のぶっし》と易《こうえき》する有《のである》

が、彼《かれ》と此《これ》とは倶《たがい》に相《あいて》に見《あ》わ不《な》い。此《これ》が風俗なので也《ある》。
此《こ》の鼠の大小や長短は等《おなじ》では不《な》く、腹の下が微《かすか》に黄《きいろ》い。
……諸《もろもろ》の鼠では惟《こ》の銀鼠が上《じょうとう》と為《さ》れ、尾の後の尖《とが》った上《さき》が黒い」

とある。海上とは「海島」の誤りで、サハリン島を意味する。このように、サハリン島では骨嵬と元朝に仕える野人とが銀鼠（オコジョ）の沈黙交易を行っていたのである。野人の交易品が中国の物資であるという事実は、沈黙交易という原始的な交易の形を採りながら、元朝と骨嵬との間に交流があったことを示す。その理由は、骨嵬は野人のように、元朝と朝貢交易を行うことが許されなかったためと考えられる。元軍と骨嵬との間に紛争が続いたことを考えあわせると、骨嵬は元軍からすれば討伐の対象であったのだろう。白主土城の築造も、そのような事情からなされたと考えられる。

だがここで、骨嵬の交易相手が密接な関係を持つ吉烈迷ではなく、野人であることにあらためて注目したいと思う。野人が骨嵬との間で沈黙交易を行うことができた理由は、少なくとも元朝がそれを容認していたからではないか。筆者はさらに、元朝が交易を通じて、骨嵬を支配下に組み込もうとした可能性を考えるべきだと思う。さきにあげた『遼東志略』に、ヌルゲンから海を渡ると吉列迷《ギレミ》などの集団がおり、それらは皆支配下にあると記されていたが、それは骨嵬については実態を反映したものではなかった可能性がある。ただし、『国朝文類』に、

至大元年、吉烈迷の百戸の乞失乞乃《キェシェキェナイ》が「骨嵬の玉善奴《イウシェンヌ》が降《きじゅん》を欲《のぞ》んでおり、大河沙《タホサ》という者を遣《つかは》し訥里干《ヌルゲン》に至らせた」と言った。又、吉烈迷人の多伸奴《トゥオシャンヌ》・亦吉奴《イアイキアイヌ》が来て「玉善奴《イウシェンヌ》・瓦英《ウァイン》等《ら》が降《きじゅん》を乞《こ》うている。刀と甲《よろい》を持ってきて、頭目《とうもく》の皮先吉《ピシェンキェ》に与《さしだ》し、且《さら》に毎年異《めずら》しい皮を貢《けんじょう》すると言った。夏の間に苔剌不魚《タラプユ》が出《でかけ》る時に以《なった》ら（彼らを一緒に）回還《かえ》す」と言った。云云。

とあり、至大元年（一三〇八）に骨嵬の玉善奴と瓦英らが吉烈迷人を仲介として、元朝に帰順を申し出ている。この記述が『国朝文類』の遼陽骨嵬の条の最後となるため、この後の骨嵬と元朝との関係はわからない。ただもし玉善奴と瓦英が提案した毛皮の貢納を元朝が認めたとすれば、十四世紀初頭には『遼東志略』の記載のとおりに、元朝の支配体制がサハリン島をほぼ覆うという状態が出現したのかもしれない。

おわりに

元朝がアムール河下流域からサハリン島に勢力を伸ばすことによって、吉烈迷は元朝の支配体制のなかに組み込まれ、

百戸や千戸などの身分が置かれた。先住民社会にもともと存在していた有力者が任じられたのであろうが、元朝が制度化することによって、身分差がより顕在化・固定化することになった側面もあったと思われる。

では、元朝の影響力がアムール河下流域およびサハリン島から姿を消しても、元朝が築いた統治システムは明代まで続いていたのであろうか。元代に東征元帥府が置かれた跡に、ヌルゲン都司が置かれたことなど、明朝が元朝の統治体制を引きついだのではないかと思われる可能性は高い。明朝は、アムール河下流域にヌルゲン都司を置き、そのもとに衛所制を展開して衛や所（千戸所）を置いた。サハリン島には襄哈《ナンハ》児《ル》衛・兀列河《ヌリエが》衛・波羅河《ポロが》衛の三衛が置かれていたとされるが、(23)その位置の比定には検討する余地があるように思う。また明代の苦夷《クイ》は、明朝にとっては朝貢交易の相手ではあったが、衛所制のもとに編入されていたかどうかについては不明である。明朝と吉烈迷との関係もよくわかっていない。サハリン島の先住民と元朝・明朝との関係の推移については、今後の検討課題である。

注

（1） 杉山正明『クビライの挑戦――モンゴルによる世界史の大転回』（講談社、二〇一〇年［初出は一九九五年］）。

（2） 桃木至朗編『海域アジア史研究入門』（岩波書店、二〇〇八年）を参照のこと。

（3） 奴児干都司は、「ヌルガンとし」と読まれてきた（『アジア歴史事典』第七巻、平凡社、一九六一年、二七一頁）。しかし長田夏樹氏による一四一三年の「勅修奴児干永寧寺記」のモンゴル文・女真文の対訳の研究によれば（「奴児干永寧寺碑蒙古女真文釈二稿」『長田夏樹論述集』下、ナカニシヤ出版、二〇〇一年［初出は一九五八年］一八八―二〇二頁）、モンゴル文では「**nurgäl-ün**（奴児干の）」（一九〇頁）と、女真文では「**nu-ru-gen ni**（奴児干の）」（一九四頁）と転写されており、ヌルゲンがより正しいようである。

（4） A・R・アルテーミエフ（垣内あと訳、菊池俊彦・中村和之監修）『ヌルガン永寧寺遺跡と碑文――十五世紀の北東アジアとアイヌ民族』（北海道大学出版会、二〇〇八年）。

（5） 中村和之「『北からの蒙古襲来』について――モンゴル帝国の北東アジア政策との関連で」（『歴史と地理』第六七七号、二〇一四年）一―一四頁。

（6） 本稿では、藤堂明保編『学研　漢和大字典』（学習研究社、一九七八年）にある、元代の韻書『中原音韻』の音を引用した。

（7） 松浦茂「一七二七年の北京会議と清朝のサハリン中・南部進出」（松浦茂『清朝のアムール政策と少数民族』京都大学学術出版会、二〇〇六年［初出は二〇〇三年］）八三―一二二頁。

（8） 中村和之「『混一図』に描かれた北東アジア」（村岡倫編『最古の世界地図を読む――『混一疆理歴代国都之図』から見る陸と海』法藏館、二〇二〇年）八一―一〇二頁。

（9） 中村和之「流鬼国をめぐる試論」（小口雅史編『古代国家と北方世界』同成社、二〇一七年）九六―一一五頁。

（10） 新岡武彦「日本北辺の土城に就いて」（新岡武彦『樺太・

北海道の古文化』一、北海道出版企画センター、一九七七年「初出は一九六五年」）一〇九―一二三頁。

(11) 中村和之「十九世紀後半から二十世紀初頭の地図に見えるアレクサンドロフスク・サハリンスキーの土城」（『満族史研究』第一八号、二〇一九年）三七―四二頁。

(12) 中村和之「中世における北方からの人の流れとその変動――白主土城をめぐって」（『歴史と地理』第五八〇号、二〇〇四年）一―一四頁。

(13) 前川要「白主土城の発掘調査――三年間の成果と課題」（前川要編『北東アジア交流史研究――古代と中世』塙書房、二〇〇七年）九―二二頁。

(14) 『近藤正斎全集』第一（国書刊行会、一九〇五年）三一―三三頁。

(15) 榎森進「ユーカㇻの歴史的背景に関する一考察――主に邦訳ユーカㇻを素材に」（榎森進『増補改訂　北海道近世史の研究』北海道出版企画センター、一九九七年「初出は一九七九年」）一九―七〇頁。

(16) 奥田統己「歴史研究の資料としてのアイヌ口頭文芸」（『北海道立アイヌ民族文化研究センター研究紀要』第二号、一九九六年）一九―三一頁。

(17) 『日本庶民生活史料集成』四巻（三一書房、一九六九年）一二六頁。

(18) 間宮林蔵『東韃地方紀行他』（平凡社、一九八八年）二五―二六頁。

(19) 中村和之「『北からの蒙古襲来』をめぐる諸問題」（菊池俊彦編『北東アジアの歴史と文化』北海道大学出版会、二〇一〇年）四一三―四三〇頁。

(20) 中村和之「『諏方大明神画詞』の『唐子』をめぐる試論」（『国際日本学』第一八号、二〇二一年）一―一九頁。

(21) 玉不廉古は、四部叢刊本などでは「王不廉古」と見える。これを「王の不廉古」と読んで、アイヌに王権形成の萌芽を見る見解がある（入間田宣夫『武者の世に』集英社、一九九一年）。しかし筆者による諸版本の照合によれば、「玉不廉古」が正しく、骨嵬に王がいたとは考えられない（中村和之「骨嵬《クイ》に王はいたか？」『人文論究』第八八号、二〇一九年、一一―一四頁）。また近刊の周少川・魏訓田・謝輝輯校『経世大典輯校』下（中華書局、二〇二〇年）三六六―三六七頁、を参照しても、該当部分は「玉不廉古」である。

(22) 北京図書館善本組輯『析津志輯佚』（北京古籍出版社、一九八三年）二三三頁。

(23) 楊暘（西川和孝訳、杉山清彦・中村和之校閲）「永寧寺碑文と北東アジア――奴児干都司と黒龍江下流域・サハリンの先住民族との関係を中心に」（菊池俊彦・中村和之編『中世の北東アジアとアイヌ――奴児干永寧寺碑文とアイヌの北方世界』高志書院、二〇〇八年）一五―四一頁。

元と南方世界

向 正樹

十三世紀後半、クビライ政権は南方海域世界への大遠征を計画した。日本遠征やチャンパー遠征もこの計画と関連する。そうしたなか楊庭壁《ようていへき》のインド洋航海も行われた。『元史』馬八児等国伝ほか断片的な記録によって楊庭壁の経歴を復原し、「海の帝国」への挑戦を可能にしたネットワークを探る。

むかい・まさき——同志社大学グローバル地域文化学部・准教授。専門はモンゴル帝国史、海域アジア史。主な論文に「モンゴル・シーパワーの構造と変遷——前線組織からみた元朝期の対外関係」（秋田茂、桃木至朗編『グローバルヒストリーと帝国』大阪大学出版会、二〇一三年）、「モンゴル帝国とユーラシア広域ネットワーク」（秋田茂編『グローバル化の世界史』ミネルヴァ書房、二〇一九年）、「モンゴル帝国と中国沿海部のムスリム・ディアスポラ——アラビア語墓碑にみえる聖伝承より」（鈴木英明編『東アジア海域から眺望する世界史——ネットワークと海域』大阪大学出版会、二〇二〇年）などがある。

はじめに

十三世紀後半、草原の民モンゴルが大規模な外洋艦隊を組織し、南方海域へ乗り出した。大モンゴル国（元）第五代皇帝クビライによる「海の帝国」への挑戦は、クビライ政権の構想力、ブレーンたちの活躍、モンゴルの軍事力とムスリムの経済力のコラボレーションによって実現した。[1] しかし、それを実現するためのマンパワー、ノウハウ、技術はどこから来たのか。

本稿では、皇帝と親衛隊出身者や腹心たちの紐帯、モンゴル軍団の諸系統の将軍たちの紐帯につながる形で組織されたネットワークに着目する。そのネットワークの連鎖はモンゴル支配下に入ったニア＝サウス（近い南方世界）、つまり中国南部において形成され、リモート＝サウス（遠い南方世界）の海に拡大した。

クビライはこのネットワークを利用する形でリモート＝サウスへの大規模な出征を計画し、その関連で日本遠征やチャンパー遠征、そして楊庭壁のインド洋航海が行われた。楊庭

写真1　広東省肇慶の七星巌摩崖石刻（中央上部が「楊庭璧平寇記」）
2009年8月29日著者撮影

壁の経歴を詳述する伝記資料はない。ただ、かれのインド洋航海を記す『元史《げんし》』巻二一〇・馬八児《マアバル》等国伝《とうこくでん》（列伝九七・外夷三・馬八児等国）のほか、わずかな『元史』の記事や石刻史料が存在する。これらの断片を拾い集め、かれの経歴とかれを取り巻くネットワークを浮かびあがらせてみよう。

一、初期の経歴　一二七七以前

楊庭璧は並みいる漢人将領のひとりにすぎない。なぜ、かれが抜擢されたのか。その謎を解く鍵の一つはモンゴル軍団史の文脈にある。日本のモンゴル軍団史研究は世界に誇る成果を挙げてきた。(2) その成果によりつつ、この忘れられたヒーローの経歴を探ってみたい。

（一）伝説的アウトローゆかりの地

広東省肇慶《ちょうけい》市の市街地の北に七星巌《しちせいがん》という石灰岩の岩山群があり、その石室洞という鍾乳洞の外側に「楊庭璧平寇記《ようていへきへいこうき》」と名づけられた摩崖石刻がある。(3) 一二八九年の紀年をもつその刻文は楊庭璧が「獠寇《りょうこう》」（獠の反乱）(4)を平定した功績を記す。そしてその人物は東《とう》平路《へいろ》の恩州の出身であるという。恩州は宋代には清河県《せいがけん》に属した。清河は、中国の古典的アウトロー小説『水滸伝《すいこでん》』の登場人物武松《ぶしょう》の故郷である。武松は人食い虎を殺した逸話から打虎将の異名をもつ。物語の舞台は東平（現山東省東平県）付近の梁山泊《りょうざんぱく》という低湿地。盗賊や反乱者の巣窟であった。北宋末期の宣和三年（一一二一）、反乱軍の宋江《そうこう》がこの一帯を根城に活動した。宋末から宋江一味の戦いを描いた物語が形成され、元代までに『宣和《せんな》遺事《いじ》』という書にまとめられた。これが『水滸伝』へとつながる。

東平一帯はかつて漢人軍閥厳実《げんじつ》の支配地域であった。一二二九年、オゴデイが大モンゴル皇帝に即位すると、華北の地には真定《しんてい》・大名《だいめい》・河間《かかん》・済南《さいなん》そして東平に五つの万戸《ばんこ》が置かれ、漢人軍閥の筆頭格である真定の史天沢《してんたく》の支配下に入った。万戸とはモンゴルの十進法の軍事組織の最大単位であり、多くて七〇〇〇人以上の兵を統べた。戦時には各万戸から部隊を抽出し、軍団が構成される。クビライは史天沢を南宋遠征軍の総司令官に任命した。楊庭璧はおそらく東平万戸から史天沢の南宋遠征軍に加わったであろう。ところが至元十四年（一二七七）には、楊庭璧はモンゴル人将軍ソガトゥの部将として福建地方の南宋残存勢力と戦っていた。その間の経歴はどうなっているのか。

（二）ソガトゥの部将

ソガトゥ（唆都）はモンゴル系のジャライル部族出身の武将である。若いときはクビライのケシク（宿衛《しゅくえい》）にいた。ケシクとは遊牧君主の親衛隊である。臣下の子弟をオルド（君主のテント）に入侍《にゅうじ》させ、輪番で護衛に当たらせ、割り当てられた遊牧生活の各種業務を行わせた。それは幹部養成機関としての役割も兼ねた。ケシク出身の大臣や将軍は主との信頼関係を持ち続けた。ソガトゥは一二五三年、即位前のクビライを総司令官とする雲南地方への遠征に従軍し、クビライ即位後間もない中統三年（一二六二）には、山東で李璮《りたん》の乱の平定に参加し、手柄によって千人隊長に抜擢された。ソガトゥの任地は、元と南宋とが対峙する前線地帯の蔡州《さいしゅう》（現河南省駐馬店）であった。そこは淮河と黄河の支流がまじりあう南北交通の要にあたり、馬の密売集団が暗躍していた。ソガトゥはこのアウトローたちを手下に加えた。

至元五年（一二六八）以降、ソガトゥは襄陽《じょうよう》の包囲戦に従軍する。襄陽は北の樊城《はんじょう》と長江の支流漢水（漢江）を挟んで向かい合う双子の城塞都市である。南宋の対モンゴル防衛ラインの要衝として呂文煥《りょぶんかん》が守りを固めていた。翌年、史天沢の命により、ソガトゥと息子の百家奴《ひゃくかど》はそれぞれ水軍を率いて襄陽の救援にきた范文虎《はんぶんこ》の南宋水軍を撃退した。この功績によりソガトゥは昇進し、史天沢より東平出身の八〇〇の兵を与えられた。楊庭璧はこのとき東平の兵とともにソガトゥの軍に加わったのではなかろうか。その後、史天沢は高齢のため遠征軍総帥の役目を免じられた。

至元十二年（一二七五）二月時点で、襄陽方面のモンゴル軍団はバヤン（伯顔）・アジュ（阿朮）・エリクカヤ（阿里海牙）に率いられていた。そして漢水を下り、長江を東へ進軍して南宋皇帝の行在臨安《りんあん》（現在の杭州）を目指した。ソガトゥもこれに従って進軍し、建康《けんこう》（南京）にやってきた。百家奴は淮西《わいせい》方面の軍団のカダアンの配下に移っていたが、このときソガトゥも淮西軍団のタチュの命を受け建康に駐留した。そこでは南宋からの投降兵を加えモンゴル軍の再編が行われた。さらに同年七月、長江下流の焦山《しょうざん》の戦いで南宋軍を撃破し多数の海船を接収した。ソガトゥはこのあと、平江《へいこう》（蘇《そ》州《しゅう》）・嘉興《かこう》を攻め落とし、水軍を率いて運河を進み、南に臨安のまちを見おろす皐亭山《こうていざん》でバヤン率いる本陣に合流した。漢人将軍董文炳《とうぶんへい》は崇明島の海賊衆を降し、外洋から臨安に合流した。幼い恭帝《きょうてい》と摂政謝太后《しゃたいこう》が降伏すると、ソガトゥは董文炳を補佐して臨安を守った。また、董の命によりソガトゥは周辺地域の平定活動に従事し、さらに進んで福建に入り内陸部の建寧府《けんねいふ》周辺の県を下した。楊庭璧のこの間の活動は分からないがおそらくソガトゥに従って転戦したと思われる。

二、福建での活動　一二七七

臨安接収の段階でモンゴルがすでに「海の帝国」への進化を開始していたことは、一二七四年の第一次日本遠征（文永《ぶんえい》の役《えき》）からも明らかである。この「海の帝国」はニア＝サウスでさらなる拡大を遂げる。元の遠征軍と投降した旧南宋軍、中国南部のエスニック集団やアウトロー集団とが融合した水陸両用の大兵力が江南（四川を除く長江以南の地）とその近海にリザーブされること、そして東南沿海の多国籍な海商たちのネットワークとノウハウが加わることが重要であった。

南宋の幼帝がクビライのもとへ移送された後、残された皇子趙昰《ちょうぜ》・趙昺《ちょうへい》をかついで文天祥《ぶんてんしょう》・張世傑《ちょうせいけつ》・陸秀夫《りくしゅうふ》らが中国南部で抵抗活動を展開する。また福建や江西の辺境に住む畲《シェ》族が旧南宋勢力と呼応して各地で蜂起した。一方、モンゴル側ではバヤンやアジュら主将級の軍団長がモンゴリアで起きた反乱に対処するため北方へ帰る。モンゴル軍は長江上流の湖広《ここう》方面・中流の江西《こうせい》方面・下流の江浙《こうせつ》方面の三軍団に再編され、それぞれが南下する形で旧南宋領の平定に従事した。湖広ではウイグル人のエリクカヤが長となった。江西ではタングート出身のタチュと李恒《りこう》が首脳となり、その指揮下でソガトゥが別働隊として活動した。そして江浙はモンゴル人のアタカイ（阿塔海）、アラカン（阿剌罕）、漢人軍閥の董文炳《とうぶんへい》らが首脳となり、そのもとでマングタイや南宋から投降した范文虎らが臨安の戦後処理を行い、周辺地域の平定に従事した。それぞれがのちに湖広行省、江西行省、江浙行省という南北に長い広域の統治ブロックを形成し、江南三行省《こうなんさんこうしょう》と総称された。ときには三行省は連携して中国南部の旧南宋勢力や畲《シェ》族の反乱鎮定のために出兵した。三行省のもとにリザーブされた膨大な兵力は対外遠征にも転用される。ニア＝サウス（中国南部）の平定とリモート＝サウス（南方海域）への遠征は表裏一体の関係にあった。

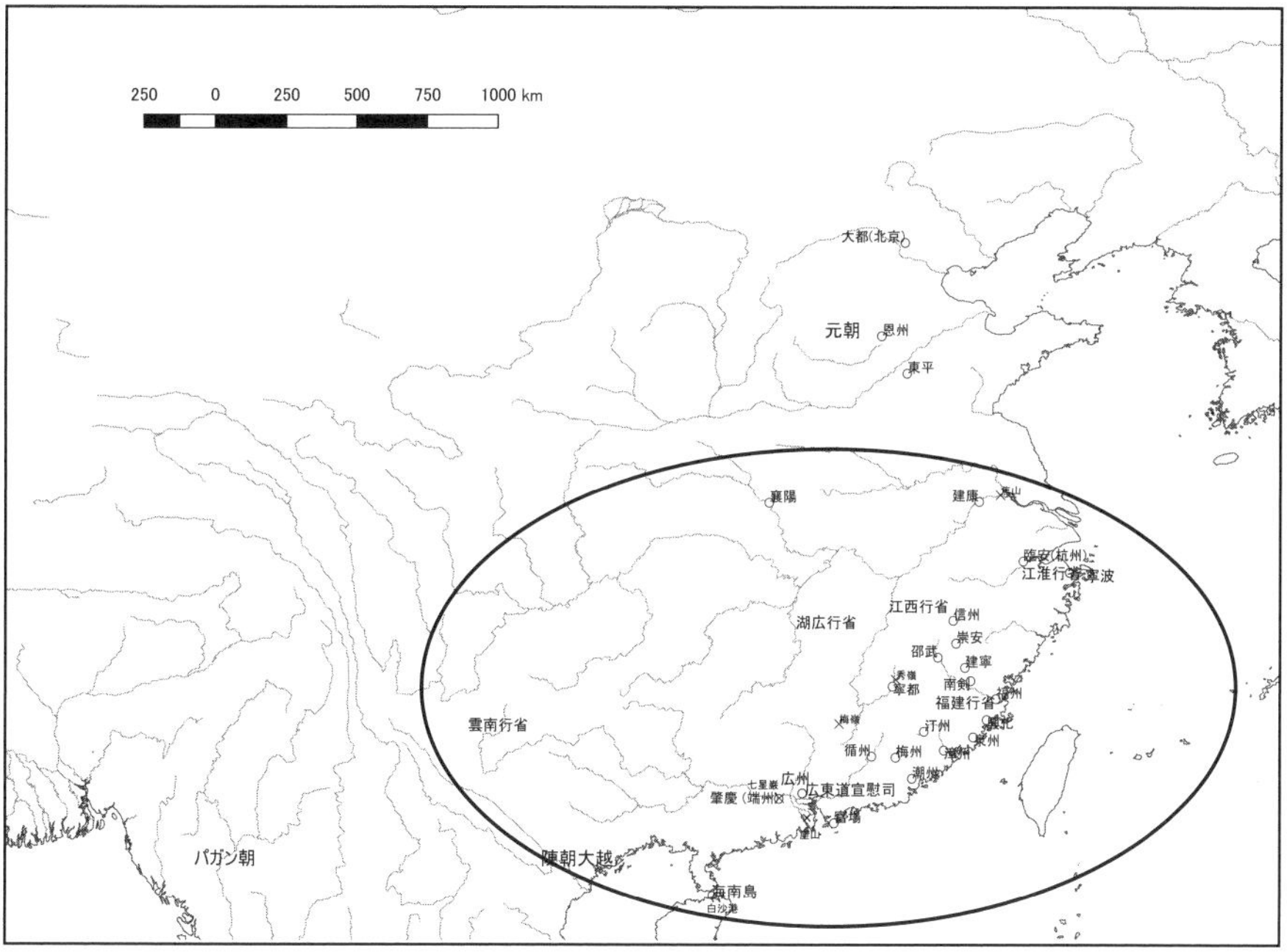

地図1　13世紀後半頃のニア=サウス（中国南部）

（一）福建内陸部

福建地方の平定は、江浙と江西の二軍団の権益がせめぎ合う中で進められた。至元十四年（一二七七）の段階で、江浙行省（アラカン・董文炳）の麾下《きか》のマングタイ・高興《こうこう》の軍と、江西行省（タチュ）の麾下のソガトゥ・百家奴父子の軍とが、それぞれ福建地方に進出していた。この年、武《ぶ》夷山《いさん》山麓の崇安《すうあん》で行われたソガトゥ軍の戦闘の記述が、楊庭壁の名がはじめて史書に現れるところである。

ソガトゥは建寧周辺部の平定を進めながら、港湾都市泉《せん》州《しゅう》を目指していた。そこからさらに海上を南下し、広州付近の富場《ふじょう》（現在の香港九龍半島あたり）へ赴き、陸路でそこへ向かうタチュ率いる江西行省軍本隊と合流するためである。ところが、ソガトゥの軍前に信州から味方の使者が救援を求めてやってきた。「いま邵武《しょうぶ》では南宋側が兵を集め、こちら（信州）の隙をうかがっています。元帥（ソガトゥ）が朝に出立すれば夕に邵武の軍が信州に攻めてくるでしょう。」ソガトゥは「このまま邵武が降らなければ、我々は背と腹に敵を抱えることになる」と言って周万戸《しゅうばんこ》を信州に派遣し、みずからは建寧に向かい、さらに北上し、武夷山麓の崇安で宋側の大軍と遭遇した。そこで子の百家奴と楊庭壁の部隊に敵軍を挟撃させ、范万戸《はんばんこ》の三〇〇の兵を祝公橋《しゅくこうきょう》に、移剌答《いらつとう》の四〇〇の兵を北門外に隠し伏兵とした。庭壁の部隊の突撃を受けた敵軍は敗走し、伏兵がこれを迎え撃ち、千余りの首を取った。(5)

南宋二皇子が仮寓する福州へ向かうべく建寧まで戻ったソガトゥ軍は、それを阻止せんとする南宋の文天祥と南剣州《なんけんしゅう》(現福建省南平市)都督張清《ちょうせい》の軍を夜襲により撃退した。さらに抵抗した南剣州に進軍し、これを略奪した。中央政府(中書省)は、「ソガトゥ麾下の軍が民に被害を与え、南剣路(南剣州)では長官が殺害され民が叛旗を翻す事態になっている」と上奏した。マングタイは至元十五年(一二七八)十月に中央に召還され、一時ソガトゥの軍のみが福建に存在していた。(6)マングタイが復帰し、七十二の村寨を帰順させ、建寧・漳州・汀州はやっと平穏を取り戻したという。(7)南剣州を後にしたソガトゥは沿海部へ出た。南宋二皇子が去った福州では知州の王積翁《おうせきおう》が降伏し破壊を免れた。しかし、その南の興化《こうか》では陳瓚《ちんさん》が降ると見せかけて抗戦し、ソガトゥは降伏を説いたが、逆に矢や石の雨を降らせてきた。そこで雲梯砲石(クレーンや投石器)をもちいて城を攻め、終日市街戦を行って三万の首を取り、瓚を捕えた。「降伏した都市は寛大に扱い、抵抗した都市は破壊せよ。」ソガトゥはこのチンギス＝ハンのトランスオクシアナでの戦略を忠実に再現したにすぎず、新たな秩序建設の最前線で非情な破壊者の役割を演じたともいえる。

(二)泉州《せんしゅう》

興化の南に泉州がある。この国際貿易都市には数千の私兵集団を擁するペルシャ系海商蒲寿庚《ほじゅこう》がいた。(8)当時の中国海洋船(ジャンク)は自衛のため武装していた。イブン＝バットゥータによれば大型船であれば一〇〇〇人が搭乗でき、うち六〇〇は水手、四〇〇は兵士である。蒲寿庚はライバルの海上勢力を打倒し、泉州の貿易を独占した。この蒲寿庚の武装海商集団こそが楊庭壁のその後の活躍の秘密を解くもう一つの鍵である。

さきに寿庚は南宋を見限り、泉州を開城して沿海部を南進してきた元軍の董文炳に降っていた。ところがその後、董文炳がモンゴリアでの反乱勃発のためクビライの命により北方へ帰還した。残された蒲寿庚は泉州で南宋の張世傑軍に包囲され、形勢が不利となった。世傑は南宋の精鋭である淮兵《わいへい》を率いモンゴルへの抵抗を呼びかけ、これに畲族の頭目である陳吊眼《ちんちょうがん》が呼応し、さらに許夫人《きょふじん》率いる畲族水軍も加わり、南宋側の兵力は膨れ上がった。寿庚は城門を閉ざして防戦しつつ密かに畲軍に賄賂を贈った。畲軍は攻撃の手を緩めたので、寿庚は抜け道を使って部将の孫安甫(孫勝夫《そんしょうふ》とみられる)

写真2　南宋流亡宮廷があった広東省崖門の慈元廟
2017年2月23日筆者撮影

を建寧にいたソガトゥのもとへ救援を求めに行かせた。やがてソガトゥの軍が到着し、南宋軍を撃退し、泉州を解放した。(9)許夫人は潮州の百丈埔《ひゃくじょうほ》で元軍と交戦して戦死した。(10)

蒲寿庚は、至元十四年（一二七七）冬からソガトゥ・劉深《りゅうしん》ら率いる水軍とともに福建～広東沿海部を平定しながら南下した。劉深は、カラタイとともに寧波《ニンポー》一帯を拠点に中国近海ににらみをきかせた沿海元帥府《えんかいげんすいふ》の長である。そしてタチュ・李恒・張弘範《ちょうこうはん》らの軍と合流し広州を包囲し、最終的に崖山《がいざん》（現江門市新会区崖門）で南宋の流亡宮廷を滅亡させた。すると元と南宋の戦いを見守っていた海のアウトローたちが続々と投降してきた。三〇〇〇艘の戦艦を率いてソガトゥに降った五虎陳義《ごこちんぎ》もそのひとつである。

その後、ソガトゥと蒲寿庚はともに泉州の行省の首脳となり、両者およびその配下が一体化した集団が泉州を拠点に対外経略に従事することになる。少しのちに楊庭壁が泉州からクーラムへ向けて出航したことは、蒲寿庚が擁するネットワークやノウハウがその航海に生かされたことを物語る。

三、幻の南海遠征　一二七八～八二

(一) 蒲家とソガトゥ家

至元十五年（一二七八）、クビライの詔がソガトゥと蒲寿庚に下り、両者を首脳とする泉州行省のもと、南方海域の諸国（南海諸国）に元への服属を呼びかける南海招諭が開始された。行省は地域の平定を担う作戦本部であるとともに、領域統治のユニットでもある。しかし、ここでは南海招諭のミッションを実行するためのタスクフォースという印象が強い。その下部組織には百家奴と蒲寿庚の子蒲師文も名を連ねた。かれらはクビライの十通の璽書《じしょ》（手紙）を携えた貿易船を諸国へ派遣した。蒲家の貿易船が動員されたが、したたかな蒲寿庚もこの機会を貿易目的に利用した。招諭を受けてベトナム中部のチャンパーと南インドのマアバルから、ゾウやサイを連れた使者がやってきた。

すぐに南海招諭は中央の方針に沿って行われることに変わった。ところが、相変わらず蒲寿庚らの関与は続いていた。実際、一二七九年にチャンパーに派遣された孫勝夫は蒲寿庚の部下である。そして、一二七九から八三年まで南インドのクーラム（現在のクイロン）の招諭に向かった楊庭璧はもちろんソガトゥの部下である。

（二）チャンパーの壁

中国から南方海域への航海は必ずやベトナム中南部のチャンパー（占城）近海を経由することとなる。チャンパーとその北方の陳朝《ちんちょう》大越《だいえつ》は北宋と長きにわたる外交・交易関係をもち、しかも大越は南宋の亡命者を受け入れ、チャンパーは泉州の蒲家とつながりが深かった。このリモート=サウスへの玄関口に立ちはだかる「顔役」たちを服従させ、交易秩序をモンゴル政権の支配下に再編するためには、蒲寿庚の既存の貿易ネットワークに頼るだけではなく、強制的な力による現状変更が必要であった。

マルコ=ポーロによれば、至元十五年（一二七八）、大カーンつまりクビライによってチャンパーに送り込まれたソガトゥ軍が大暴れして国王を大いに困惑させた。チャンパー国王はクビライに服従を誓い、ソガトゥの横暴をやめさせるよう懇願し、クビライの命によりソガトゥはすぐに撤収した。ソガトゥは原則に忠実である一方で、クビライの命には絶対服従を貫く。強硬なソガトゥは、権力構造が複雑で態度が一定しない遠い南の王国に対処するのに適した人材と思われる。しかし、一筋縄ではいかないチャンパーとの関係の安定にはさらなる時間を要した。

（三）南方海域への大遠征

至元十八年（一二八一）七月、降服したチャンパー王を郡王とし、ここに占城行省《せんじょうこうしょう》が発足する。ソガトゥと劉深、そしてさらに、クビライの側近で諸国の事情に通じたウイグル人ユィグミシュ（亦黒迷失）も首脳に名を連ねた。かれはのちに、福建行省の首脳にもなり、ジャワ遠征などに活躍する。

占城行省は、一二八二年正月を目指して計画が進められていた南海諸国への出征のための前線本部となるはずであった。この出征のため、海船一〇〇艘と一万人の兵士・水手が動員され、翌年正月に「海外諸番《かいがいしょばん》に征する」ことを期した。チャンパーと陳朝大越には、この出征への食糧補給が要求される。したがって、出征の目標がそれより遠方ないしその周囲の諸国であることは明らかである。チャンパー出使から帰った孟《もう》慶元《けいげん》と孫勝夫は広州宣慰使《こうしゅうせんいし》となり、この出征に向けた準備を命じられている。

ところが、実際には一二八二年初頭に、南海諸国出征の実行を示すまとまった記述はない。『元史』によれば、チャンパーがふたたび叛旗を翻したため、江淮行省《こうわいこうしょう》（江浙行省より改称）・福建行省・湖広行省の軍五〇〇〇・海船一〇〇艘・戦船二五〇を動員し、ソガトゥに命じてその将となりチャンパーを討たせた。[11] このチャンパーの抵抗により、出征のための大軍が制圧にまわされた。

一二八二年前後、クビライ政権が南方の海域世界に本格的に乗り出そうとしていたことは確からしい。それは、使者の往来が活発であったことからうかがえる。また、一二八一年の第二次日本遠征（弘安《こうあん》の役《えき》）、さらに第三次日本遠征計画もその一環であろう。担当は江淮（江浙）行省から派生した征《せい》東行省《とうこうしょう》であり、アタカイや范文虎らが首脳となった。この時期に計画された対外遠征には、江南三行省の各万戸のほか、中国南部のエスニック集団や海のアウトローたちが参加した。前述の五虎陳義は第三次日本遠征（一二八三年）の準備をするアタカイに三〇〇〇の戦艦をすすんで提供した。その後一二八四年、陳義はクビライと謁見して信頼を得、旧来の部下とともに広東宣慰司の配下となる。一二七八年に元の支配下に入ったばかりの海南島の黎《リー》族も遠征に動員された。第三次日本遠征は実現しなかったが、チャンパー遠征には黎族の兵一九〇〇人が招集された。一二八七年の大越遠征にも一万五〇〇〇人が召集され、一二九一年には海南島に黎兵万戸府が常設された。逆にチャンパーから連れてこられたチャム人の水軍が海南島北部の白沙港に駐屯する。こうしてニア＝サウスの周縁部は徐々にリモート＝サウスと交錯していく。

(四) マアバルとクーラム

日本やチャンパーと並んで対外政策の主要な目標とされたのは南インドのクーラム（現在のクイロン）であった。そこへ楊庭璧の船団が派遣される。インド航路においては、コロマンデル海岸（南インドの東海岸）のマアバルとマラバール海岸（同じく西海岸）のクーラムが双璧をなしていた。これらを服従させることは、ユーラシア各地に所領を構えるモンゴルの諸ウルスのうち、クビライの弟フレグの家が支配するイラン（通称イル＝ハン国）との海上交通を安定したものにするために必要であった。実際に、たびたび中国からイランへ使者の船が向かっていたが、多くの場合マアバルを経由した。マアバルは早々に使者を送ってきたものの、クーラムからは反応がなかったため、クーラムの招諭がまず目標とされたのである。

　ところで、楊庭壁の船団の中国人船員たちはすでにクーラムへの航路を熟知していたであろう。なぜなら、マルコ＝ポーロによればコイラン（クーラム）へは「マンジ（南中国）、レヴァント（イル＝ハン国）、アラビアの商人たちが多くの船に多量の商品を積んで訪れ、たいへんな利益を得ている」のであるから。(12)

四、楊庭壁のインドへの航海　一二七九～八二

『元史』巻二一〇・馬八児等国伝は大部分が楊庭壁のインド洋航海についての記録である。この史料については、ロックヒル、辛島昇《からしまのぼる》、深見純生《ふかみすみお》らの論文があり、最近、フランチェスカ・フィアシェッティと筆者もこの史料によりつつ楊庭壁の事蹟を紹介した。(13) これらの成果に基づき楊庭壁のインド洋航海の全貌を紹介してみたい。

（一）第一次航海

至元十六年（一二七九）十二月、楊庭壁は広東招討使《かんとんしょうとうし》ダルガチに任命され、南インドのクーラム招諭の担当となる。そして三カ月後にはクーラムに到着した。クーラム王パーンディヤ（必納的）は弟（名は肯那却不剌木省）に回回字《かいかい》（アラビア文字か）で手紙を書かせて楊庭壁に託し、翌年に貢使を送ると伝えた。

（二）第二次航海

至元十七年（一二八〇）十月、楊庭壁はウイグル人将軍カサルカヤとともに倶藍宣慰使《クーラムせんいし》に任命され、再度クーラムへ赴き、王の入朝を促すこととなった。王自身の入朝はモンゴルが服属国に必ず要求する項目のひとつであった。

　翌年一月、楊庭壁とカサルカヤの船団は泉州からクーラムに向けて出航した。出航から三か月後、船団はセイロン島（僧伽耶山）に到達した。ところが、ここで船乗りの鄭震《ていしん》たちはかれらに針路変更を提案する。その理由は「阻風乏糧《そふうぼうりょう》」である。「阻風」つまり西のクーラムへ向かうには風向きが不利であった。南西風が吹いていた。十一世紀から十三世紀にかけて周期的なモンスーンが吹いていたことが知られている。鄭らの提案は、マアバルへ向かって進み、上陸してから

マアバル国内の陸路を借りてクーラムへ向かう、というものだった。

四月、船団はマアバルの新村《しんそん》の港に到着し、一行は上陸した。この新村はポンディシェリーに当たるとされるがカーヤルに当たるという説もある。マアバルの宰相マイーンドラ（馬因的）が出迎えて言った。「貴殿ら官人の方々が来訪してくださるのは喜ばしい。わが国の船が泉州に参ったとき、泉州の官司の方々は慰労してくださったが、お返しすることができなかった。いまはいかなる御用で参られたのですか。」庭壁らは目的を告げ、マアバル国内のクーラムへ通じる道を借りることを要請した。しかし宰相は言葉が通じないふりをした。宰相アブー=アリー（不阿里）にも道のことを尋ねるが、話をそらせて返答しなかった。

五月、突然二人が楊庭壁とカサルカヤの館を訪問して、人払いをし、宦官を介し事情を告げた。その内容は次のようなものであった。マイーンドラは前にジャマール=ウッディーンを使節として中国に派遣した（ジャマール=ウッディーンはペルシャ湾のキーシュ島の領主として知られる。その兄弟のタキー=ウッディーンはマアバル王の大臣であった）。この遣使は王の認可を得ていないものだったため讒言《ざんげん》を受け、マアバル王スンダラ（算弾）はマイーンドラの金銀・田地・妻子を取り上げた。さらにマイーンドラを無き者にしようという動きもあったが彼は危ういところで難を逃れた。いまスンダラ王の兄弟五人はみなカーヤル（加一）の地に集まり、クーラムと交戦せんと相談している。大元（元）の使者がやってきたことを聞くと、わが国（マアバル）は貧しい国であるとでたらめを称している。ムスリムの国々が産する金・真珠・宝貝はすべてわがマアバル国で産する。そのほかのムスリムたちも商売にやってくる。諸国はみな大元に服属する気持ちをもっている。

そしてマイーンドラはみずからの人脈を生かして諸国をモンゴルに服属するようにさせようと楊庭壁らに告げた。フランチェスカ=フィアシェッティによれば、そこにはマイーンドラが商敵を出し抜き、モンゴルとの外交関係を梃に地位の上昇をはかるという目論《もくろ》みも見え隠れする。(14) 結局このときは、カサルカヤと庭壁は風に阻まれてクーラムに向かうことができず、マアバルに戻った。そこで、いったんカサルカヤはひとり中国に帰還し朝廷に赴き計画を練り、十一月に北風が吹くのをまち、再びクーラムを目指すこととした。

(三) 第三次航海

そのときがやってきた。至元十八年（一二八一）十一月、北風の季節となり、カサルカヤの代わりにアブドゥッラー

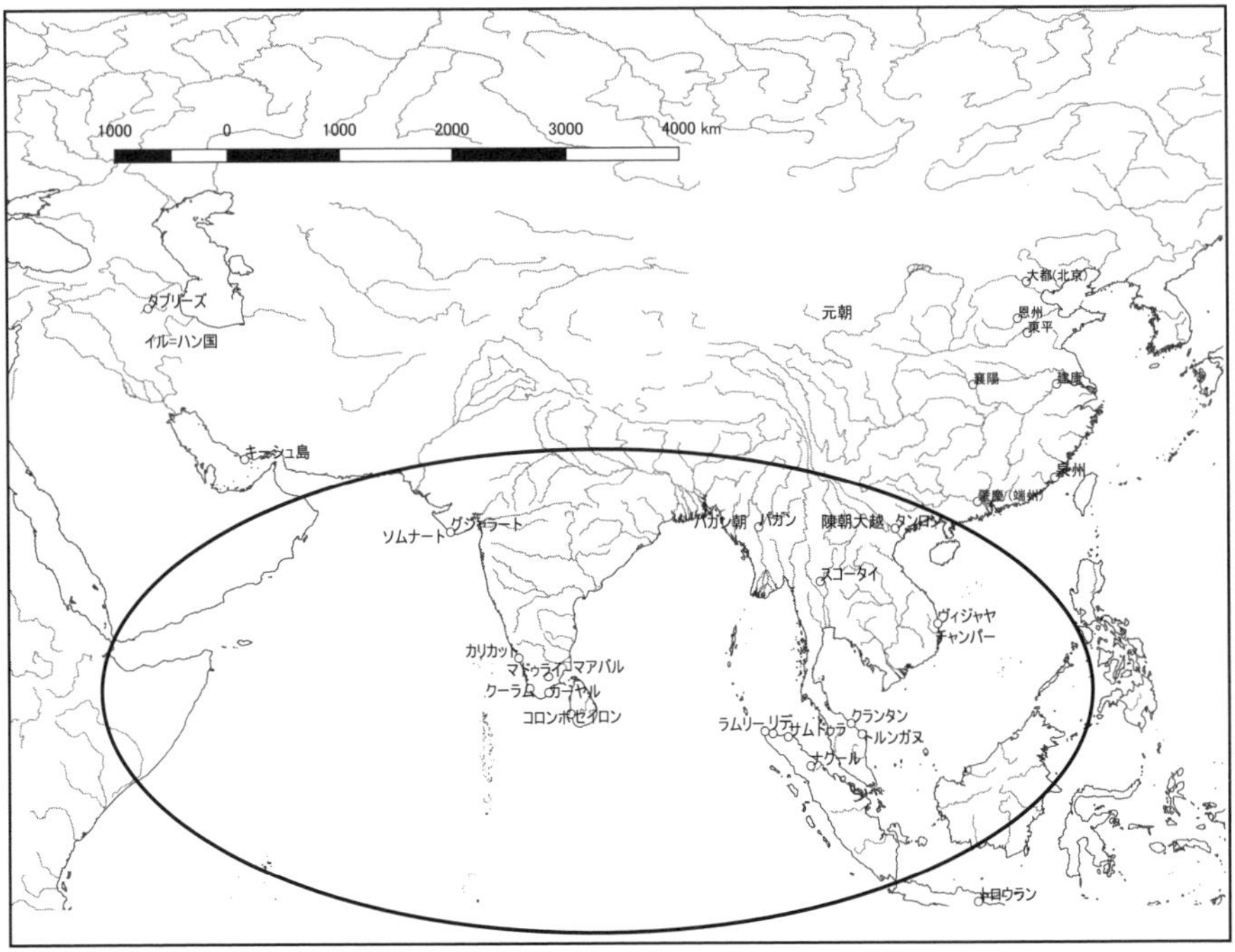

地図2　13世紀後半頃のリモート=サウス（南方海域世界）

（俺都剌）に資金を鈔《しょう》（紙幣）で支給しマアバル国に向かわせた。(15)

翌至元十九年（一二八二）二月、楊庭璧の船がクーラムに到着した。国王と宰相ムハンマド（馬合麻）は出迎えて、クビライの璽書（皇帝の手紙）をうやうやしく受け取った。すぐに国王パーンディヤは臣下（名は祝阿里沙忙里八的）に命じて元へ貢物を送ることとした。このとき東方教会（いわゆるネストリウス派）キリスト教徒代表（名は兀咱児撒里馬）とムスリム代表（名はムハンマド［馬合麻］）がクーラムに滞在していた。かれらは大元の使者が来たと聞いて相伴い庭璧らのもとにやってきて、かれらも皇帝に歳幣を納める使者を送りたいと告げた。またこのときグジャラート地方のソムナート（蘇木達国）もまたクーラム王にならい大元に服属したいと申し出てきたので、庭璧はその要請を受けいれた。

四月、楊庭璧らは帰途につき、ナクール（那旺国、スマトラ島北部のシマルングン）に至り、その王（名は忙昂比）を説得して服属させた。サムドゥラでは国王（名は土漢八的）が使者を迎え、庭璧が説得の結果、即日モンゴルへの服属を表明し、臣のハサン（哈散）とスレイマン（速里蛮）の二人を大元の朝廷へ派遣した。

五、結果とその後　一二八二〜九一

　楊庭璧のインド洋航海の結果、クーラム王の使者が表（貢使に持たせる手紙と貢物一覧）と宝物（宝貨）、黒猿一匹をもってやってきた。ナクール王も、使者四人をよこしたが、文字を知る者がおらず表は携えていなかった。サムドゥラ王の使者二名を送ってきた。ソムナートの大臣（名は那里八合剌攤赤）もクーラム国に滞在していたが、クビライの詔のことを耳にし、その王（名は打古児）に代わって貢使を派遣してきた。クーラム在住の東方キリスト教徒代表とムスリム代表も表を携えた使者を遣わし、同日に都に赴いた。マアバルからの使者も至元十九年（一二八二）十一月に朝貢し、翌年には高僧（名は撮及班）を派遣した。クビライはわざわざ使者を派遣し道中まで迎えに行かせた。

　そして一二八六年、インド東西海岸、スマトラ島北・東部、マレー半島に位置する十国からの使者が来貢した。マアバル、ソムナート、スリランカ、ラムリー、馬蘭丹（詳細不明）、ナクール、トルンガヌ、リデ、クランタン、サムドゥラなどである。十という数は仏教でいう「十方《じっぽう》世《せ》界《かい》」と通じ、象徴的な意味があるだろう。これらの国々との通交のほとんどはクビライの治世の間しか持続しなかったが、元とマアバルの間の往来は実際に延祐元年（一三一四）まで続き、中国―イラン航路の安定に寄与した。

　その後の楊庭璧は専らニア＝サウスにおける周縁地域（ゾミア）[16]を舞台に活動した。「楊庭璧平寇記」によれば、一二八九年冬、広南西道宣慰使《こうなんせいどうせんいし》の楊庭璧が（江西）行省の檄文《げきぶん》をうけて獠を攻撃するため軍勢とともに端州《たんしゅう》（肇慶）に到着し、翌年の上元節《じょうげんせつ》に平定を終えた。肇慶の住民たちは安堵し、その功績を岩に記した。さらに『（道光）瓊州府志《けいしゅうふし》』巻三八（光緒十六年補刊本）所収の邢夢璜《けいむこう》「至元癸巳平黎記《しげんきしへいれいき》」碑文によれば、至元辛卯《しんぼう》すなわち一二九一年、湖広行省長官コルギス（闊里吉思）のもと広西宣慰《こうせいせんい》楊廷《ママ》璧が黎族の兵を率い海南島奥地の平定に従事した。それが楊庭璧の事蹟を伝える最後の記録である。楊庭璧は独自のキャリアを歩んでいた。かつての上官ソガトゥは一二八五年に大越遠征で戦死していた。生還した百家奴は民馬徴収の任に当たり、一二九〇年に建康路（現南京）の行政長官（総管《そうかん》）となっていた。

おわりに

　モンゴルにおいては、対外遠征は諸王功臣の合議により決定され、それぞれが兵員を供出して行われるべきものであった。しかし、時代はうつり変わり、クビライ政権は南方世界における軍事活動を単独のリーダーシップで進めていた。

クビライは即位前みずから雲南征服を指揮し、南宋と対峙《たいじ》した経験をもつ。また、往来する使者や腹心たちを通じ南方の情勢をつぶさに聞き、また投降した南部のエスニック集団のリーダーたちと直に接した。クビライ自身が南方世界に精通していたことが、そのリーダーシップを確かなものとした。

クビライは、全モンゴルに号令をかけることはできなかったが、代わりに親衛隊出身者（ケシクテン）やクビライの腹心たちとつながりモンゴル軍団組織に組み込まれた、南宋からの投降者、ペルシャ系海商、中国南部のエスニック集団、アウトロー、船乗りたち、…といった無限に連鎖するネットワークを活用した。遠近の南方世界における活動はすべて一連のものであり、それを可能にしたのもこのネットワークの連鎖であった。野心的な上昇志向の強い人々がこのネットワークの末端に次々と加わり、知識・技術・ノウハウのフローが血液のようにいきわたる。そのような連鎖のなかに、楊庭璧はいたのである。

楊庭璧が外洋船団を率いて実行した二万八〇〇〇キロにおよぶ航海と、その前後の帝国の南方世界における活躍は、海域史やグローバルヒストリーの文脈でもっと語られても良いだろう。距離と気候条件とにかんがみて、中国と南インドの間をワンシーズンで往来したことは驚くべきことである。中国の航海技術が経験の蓄積によって長足の発達をとげていた。加えて、通路上の港市国家との協力関係が楊庭璧の航海を可能としていた。それもまた遠近の南方世界を交錯するネットワークの賜物であった。

注

（1）杉山正明『クビライの挑戦』（朝日新聞出版社、一九九五年）。

（2）特に堤一昭「元朝江南行台の成立」（『東洋史研究』五四—四、一九九六年）七一—一〇二頁を参照。

（3）譚棣華、曹騰騑、冼剣民『広東碑刻集』（広東高等教育出版社、二〇〇一年）六七九頁。

（4）獠は古代における南部の先住民族の称。ここでは壮《チワン》族とも考えられるが不明。

（5）『元史』巻一二九、三一五二頁。

（6）福建の行省の変遷は大島立子「元朝福建地方の行省」（『愛大史学——日本史・アジア史・地理学』一一、二〇〇二）一—二六頁に詳しい。

（7）『元史』巻一三一、三一八八頁、『元史』巻一一、二三三頁。

（8）蒲寿庚については桑原隲蔵『蒲寿庚の事蹟』（平凡社、一九八九年）に詳しい。

（9）『通鑑続編』巻二四　丙子（景炎元年、大元至元十三年）十一月の条。

（10）朱維幹『福建史稿』上・下（福州：福建教育出版社、一九八四年）三七八頁。植松正「元初の畲族の叛乱について」（『香

川大学一般教育研究』二五、一九八四年）九三—一三〇頁参照。
（11）『元史』巻一二、二四四頁。
（12）月村辰雄、久保田勝一『マルコ・ポーロ東方見聞録』（岩波書店、二〇一二年）一三二頁。
（13）W. W. Rockhill, "Notes on the Relations and Trade of China with the Eastern Archipelago and the Coast of the Indian Ocean during the Fourteenth Century Part I", *T'oung Pao* 15, No. 3, 1914, pp.419-47の英訳参照。また辛島昇「十三世紀末における南インドと中国の間の交流——泉州タミル語刻文と元史馬八児伝をめぐって」（『榎博士頌寿記念東洋史論叢』汲古書院、一九八八年）七七—一〇四頁、深見純生「元代のマラッカ海峡——通路か拠点か」（『東南アジア——歴史と文化』三三、二〇〇四年）一〇〇—一一七頁、Masaki Mukai, Francesca Fiaschetti, "Yang Tingbi: Mongol Expansion along the Maritime Silk Roads", *Along the Silk Roads in Mongol Eurasia: Generals, Merchants, and Intellectuals*, edited by Michal Biran, Jonathan Brack, Francesca Fiaschetti, Oakland: University of California Press, 2020, pp. 83-101も参照。
（14）Masaki Mukai, Francesca Fiaschetti, 2020, p.90.
（15）『元史』巻一一、二三六頁。
（16）平地の国家権力の支配が及ばない山地などの周縁世界をいう。ジェームズ・C・スコット、佐藤仁監訳『ゾミア——脱国家の世界史』（みすず書房、二〇一三年）参照。

書き換えられた世界史教科書
——モンゴル＝元朝史研究進展の所産

村岡　倫

むらおか・ひとし——龍谷大学文学部教授。専門はモンゴル帝国史。主な著書に『チンギス・カンとその時代』（共著、勉誠出版、二〇一五年）、『概説中国史』下巻（共著、昭和堂、二〇一六年）、『最古の世界地図を読む『混一疆理歴代国都之図』から見る陸と海』（編著、法藏館、二〇二〇年）などがある。

かつて、モンゴルは暴虐な征服者というイメージが先行していた。それは、誰もが学校で習う世界史教科書に依るところが大きかった。しかし、今や教科書の記述は大きく変化している。モンゴル＝元朝史の研究が進展し、その成果を取り入れた結果にほかならない。本稿では、教科書記述の変遷をたどり、改めてその意義を考えてみたい。

一、世界史教科書のモンゴル＝元朝史の記述をめぐって

（一）教育現場の戸惑い

歴史学・歴史教育をめぐる高大連携をはかるため、二〇〇五年に設立された「大阪大学歴史教育研究会」では、今でも、大学・高校教員、院生による報告と活発な議論が行なわれている。かつて、二〇〇七年十二月に行なわれた例会に私は報告者として呼ばれた。それは、当時、世界史教科書のモンゴル＝元朝史の単元で、高校の先生方を戸惑わせる問題があったからだ。この頃、改訂された教科書の記述に、出版社によって違いが生じ始めていたのである。

それは、新しい研究の成果を反映させた教科書が現れたからであり、それ自体は喜ばしいことであった。しかし、改訂された時点では、同一の出版社の教科書にもかかわらず、前年までとは違う記述となっているし、さらには新説を載せる教科書と旧説のままの教科書が併存することになる。しかも真っ向から対立するような違いであれば、現場が混乱するの

も無理はなかった。多くの先生方に疑問を投げかけられた大阪大学歴史教育研究会は、モンゴル帝国史を専門とする私に白羽の矢を立てる形となった。かくして私は、なぜ教科書の記述は修正されたのか、どちらが正しいのか、現場ではどう対応すればいいのか、その解答を示す立場となってしまった。

ここでは、その時に言及したことに加え、その後、教科書はどうなっていったのか、モンゴル＝元朝史研究の進展を踏まえて論述したい。

（二）書き換えにくい教科書

あらゆる学問分野は、研究者たちの不断の努力によって日進月歩で進展している。それによって、これまでの常識が覆されることもある。もちろん、それは歴史学においても言うにおよばない。人々の歴史認識の形成に重要な役割を果たしているのが歴史教科書であり、その意味では、教科書は、新しい研究成果をいち早く反映されるべきものでなければならない。しかし、その記述を修正するのは存外難しいことなのである。

なぜなら、受験ということが重くのしかかっているからである。高等学校の世界史教科書が日本に何種類あるかはわからないが（山川出版社の最新の二〇一八年度版『世界史用語集』は、具体的な社名を示していないが、七社の教科書を採用している）、その中の執筆者の誰かが、新しい研究成果を盛り込んだとすると、古い説を載せたままの教科書との間に齟齬《そご》が生じることになる。受験生にしてみれば、習った教科書によって学習した事柄が違うのは望ましいことではないし、出題する大学側にとっても、どちらの記述に基づき作問をすればいいのか頭を悩ませることになる。新説を載せる教科書に従えばいいという単純なものでもない。新しい研究成果を盛り込んだ教科書は、その時点では何と言っても少数派に過ぎないのである。

では、ある年に、全出版社が話し合って教科書を一斉に修正すればどうだろうか。しかし、高校をいったん卒業してから改めて受験する人もいるだろうし、そうなると、今度は学んだ学年によって習ったことに違いが生じることになる。そして、何と言っても教科書には検定がある。内容を変更すれば、他の教科書との齟齬や例年のものとの違いを理由に検定が通らないかもしれない。出版社にとって、教科書は、売りに出せないとなると、その損失は大きい。こうして、教科書は、研究の進展とは裏腹に、それを反映させにくいということになってしまうのである。

（三）新しい研究成果を取り入れた教科書の出現

一九七〇年代の終わりごろから、モンゴル＝元朝史研究において、かつて常識のように考えられてきたことが当時の若手の研究者たちによって正されるようになった。しかし、そのような研究の進展にもかかわらず、先の例に漏れず、しばらくは、それらの成果が教科書に反映されることはなかった。

ところが、今世紀に入った頃からその状況に大きな変化が見られた。長く教科書が当たり前のように記していた旧説を破棄する教科書が現れたのである。それは、執筆者の一人として、京都大学の杉山正明が名を連ねた帝国書院の世界史教科書であった。杉山は、一般にもよく知られたモンゴル帝国史研究の第一人者であり、当時、旧説を正す論文を世に出した若手研究者の一人であった。一九七八年の論文デビューから、その後も続けて発表する斬新な研究論文は、学界に大きな影響を与えた。二十世紀末からは、最新の研究を盛り込む概説書も多く著している。[1] それを教科書執筆の際にも反映させたのである。他の教科書との齟齬を覚悟の上で容認した出版社の大英断だったと言える。

初めはそのような教科書は少数派に過ぎなかったが、後に、そのほかの教科書も倣い出し、今やほとんどの教科書が新しい研究成果を取り入れた記述となっている。では、いったい何が変わったのか。具体的に見ていくことにしよう。

二、消えた「オゴタイ＝ハン国」[2]

(一)「四ハン国」から「三ハン国」へ

実は、高校の先生方を最も戸惑わせたのは、これまで教科書では定番であった、モンゴル帝国と言えば、中国を支配して成立した「元」のほかに、西方に「オゴタイ＝ハン国・チャガタイ＝ハン国・キプチャク＝ハン国・イル＝ハン国」の「四ハン国」があったという記述が、杉山の執筆する教科書では「オゴタイ＝ハン国」が消えてしまっていたことであった。しかも、しばらくして、帝国書院に倣い、山川出版社の教科書も「オゴタイ＝ハン国」を載せなくなってしまった。

二〇〇七年度時点で、私が確認した七つの教科書中、「オゴタイ＝ハン国」がなくなっていたのは、その二社に過ぎず、他の五社にはまだ載せられていた。まさしく少数派であったが、その一つが、日本の高等学校の世界史教科書として、最も採用率が高い山川出版社のものであったことは大きかったようだ。[3]「四ハン国」が「三ハン国」になったのである。ついこの間まで生徒に教えていた国が消えてしまうとは、先生方にとっては衝撃だったに違いない。

「オゴタイ＝ハン国」が消えたのは、もちろん、杉山が自身の研究成果を反映させたからにほかならない。それまで教科

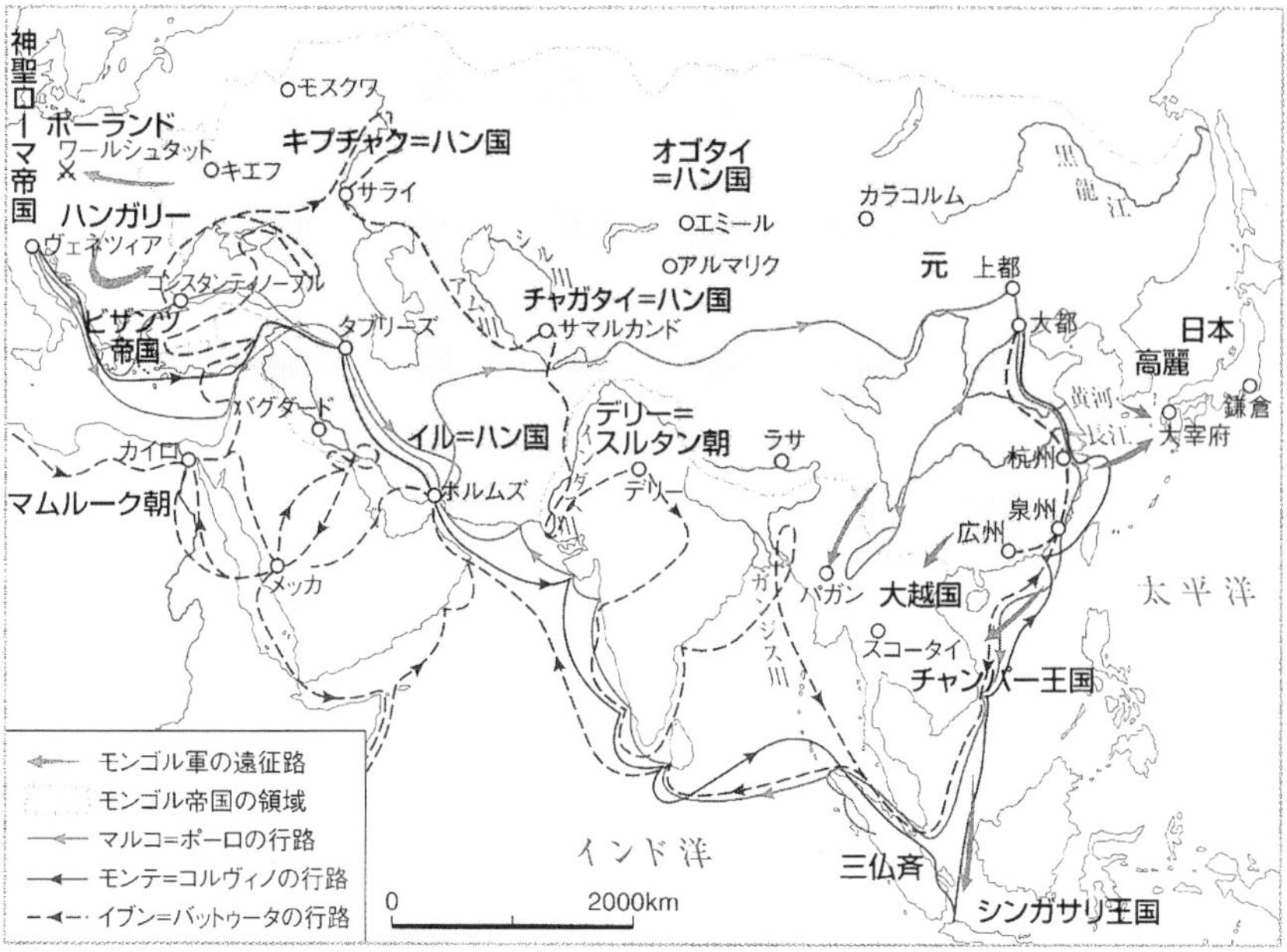

図1　例えば、東京書籍『世界史Ｂ』の2006年版の地図には「オゴタイ=ハン国」が記されている

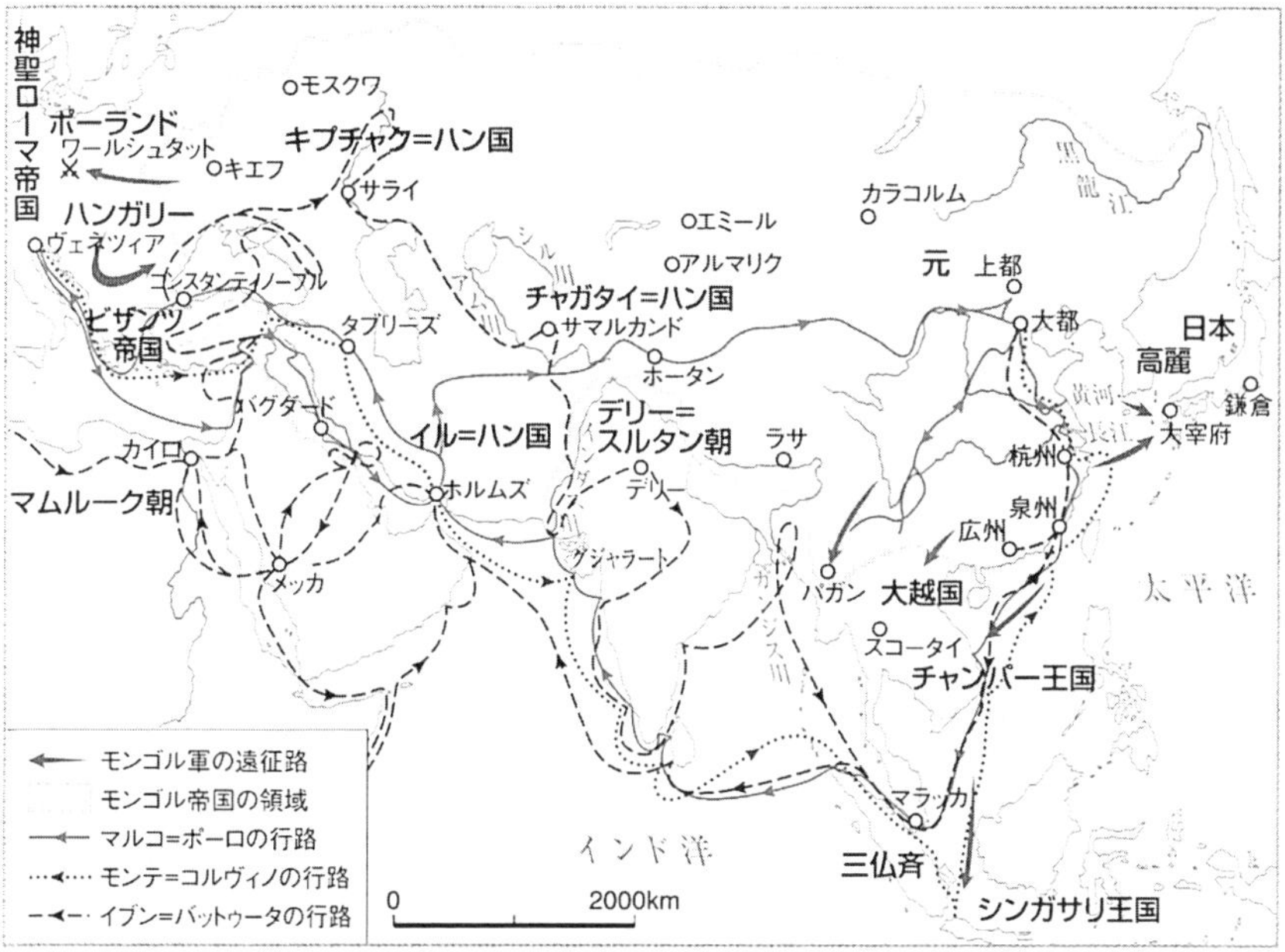

図2　しかし、同じ東京書籍『世界史Ｂ』の2012年版の地図では「オゴタイ=ハン国」が消えている

書に載っていた国を削除した以上、何らかの説明がどこかからでもあればよかったのだが、それもなく、多くの先生方は疑問を持ったまま教壇に立たざるを得なかった。確かに、理解しようと思えばモンゴル帝国史の深い知識が必要で、説明するのも難しいことではあるが、ここでは、できるだけかいつまんで述べておきたい。

(二)「ハン国」と「ウルス」

「ハン国」について、教科書は、かつておおよそ次のように記していた。「チンギス=ハンは西征の過程で新領土を獲得し、それらを息子たち、ジュチ、チャガタイ、オゴタイらに分配した。その結果、ロシアにキプチャク=ハン国、中央アジアにチャガタイ=ハン国、西北モンゴルにオゴタイ=ハン国が形成され、後にはイランにフラグがイル=ハン国をたて、こうして四ハン国が成立した」。

しかし、実際は、チンギス=ハンが息子たちに与えたのは、「領土」ではなく、「人」つまり「遊牧民」であった。「領土」の分配というのは農耕民の考え方である。遊牧民の財産は家畜、ひいては家畜を世話する遊牧民であり、それが配下の兵員にもなる。土地は二次的な意味しかない。それゆえ、戦いで功績のあった者への恩賞は「領土」でなく、投降あるいは捕らえた「人」であった。

息子たちの遊牧集団は「ウルス」と呼ばれた。「ウルス」は現代モンゴル語で「国」と訳されることもあるが、本来は人々の集団を表している。遊牧民にとって「国」とは、領土も城壁もない、まさしく人間の集まりであった。

ところが、かつて研究者たちは、当時の文献に見える「オゴタイ=ウルス」や「チャガタイ=ウルス」を領土国家と誤解し、もっと後の時代に使われるようになる「ハン国」の名で呼んだ。しかも、教科書では「オゴタイ=ハン国」、「チャガタイ=ハン国」は、それぞれ一二二四年、一二二七年に成立したと記されたが、なぜ、両国の成立がそれらの年だったのか、私にはいまだにわからない。誰かがどこかの段階で根拠もなく記述したことが、無批判に踏襲されたのだろう。[4] いずれにしても、このころ、オゴタイやチャガタイが有していたのは、あくまで遊牧集団「ウルス」に過ぎなかった。

(三)研究の進展により修正された教科書

しかも、研究成果を踏まえると、チンギス=ハンの死後は、息子たちの王家ごとにまとまった「ウルス」が存在していたということも言えなくなる。オゴタイ家は六つのウルスに分裂し、チャガタイ家にはウルスとして二つの大きなまとまりがあって、王家ごとの確固たる国家があったと想定することなどはできないのである。[5]

二〇〇七年時点では、「オゴタイ=ハン国」を載せていない教科書は少数派に過ぎなかったが、徐々に他の教科書も倣いだし、二〇一五年には、ほぼすべての教科書で記述がなくなった。それに伴って、『世界史用語集』最新版においても、「オゴタイ=ハン国」の項目は立てられていない。つまり、用語集が採用する七社全ての教科書から消えてしまったのである。研究の進展によって、教科書の記述が修正された典型的な例であろう。

ただ、歴史学研究において、「なかった」ことを証明するのは難しい。「あった」ことは一つでも史料があれば主張できるが、「なかった」ことを主張するためには、多くの手続きを踏まえる必要がある。「オゴタイ=ハン国」の存在の否定にも、実在した他の「チャガタイ=ハン国・キプチャク=ハン国・イル=ハン国」の成立・発展と関連させて述べなければならず、本来なら、そこまで立ち入って説明し、読者に納得してもらうべきかもしれないが、そのためには多くの紙幅を必要とし、しかも、その舞台は内陸アジアとなるので、本書の主旨である元朝史とは乖離《かいり》してしまうことになる。これに関する詳細は稿を改めることにして、以下、教科書の修正されたその他の点について述べたい。

三、「モンゴル人第一主義」への疑問

(一)モンゴル現地に残る碑文から

私は、日本・モンゴル両国の歴史学・考古学の研究者たちが、モンゴル国現地において共同で調査を進める「ビチェース=プロジェクト」のメンバーでもある。「ビチェース」はモンゴル語で「碑文」を意味する。その名の通り、主な研究対象はモンゴルに残る碑文や銘文などであり、一九九六年より開始され、今に至るまで調査・研究が継続されている。特に、フビライ政権が成立して大都(現在の北京)に遷都するまで、モンゴル帝国の都が置かれていたカラコルムに関連する碑文は、重要な研究対象であった。

カラコルムは十四世紀の終わりに明の攻撃によって陥落したが、二〇〇〇年の時を経て、その地にチベット仏教のエルデネ=ゾー僧院が建立された。その際、廃墟となっていたカラコルムの資材が再利用され、形の整った碑石などは格好の建築材料となったのである。碑石は利用される個所に応じて裁断され、僧院内の各所に使われて残った。碑文の多くは宗教施設の記念碑である。例えば、仏教寺院である興元閣、元朝の国家祭祀に関わる三皇廟や民間信仰の三霊侯廟、イスラームの修行道場ハーンカーなどの記念碑が、一三三〇年代から

四〇年代にかけて立石された。これらの碑文の研究が進む中で、私は一つの疑問を持った。それは、世界史教科書に当たり前のように載っていた「モンゴル人第一主義」という語句への疑問であった。

（二）旧都カラコルムに数多くいた漢人官僚

かつて、教科書には、元朝の行政に関しておおよそ次のような記述があった。「中央の高官や地方の長官にはモンゴル人をあて、さらにモンゴル人を最上位とする身分制（モンゴル人第一主義）をつくった。中央アジアや西アジア出身者（色目人）は優遇されて財務官僚などとして活躍したが、下位の漢人（旧金朝治下の住民）最下位の南人（旧南宋治下の住民）は、さまざまな面で抑圧された」。このような「モンゴル人第一主義」という用語と官僚をモンゴル人と色目人で独占したというような言説は、ほとんどの教科書で見られた。

しかし、碑文に記されるカラコルムの官僚たちには、モンゴル人、西方出身のムスリム（つまり色目人）のほか、数多くの漢人の名が見える。(6) たとえば、「和林（カラコルム）兵馬劉公去思碑」という碑文があり、それは、「和林兵馬」という役職にあった劉天錫《りゅうてんしゃく》という人物が、一三三一年に任期を終えてカラコルムを去るに当たって、その功績を称えるために立石されたものであった。「和林兵馬」とは、カラコルム城市の治安と行政をあずかる重要な職である。(7) この地の官僚たちは、「地方の高官」に当たるのかもしれないが、カラコルムは旧都であり、しかもモンゴル根幹の地であることを考えると、本質は限りなく「中央の高官」に近いのではないか。ここに、多くの漢人官僚がいたというのであれば、「モンゴル人第一主義」という言葉に疑問を持たざるを得なかった。

（三）中央政府である中書省の漢人官僚

このことは、カラコルム関連の碑文をまつまでもなく、元朝史研究の基本史料である『元史』に記される中央政府の官僚たちを見ても明らかである。『元史』巻一一二、宰相年表に、フビライ政権（元朝）歴代の政府高官が記されている。政権誕生の間もないころ、中統二年（一二六一）に関して次のようにある。

右丞相	左丞相	平章政事	右丞	左丞	参知政事
不花	忽魯不花	塔察児	張	張文謙	商挺
史天沢	耶律鋳	王文統			楊果
		賽典赤			
		廉希憲			

上位から、右丞相にモンゴル人の不花《ブカ》と漢人の史天沢《してんたく》、左丞相にはモンゴル人の忽魯不花《クトルグブカ》と耶律鋳《やりつちゅう》が並ぶ。耶律鋳は、

かの有名な耶律楚材《そざい》の息子で、楚材は契丹人であるが、金王朝に仕え、漢文化を受容しており、漢人と言ってもよい人物である。右丞相、左丞相ともにモンゴル人と漢人の組み合わせになっている。その下位、平章政事にはモンゴル人である塔察児《タガチャル》、色目人の賽典赤《サイイドアジャル》と廉希憲《れんきけん》、そして漢人の王文統《おうぶんとう》、その下位の右丞の地位にあった張は、他の個所から張啓元《ちょうけいげん》であることがわかり、左丞にも張文謙《ちょうぶんけん》、その下の参知政事にも商挺《しょうてい》、楊果《ようか》と漢人が並ぶ。高位の右丞相、左丞相、平章政事にモンゴル人が一人ずつ、平章政事に色目人が二人いるが、他は漢人である。ここに見える中書省の高官十二人中七人が漢人なのだ。これでは、モンゴル人と色目人で中央の高官を独占していたとはとても言えないだろう。

四、元代の四階級の実像

(一)四階級は民族差別ではない

前述のように、かつて、「モンゴル人第一主義」と共に「モンゴル人・色目人・漢人・南人」という四つの階級および元朝では漢人や南人は冷遇されたという記述が、ほとんどすべての教科書に見られた。しかし、新しい研究の成果では、モンゴルは現地の勢力と融合し、征服地の統治には現地の人々を登用した状況が明らかとなっている。では、この四つの階級とは何であったのか。

右丞相となった史天沢の一族が、モンゴルに服属するようになったのはモンゴルの金朝への侵攻開始後、一二一三年のことであり、左丞相の耶律鋳の父楚材が帰順したのもその直後のことであった。これこそが彼らが高官となった理由である。モンゴル支配における処遇の差異は、チンギス＝ハンの一族といかに深く長く関係を持ったかということ、それは「根脚《こんきゃく》」と表現されるものであり、これが重要視された結果であった。決して民族間の差別などではない。

つまり、一二〇六年までのモンゴル高原統一の過程でチンギス＝ハンに帰順した遊牧民たちが最上位であり、次に地位が高いのは、一二一九から一二二五年に至るまでのチンギス＝ハンの中央アジア遠征の際に、その多くが服属した色目人なのである。だが、史天沢と耶律鋳は、色目人より早くモンゴルに帰順しているので、当然、彼らより上位に置かれた。

一方、北中国の漢人の多くは、一二三四年に金朝滅亡の時に、南中国の南人は、南宋がモンゴルに接収された一二七六年より後にその多くが服属している。そのため、モンゴル人・色目人・漢人・南人という身分差、階級があったように見えてしまうが、それは漢人・南人を「民族」として差別していたのではなく、あくまで「根脚」の差であった。また、個人の能力・実力を踏まえた人材登用も盛んに行なわれ、前述のように、史天沢や耶律鋳以外にも、支配者層として官僚となる漢人や南人は数多くいたのである。

（二）「モンゴル人第一主義」も消えた

この四つの区分が実際に意味を持ったのは、元代ではしばらく行なわれなかった科挙が延祐二年（一三一五）に始まり、その合格者の枠が、モンゴル・色目を対象とした「右榜《うぼう》」と、漢人・南人を対象とした「左榜《さぼう》」に分けられ、定員が割り当てられたことぐらいであった。これも、民族差別による区分ではなく、単なる試験内容の違いによるものにすぎなかったのであるが、モンゴルの中国支配という先入観から、特別な意味を持ったように解釈されてきたのである。四つの区分に関する新しい認識は、モンゴル=元朝史の研究者の間ではすでに常識であったが、これも教科書はなかなか修正されなかった。しかし、やはりまず、杉山執筆の帝国書院の教科書から「モンゴル人第一主義」の語句がなくなった。

先述と同じく、二〇〇七年時点での七社の教科書を見てみると、「モンゴル人第一主義」は、「オゴタイ=ハン国」以上に錯綜《さくそう》していたことがわかる。たとえば、「オゴタイ=ハン国」を載せないことについては、杉山の見解を支持した形となった山川出版社は、「モンゴル人第一主義」についても同じように載せないが、階級や差別があったような記述は残っていた。出版社自体にも葛藤があったことが窺える。そのほかでは、「オゴタイ=ハン国」を載せているが、「モンゴル人第一主義」を載せていないという教科書も一社あり、「オゴタイ=ハン国」も「モンゴル人第一主義」もあいかわらず載せていたのは四社であった。

現在では、「モンゴル人第一主義」は「オゴタイ=ハン国」同様、すべての教科書から消え、もちろん『世界史用語集』にも載せられていない。「色目人・漢人・南人」については、多くの教科書が、階級や民族差別ということではなく、あくまで人間集団のカテゴリーとして載せている。しかし、いまだに、「中央政府の首脳部を独占するモンゴル人」という記述が見える教科書もあり、改善の余地はまだあるようだ。

（三）元朝は漢文化を軽視していない

また、一般的には、中国の人々は、モンゴルの圧政に苦しんだと言われることもあった。しかし、モンゴルの征服地支配は、様々な人間集団を単位として、その長を通じて支配するという、言わば「集団主義」をとっていた。その支配は、従来の社会システムを前提としており、モンゴル政権にとって中国は富をもたらす存在であり、それを確保することが重要であって、深い支配は必要としなかった。華北においても江南においても、社会的、文化的な伝統がそれまでと大きく改変されることはなかった。

　しかし、かつて、教科書やそれに準ずる資料集などには、元朝は中国の伝統文化を軽視したというような記述があり、一般的にもモンゴルは漢文化を破壊したように認識されていた。そう言いながら、教科書の中には、元代の文化として、庶民の間で「元曲」と呼ばれる雑劇が広まったこと、よく知られる『水滸伝』『西遊記』『三国志演義』などの原型が成立したこと、絵画も盛んで「元末四大画家」と呼ばれる人々が登場したこと、さらには広域国家であるモンゴル帝国の成立によって東西の文化が融合したことなどを記すものも多かった。それでいて、中国の伝統文化を軽視していたとは、ずいぶん矛盾した話である。

　元代の文化に関する研究の第一人者である宮紀子《みやのりこ》は、「モンゴルは、けっして漢文化を破壊などしなかった。それどころか空前絶後の繁栄をむかえた」と明言している[8]。古い先入観を打ち破るこのような新しい認識も、徐々に教科書に反映され、今や、元朝は中国の伝統文化を軽視したとする記述はほぼ見られない。

五、元朝衰退の原因

（一）十四世紀の世界規模の環境悪化

　元朝は、十四世紀半ば、河南地方で起こった紅巾の乱によって政権が大きく揺らぎ、紅巾軍の指導者の一人であった朱元璋《しゅげんしょう》がたてた明王朝によって大都は陥落し、中国本土を放棄して北方へ追いやられることになった。これも、かつての世界史教科書では「元末、モンゴル政権に対して漢人・南人が不満をつのらせて、各地で反乱が起こり」、「一三六八年、元末の紅巾の乱の中から現れた朱元璋（洪武帝）は、元を滅ぼし漢民族の政権を復活させ、明を建国した」ということが記されていた。元朝は、モンゴル人の支配に不満を持つ「漢民族」によって倒されたように認識されていたのである。

　古くから、十四世紀には、世界規模で環境が悪化し、各地で自然災害が起こり、ペストなどの疫病が広まったことは知られていた。近年、それは東アジアにおいても同様で、元では黄河の氾濫や飢饉が続き、疫病が広まり、財政もひっ迫して経済が混乱に陥ったが、これに対して、朝廷での内紛などで政府は有効な手立てを取れず、これが元朝衰亡の原因であると考えられるようになった。だとすれば、モンゴル人政権だからということ全く関係ない。中国で過去に幾度となくあった王朝交代の様相と変わりはない。これについても、現在の教科書は、自然災害や疫病を元朝衰退の要因の一つとして記述している。

(二) 元末のモンゴル・漢人の混成部隊

紅巾の乱勃発の際、それを鎮圧せんと各地に義勇兵が立ち上がった。その一つに、河南地方の軍閥チャガン＝テムル率いる軍団があった。彼の先祖はナイマン部族の出身で、一二〇年も前に、モンゴルから金朝征服のために派遣された「探《タン》馬赤《マチ》」の兵士であった。この軍団は、モンゴルの各千戸集団から選抜され、先鋒隊として出征し、進軍の過程で徴発した現地の兵士たちと混成部隊を形成していく。征服完了後は、モンゴルに帰らず征服地に定住した。彼らの出征は家族連れであり、定着した地では、モンゴル人同士はもちろん、漢人たちとも姻戚関係が結ばれ、その後も各地の戦闘に兵員を派遣していたのである。

『元史』巻一四一、チャガン＝テムル（察罕帖木児）の伝には、その配下の部将十六人が記されている。それは次の通りである。

閻思孝《えんしこう》（漢）　李克彝《りこくい》（漢）　虎林赤《クルムシ》（モンゴル）　賽因赤《サインチ》答忽《ダク》（モンゴル）　脱因不花《トインブカ》（モンゴル）　呂文《ろぶん》（漢）　完《オル》哲《ジェイ》（モンゴル）　賀宗哲《がそうてつ》（漢）　安童《アントム》（モンゴル）　張守礼《ちょうしゅれい》（漢）　伯顔《バヤン》（モンゴル）　孫翥《そんしょ》（漢）　姚守徳《ようしゅとく》（漢）　魏賽《ぎさ》因不花《インブカ》（漢）　楊履信《ようりしん》（タングート）　関関《かんかん》（モンゴル）

十六人中、半分の八人が漢人であることが注目される。魏賽因不花という人物も見えるが、これは魏姓の漢人が、モンゴル名「サイン＝ブカ（良い雄牛）」を名乗っていたものであり、元朝では、このような漢人は数多く見られた。元朝はモンゴル人だけの国家ではなかった。探馬赤兵士の子孫たちは、元末においても混成部隊として健在であった。今や命運が尽きようとしていた元朝を、命がけで守ろうとした漢人達も数多くいたのである。

(三) 元対明は「モンゴル対漢民族」ではない

その後、戦死したチャガン＝テムルから軍団を受け継いだのは、彼の甥で養子となったココ＝テムルであった。彼は、大都陥落後も元朝政府と共に各地を転戦し、ついには旧都カラコルムにまでたどり着いた。教科書にも記されるように、中国本土放棄以後の元朝を「北元」と呼ぶことがある。ココ＝テムルにとっては初めて見る父祖の地であった。彼に従って、モンゴルの地までやって来た養父以来の部下だった漢人兵士も数多くいたはずである。

ココ＝テムルは、明軍を撃破するなどの功績もあげたが、一三七五年にモンゴル西部の陣中で没した。彼の死によって元朝の命運は尽き、カラコルムも廃墟となり、二〇〇年後、その地にエルデネ＝ゾー僧院が建立されるのは前述の通りである。実は、ココ＝テムルの妻も毛氏という漢人であった。河南に定着した混成部隊の漢人兵士の親族だったのだろう。彼女は最後まで夫の軍団と行動を共にし、夫に殉じた。

「元対明」が、これまで言われてきたような「モンゴル民族対漢民族」では決してないことは明らかである。もちろん、元を倒して新たな王朝をたてようとする野望を持つ朱元璋が、それを大義名分にしたということはあるだろう。しかし、それをそのまま受け取るわけにはいかない。こうした新しい研究の成果が教科書に反映され、今では、前述のような「モンゴル政権に対して漢人・南人が不満をつのらせて、各地で反乱が起こり」というような記述は全ての教科書でなくなっている。

六、研究の進展による さらなる教科書の改変へ

以上、世界史教科書のモンゴル＝元朝史に関する記述の中で、研究の進展によって削除された「オゴタイ＝ハン国」と「モンゴル人第一主義」、これまでの誤った認識が修正された「四階級」と「元代の漢文化」、そして、「元朝衰亡の諸相」を取りあげた。二十一世紀に入ってから、教科書でこのような大きな書き換えがあったのは、画期的な出来事であったと言えよう。その契機となったのが、前述の通り、杉山正明の研究と自身による教科書執筆であったのだが、さらに重要だったのは、その後も若い研究者たちが、研究を深化させていったことである。

文献学者たちは、今まで見過ごされてきた文献を読み返し、さらにはモンゴル＝元朝時代の碑文調査のために中国各地やモンゴル現地に赴き、新しい史料に光を当て、あるいはモンゴル帝国時代の遺跡の発掘など様々な調査を行なった考古学者たちもいる。このような積極的な活動によって、新たな事実が次々と明らかになっていった。高等学校の世界史教科書において、モンゴル＝元朝史に関する事象が書き換えられていったのは、これらの研究者たちによる努力の賜物である。

モンゴル帝国時代、ユーラシア世界は大きく変貌した。とりわけ、中国における元朝時代の歴史的意義は大きい。例えば、現代中国の起源を元朝時代にあるという考え方がある。その領土と多民族国家という現実、首都の北京、地方行政の「省」、それらの起源は元朝時代にある。モンゴルは、様々な人種や民族といかに融合して複合的な国家を運営したのか。現代に生きる我々にとっても、ここから学ぶべきことは多い。

教科書のモンゴル帝国史に関しては、まだ修訂する余地はある。[9] 今も研究は進展しており、それらを反映させたさらなる改変が望まれよう。多くの研究者による新しい研究を盛り込んだ本書が、そのきっかとなることを念じたい。

注

（1） 杉山は、一九七八年に「モンゴル帝国の原像——チンギス・カン王国の出現」（『モンゴル帝国と大元ウルス』京都大学出版会、二〇〇四年、二八—六一頁。初出は『東洋史研究』三七—一、一九七八年）で新たなモンゴル帝国成立の諸相を世に示し、その後も斬新な着想に基づく論文を継続して公刊し、一九九〇年代からは多くの一般向けの概説書も著述している。主なものは「参考文献」に挙げておく。

（2） 教科書では「オゴタイ＝ハン国」と表記する。この人名は発音も表記も難しく、研究者の間でも「オゴデイ」あるいは「ウゲデイ」など違いがあるが、少なくとも、「オゴタイ」は、モンゴル語の発音を踏まえると正しくない。また、「ハン」も後世の発音であり、十三、十四世紀では「カン」という音に近かったことが研究でわかっている。それを踏まえて、私は普段の研究論文では「オゴデイ」あるいは「カン」とするのだが、ここではあえて教科書の記述に合わせることにしたい。他の人名表記も同様である。

（3） 杉山は、一九九七年に山川出版社から刊行された『世界歴史大系　中国史3　五代—元』の中で、元朝成立以前のモンゴル帝国の部分を担当した。山川出版社の教科書の修訂は、それも影響したのかもしれない。ちなみに、元朝時代については、森田憲司が執筆者に加わっており、新しい研究を取り込んでいる。後述するような元代の社会に関する教科書の改変のきっかけもここにあったのだろう。

（4） 「オゴタイ＝ハン国」を削除した『世界史用語集』であるが、「チャガタイ＝ハン国」は今も載せている。それ自体に問題はないが、相変わらず、成立の年として、全く根拠のない一二二七年を記す。あえて言えば、チンギス＝ハンの没年であるが、それと何か関連付けたのであろうか。実際の「チャガタイ＝ハン国」の成立は、フビライ政権に対して反乱を起こしたオゴタイの孫ハイドゥが中央アジアに自立して作り上げた国家を、チャガタイ家のドゥアがそっくりそのまま奪う形となった十四世紀初頭と考えるべきである。これは研究者の間では半ば常識となっている。

（5） 杉山正明「ふたつのチャガタイ家」（前掲『モンゴル帝国と大元ウルス』、二八八—三三三頁。初出は『明清時代の政治と社会』京都大学人文科学研究所、一九八三年）、村岡倫「オゴデイ＝ウルスの分立」（『東洋史苑』三九、一九九二年、二〇—四八頁）。

（6） ビチェース・プロジェクトの報告書である森安・オチル編『モンゴル国現存遺蹟・碑文調査研究報告』（一九九九年）には、松井太による「カラコルム関係碑文官職名・人名総合索引」があり、それによって数多くの漢人官僚が存在していたことが一目瞭然である。

（7） 村岡倫「『和林兵馬劉公去思碑』より——元代カラコルム行政の一端」（『九州大学東洋史論集』四三、二〇一五年）一—二一頁。

（8） 宮紀子「大元加封碑——モンゴル王朝と儒教」（『しにか』一二—三「特集：石で読む中国史」、二〇〇一年）七七頁。

（9）一般向けの世界史読本の中には、旧説に回帰しているものもある。たとえば、多くの読者を獲得している山﨑圭一『一度読んだら絶対に忘れない世界史の教科書』（SBクリエイティブ株式会社、二〇一八年）では、すでに教科書が載せなくなった「モンゴル人第一主義」を元の特徴であると説明し、モンゴル人が統治の中心として主要な官職を独占し、次いで「色目人」「漢人」「南人」の順番に格付けをしたという過去の誤った認識をそのまま述べている。「元の滅亡」の要因についても、今や教科書が必ず挙げる世界規模の環境悪化や自然災害、疫病には全く触れていない。「元対明」が「モンゴル対漢民族」であったかのような言説もある。

注で挙げた以外の参考文献

岡本隆司『教養としての中国史の読み方』（PHP研究所、二〇二〇年）
愛宕元・森田憲司編『中国の歴史』下（昭和堂、二〇〇五年）
加藤和秀「チャガタイ・カン国の成立」（『足利惇氏博士喜寿記念オリエント学・インド学論集』一九七八年。のち『ティムール朝成立史の研究』北海道大学図書刊行会、一九九九年に再録）
杉山正明『大モンゴルの世界――陸と海の巨大帝国』（角川選書、一九九二年。のち角川ソフィア文庫、二〇一四年に再版）
杉山正明『モンゴル帝国の興亡』上・下（講談社現代新書、一九九六年）
杉山正明『逆説のユーラシア史』（日本経済新聞社、二〇〇二年。のち『モンゴルが世界史を覆す』、日経ビジネス人文庫、二〇〇六年に改題増補版発刊）
杉山正明『モンゴル帝国と長いその後』（講談社〈興亡の世界史〉、二〇〇八年。のち講談社学術文庫、二〇一六年に再版）
冨谷至・森田憲司編『概説中国史』下（昭和堂、二〇一六年）
舩田善之「元朝治下の色目人について」（『史学雑誌』一〇八―九、一九九九年）四三―六八頁
舩田善之「『色目人』の実像――元の支配政策」（『しにか』一二―一一「特集：モンゴルの衝撃」、二〇〇一年）一六―二一頁
松田孝一・A・オチル編『モンゴル国現存モンゴル帝国・元朝碑文の研究　ビチェース・プロジェクト成果報告書』（大阪国際大学、二〇一三年）
宮紀子『モンゴル時代の出版文化』（名古屋大学出版会、二〇〇六年）
森安孝夫・A・オチル編『モンゴル国現存遺蹟・碑文調査研究報告』（中央ユーラシア学研究会、一九九九年）
村岡倫「モンゴル帝国の真実――現地調査と最新の史料研究から」（天野哲也・臼杵勲・菊池俊彦編『北方世界の交流と変容　中世の北東アジアと日本列島』山川出版社、二〇〇六年）一三四―一五五頁

史料の刊行から見た二十世紀末日本の元朝史研究

森田憲司

もりた・けんじ――奈良大学名誉教授。専門は中国近世社会文化史。主な著書に『概説中国史　上下』（共編、執筆、昭和堂、二〇一六年）、『北京を知るための五二章』（共編、執筆、明石書店、二〇一七年）、雑誌『一三、一四世紀東アジア史料通信』（編集、発行、二〇二〇年現在二五号）、論文については「森田憲司教授略歴および著述目録」（『奈良史学』三四、二〇一七年）がある。

元朝史の史料には、「乾隆の改変」の前と後という問題が付いて回る。ここではテキストの問題を含めて、一九七〇、八〇年代に多くの史料の影印出版がおこなわれた結果、より原形に近い史料が個々の研究者の「手もと」に届くようになっていった状況を、分野別に振り返っている。

一、史料との距離

本書が、「今の元朝史研究」をテーマとするとすれば、ここではその少し前、前世紀の終わりころの話をしたい。史料と我々との関係、どう届き、それがどういう意味を持ってきたかを述べようと思う。まず、宮崎市定《みやざきいちさだ》の二つの言葉からはじめる。

大体書物の利用価値は、自分からの距離の二乗に逆比例すると見てよい。遠方にある本は殆んど無いも同様だという場合も起きてくる。

（「本を語る」『時論』第四巻第一〇号、一九四九年、全集二八巻）

私は三乗の反比例だと記憶違いをしていて、あちこちで卓見であると言ってきたが、今回確かめると二乗だった。それでも、的確な指摘であることに変わりはない。

もう一つの言葉は、

二十四史は商務印書館の百衲本二十四史を最高権威とする。乾隆帝欽定版の系統を引くものは、遼金元三代の外国人名の音訳を勝手に改めた所があるから注意を要する。

（「総論」『中国史学入門上』一九四七年、全集二巻）

こちらは、研究入門などではよく取りあげられる問題である。

この二つをありふれた言葉に言いかえれば、「正しい」本文の追及と影印などによる史料との物理的距離の改善、ということになろう。ちなみに、私がここで言う「距離」とは、

A　日本のどこかにある
B　伝統ある機関になら広くある
C　自分の属する大学や研究室にはある
D　自分の個人研究室もしくは家にある
E　手を伸ばせば届く範囲にある

の各段階をイメージしている。

元朝史史料におけるこの二つの問題が大きく変化した、一九七〇、八〇年代という、二十世紀最後の四半世紀に重点を置いて、それに私の経験を重ね合わせて、具体的に見ていこうと思う。いわば、研究の基盤となる「下部構造」の変化を見てみようという話である。中国史の他の分野でも、差こそあれ、状況は同じなのだろうが、元朝史ではより顕著な問題として、それはあった。もちろん一つには乾隆の改変があるからだが。

一方、そこに重ね合わせたい私の個人的経験の中で、ポイントとなるのは、七六年正月の修士論文提出、そのための七五年夏を中心とした、譜序その他の史料調査であり、八〇年代前半の山東をはじめとする地域の地方志中の元代資料、とくに石刻遺文の調査である。そして、以下の史料出版の状況から見ても、七〇年代後半から八〇年代初頭は一つの区切りであり、たまたま重なり合う。

昔から、資料利用により良い本文が求められたことに変わりはない。よく知られたものに、正史をはじめとする史料善本の使用を褒めた、大谷光照《おおたにこうしょう》の『唐代の仏教儀礼』（一九三七年）への姉崎正治《あねざきまさはる》の序がある。ただし、これには著者である大谷のおかれた特殊事情が背景にあるので、たしかに史料が国内に存在したしても、それにアプローチできる環境かどうかが問題になることは、宮崎の、「遠方にある本は殆んど無いも同様だという場合も起きてくる」とも重なる（まあ、現実には枕元と玄関の本棚との間でも同じように当てはまるのだが）。戦前における史料所蔵の状況は、京都・東京以外の帝国大学の当時の蔵書目録を見れば想像できるレベルであった。

だから、移動の便や複写の便が、六〇～七〇年代で大きく変化したことにも注意しておかねばならない。夜汽車から新幹線へ、カメラからゼロックス、さらにデジタルカメラへ、といった変化は、研究環境はもとより研究の方法、研究者のあり方をも変えた。

史料刊行年表

58	大陸での百衲本縮印本
64	校点本元典章刑部1
65	石刻史料叢書
69	中国地方志総合目録(国立国会図書館参考書誌部)
70	元代珍本文集彙刊(国立中央図書館)
70	日本現存元人文集目録(山根幸夫)
71	四庫珍本　二集
72	遼金元人伝記索引(梅原郁他)
72	元刻元典章影印(線装)
74	宋人伝記資料索引
76	竺沙雅章「中国古文書学の現段階」(『書の日本史』9)
76	中華書局元史標点本
76	元刻元典章影印(洋装)
77	石刻史料新編
78	宋元地方志叢書
79	元人伝記資料索引
80	「元明史料筆記叢刊」再開
82	天一閣明代方志選
83	アジア歴史研究入門1
83	中国史研究入門
83	文淵閣四庫全書影印
85	元人文集珍本叢刊(新文豊)
86	元代資料叢刊(1986の通制条格が一番古い？)
86	「元典章兵部」連載開始
87	森田　1986年の回顧と展望(五代宋元)
87	北京図書館古籍珍本叢刊
88	道家金石略
89	北京図書館蔵中国歴代石刻拓本匯編(—91)
89	北京図書館、人文研の拓影公開
91	黒城出土文書(李逸友)
00	四庫全書デジタル版
01	故宮珍本叢刊
02	続修四庫全書

元朝史料の特殊性をふまえて、もう一度確認しておくと、元朝史料においては、「質」の問題として、四庫系の本（殿《でん》版《ばん》の類もそうだし、その後に刊行の諸版本も）においては、清朝における字句や文字の変改、さらに誤写ということも危惧され、それ以前の諸版本への欲求がどうしても生じる（乾隆以前、明、元と欲求はさかのぼる）。一方で、新史料への欲求もある。こちらはいわば「量」の問題で、ここで対象とする期間は影印の期間でもあり、その点から言えば、多くの書物の目睹を我々に可能にした『四庫全書珍本』の二集（一九七一年）以降が刊行されたありがたさは言うまでもない。たとえば『中国史研究入門』（一九八三年）の五代宋元史料解題では、文集史料の箇所に多く『四庫全書珍本』の存在が注記されており、『日本現存元人文集目録』（山根幸夫《やまねゆきお》、一九七〇年）の段階とは大きく変化している。一方、『遼金元人伝記資料索引』（梅原郁《うめはらかおる》他編、一九七二年）は、東洋学文献センター（当時）に集められた景照本（典籍写真）を利用しながらも、『四庫全

書珍本』の二集以降が利用できなかったことを、あとがきで残念がっている。二集以下の刊行による史料へのアクセスの容易化の拡大とそれ以前との差がそこから見える。

以下、ここではいくつかの分野に分けて、このアクセスの問題を具体的に述べていく。

二、正史

私どもが若いころに容易に近づけた善本影印は、百衲本《ひゃくのうぼん》二十四史をふくめて『四部叢刊《しぶそうかん》』くらいだったかもしれない。私はこう思っていたが、さらにさかのぼれば、百衲本も手に入れがたかっただろう。百衲本について、『中国史研究入門』の「総説」で山根幸夫は、「戦後、台湾ではこれを底本として何度か縮印を繰り返したので、今では百衲本もそれほど高価なものではなくなった」（傍点筆者）と書いている。百衲本は、一九二七から三七年に（元史は三五年？）に線装本が刊行されたが、洋装縮印本は、大陸では五八年に出版され、その後に台湾で何度か出たようだ。ちなみに、『アジア歴史研究入門一』（一九八三年、元は萩原淳平《はぎわらじゅんぺい》担当）は、金史や元史の「語彙集成」が百衲本を使用していることを評価している。

つまり、百衲本が「みんなが手もとで使える本」になっていった時期が、私がここで対象としているより前に存在したということのようだ。思い立って、『小野川文庫漢籍分類目録』（奈良大学図書館編）でチェックした。小野川秀美《おのがわひでみ》は戦前に京大東洋史専攻を卒業し、戦前すでに助手となっており、戦後はずっと人文研在職の後、定年後は奈良大学（一九八〇年没）。この文庫の正史は基本的に局本で、百衲本は大陸の縮印本が一種あるだけであった。こうしてみると、百衲本との距離が個人のレベルになったのも、そんなに古いことではないかもしれない（自分自身で体験していないことなので確かなことは言えないが）。余談だが、『四部叢刊』もそうだが、こうした「ありふれた」叢書類の再版縮印の書誌については、資料が少ない。

正史については、その先に中華書局の校点本の出現があるが、それは『元史』の場合では、一九七六年である。現在に話は飛ぶが、刊行中の新版がさらにあるわけで、そのために頑張っている中国の研究者を見ているだけに、今から期待せざるを得ない。

三、元典章

元代法制の基本史料である『元典章』については、京大人文研の『校定本元典章刑部』の一が出たのは一九六四年で、岩村忍《いわむらしのぶ》の序文によれば、清末に出た沈刻本《しんこくほん》をベースに故宮

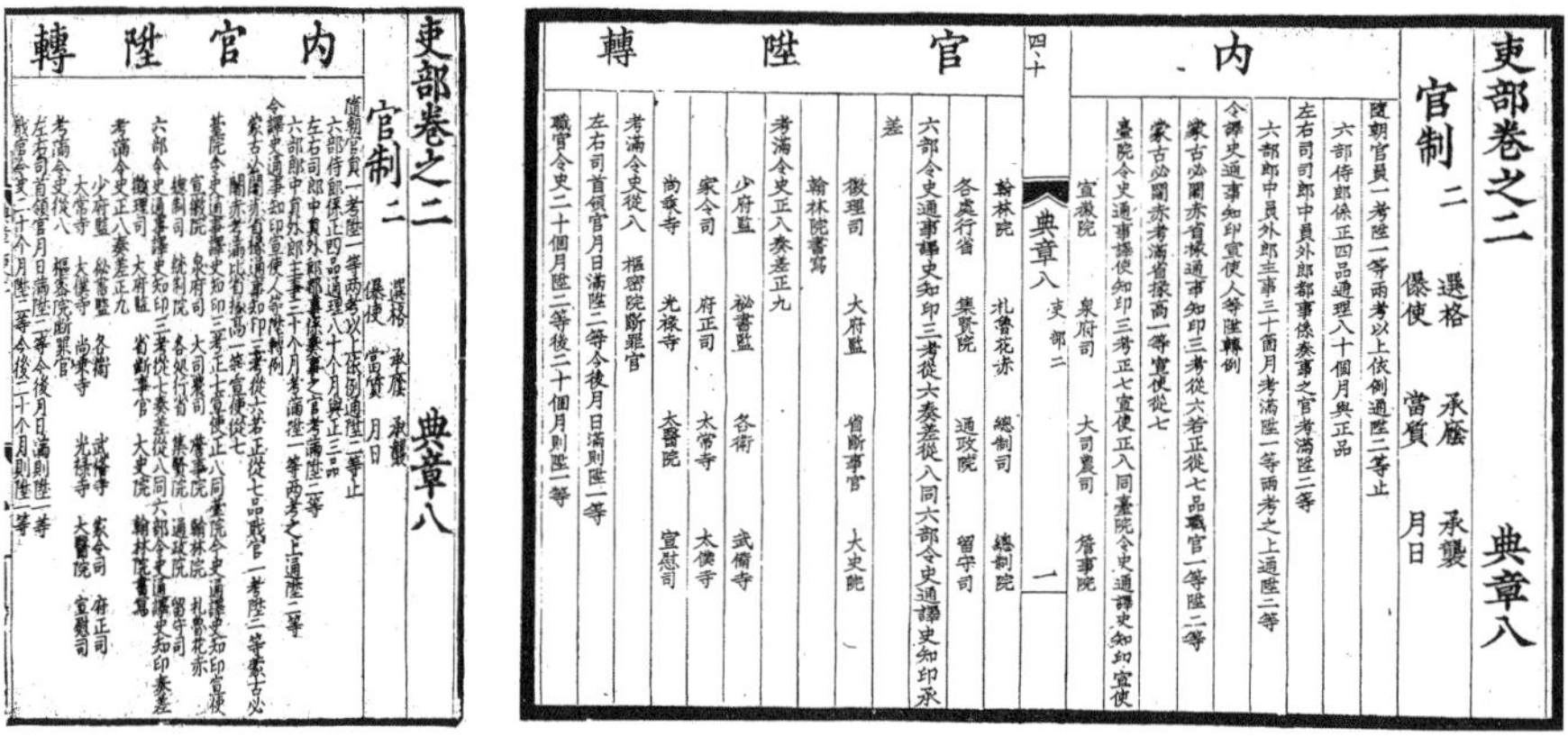

図1　元典章2種。左は故宮蔵元刊本、右は沈刻本

の元刻本の写真などで校訂したという。『元刻元典章』が線装本で影印されたのは一九七二年だが、洋装本の刊行によって、我々が手もとにおけるようになったのが七六年である。これが出るまでは、誰もが、本文に問題が多いとされる沈刻本と陳垣《ちんえん》の『元典章校補』によって研究を進めていたと思う（いずれも文海出版社影印）。元典章が難読であり、「校補」が名著であることに変わりはないが、元刻本が手もとにあることによって、文字の面では扱いやすくなったはずである。ちなみに、品切れになった線装影印本を、今でも探す人がいる。版心、原形など、洋装の際に失われた箇所があるからだろう。文字列だけが史料ではないのである。影印、校点排印、デジタルテキストという史料利用環境の変化（進化ではなく）を考えるとき、この問題は重要だと思うが、ここでは論じない。

話は戻って、東北大学で寺田隆信《てらだたかのぶ》が中心となっておこなわれた『元典章兵部《へいぶ》』の校点では、基本的に人文研の『校定本刑部』の形式に倣うが、元刻が底本で沈刻他で校定したとある。八六年から『東北大学東洋史論集』への連載がはじまっているから（八一年から授業で作業をしたそうだが）、ここに時間の経過（史料出版の進展）が反映している。ちなみに、陳高華他（中華書局、天津古籍出版社）や洪金富（中央研究院歴史語言研究所）による、全冊の点校本がそれぞれ出されたのは、ずっとのち、二〇一〇年代のことである（京大人文研の電子版はもう少し早いと思うが）。

四、石刻書

元代史での活用が目立つものに、石刻資料がある。他の分野の史料に比しても早く出版されたものとして、蔡美彪《さいびひょう》の『元代白話碑集録』（科学出版社、一九五五年）がある。元典章もそうだが、そこには語史的な関心という要素が共通して存在する（古くからの元曲への関心を含めて）。

それは別格として、『石刻史料叢書甲乙編』（藝文印書館、一九六六年）が早く出ていて、基礎的石刻学文献（楊殿珣《ようでんじゅん》『石刻題跋索引』が対象としているようなもの）の多くが影印されていた。多くの研究者や予備軍に石刻学文献利用への道が開かれたと言える。私が修論の時には、石刻についてはほとんどこの叢書のお世話になった。ただし、これは大部の帙入り線装本で、個人で手もとに置けるようなものではない。当時は図書室で自由に使えたが、昨今のように保存が先に立ち、影印本でも線装本のコピーがうるさいご時世ならどうだったか。そして、一九七七年に、「叢書」とかなりの部分で内容が重なる『石刻史料新編（初編）』（新文豊出版）が出て、石刻学書を個人に近づけた（今では、『石刻史料叢書』を使う人はほとんどいまい）。ただし、あくまでも収録されているのは石刻学書である。これで、若手（当時）の研究者の間で石刻の研究への利用が大いに進むが、石刻の世界で史料利用のありようが変わるには、もう十年ほどの時間を要した。

それが、京大人文研や北京図書館（現国家図書館）による拓影のデジタル公開であり、一九八九年からはじまる『北京図書館蔵中国歴代石刻拓本滙《わい》編』（中州古籍出版社）百冊の刊行であった。ここで、一気に拓本という、オリジナルな史料の魅力への道が開かれ、史料を「自分で読む」という当たり前のことがはじまった。それは一方で、引用した文中での録文や加点について、他者から厳しく見られること意味する。上の蔡も次の陳も、書評でその点をつかれている。

その少し前、一九八八年に、陳垣の成果をベースに孫の陳智超らがまとめた、『道家金石略』（文物出版社）が出ている。資料の来源の混在や録文が主体で拓影が少ないなどの問題はあったものの、今から思えば、中国における石刻資料の公開のはしりであった（この本については、森田の書評［奈良史学七」参照）。やがてはじまる『三晋石刻大全』（おそらく、二〇〇八年の洪洞県がいちばん古い）が代表するように、最近では拓影掲載は普通だし、録文のレベルも上がっている。

ところで、本書では、戦前の日本の学者による拓本調査に

ついて、渡辺健哉が書いている（二九八頁）。戦前からの収集の成果の公開という意味で、京大人文研、東洋文庫（ここの

図2　修復なった北京法源寺の元碑3つ（2015年9月筆者撮影）

拓本公開の姿勢には頭が下がる、どれだけお世話になったか、『東洋文庫所蔵中国石刻拓本目録』［東洋文庫、二〇〇二年］あり）、東大東文研、東北大学（『東北大学附属図書館所蔵中国金石文拓本』はあまりに限定された刊行部数だが）などがあるが、まだ公開されずに眠っている機関がいくつもあるだろう。

この原稿では影印出版に重点を置いて書いているが（加点排印本も人の読んだものの後追いであることに違いはないので）、とくに石刻の場合には、古文書の残存が少ない中国では石に刻された文書の類が「準文書」として重視されたこととの関係もあり、字の大小や高さ、行の開け方などにも関心が向くという背景がある。この問題については、竺沙《ちくさ》雅章《まさあき》「中国古文書学の現段階」（『書の日本史』九、一九七六年）が、七〇年代までの状況をよく整理している。元朝にかかわる「原文書」については、竺沙が研究した典籍紙背文書以外では（そう言えば、日本でこれ以後に漢籍紙背文書の研究はあるのだろうか。後補参照）、石刻、壁記、徽州《きしゅう》文書の一部とカラホト（黒水城）出土文書くらいではないだろうか。カラホト文書については、本書に赤木《あかぎ》崇敏《たかとし》「カラホト文書」がある（六八頁）。その画像の公開出版は九〇年代からはじまるが、全貌が見れるようになるのは二十一世紀のことだと思う。

五、地方志

なんといっても、一九七八年の『宋元地方志叢書』（中国地方志研究会、のち大化書局縮印）の出現であろう。そのころ見ることのむつかしかったものも含めて、当時知られていたほとんどの宋元方志（総志の類を除く）が影印され、我々の手もとに届けられた。そこに収録されなかったものや、のちに紹介されたものを対象に補遺や単行、さらには増補されたものの再影印も出ている。これらによって、宋元地方志が利用しやすくなったことの研究への影響は大きい。

地方志は元代に編まれたものだけではない。明清地方志はどうか。当時、国立国会図書館参考書誌部アジア・アフリカ課編『日本主要図書館・研究所所蔵中国地方志総合目録』（国立国会図書館参考書誌部、一九六九年）がバイブルであったが、清代の方志であれば、京大の人文研と東洋史、東洋文庫、東大東文研、国会図書館でかなりの部分の用が足りた。（東大の他の施設が記憶にないのは、以上と重なる資料が多かったからだろう、ちなみに明代方志は東洋学文献センターの景照本に助けられた）。何よりも、台湾の成文出版社と台湾学生書局の影印が六〇年代から出ていた。洋装影印の故に利用の妨げが少ないこともあって（所蔵機関の側からすれば、ばら売り可能にしていたことも助けになったことだろう）、私は大いに助けられた。だからこそ地方志調査の仕事が進んだ。しかし、様本や目録に載せられたその価格は驚くべきもので、物価の上がっているはずの近年に出た鳳凰出版社の地方志集成の比ではない。もちろん、明代地方志については、天一閣蔵本の影印もある（天一閣蔵明代方志選、上海古籍出版社、一九八二年）。地方志については、台湾の（金額はさておき）、そして後には中国の、叢書による出版が、我々を助けてくれたのである。おそらく昔からの研究機関なら、先人たちがさまざまな経費を利用して、写真やマイクロフィルムで収集した地方志（たとえばLC本、もちろん方志だけではないが）が、今でも保存されていることだろう。その労苦は如何ばかりだったかと思う。上に移動の問題や複写の問題を書いたのは、このことを想起してのことである。

六、文集類

山根幸夫他編『日本現存元人文集目録』（山根幸夫、一九七〇年）の薄さからわかるように、まだ『四庫珍本』の初集以外には、若干の叢書類に所収のもの以外、影印はほとんどなかった時期であった。善本を多く集めた国立中央図書館（現国立国家図書館）の『元代珍本文集彙刊』すら、一九七〇年の刊行である。ここでも、『元人文集珍本叢刊』（新文豊出版、一九八五年）の出版が我々を史料に近づけた（ただし、所収文集は、『元代珍本文集彙刊』と異なる）。文集の場合、版本により、内容はもとより、巻数などにも差異があることもあり（虞集《ぐしゅう》、呉澄《ごちょう》などが例）、文字の問題以前に、四庫全書があればそれでいいというものではないから、最近の各種の校定排印本も含め、資料の内容確認が不可欠である。あと、一九九七年から刊行がはじまった『全元文』（江蘇古籍出版社）にふれないといけない。たしかに便利なツールであり、役に立つ本ではあるが、「読む対象」として資料が集められている感じがするので、当たり前のことながら原本への引き戻しが必要であろうし、網羅性の検証もなされねばならぬ（石刻などに関しての利用経験から）。

七、類書の場合、あるいは子部のあれこれ、さらに大型叢書

多くの版本を有する『事林広記』を例にすれば、中華書局の二つの影印本（一九六三、一九九九年）で、至順（台湾故宮）、至正（北京大学）の刊本、さらに和刻本も座右で見ることができるようになった。あるいは、他の刊本をデジタルなどで公開している機関があるやもしれぬ。さらに四庫全書系列の中には、かつては稀覯《きこう》であった元代の類書が各種影印されている。その他の子部書でも同じことが言える（後代のもので有用なものを含め）。こうした資料をも活用しての、文化はもとより政治社会事情にまで及ぶ研究も存在することはご存じのとおり。これは、次の大型叢書の問題ともつながる。

その大型叢書だが、文淵閣《ぶんえんかく》四庫全書の影印が出はじめたのが、一九八七年である。戦前からの学界の念願が実現したとは言えるが、元朝史料としては問題があることはこれまでもふれたとおり。そして、当たり前のことだが、最初は我々の手の出るような値段ではなかった。しかし、その再影印、平装、分売と、向うから我々の手に近づいてくれた。さらに、四庫系列と呼ばれる一連の叢書群がそれに続き、しかもこれらは影印叢書であることがありがたい。とくに『続修四庫全書』（上海古籍出版社、二〇〇二年）は、対象を清末にまで及ぼした最大級の影印叢書であり、四庫全書編纂の段階では、俗書、駄本とされて排除された本が影印されていることも、我々にありがたいことである。それと明清のものが多いが、『北京図書館古籍珍本叢刊』（一九八七年）と『故宮珍本叢刊』（二〇〇一年）の二つの大部叢書の名前も挙げておきたい。その後も、重複資料を多く含みつつも大部の叢書は刊行され続けている。もう一つ、二〇〇〇年以降では、電子版

の問題があるが、ここでは話題の対象としない。

大型といえば、四庫系列の前に、台北の国立中央図書館による善本のマイクロフィルムによる頒布という形式での公開があった（国立中央図書館のマイクロ目録は七八年にはでていたようだが、これが販売目録だったか確認できていない、八四年の目録は「国立中央圖書館出版品国際交換処編輯」だから商品だと思うが）。ただし、どの程度普及し、利用されていたのかは知らない。

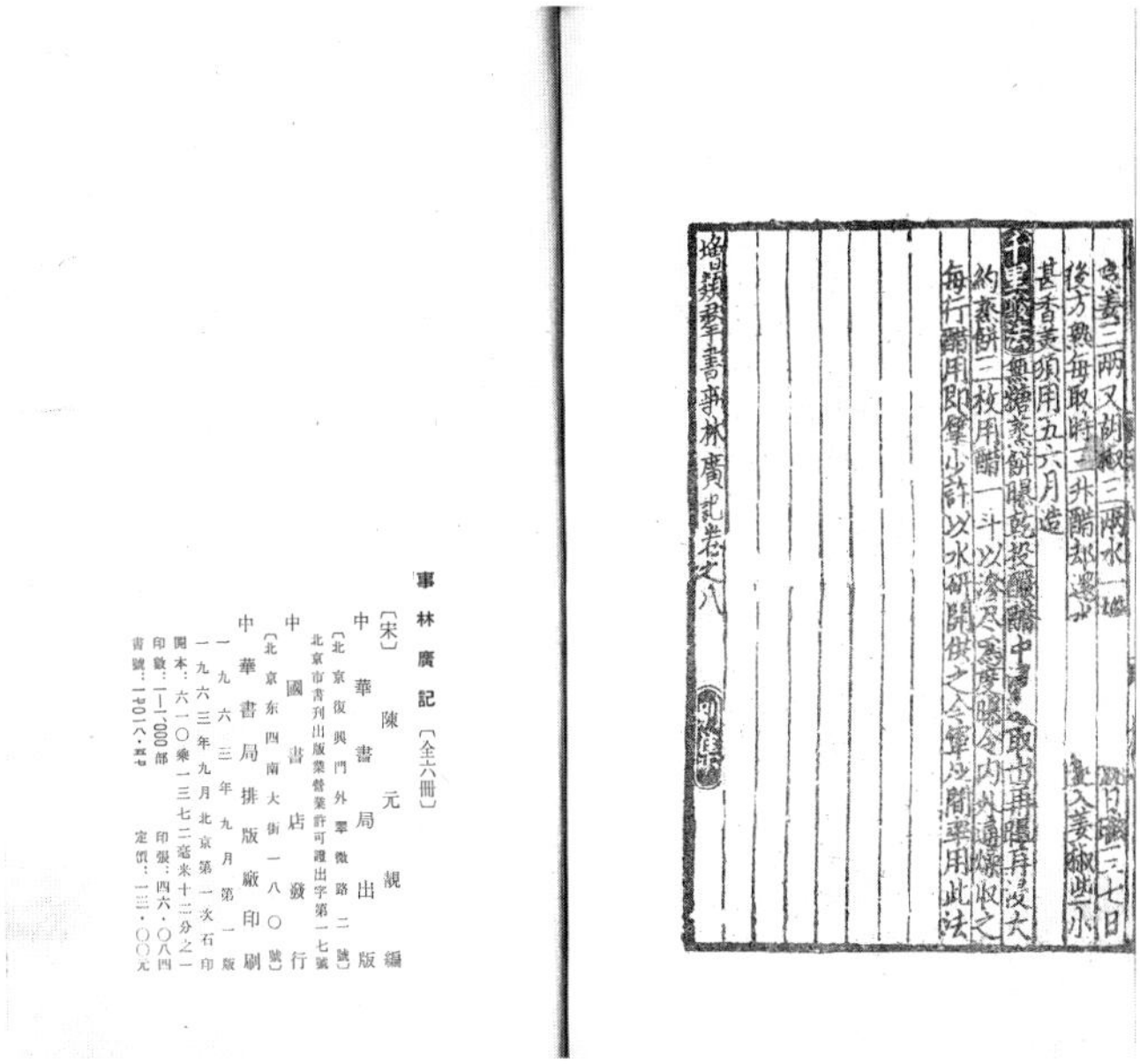

図3　『事林広記』1963年中華書局影印線装本

八、史料刊行の形式

以上は影印資料を中心に見てきた。排印本《はいいん》にも少しは触れておかねばなるまい。同じ排印でも校点本と断句本があり、断句本なら戦前にも『国学基本叢書』、『叢書集成』などがあった。戦前の本の点をただ移しただけのものから、点の種類を使い分け、傍線なども施したもの、校勘を施したものへと、変化していく。また、小型（置き場という現実最大の問題）、単行（個別に安価に買える）というメリットがある。たとえば、『元代資料叢刊』（一九八六年の『通制条格』が一番古い？）は、たしかに多くの研究者に恩恵を与えただろう。ただし、くりかえすが排印、加点ということは、人が一度読んだものを読んでいるのではあるが。ちなみに、五九年に出て休んでいた『元明史料筆記叢刊』が再刊し、多数出はじめるのも、八〇年からのことである。

荒っぽく小結しよう。

一九七〇年代から八〇年代前半　台湾での影印本の時代

八〇年代から九〇年代　中国での大型影印本叢書や、標点本の時代
二十一世紀　さらなる大型化とデジタル化の時代

と言えないか。それぞれに史料利用の可能性が広がってきたのは確かである。

九、研究者の拡大と世代交代

今回この原稿のために、記述が細かい『中国史研究入門』の「（宋遼金元）研究史」（柳田節子執筆）を読み返して思うのは、そこに出てくる元朝研究者の「古さ」である。と言っても研究内容ではなく、メンバーの世代のことである。この本が八三年の発行で、八〇年を挟む時期が世代交代の時期であったことがその主な理由ではあろうし、単純に史料へのアクセス状況にその理由を持っていこうとは思わないが、やはり史料との距離の問題は重なりはしないだろうか。一方、私は、『史学雑誌』の「一九八六年の回顧と展望（五代宋元）」で次のように書いた。この間の変化がでているので、少し長いが、引いておきたい。

> さて、昨年に限らず近来のこの分野で目立つ傾向の一つは、元朝史に関する論考の増加であろう。（中略）しかも、その多くが比較的若手の研究者によるものであり、偶々昨年論文を発表していない方々も含めると、元朝史を研究の対象とする四十代以下の研究者がかなりの数にのぼる事は、一昔前には、元代史の研究者を数えるには片手で充分と言われた事を考えれば、かなり注目していい現象であるように思う。

もちろん、元来は一人一人の関心の問題だし、大学や日本、東アジア世界をめぐるさまざまな情勢がそこには絡んでくるのだろうが、史料へのアプローチ状況の変化が「隆盛」の一つの背景にあるとは考えられないか。

十、そして、今

二〇〇六年の刊行であるから、ここで対象としたい時期とは少しずれるが、私は『中国歴史研究入門』（名古屋大学出版会）で、こう書いている。

> そして、現在進行しつつある中国・台湾での各種の大型叢書の刊行と、文献のデジタル化による史料をめぐる状況の変化は、元朝史研究にも大きな影響を与えている。より多くの文献の利用が可能になったことは言うまでもないが、これまでとは異なる版本が身近になる例も多い。元朝史料に関しては、清朝乾隆年間における文字の改編の問題があるため、このことは切実である。デジタル化

に関しては、『四庫全書』が文字の改変の対象そのものであるように、史料ごとに異なった事情があり、その性格を充分に知らないとプラスにもマイナスにも働きうる面がある。

問題の一つが、ほんとうに史料への距離はなくなったのか、ということである。本文の画像や活字化、さらにデジタル化を経て（台湾の中央研究院の正史デジタルテキストが公開されたとき、どれだけ驚き喜んだか）、検索までが在宅で可能にはなった。しかし、その一方で上にも書いた叢書の大型化、高額化にはとどめがないし、また、二葉一頁が半葉一頁になる傾向がないか。当然カサは高くなり書価は上がる。さらにデジタルデータ利用のための諸経費は、ふたたび距離の問題をおこしてはいないか。距離というよりも貧富の問題というべきか（厄介なことに勤務先全体の公費の中で設備にかかわる基本経費が負担され、個々人への負担のない環境にいる人々には、こうしたことへの実感がないのでは）。このことへの予感はいつかも書いたことがあるが、着実に進んでいる気がする。

研究が、その人の環境や立場（ポスト、出身、現住地、人間関係など）にかかわらずおこなえること、少なくとも史料へのアクセスはそうでなくてはならぬ、というのは、すべてにおいての大前提であるはずだが、そして、七〇、八〇年代の史料刊行の状況と、その後に来た中国旅行の自由化はそれを一部なりとも実現しかけていたはずである（当節の移動をめぐる状況が一時的なものであることを望む）。僭越の言を重ねるなら、私が編輯を担当する雑誌『一三、一四世紀東アジア史料通信』、とくに資料紹介はその気持ちからきている。また、個人的にはデジタル化にそういう夢を見たこともある。そして、そうした環境を作り上げ、維持、利用していくことが、おそらくはさまざまな事情を抱えて、中途で業界から消えていった方々への、我々のできる報謝ではないか。ただ、そこにお金の問題や組織の問題がからみはじめているかもしれない。

じつは、ここに書いたことの先、二十一世紀の問題としては、デジタル化と通信の国際化を含む、人と情報の移動の自由化がある。本書の編集メンバーを見ても、すでにその世代として日々を経過している方々である。私のものを含むのが、これまた僭越ではあるが、それを先見したものとして、次の三つの文章の名前をあげておきたい。ちなみに『しにか』で言う「十年後」から、さらに五年以上が経っている。

杉山正明「史料研究の新時代」

（『歴史と地理』五六四、二〇〇三年）

冨谷至《とみやいたる》「中国学・韓国学の十年後——歴史（中国古代）

バラ色の研究環境」（『月刊しにか』二〇〇四年三月号）

森田憲司「中国学・韓国学の十年後――歴史（中国中世〜近世）デジタル化の彼方にあるものは？」（『月刊しにか』二〇〇四年三月号）

十一、追記

ここでは、影印をめぐる権利関係のことは無視して書いている。上に挙げた出版物の中にも、疑問を有するものもある。一方で、所有は公開、それも不特定多数のアプローチ可能な手段（例えば影印、デジタル化）での、と、併せて考えられるべきものだと私は思う。もう一度、宮崎の、「遠方にある本は殆んど無いも同様だという場合も起きてくる」という言葉をくりかえしておきたい。そして、コロナ対策の名のもとに、問題は現実となっている。

追記　二八六頁に、竺沙雅章以後のわが国での漢籍紙背文書の研究を筆者は知らないと書いた（『宋人佚簡《そうじんいつかん》』関係がありそうにも思うのだが）。ただし、最近では、元代湖州戸籍文書などいくつかの資料公開が中国でおこなわれているので、国内のものをふくめてふたたび盛んになる可能性がある。この問題については、渡辺健哉「工藤報告・飯山報告へのコメント」（『歴史資料と中国華北地域』東洋大学アジア文化研究所、二〇二一年）参照のこと。

附記　本研究は、JSPS科研費19K01040の助成を受けたものです。

◎コラム◎

チンギス・カンは源義経ではない

——同一人物説に立ちはだかる史実の壁

村岡　倫

一、英雄は死なず

「チンギス・カンは源義経《みなもとのよしつね》である」。歴史好きであれば一度は聞いたことのある異説であろう。史実の義経は、兄頼朝《よりとも》の命により平家打倒を果たしたが、その後、追われる身となり、奥州藤原氏のもとに逃げ込んだものの、一一八九年、頼朝の圧力に屈した藤原泰衡《ふじわらのやすひら》によって衣川《ころもがわ》で討たれ、非業の死を遂げている。しかし、実は義経は難を逃れて北海道に渡り、さらには大陸に渡ってモンゴルにまで行き着き、チンギス・カンになったというのである。なぜ、このような異説が語られるようになったのだろうか。

　義経生存のうわさは衣川の合戦直後からあったが、室町時代には、『義経記《ぎけいき》』『弁慶物語《べんけいものがたり》』など軍記物の成立に伴い、義経は英雄としてもてはやされるようになり、『御伽草子《おとぎぞうし》』には、義経が北海道に渡ったという話が載せられた。江戸時代になると、「御曹司島渡《おんぞうししまわたり》」説話は広く流布し、近松門左衛門《ちかまつもんざえもん》も浄瑠璃《じょうるり》の題材にしたほどであった。それだけでなく、林羅山《はやしらざん》・鵞峰《がほう》父子、新井白石《あらいはくせき》など当代きっての学者が自著でその説を取り上げ、水戸黄門《みとこうもん》の呼び名で知られる徳川光圀《とくがわみつくに》も、自ら編纂した『大日本史』に記し、果ては、義経は大陸に渡った後、金王朝の将軍になったという偽書を作る者まで現れた。義経生存説は、江戸時代を通じて多くの人々によって議論され、賛否両論、大いに盛り上がりを見せたのである。

二、チンギス・カン義経同一人物説の展開

　しかし、ここまでは、義経がチンギス・カンになったという説はまだ見られない。この説の初出は、意外にも、一八二三年に来日したドイツ人医師シーボルトの著作であった。彼は、帰国後、本格的な日本研究である『日本』を著し、そ

の中で、オランダ語の通訳を務めた友人の吉雄《よしお》忠次郎《ちゅうじろう》が語ってくれた話として、チンギス・カン義経同一人物説を肯定的に記している。(1)

明治維新後、外交官としてロンドンに赴任し、ケンブリッジ大学で学んだ末松《すえまつ》謙澄《けんちょう》は、これを読んで感銘を受け、一八七九年、卒業論文として「大征服者チンギス・カンは日本の英雄義経と同一人物なること」を英語で著した。末松の論文は作家の内田弥八《うちだやはち》の目にとまり、一八八五年、それを翻訳した『義経再興記』を出版したところ、ベストセラーとなった。義経伝説は、まず不死説から始まり、次に北海道渡航説、さらに大陸渡航説に発展し、そして、ついにチンギス・カンになったという説が誕生したのである。

一九二四年、小谷部全一郎《おやべぜんいちろう》が『成吉思汗《チンギスカン》ハ源義経也』を出版し、(2)同一人物説は新たな展開を見せることになった。義経がモンゴルまで渡ったとされる経路の現地調査も踏まえた主張は大きな反響を呼んだ。これに対して雑誌『中央史壇』は、一九二五年に「成吉思汗は源義経にあらず」と題する臨時増刊号を組み、各分野の当時第一級の研究者たちが大々的に反論を行なっている。(3)その後も両者の論戦は続いた。まさしく江戸時代の大論争の再燃であった。

内田弥八や小谷部の著作がもてはやされたのは、それぞれ日清戦争直前、第一次世界大戦直後という、日本の大陸進出が背景にあったという考え方もあるが、その後、何と言っても、この説を今に至るまで定着させた最大の功績者は、推理作家の高木彬光《たかぎあきみつ》であろう。一九五八年に刊行された『成吉思汗の秘密』は大人気を博し、(4)多くの読者を獲得している。その後も実に多くの同一人物説を語る書が刊行された。出版社にとって、ある程度の売り上げが見込めるテーマであったと言える。

三、チンギス・カンの前半生は不詳なのか？

そもそも、同一人物説が成り立つためには、チンギス・カンの前半生が不明であることが前提となる。かつて、モンゴル帝国史研究の第一人者、杉山正明は「チンギス・カンとモンゴルは、十三世紀のはじめ、とつぜん、うすぐらい歴史の朝もやのなかから、すがたをあらわしたのである」と述べたことがあった。(5)同一人物説論者の中には、これを、モンゴル帝国史研究の権威ある先生が、チンギス・カンの前半生は不詳だと言っていると理解する人がいるが、全くの曲解である。杉山は、各史料の記述が一致しておらず、何が真実で何が虚構なのか見極め難いと言っているのであって、決して、チンギス・カンがモンゴル高原に降って湧いたように姿を現したと言っているわけではない。

確かに、これまで多くの研究者や作家

が、チンギス・カン前半生の叙述のために依拠してきた『元朝秘史』の史料的価値は、古くから疑問が持たれていた。しかし、近年、『秘史』とペルシア語史料の『集史』、あるいは漢文史料の『元史』『聖武親征録《せいぶしんせいろく》』との比較検討によって、チンギス・カンの前半生が明確になりつつある。宇野伸浩《うののぶひろ》は、前半生のトピックをいくつか取り上げ、『秘史』や『集史』の中に潜む史実を浮かび上がらせている。(6)

例えば、モンゴル高原を統一したチンギス・カンが、一二〇六年に即位したことは周知の通りであるが、『秘史』では、それより前、いわゆる「十三翼の戦い」の直前に即位しており、これは第一次即位であって、一二〇六年に第二次即位があったのだとしている。第一次即位については『秘史』にしか見えず、従来は誤りとされてきた。これに対して、宇野は、『集史』『元史』『聖武親征録』から、彼がモンゴル部キャト氏の内部でカンに選出されたのは史実であることを明らかにした。直後、モンゴル部の覇権をかけて、宿敵ジャムカとの間に「十三翼の戦い」が起こる。

「十三翼の戦い」は一一八九年頃であったという。(7)つまり、衣川の合戦とまさしく同じ頃に第一次即位があったことになる。同一人物説では、義経は一一八九年に衣川から脱出し、チンギス・カンが世に出る一一九三、四年頃までの間にモンゴルに渡り、力を付け、草原の一大勢力として頭角を現せばよかったのだが、そうはいかなくなった。チンギス・カンの前半生は不詳ではないのだ。

四、家族という史実

とは言え、この史実との齟齬《そご》については、何かとこじつければ説明は可能だろう。しかし、それ以上に、同一人物説に立ちはだかる史実の壁がある。それは家族である。実はすでに、前述の「成吉思汗は源義経にあらず」の中で、中島利一《なかしまりいち》郎《ろう》、坂本蠡舟《さかもとれいしゅう》の両氏が、チンギス・カンの三男オゴデイが一一八六年の生まれであることから、義経は奥州にたどり着く以前に、すでに三人の男子の親になっていたことになるが、そのような事実がない以上、二人は別人であると断じていた。これは何よりも重要な指摘であった。しかし、小谷部や高木をはじめ、その後の同一人物説論者たちも、そのような指摘を知ってか知らずか、誰もそれに答えてくれない。

中島、坂本は子供のことだけを言っているが、実はそれだけに止まらない。チンギス・カンには、早くに父を亡くした彼を支えた母、妻、弟たちがいた。ちなみに、彼は父イェスゲイの長男である。一方、義経は九郎と呼ばれ、父義朝の末子であり、弟は一人もいない。

チンギス・カンの生年には諸説があり、最も有力なのは一一六二年であるが、ここではあえて義経の生年、一一五九年としておこう。前述の第二次即位の一二〇六年、彼は満四十七歳であったことになる。弟たちは、次弟ジョチ・カサルが二歳年下だったと言われるので、その時四十五歳、三弟カチウンはすでに他界していたが、末弟テムゲ・オッチギンは六歳年下で四十一歳、カサルと同年の異母弟ベルグテイも四十五歳。息子たちは、生年が明確な三男オゴデイは二十歳、その上に長男ジョチ、次男チャガタイがあり、末子トルイは十四歳ぐらいであり、母ホエルンや妻ボルテも健在であった。これは動かすことのできない史実である。

　彼らの年齢を衣川の合戦の一一八九年にさかのぼらせてみよう。チンギス・カンは満三十歳、ジョチ・カサルとベルグテイが二十八歳、カチウンもこの時は存命で二十六歳、オッチギンが二十四歳である。子供たちは、オゴデイが三歳、その上にジョチとチャガタイがいるので、前述の中島、坂本がすでに指摘しているように、この三人がすでに日本で生まれていたことになる。もちろん、彼らを生んだボルテも、母ホエルンもいる。平泉で死ななかった義経は、どこでどうやってこれらの家族を得たというのだろうか。高木彬光は、「成吉思汗」という漢字音写には、義経が日本に残した愛妾、静御《しずかご》前《ぜん》への想いが表れていると言う。静御前がボルテになったわけではないようだ。

五、史実と歴史ロマンの間

　ところが最近、瀬下猛《せしもたけし》によるチンギス・カン義経同一人物説をもとにした漫画『ハーン――草と鉄と羊』が描かれ、同一人物説としては、初めて、真っ向から彼を取り巻く家族を取り上げている。[8]単身、大陸に渡った義経は、しばらくの流浪を経て、モンゴル高原でキャト氏のホエルン家に転がり込む。主人イェスゲイはすでになく、長子はカサル。義経はキャト氏を立て直し、首長となる。その意味では、母や弟たちが降って湧いた。

　しかし、妻子はそういうわけにいかず、義経はモンゴルに来てからボルテを娶るので、史実では十代で結婚する二人だが、漫画では三十代のことになっている。もちろん、長子ジョチはその後に生まれる。しばらくすると、前述の「十三翼の戦い」が起こるが、これも、一一八九年よりもっと後の出来事とせざるを得なかった。

　この戦いはキャト氏の軍が十三の部に分かれていたことからそう呼ばれている。その第二翼は、チンギス・カンの諸子、僚友たち、諸将およびその子どもたちで構成されていた。「チンギス・カンの諸子」というのは、史実ではすでに三人の子がいたからであるが、もちろん実戦ができる年齢ではないので、属僚たちがそれを支えた。モンゴル帝国史研究の先駆者として知られる本田実信《ほんだみのぶ》は、この第二翼こそがモンゴルの国家機構の原型であると指摘しており、[9]後のモンゴル帝国につながる重要な部隊であった。しかし、瀬下の漫画では、生まれたばかりのジョチしかいないので、「諸子」の軍とはならない。瀬下自身が同一人物説を信じているのかどうかはわからない。漫画の最大の目的は、あくまでエンターテイメントとして読者に楽しんでもらうことだったはずである。それは十分に達成されており、私はたいへんおもしろく読ませてもらった。

　チンギス・カン義経同一人物説を、歴史ロマンとして暖かい目で見ようという人もいる。多くの人がモンゴル帝国史に関心を寄せるきっかけとなるなら、我々研究者にとっても嬉しいことであり、私も否定はしない。義経はどうやってチンギス・カンの家族構成を作り上げていったのか、家族という史実の壁をどう乗り越えるか、今後、新たに同一人物説を著述する人たちへ、私からの宿題にしておきたい。

注

（1）中井晶夫訳、シーボルト著『日本』第一巻（雄松堂書店、一九七七年）、二八七―二八九頁。

（2）小谷部全一郎『成吉思汗ハ源義経也』（冨山房、一九二四年）。

（3）国史講習会編『成吉思汗非源義経』（雄山閣、一九二五年）。

（4）高木彬光『成吉思汗の秘密』（光文社、一九五八年）。

（5）杉山正明『大モンゴルの世界――陸と海の巨大帝国』（角川ソフィア文庫、二〇一四年）、七八頁（角川選書、一九九二年の再版）。

（6）宇野伸浩「チンギス・カン前半生研究のための『元朝秘史』と『集史』の比較考察」（『人間環境学研究』七、二〇〇九年）、五七―七四頁。

（7）『蒙古源流』による。マルコ・ポーロ『東方見聞録』では一一八七年（例えば、愛宕松男訳注『東方見聞録』一、平凡社〈東洋文庫〉、一九七〇年、一四〇頁、高田英樹『マルコ・ポーロ　ルスティケッロ・ダ・ピーサ　世界の記「東方見聞録」対校訳』名古屋大学出版会、二〇一三年、一三五頁）。

（8）瀬下猛『ハーン――草と鉄と羊』全十二巻（講談社、二〇一八年～二〇二〇年）。

（9）本田実信「チンギス・ハンの十三翼」（『モンゴル時代史研究』、東京大学出版会、一九九一年）一―一六頁（原載は『東方学』四、一九五二年）。

◎コラム◎

モンゴル時代の石碑を探して
――桑原隲蔵と常盤大定の調査記録から

渡辺健哉

はじめに

まずはじめに、私的な追懐から始めることをお許しいただきたい。

日本におけるモンゴル時代史研究の展開を概観していくなかで、杉山正明の存在感はひときわ光彩を放っている。氏によって著された啓蒙書は、ときに挑発的な、ときにシニカルなその独特な語り口ともあいまって、多くの読者を魅了し、モンゴル時代に対する日本人のイメージを一変させた（そのいくつかは海外で翻訳・出版されている）。そうした数ある啓蒙書のなかでも、筆者にとってとりわけ印象に残っているのが、北川誠一との共著『世界の歴史〈九〉大モンゴルの時代』（中央公論社、一九九七年）である。これまでの自らの研究を踏まえ、モンゴル帝国史の印象を大きく塗り替えた論旨に格段大きな差異があるわけではない。しかしながら、この書の魅力は、なんといっても、ふんだんに用いられているカラーの画像である（この点で、のちに文庫化され、さらに江湖に受け入れられることにはなったものの、小型化・モノクロ化したことでその魅力が半減してしまったのは、とても残念）。色鮮やかな写真とそこに添えられた文章は、修士課程にあがったばかりの筆者に強い印象を与えた。

この著書で、杉山は三人の日本人東洋学者――宮崎市定《みやざきいちさだ》、桑原隲蔵《くわばらじつぞう》、常盤《ときわ》大《だい》定《じょう》――を取り上げている。彼らが日本を代表する東洋史学者・仏教史学者であることは知られていても、専門家でなければ、彼らとモンゴル時代史研究とがただちには結びつかないかもしれない。しかし、宮崎市定の学界デビュー論文「鄂《がく》州《しゅう》の役前後」（一九三〇）は宋元交替における重要な局面を活写した論文であり[1]、そもそも京都帝国大学に提出した卒業論文では南宋最末期の宰相である賈似道《かじどう》を取り上げていた。

一方で、桑原隲蔵は『蒲寿庚《ほじゅこう》の事蹟』（一九二三）(2)、常盤大定は中国仏教史の研究でそれぞれ知られるが、杉山著書のなかで彼らは現地に赴き石刻資料の調査を行った最初期の研究者として特筆されている。

　現在、研究者が海外調査を行うことは、時間や資金の問題さえクリアできれば、それほど難しいものではなくなった（この原稿を書いている二〇二〇年秋、さまざまな意味でその状況は一変してしまったが）。しかし明治・大正時代の海外調査は、現在とは全く比較にならない「大冒険」であった。まずそもそも現地情報のアクセスが容易なものではない。そのうえ、通信や交通も未発達とあっては、周囲には常に危険がつきまとっていた。のちに紹介する桑原の「東蒙古紀行」によれば、モンゴル高原を進むときは天候の急変にも対応しなければならなかった（モンゴル高原の天候の左右は生死にかかわる）。大げさではなく、「決死の覚悟」が必要だったのである。実際、常盤は調査中に行方不明となり、留守宅を預かる夫人千代《ちよ》の談話が『東京朝日新聞』に掲載されてまでいる。

　しかしこのような環境であっても、学問的情熱・知的探求心――いささかうがった見方をすれば、この調査をもとに次のステップに進むための目論見――が、困難な調査を決意させた。

　このコラムでは、桑原と常盤の調査の概要と彼らの行ったモンゴル時代の碑刻調査について紹介したい。

　はじめに二人の生涯を簡単に整理しておく。

　桑原は、一八七一年十二月、越前国（現：福井県敦賀市）に生まれた。帝国大学文科大学（現：東京大学文学部）漢学科を一八九六年七月に卒業し、大学院に進み、一八九八年八月に第三高等学校に教授として着任する。そののち、高等師範学校を経て、一九〇九年四月に京都帝国大学文科大学（現：京都大学文学部）の教授に就任する。一九三〇年に退官し、翌年五月に逝去。

　常盤は、一八七〇年四月、磐城国（現宮城県伊具郡《いぐぐん》丸森町）に生まれた。帝国大学文科大学哲学科を一八九八年七月に卒業し、大学院に進み、そののち様々な大学の講師を経て、一九〇七年七月に東京帝大の講師に就任する。一九三一年に退官し、一九四五年五月に逝去。

　とても似通った同世代の二人の経歴は、その歩みが近代日本における学歴エリートの典型例であったことを示している(3)。

一、桑原隲蔵

　創設直前の京都帝国文科大学の要員であった桑原は自ら見識を深めるべく、清朝末期の中国大陸に留学し、その間にしばしば調査旅行に赴いた。旅程は**表1**の通りである。

　これらの記録は『歴史地理』等に分載されたのち、桑原の死後に門下生の森鹿三の手で整理され、『考史遊記』（弘文堂

表1　桑原隲蔵の旅程

1907年9/3～10/28	北京～洛陽～西安	「長安の旅」
1908年4/22～6/4	山東省から河南省	「山東河南遊記」
1908年7/16～8/28	モンゴル東部	「東蒙古紀行」
1909年2月末か3月初頭～4月中旬	上海、南京、杭州	

書房、一九四二年）として公刊された。のちに礪波護の解説を附して、文庫化されている（岩波文庫、二〇〇一年）。

『考史遊記』からは、記録に徹する桑原の几帳面な性格が窺える。「長安の旅」に同行した宇野《うの》哲人《てつと》の『支那文明記』（大同館、一九一二年）と併読すれば、その点がより一層際立つ。やはりこの書も、子息精一の解説を付して『清国文明記』と改題のうえ、文庫化されている（講談社学術文庫、二〇〇六年）。一例として、洛陽訪問時の二人の記述を比較してみよう。

一九〇七年九月七日、彼らは洛陽市内の各所を訪問する。『考史遊記』はその日に訪問した場所を淡々と記す。これに対して『清国文明記』は以下のようなエピソードを紹介する。二人は偶然会った青年から日本製の発電機の組み立てを依頼される。ところが、理科系に通じない二人は、四苦八苦して半分までしか組み立てられなかったにもかかわらず、そのお礼に食事をふるまわれたという。同日の記録であるにもかかわらず、桑原はこの点には一切触れない。桑原は訪問地の石碑の題名まで細かく記録するのに対し、宇野は折々の感慨も交えつつ旅程をユーモアを交えながら描写する。二書を読み比べることで、この旅行の実情が立体的に復元できる。

『考史遊記』には元代の碑刻に関する記録がいくつか見出される。とくに山東ではそうした石碑を数多く実見しており、たとえば、一九〇八年五月十三日条では、曲阜のいわゆる「加封孔子廟碑」（大徳十一年［一三〇七］）を紹介する。

『考史遊記』所収の「東蒙古紀行」では、応昌と上都の訪問記録が描かれる。応昌は元の順帝が大都を放棄して、上都の次に滞在した場所である。ここでは、二つに折れて草原に横たわる「応昌路新建儒学記」を実見している。また上都では城壁を踏査し、石碑の断片を発見している（上都については、本書四七頁を参照）。

二、常盤大定

東京帝国大学の講師であった常盤は、仏教史蹟を探して、調査に赴く。旅程は**表2**の通りである。

第三回と第四回のあいだの空白は、関

東大震災の影響であり、その際それまでの調査記録が失われたため、常盤は関野《せきの》貞《ただし》とともに調査記録を整理して公開することを決心したと筆者は推測した（注3拙稿）。常盤は関野貞との共著として『支那仏教史蹟』（一）～（六）を刊行しつつ、旅行記は、『支那仏蹟踏査――古賢の跡へ』（金尾文淵堂、一九二一年）、同『支那仏教史蹟』（金尾文淵堂、一九二三年）、及び『支那仏教史蹟記念集』（仏教史蹟研究会、一九三一年）が出版され、最終的には、『支那仏教史蹟踏査記』（龍吟社、一九三八年）としてまとめられた。

表2　常盤大定の旅程

1920年9/24～1921年1/5	北京、大同雲崗石仏寺、天龍山石窟など
1921年9/14～1922年2/19	開封相国寺、洛陽龍門、嵩山少林寺など
1922年9月29日～12月19日	普陀山、南京、漢口、南響堂山など
1924年10/8～11/6	黄石崖、大佛寺、普照寺、雲門山など
1928年12/14～1929年1/30	光孝寺、韓文公祠、廈門、南普陀寺など

　常盤の調査は仏教遺跡の訪問が主目的であるため、北朝や唐代の石碑、そして寺院跡に関する記述が多いが、モンゴル時代の石碑の重要性にも注意を払っている。

　常盤の数ある発見のなかでも中国仏教の研究史上で特筆すべきは、杉山の前掲著書でも紹介されているように、浄土宗の重要人物である曇鸞《どんらん》の修行した石壁山玄中寺の訪問である。一九二〇年十月二十七日、常盤は玄中寺に到着した。寺中で一晩過ごした常盤は、夜明けとともに調査を開始し、午後二時まで採拓などを行う。まず曇鸞がこの寺院を開基した由緒が記してある石碑を見て、「これだこれだと素人の拓を始め」た。

寺には大小三十の石碑がある。以てその由緒の歴々たるを知るべきである。然し金代以前のものはない。元代中にて珍らしきは、蒙古文字を表にし、裏に成吉思皇帝の名の見えるものと、前掲の中庭石碑（至元二十一年の宣慰謝公述修考妣功徳記を指す‥筆者注）である（『支那仏教史蹟踏査記』七一頁）。

　のちに常盤が集めた拓本は東北大学附属図書館に収められた。この「蒙古文字を表にし、裏に成吉思皇帝の名」が記された石碑の拓本は、同大学にいた愛宕松《おたぎまつ》男《お》の目に留まり、その研究成果は「元朝における仏寺道観の税糧優免について」（一九六一）に結実する。[4]

　なお、常盤が調査で利用したと思しき書籍の一部は東北福祉大学の附属図書館に収められている。[5]たとえば、少林寺のあった嵩山に関する、清代の景日昣撰・馮嗣京等校『説嵩』（嶽生堂 康熙六十年［一七二一］刊本）には、朱筆によるおびただしい傍線や書き込みが散見され、常盤の利用した痕跡がうかがえる。

三、彼らの記録

二人の年月まで丁寧に記してある旅行記を読み込んでいくことで、様々なことが明らかになる。まず、石碑についてみれば、その当時の立碑場所や状態が分かる。さらに、交通手段や移動にかかった時間などを分析することにより、清末から民国初期の交通事情を解明する手掛かりになる。二人の旅行記は、いまとなっては重要な「歴史史料」なのである。

かれらの書物に引用されている写真についても言及しておこう。いま我々はポケットから携帯電話を取り出して、手軽にかつ枚数を気にせず写真撮影が行える。しかし、彼らの時代はそうした時代ではなかった。当時のカメラはガラス乾板を使用した。カメラが大型であるのに加え、ガラス乾板が重く割れ易いものであったため、持ち運びに苦労した。カメラを構えても撮影までは時間をおかなければならない。充分な光量を得るには日の出とともに活動を開始しないと効率は悪くなる。そしてなんといっても、もう二度と訪れることができないかもしれない、つまりやり直しがきかない、という緊張感の下で撮影された。撮影を当人が行ったか否かは別として、何気なく見ている写真一枚には、桑原や常盤のその時々の緊張感が込められている。

おわりに

現今の情勢下では中国大陸はおろか、そもそも海外に赴くことさえ躊躇せざるを得なくなってしまった。しかし次に中国を訪問する機会があれば、桑原や常盤の旅行記を片手に、過去に思いをはせつつ、現地を歩き回ってみるのは、いかがであろうか。

注

（1）『宮崎市定全集（一一）宋元』（岩波書店、一九九一年所収）を参照。

（2）『桑原隲蔵全集（五）』（岩波書店、一九六八年所収）を参照。

（3）二人に関する研究としては、以下の二論文を挙げるに止めておく。吉澤誠一郎「東洋史学の形成と中国——桑原隲蔵の場合」（『岩波講座「帝国」日本の学知（三）東洋学の磁場』岩波書店、二〇〇六年）、拙稿「常盤大定の中国調査」（『東洋文化研究』一八、二〇一六年）を参照。

（4）『愛宕松男東洋史学論集（四）元朝史』（三一書房、一九八八年所収）を参照。

（5）『東北福祉大学図書館所蔵和漢書目録』（同館、二〇〇八年）の備考欄に「道仁寺什器」と附記されているのが、常盤旧蔵本である。道仁寺は常盤の自坊。なお同図書館には、常盤に寄贈された抜刷や書籍も収められている。

謝辞　本稿は、JSPS科研費（JP19K01040、JP20H01323）の助成を受けたものである。

◎コラム◎

『混一疆理歴代国都之図』の再発見

渡邊　久

わたなべ・ひさし――龍谷大学文学部教授。専門は中国近世史。主な論文に「靖康の変前後の折彦質」（『龍谷大学論集』四二七、二〇〇八年）、「龍谷図の彩色地名・歴代帝王国都および跋文」（『最古の世界地図を読む』法蔵館、二〇二〇年）などがある。

一、筆写複製図から　デジタル複製図へ

現存する最古の世界地図の一つに、京都の龍谷大学に所蔵されている『混一《こんいつ》疆理歴代国都之図《きょうりれきだいこくとのず》』（以下「混一図」と略称する）がある。もちろん実地測量にもとづく現代的な地図ではない。中国と朝鮮半島を大きく誇張して描き、それにユーラシア大陸やアフリカ大陸をくわえた、いわゆる絵地図であり、かつ時間的・地理的な世界像をあらわした歴史地図の性格をもあわせもつものである。そのため仏教の宇宙観をあらわす須弥山図《しゅみせんず》や、天体をあらわす天文図とたびたび比較検討される。また混一図には日本列島が九州を上に倒立して描かれていることから、邪馬台国の所在地をめぐる論争に関連する資料として話題になった。

混一図の研究はおよそ一〇〇年あまり前にはじまった。一九〇八年にはヘディン（一八六五～一九五二）の京都滞在中に展観され、あわせて筆写複製されたという。またほぼ同時期に、小川琢治《おがわたくじ》（一八七〇～一九四一）が「中国地図学の発達」についての講演やその後にまとめた著作において、製図由来を記した跋文《ばつぶん》、および図の概要と意義を指摘した。青山定雄（一九〇三～一九八三）も、その図から判読できる内容について考察を加えた。しかしその後は、地図本体の劣化が著しいことから、研究の深化は大きく制約された。

その間、収蔵された龍谷大学図書館でも、地図の伝来を十分には解明できずに、試行錯誤した。たとえば、同館に伝承される『寫字臺文庫目録《しゃじだいぶんこもくろく》』という写本の一つに「歴代帝京幷僭偽図《れきだいていけいならびにせんぎず》」とあることから、それが混一図をさすかもしれないと関係者の心を弾ませたが、すぐに江戸時代に流行した「歴代帝系幷僭偽図」の誤りであることがわかった。

その後、東洋地理学の面からのアプローチも試みられた。またその図にモンゴル帝国時代の性格が濃厚である点に注目し、ユーラシア史という大きな視点から、地図の作られた時代背景および歴史的意義が深く掘り下げて研究された。

一九八五年には、地図本体に大がかりな修理がほどこされ、表装・裏打ち、軸木なども更新した。とはいえ原図における判読不可能の地名はあまりにも多く、研究には引き続き筆写複製図の地名表記を参照しつつ分析を加える方法をとらざるをえなかった。そのため、混一図そのものの伝来をはじめとする、この地図の謎の多くが依然として残されたままであった。

近年ようやく、デジタル保存・修復の研究が進歩し、超高細密画像デジタルデータによる、新たな複製図が作られた。その結果、混一図は作製時の原型にほぼ復元され、図中の表記も格段に鮮明となり、その彩色地名をはじめとする全貌が判明した。それまで踏襲されてきた地図のサイズもより精確となり、タテ一三八七ミリ×ヨコ一六二五ミリと改められた。ついにこの図は新しい研究資料として再登場したのである。

二、混一図作製のなぞ

混一図の下部には、朝鮮王朝初期の朱子学者である権近《ごんきん》（一三五二～一四〇九）による跋文があり、この図の由来を記している。それによれば、作製者は、同じ時代の人物、金士衡、李茂および李薈《りわい》とある。彼らは、イスラーム系の地理情報により元朝末期に中国で作製された李《り》沢民《たくみん》の『声教広被図《せいきょうこうひず》』という世界図と、元末明初の僧清濬《せいしゅん》（一三二八～一三九二）による『混一疆理図』を合成し、それに朝鮮半島と日本列島を新たに書き直して作ったと述べている。

そもそも清濬と李沢民の地図を合成することは、同時代に中国でも別の人物によってすでに行われていたという。それまでは、東アジアから世界を考えるとき、天竺図に代表される仏教系の世界図が重視されていた。しかしこの時期までに、モンゴル帝国が成立したことにより、ユーラシア大陸の東西を陸・海において結ぶ交流が空前の活況を呈す。その進展にともなって、イスラーム系の新知識や西方世界の地理情報が東方へもたらされた。そのため、それまで優位を占めていた仏教的世界観に動揺が起こり、あらためてイスラーム系地理情報を踏まえた上での新しい説明が仏教系地図にも求められた。そこに仏僧である清濬の地図が主たる原材料の一つに採用された理由があったのだろう。

そのため混一図には、仏教系世界図の残影が各所に今も見える。たとえば図の上部には、歴代の中国王朝の首都についての記述があり、それは元朝の都である「大都（現在の北京）」からはじまる。その注釈部分では、仏図澄《ぶっとちょう》（二三二～三四九）を信奉したことで知られる後趙の石勒《せきろく》（二四七～三三三）、さらにここに都をおいた前燕の慕容儁《ぼようしゅん》（三一九～三六〇）に言及している。それにつづく部分にも、四世紀にはじまる五胡十六国から、六世紀にいたる北魏まで数百年の分裂時代に興亡した国々の首都について記す。そこには「僭偽」とされる、必ずしも正統な王朝とは言い難いものも多く含まれているにもかかわらず、あえて注釈を加え、図の上部に列記している。その理由の一つは、それらの王朝の多くが仏教を尊崇していたからにほかならない。つまりそこに仏教系地図の痕跡を見ることができる。

また、混一図で南を上に日本を描くのに材料とされたのは、いわゆる「行基式《ぎょうき》日本図」であった。その種の日本図は仏教的要素に関連して作られていることから、おそらくは行基（六六八～七四九）の名を冠したと考えられている。とすると、混一図に南を上にして日本を描いたのも、そうした日本図の持つ仏教意識を尊重し、承け継いでいるからとも言える。

三、地図改定の謎と海の道

最初の混一図は、一四〇二年に朝鮮（李朝）で作製されたが、すでに今は失われ、現在のものは一四八〇年代の改定版であろうとされている。混一図には、このほかにも、それより時期的には遅れて成立したとされる本光寺の混一図や、天理大学蔵『大明国図』などをはじめとして、歴史的にも相互に深い関連をもつと考えられる世界図が現存することは、よく知られている。つまり混一図は、原図が成立した後もくりかえし改定され、また派生図が生み出されていたことになる。

その理由の一つに、混一図のもとになった二つの図がつくられた元朝時代から、混一図の作製された十五世紀以降における、アジア海域の歴史的状況が深く関係していたことが指摘されている。この時期の東西交流は、明の永楽帝によって派遣された鄭和の南海遠征によって一つの頂点を迎える。その度重なる探検により、次々に東方へもたらされた西方由来の諸情報は東アジア諸国に大きな衝撃を与えた。くわえて東アジアの海域では、琉球の海外活動を多く記録した『歴代宝案』などに見られるように、活発な交易・交流が展開していた。西方への要衝に興り、イスラーム化したマラッカ王国が琉球や中国とも深く交流したことも、その一例としてよく知られている。東西にまたがるイスラーム商人たちの長距離交易を、東アジア諸地域へ結びつけていたという実例である。

十五世紀において、イスラーム海上交易圏は継続的に東アジア海域との関係を深めていた。それは、次代にヨーロッパの船がアジアの海に登場し、世界史が大きく展開するための下地作りの時代となっていたとも言える。そうした時代にあって、新たな地理情報はとりわけ強く求められ、新知識が蓄積されるにしたがって、地図の改定を積み重ねる必要が生じた。そのため混一図の改定版や派生図がさまざまな作り手によって再々にわたり作製された。そしてそれらのいくつかが後世に伝えられることになった、という指摘である。そうした海域からの視点による取り組みは、今後の研究でより深く究明されるにちがいない。

　デジタル複製図の出現により、混一図の研究は新しい段階に進んだ。その成果の一つとして、元朝時代以降、混一図の作られた十五世紀を中心に、陸・海から世界史的に考察する問題が提起されたのである。つまり、陸上では、中国本土から朝鮮半島、日本列島を北上して中国東北地方からのルートに合流し、ユーラシアを東西に結ぶ、モンゴル時代の国境なき交流の道の歴史的な姿、およびその道へとつづく東北アジアの実像を明らかにする研究である。また海域世界からの視点は、日本の銀の輸出、琉球による大陸はもとより列島・半島から東南アジアの

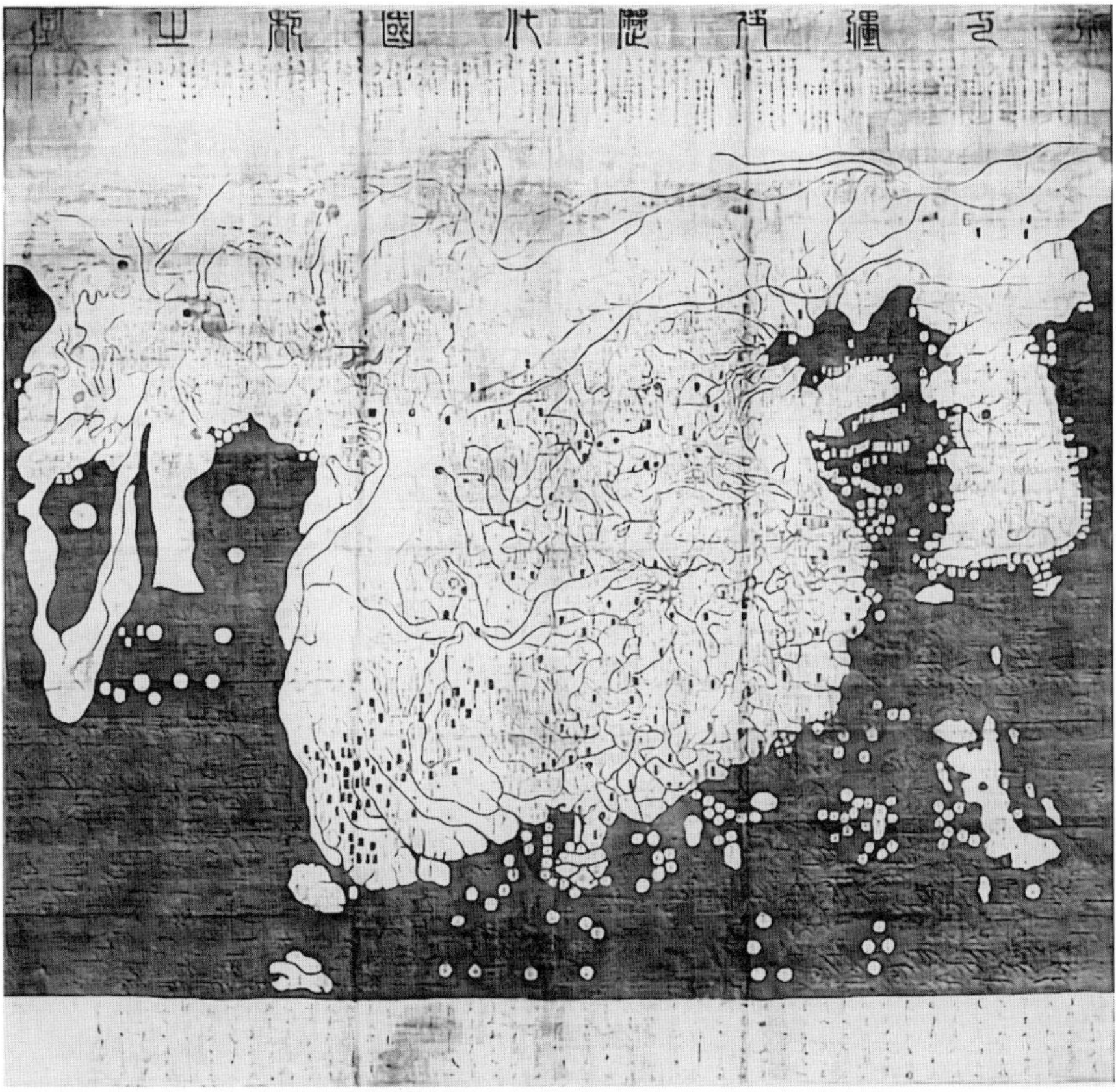

図1　龍谷大学蔵『混一疆理歴代国都之図』

諸地域におよぶ海上中継貿易、そして東南アジアのイスラーム化、イスラーム世界との交流、さらにはヨーロッパの大航海時代によるアジア進出などにも広がる。世界史を陸・海から総合的に考察するテーマが混一図という資料の中に再発見されたのである。

主要参考文献

青山定雄「元代の地図について」(東方学報東京　第八冊、一九三八年)
海野一隆「朝鮮地図学の特色」(『東洋地理学史研究』大陸篇、清文堂、二〇〇四年。初出は一九八三年)
応地利明『絵地図の世界像』(岩波書店、一九九六年)
岡田至弘「『混一疆理歴代国都之図』のデジタル保存・修復および複製制作」(『混一疆理歴代国都之図の歴史的分析――中国・北東アジア地域を中心として――平成二十三年度～二十五年度科学研究費補助金研究成果報告書』二〇一四年。以下、『混一報告書』と略す)
小川琢治『支那歴史地理研究』(弘文堂書房、一九二八年)
織田武雄『地図の歴史』(講談社、一九七四年)
杉山正明『世界史を変貌させたモンゴル＝時代史のデッサン』(角川書店、二〇〇〇年)
趙志衡「『混一疆理歴代国都之図』におけるアフリカ：比較史的検討」(前掲『混一図報告書』)
中村和之「『混一疆理歴代国都之図』にみえる女真の活動について」(前掲『混一図報告書』)
濱下武志「海洋から見た『混一疆理歴代国都之図』の歴史的特徴」(前掲『混一図報告書』)
宮紀子「混一疆理歴代国都之図への道――一四世紀四明地方の「知」の行方」(『モンゴル時代の出版文化』第Ⅲ部第九章、名古屋大学出版会、二〇〇六年)
宮紀子『地図は語るモンゴル帝国が生んだ世界図』(日本経済新聞社、二〇〇七年)
村岡倫編『最古の世界地図を読む』(法藏館、二〇二〇年)
劉迎勝「『大明混一図』与『混一疆理図』研究――中古時代後期東亜的寰宇図与世界地理知識」(鳳凰出版社、二〇一〇年)
渡邊久「最古の世界地図『混一図』の作製背景」(『国際社会と日本仏教』丸善出版、二〇二〇年)

執筆者一覧（掲載順）

櫻井智美	渡辺健哉	舩田善之	山本明志
赤木崇敏	牛　瀟	山崎　岳	矢澤知行
松下道信	野沢佳美	中村　淳	垣内景子
飯山知保	宮　紀子	土屋育子	奥野新太郎
徳留大輔	金　文京	中村　翼	榎本　渉
中村和之	向　正樹	村岡　倫	森田憲司
渡邊　久			

【アジア遊学 256】

元朝の歴史
モンゴル帝国期の東ユーラシア

2021年5月31日　初版発行

編　者　櫻井智美・飯山知保・森田憲司・渡辺健哉
制　作　株式会社勉誠社
発　売　勉誠出版株式会社
〒101-0061　東京都千代田区神田三崎町 2-18-4
TEL：(03)5215-9021(代)　FAX：(03)5215-9025
〈出版詳細情報〉http://bensei.jp/

印刷・製本　㈱太平印刷社
ISBN978-4-585-32502-4　C1322

255 東アジアにおける知の往還

大学共同利用機関法人 人間文化研究機構
国文学研究資料館・
高麗大学校グローバル日本研究院　共編

253ポストコロナ時代の東アジア　—新しい世界の国家・宗教・日常

玄武岩・藤野陽平　編

254東アジアの歌と文字

真下厚・遠藤耕太郎・波照間永吉　編

251 仏教の東漸と西漸

荒見泰史 編

252 中世日本の茶と文化 —生産・流通・消費をとおして

永井晋 編

249 漢学とは何か ―漢唐および清中後期の学術世界

川原秀城　編

250 酔いの文化史 ―儀礼から病まで

伊藤信博　編

十七世紀の語り物にみえる自然表象—道行とその絵画を手がかり　粂汐里
寛政期の京都近郊臥遊　マシュー・マッケルウェイ

Ⅲ　人ならざるものとの交感

人ならざるものとの交感　黒田智
金春禅竹と自然表象　高橋悠介
「人臭い」話　資料稿—異界は厳しい　徳田和夫
お伽草子擬人物における異類と人間との関係性—相互不干渉の不文律をめぐって　伊藤慎吾
室町物語と玄宗皇帝絵—『付喪神絵巻』を起点として　齋藤真麻理
エコクリティシズムと日本古典文学研究のあいだ—石牟礼道子の〈かたり〉から　山田悠介
あとがき　亀田和子

247 移動するメディアとプロパガンダ —日中戦争期から戦後にかけての大衆芸術

西村正男・星野幸代　編

カラー口絵
地図
はじめに　「日中戦争下の芸術家群像」から移動する身体芸術プロパガンダ研究へ　星野幸代
序論　抗日期の文化人たち　阿部幸夫

第一部　映画製作—投影された隠し画

「狂乱」と「新生」—娯楽映画から灰色上海まで　王騰飛(訳:榊原真理子)
『狼火は上海に揚る』から『春江遺恨』へ　邵迎建
日本占領下における華北映画について—華北電影股份有限公司の文化映画・ニュース映画を中心に　張新民
小型映写機という戦争プロパガンダ装置　楊韜

第二部　身体芸術プロパガンダ—横溢する美

プロパガンダと装飾芸術—張光宇『西遊漫記』をめぐって　城山拓也
音楽プロパガンダにおける「差異」と「擬態」—戦時下日本の「満支」をめぐる欲望　葛西周
南方「皇軍」慰問—芸能人(アーティスト)という身体メディア　星野幸代

第三部　日中ポピュラー文化の戦後への延伸

戦後日本における中国古典の映画化—日本・大陸・香港・東南アジアに跨る大衆文化の記憶　晏妮
戦後における李香蘭と二人の後継者—胡美芳と葛蘭　西村正男
中国語映画の「戦後」—女優李麗華とその主演作品を中心に　韓燕麗
付録　用語集
あとがき　西村正男

248 明治が歴史になったとき —史学史としての大久保利謙

佐藤雄基　編

序論　佐藤雄基

第一部　「明治」が歴史になるとき

大久保利謙と戦後日本近代史研究の出発　松沢裕作
政治学者における「明治」の歴史化　松田宏一郎
明治政府による記録編纂・修史事業と近代文書　箱石大

第二部　大久保利謙の歴史学

大久保利謙と近代史学史研究　マーガレット・メール(翻訳:佐藤雄基・渡邉剛)
大久保利謙と立教大学史学科(一九五八～七一)　小澤実
大久保利謙『日本近代史学事始め』についての覚書—大久保史学の史学史的検討のために　今井修

245アジアの死と鎮魂・追善

原田正俊　編

246和漢のコードと自然表象　十六、七世紀の日本を中心に

島尾新・宇野瑞木・亀田和子　編

王倹の学術　洲脇武志
魏収『魏書』の時代認識　梶山智史
『帝王略論』と唐初の政治状況　会田大輔
唐の礼官と礼学　江川式部
劉知幾『史通』における五胡十六国関連史料批評—魏収『魏書』と崔鴻『十六国春秋』を中心に　河内桂

Ⅱ　中国学術の東アジアへの伝播

六世紀新羅における識字の広がり　橋本繁
古代東アジア世界における貨幣論の伝播　柿沼陽平
九条家旧蔵鈔本『後漢書』断簡と原本の日本将来について—李賢『後漢書注』の禁忌と解禁から見る　小林岳
古代東アジアにおける兵書の伝播—日本への舶来を中心として　吉永匡史
陸善経の著作とその日本伝来　榎本淳一

Ⅲ　日本における中国学術の受容と展開

『日本書紀』は『三国志』を見たか　河内春人
日本古代における女性の漢籍習得　野田有紀子
大学寮・紀伝道の学問とその故実について—東坊城和長『桂藥記』『桂林遺芳抄』を巡って　濱田寛
平安期における中国古典籍の摂取と利用—空海撰『秘蔵宝鑰』および藤原敦光撰『秘蔵宝鑰鈔』を例に　河野貴美子
あとがき　吉永匡史・河内春人

243中央アジアの歴史と現在　—草原の叡智

松原正毅　編

まえがき　アルタイ・天山からモンゴルへ　松原正毅
総論　シルクロードと一帯一路　松原正毅
中央ユーラシア史の私的構想—文献と現地で得たものから　堀直
中央アジアにおける土着信仰の復権と大国の思惑—考古学の視点から　林俊雄
聖者の執り成し—何故ティムールは聖者の足許に葬られたのか　濱田正美
オドセルとナワーンの事件（一八七七年）から見る清代のモンゴル人社会　萩原守
ガルダン・ボショクト・ハーンの夢の跡—英雄の歴史に仮託する人びと　小長谷有紀
描かれた神、呪われた復活　楊海英
あとがき　小長谷有紀

244前近代東アジアにおける〈術数文化〉

水口幹記　編

序　水口幹記
総論—〈術数文化〉という用語の可能性について　水口幹記

Ⅰ　〈術数文化〉の形成・伝播

人日と臘日—年中行事の術数学的考察　武田時昌
堪輿占考　名和敏光
味と香　清水浩子
郭璞『易洞林』と干宝『捜神記』—東晋はじめ、怪異記述のゆくえ　佐野誠子
白居易新楽府「井底引銀瓶　止淫奔也」に詠われる「瓶沈簪折」について—唐詩に垣間見える術数文化　山崎藍
引用書から見た『天地瑞祥志』の特徴—『開元占経』及び『稽瑞』所引の『漢書』注釈との比較から　洲脇武志
宋『乾象新書』始末　田中良明
獣頭の吉鳳「吉利・富貴」について—日中韓の祥瑞情報を手がかりに　松浦史子
三善清行「革命勘文」に見られる緯学思想と七～九世紀の東アジア政治　孫英剛

Ⅱ　〈術数文化〉の伝播・展開

南健太郎

類書に映る鏡の記述—『藝文類聚』を例に　佐藤裕亮

Ⅱ　倭でつくられた鏡

倭における鏡の製作　加藤一郎

倭独自の文様を持つ小型鏡の創出と展開　脇山佳奈

倭鏡に見る「王権のコントロール」　林正憲

Ⅲ　三角縁神獣鏡と関連の鏡

三角縁神獣鏡生産の展開と製作背景　岩本崇

黒塚古墳三角縁神獣鏡の鋳上がりと切削研磨の程度からみる製造状況—二面同形二十号・三十二号鏡の調査から　三船温尚

画文帯神獣鏡の生産　村瀬陸

華北東部の銅鏡をめぐる諸問題　馬渕一輝

斜縁鏡群と三角縁神獣鏡　實盛良彦

Ⅳ　銅鏡から歴史を読む

新見東呉尚方鏡試考　朱棒／藤井康隆（訳・解題）

二・三・四世紀の土器と鏡—土器の併行関係と出土鏡からみた暦年代を中心として　久住猛雄

日本列島における銅鏡の流通と政治権力—二～四世紀を中心に　辻田淳一郎

跋文　銅鏡から読み解く二・三・四世紀の東アジア　實盛良彦

238 ユーラシアの大草原を掘る —草原考古学への道標

草原考古研究会　編

序言　草原考古研究会

Ⅰ　総説

草原考古学とは何か—その現状と課題向　林俊雄

Ⅱ　新石器時代から初期鉄器時代へ

馬の家畜化起源論の現在　新井才二

青銅器時代の草原文化　荒友里子

初期遊牧民文化の広まり　髙濱秀

大興安嶺からアルタイ山脈　中村大介・松本圭太

アルタイ山脈からウラル山脈　荒友里子

バルカン半島における草原の遺跡—新石器時代から青銅器時代を中心に　千本真生

Ⅲ　冶金技術

草原地帯と青銅器冶金技術　中村大介

草原地帯の鉄　笹田朋孝

Ⅳ　実用と装飾

鹿石　畠山禎

初期遊牧民の動物紋様　畠山禎

草原地帯における青銅武器の発達　松本圭太

鍑—什器か祭器か　髙濱秀

草原の馬具—東方へ与えた影響について　諫早直人

帯飾板　大谷育恵

石人　鈴木宏節

Ⅴ　東西交流

蜻蛉（トンボ）珠からみる中国とユーラシア草原地帯の交流　小寺智津子

草原の冠—鳥と鳥の羽をつけた冠　石渡美江

草原の東から西につたわった中国製の文物　大谷育恵

ビザンツの貨幣、シルクロードを通ってさらにその先へ—四～九世紀
バルトゥオーミエイ・シモン・シモニェーフスキ（翻訳：林俊雄）

Ⅵ　注目される遺跡

トゥバの「王家の谷」アルジャン　畠山禎

スキタイの遺跡—ルィジャニフカ村大古墳を巡る問題　雪嶋宏一

サルマタイの遺跡—フィリッポフカ古墳群を巡って　雪嶋宏一

サカの遺跡—ベレル古墳群について　雪嶋宏一

アジア遊学既刊紹介

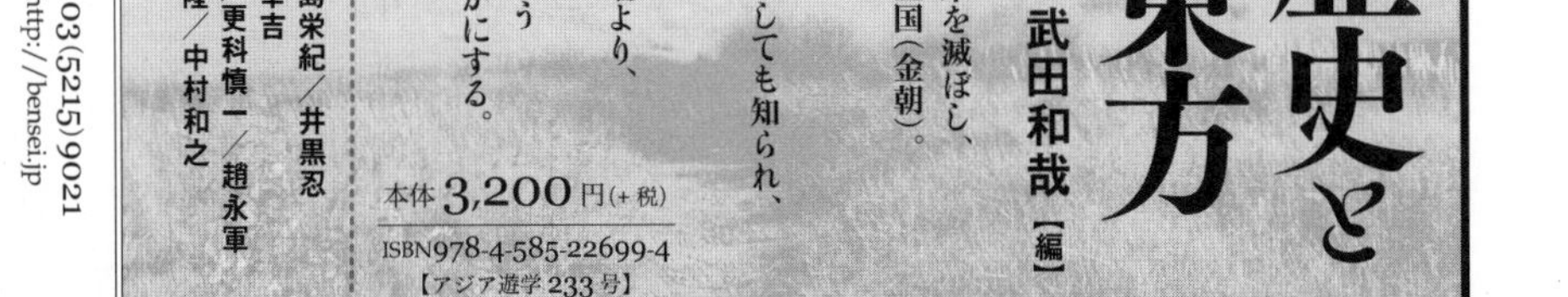